国际乐坛上的名门望族

30位享誉世界的音乐家与他们的音乐家族

夏 宏 编著

上海音乐学院出版社

序言

杨燕迪

家族传统——或子承父业,或夫唱妇随,或家人同台献艺,往往被传为美谈,在各类艺术中也可谓屡见不鲜。如文学中著名的周氏兄弟(鲁迅、周作人)、勃朗特三姐妹;美术中闻名遐迩的文艺复兴时期荷兰布鲁盖尔家族和我国 20 世纪的庞薰琹家族,以及音乐中最具悠久"家学"渊源的巴赫家族,等等。这种特别的"近亲繁殖"现象很可能与艺术自身所独具的手工性操作不无关系。艺术的研习往往依赖某些与特定材料和工具长时间打交道的技能训练,它需要很多"难以为外人道"的耳濡目染和心领神会,无法就范于现代理性的学科规训和学校体制,因而貌似"陈旧"的口传心授和"老式"的"手把手"教学反而极为奏效。因而,艺术中的家族传统很自然就成为蔚为大观的文化现象,不仅让人钦羡,也成为艺术爱好者的茶余谈资,更引发诸多饶有兴味的研究课题。

这本《国际乐坛上的名门望族》即是针对现当代世界乐坛上诸多鼎鼎大名的音乐世家所做的梳理和介绍。作者夏宏长期浸润音乐,资讯丰富,视野开阔,他选取家族传统这一独特视角来切入音乐和音乐生活,所论及的人物大多是乐迷和业界所熟知的著名音乐家和他(她)们的家人,这不仅有效地丰富了我们对音乐的认知,也让我们从一个另类的角度来观察和思考音乐。此书主要集中描写和勾画活跃在 20 世纪中的音乐表演家和作曲家,在展现他们各自家族环境和音乐活动的同时,也让 20 世纪的文化和社会政治生活的方方面面一一展开在读者面前。随着书中行文,那些在乐坛上似为人所知、但往往又只有一知半解的众多名字似真正有了活的生命,他(她)们的悲欢离合、音乐境遇,甚至奇闻轶事,因有家庭的纽带串联,更显生动与逼真。也多亏作者清晰而明快的文字导引,我们对这些音乐家及家人的成就、环境和时代,才有了更真切的体察。

音乐的阅读是伴随音乐聆听逐渐深入之后的必然后续。因为深入的音乐聆听必然带来对理解的渴求,而阅读则是加深理解的必由之路。正如通过阅读此书,我们会更深入地了解大提琴家罗斯特洛波维奇的夫妻拍档成就,探察他们夫妻二人在前苏联政治风云变幻中的所作所为——如是,则我们在聆听这对令人尊敬的夫妻的音乐表演时,感觉和角度就会和阅读之前有所不同。再如,瓦格纳家族自百余年前在拜罗伊特创立伟业,而这一家族的产业和事业历经 20 世纪的剧烈政治社会风云变幻至今香火未断,如果我们了解到其间的家庭纠葛和思想纷争,我们对瓦格纳的认识和理解也一定和以前大不相同。凡此,都说明音乐看似只与听觉相关,但音乐作为文化的一份子,它就必然通过聆听而超越聆听,最终与人生、社会乃至整个世界产生深刻的勾连。正是在这个意义上,我们需要通过阅读走入音乐聆听,更需要通过阅读来使音乐聆听成为具有文化厚度、历史深度和社会广度的立体聆听。

　　是为序。

2012 年 7 月 9 日
上海音乐学院

目　录

一、阿巴多家族纪事本末

　　2008 年，乐坛上有两件重大的事情与柏林爱乐乐团都有些关系：首先，该年是乐团历史上任期最长，也是战后赋予乐团最辉煌时代的指挥大师赫伯特·冯·卡拉扬一百周年诞辰；其次，乐团在与现任首席指挥塞蒙·莱托的第一个合约行将期满，并在外界纷传彼此已小有裂隙的猜疑声中却又欣然与之续签了新的任期合同，终使双方都如释重负。相形之下，夹在卡拉扬和莱托之间的乐团历史上第八位首席指挥克劳迪奥·阿巴多则多少显得有几分孤单落寞，自他于 2002 年离开柏林爱乐之后，似乎已在有意无意之间淡出了人们的视线。或许，经卡拉扬长年调教，锻造成的柏林爱乐需要的就是有霸气和王者之气的乐团领路人，而以阿巴多的个性气质似乎和他的前后两任都相去甚远，这也就注定了他即便有幸当年在卡拉扬去世后从芸芸众生

离开柏林爱乐之后，阿巴多似乎已在有意无意之间淡出了人们的视线

中脱颖而出成为老卡的继任者，但却无法安之若素地在那一百多号人中间树立起足够的威望。事实上，阿巴多早在 1996 年就已经明确表示无意谋求对于乐团首席指挥的连任。告别了大红大紫的都市舞台，耳畔少了许多山呼海啸般的鼓掌喝彩，阿巴多在瑞士一边休养着疲惫的身心（他于 2000 年被确诊患了胃癌并施行了手术），一边操持着由自己亲手组建起的卢塞恩节日乐团和马勒室内乐团，继续与音乐为伴。他的生活中不能没有音乐，音乐已经深深地渗入到他的身体和血液之中，

因为近百年来阿巴多这个姓氏就一直是与音乐紧紧地维系在一起的。

阿巴多家族的历史源远流长。这个家族的祖先来自 16 世纪的西班牙,并且很可能还有曾经统治西班牙达七百年的摩尔人的血统。他们家族这一支在西班牙南部的格林纳达生活,而富有艺术天分的阿巴多的祖先还在建造举世闻名的,代表着伊斯兰古代文化璀璨结晶的阿尔汉布拉宫的过程中起了关键的作用。不过,其后他们这一支离开了西班牙而辗转来到了意大利,在北方的皮埃蒙特地区定居下来。皮埃蒙特位于意大利的西北部,其首府为今天著名的汽车城都灵。而该地区中南部的阿尔巴小镇则以出产有"白钻石"美誉的内比奥洛优质葡萄美酒而享誉世界。尽管没有资料显示阿巴多的祖先曾在这里从事过葡萄种植,然而这支从西班牙迁徙而来的家族最后在此繁衍生息却是不争的事实,因为很显然,阿巴多(Abbado)这个种姓的取得与阿尔巴(Alba)的地名有着割舍不断的联系。在欧洲中世纪乃至相当长的一段时期内,以居住地为家族种姓的习俗是相当普遍的。由于阿尔巴同时又邻近另两个大城市——米兰和帕尔玛,这又似乎为这个家族日后从事音乐事业作了最好的注解。

祖父,长子与长孙

阿巴多家族中第一位留名史籍的音乐家就是克劳迪奥·阿巴多的父亲米凯朗琪罗·阿巴多(Michelangelo Abbado)。由于意大利文艺复兴时期有了米凯朗琪罗这位卓然出世的艺术巨匠,因此米凯朗琪罗这个名字就一直是意大利人,尤其是爱好艺术的人们喜爱为自己的孩子所选择的名字。仅以音乐界为例,远的有比画坛巨匠晚一百年诞生的米兰人米凯朗琪罗·罗西(Michelangelo Rossi,1602-1656)——巴洛克时期的作曲家,小提琴家兼管风琴家;近的则有 20 世纪 40 年代才出生的歌剧指挥家米凯朗琪罗·维尔特里(Michelangelo Veltri,1940-   )。至于美术界,那就更多了。当然,论名气,他们谁也及不上电影界的那位米凯朗琪罗,他就是曾以执导《奇遇》《红色沙漠》和《放大》等影片而被誉为 20 世纪意大利电影旗帜的安东尼奥尼(Michelangelo Antonioni,1912-2007)。

米凯朗琪罗·阿巴多是一个世纪儿,他于 1900 年 9 月 29 日出生在阿尔巴,他从小就喜爱音乐,专攻小提琴。有资料表明他曾在米兰音乐学院学习,师从恩里克·波罗(Enrico Polo)学习小提琴,又随乔凡尼·奥瑞菲斯(Giovanni Orefice)学习作曲。从米兰音乐学院学成之后,他还曾去帕尔玛音乐学院以及南方的巴勒莫音乐学院作进一步的深造。

走上社会的米凯朗琪罗是以小提琴家的身份出现在意大利的乐坛上的。他在 20 世纪 20、30 年代曾与国内的一流管弦乐团都进行过合作,演奏过小提琴协奏曲。从 1927 年起,他又联手意大利当代最著名的作曲家马利皮耶罗(Gian Francesco

Malipiero，1882-1973）组建了"阿巴多—马利皮耶罗弦乐四重奏组"（Quartetto Abbado-Malipiero），自任四重奏组领导兼首席小提琴。马利皮耶罗一生所作八首弦乐四重奏，其中的后六首就全都呈献给该四重奏组，并由他们首演于世。从1938年起，米凯朗琪罗又与钢琴家卡洛·维杜索（Carlo Vidusso，1911-1978），大提琴家吉尔贝托·克雷帕克斯（Gilberto Crepax，1890-1970）组成了钢琴三重奏组，活跃于当时的欧洲乐坛。与他合作的这两位音乐家的名字也许和米凯朗琪罗·阿巴多一样使今天的人们感到陌生，然而要说起他们各自的学生的话，却也端的是名声如雷贯耳：前者的学生是大名鼎鼎的波里尼；而后者的高徒则是意大利当代首屈一指的名家雅尼格罗（Antonio Janigro，1918-1980）。这个钢琴三重奏组的演奏曲目遍及各个时期的代表作，自然也不乏当代作曲家马利皮耶罗和布鲁诺·贝蒂内利（Bruno Bettinelli，1913-2004）的作品。除广泛从事小提琴的独奏、重奏和协奏之外，米凯朗琪罗还担任过电影音乐乐团的指挥。1941年他又在米兰组建了一支名为"米兰建筑师管弦乐团"（Orchestra d'archi di Milano），自任指挥和小提琴独奏。这是意大利全国首支专门从事巴洛克时期音乐演奏的室内乐团，它以其纯正的风格和精湛的技艺风靡全国，在乐坛上赢得了很高的声誉。

像美术史上的米凯朗琪罗一样，这位音乐界的米凯朗琪罗也堪称是一位全才。由于他学过作曲，因而对于理论学术研究以及乐谱的整理编订他都能驾轻就熟，卓有建树。早在1934年，他就开始着手其研究专著《小提琴泛音技巧》（Tecnica dei suoni armonici per Violino）的写作。对于小提琴演奏中的技巧性问题，他竟写下了煌煌五卷大作。从1943年起，他又开始着手编订维瓦尔第、帕格尼尼、阿尔比诺尼、马尔切洛以及巴赫的小提琴作品，并且对如何演奏好帕格尼尼的二十四首随想曲作过专门的阐述。二战结束后，他开始渐渐淡出演出舞台，至20世纪60年代，遂潜心致力于音乐理论与小提琴演奏艺术的研究和教学。他的学生中在音乐舞台上声誉较著者有曾经担任过"音乐家合奏团"（I Musici）首席的女小提琴家皮娜·卡尔米雷利（Pina Carmirelli，1914-1993）和曾长期担任斯卡拉歌剧院首席小提琴的弗兰科·方蒂尼（Franco Fantini）。

1979年9月24日，也即刚刚过完自己79岁生日之后两天，阿巴多家族的第一代音乐人平静地走完了他的人生，溘然辞世于米兰。2003年，在他的家乡，一家以他的名字命名的剧院落成了，家乡的人们以此来纪念这位为故乡带来荣誉和自豪的音乐家——米凯朗琪罗·阿巴多。

米凯朗琪罗·阿巴多有两个儿子，他们成为这个家族中传承衣钵并发扬光大的第二代，他们就是马尔切洛·阿巴多和克劳迪奥·阿巴多。

长子马尔切洛·阿巴多（Marcello Abbado）1926年10月7日出生于米兰。他自小就随父亲学习钢琴和小提琴，后决定以钢琴演奏作为其主科学业进入米兰音

马尔切罗·阿巴多

乐学院继续深造。在大学学习期间,除钢琴外,他也拜意大利当代作曲家兼指挥家加瓦泽尼(G .Gavazzeni,1909-1996)学习指挥。马尔切罗跟加瓦泽尼学指挥时适逢后者正出任米兰斯卡拉歌剧院的首席指挥兼音乐总监,因而他能时常带马尔切罗到剧院去观摩。有时候,马尔切罗甚至还带了比自己小7岁的弟弟克劳迪奥一起去观看歌剧的排练和演出,由此唤起了少年克劳迪奥心中对指挥艺术的那份崇高的使命感和神圣的职业感。学成之后,马尔切罗以钢琴独奏家的身份活跃于意大利乐坛。青年时代的马尔切罗可谓意气风发,风华正茂,从家乡米兰的斯拉卡歌剧院到中欧布达佩斯的李斯特音乐学院演奏大厅,从北方的莫斯科的柴科夫斯基音乐厅一直到南美布宜诺斯艾利斯的科利塞奥剧院,他钢琴巡演的足迹遍及五大洲。而在世界一流大都市如伦敦、巴黎、纽约、蒙特利尔以及东京的音乐舞台上,更不乏他留下的绕梁余音。他曾与许多著名的音乐家合作过,他们之中甚至包括20世纪最伟大的作曲家和提琴演奏家保罗·亨德米特。在他艺术的全盛时期,也许最令人值得称道的就是他与维也纳爱乐乐团合作,由他本人担任独奏兼指挥演奏了莫扎特的全部二十七首钢琴协奏曲。在20世纪的意大利乐坛,这可是一个相当鲜见的记录,此举甚至超越了他的同胞,与他同时代却更享有盛誉的钢琴大师阿尔图罗·米凯朗杰利(瞧! 这是一位以米凯朗琪罗为姓的音乐名人)。

马尔切罗不仅是一位演奏家,他还是一位作曲家、指挥家和学者。1958年,32岁的他应邀出任皮亚琴察音乐学院乐团的指挥,这为他日后在米兰创建威尔第交响乐团积累了第一手的实践经验。在作曲方面,他的创作甚丰,体裁多样,比较著名的有:《根据中国唐诗谱写的十五首歌曲》(为声乐和四件乐器而作);小提琴独奏曲《恰空》;钢琴协奏曲;小提琴、钢琴双重协奏曲;《莫斯科的钟声》(为小提琴与打击乐器而作);管弦乐曲《向德彪西致敬》(Homage to Debussy)以及芭蕾舞剧《夏威夷2000》(Hawaii 2000)等。此外,他也继承了父亲搞学术研究的专长,他的研究领域是罗西尼的音乐。在20世纪1966年至1972年的六年时间里,他在演奏创作之余,长期在罗西尼的故乡佩扎罗的州立音乐学院潜心钻研罗西尼的作品。从80年代后,他开始应邀担任许多国际比赛的评委,其中包括在维也纳举行的贝多芬比赛、在布鲁塞尔举行的贝森道夫比赛、肖邦国际大赛、布索尼国际大赛以及在米兰、利兹、慕尼黑、列宁格勒、特拉维夫、悉尼和东京举行的一系列比赛。

他还是在欧洲与日本多个音乐大师班的主讲教授。在 1975 年,行将步入知天命之年的马尔切罗被他的母校任命为米兰音乐学院的校长,这是对他的演奏艺术和学术成就予以充分肯定的一个最强有力的例证。由此,他成了国内的社会名流,文化艺术界的巨子。1989 年,意大利文化部更基于马尔切罗·阿巴多长期以来对本国的音乐文化所做出的诸多贡献授予他"共和国文化艺术金质勋章",他的声誉至此达到了人生的巅峰。

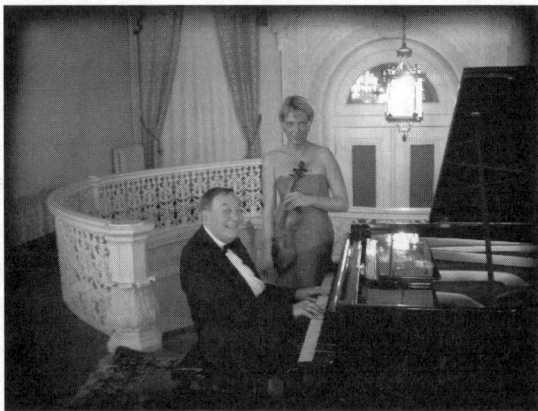

80 多岁的马尔切罗·阿巴多仍活跃在舞台上

尽管如此,相比于他那位曾经先后担任过维也纳爱乐乐团、伦敦交响乐团尤其是柏林爱乐乐团首席指挥的弟弟克劳迪奥来,无疑,马尔切罗头上的光环仍要暗淡不少。不过,他可并不嫉妒弟弟的成功与显赫,因为他是一个非常注重家庭传统的艺术家。马尔切罗像那些乡土观念非常浓厚的意大利人一样,对于有一个和谐的家庭睦邻关系和生活环境有着强烈的向往。从本质上讲,他是一位理想主义者,乐于看到一个色彩缤纷的多元世界:对志同道合者,能够推心置腹而成为莫逆之交;对见解相歧者,也能够在求同存异的基础上而成为彼此坦诚相见的诤友。就个性气质而言,他与弟弟的反差较为鲜明。马尔切罗喜怒形于色,脾气火爆,在他心境不好的时候,他会显得使人难以接近;而当他心境开朗之时,他又顷刻成了一个幽默风趣,宽厚待人的长者,能够宽容别人无意的错误和过失。这两种看似完全不同的个性特征却在他的身上取得了一种并行不悖的平衡。

马尔切罗遭受过婚姻的挫折,因而在他以后的情感生活上他显得非常谨慎小心。尽管他在工作劳累之余难免会感受到孤寂与冷清,也乐于亲近那些能够给他带来身心愉悦的异性,然而他还是不想就此放弃他目前所享受的所谓"自治的"(autonomy)生活状态,不愿割舍能"自由呼吸"的空间。因为在生活中,除了音乐和爱情之外,他还有太多的兴趣爱好。他对美术和诗歌都有着相当高雅的鉴赏水平;此外,他对服装设计竟也有着一种无师自通的敏锐"嗅觉"。

马尔切罗的艺术生命维持得相当长久,时至今日,这位年逾八旬的老艺术家仍活跃在音乐舞台上。2006 年 9 月 21 日,应澳大利亚悉尼的意大利文化学院和但丁协会的邀请,马尔切罗·阿巴多与年轻的意大利女小提琴家亚历山德拉·法罗(Alessandra Farro)联袂在悉尼歌剧院的音乐厅里举行了一场意大利作品专场音乐会,当晚演出的曲目都是巴洛克时期的代表作:上半场是邦波蒂的《G 小调创意曲》，科莱里的《福利亚变奏曲》和维拉契尼的《E 小调奏鸣曲》；下半场是维瓦尔第的《A 大调奏鸣曲》和维塔利的《G 小调无伴奏恰空》。从这些曲目的分量就可以掂量出这台音乐会对钢琴演奏者的要求有多高了，而马尔切罗演来却从容不迫，成竹在胸，他的琴声依然那么清晰有力，音色饱满，与小提琴的明媚透亮，典雅高贵相得益彰。需要指出的是：全场演奏曲目的改编和编订都出自这位八旬钢琴家的父亲米凯朗琪罗·阿巴多之手，因而此次音乐会既可视作是马尔切罗提前献给自己八十大寿的生日礼物，又可视为是一场具有弘扬家族音乐传承精神的纪念演出。

　　阿巴多家族的成员的寿命都挺长，看来马尔切罗在最近的将来也没有欲从音乐生活中退隐的迹象，倒是这种在耄耋之年作越洋巡演之举在今日的乐坛上倒确属是令人叹为观止了。

　　行文至此，接下去似乎该顺理成章地说说马尔切罗的弟弟克劳迪奥·阿巴多了，然而由于这位阿巴多实在太家喻户晓了，关于他的大部分在离开柏林爱乐乐团之前的"光荣历程"几乎已被人们搜索殆尽，因而在此就不再多费笔墨和有限的版面资源了。在本文的下篇中将结合他的儿子达尼埃勒向诸位略叙一些他离开柏林爱乐之后的近况。下面将要出场的人物就是阿巴多家族的第三代传人——马尔切罗的儿子罗贝尔托。

罗贝尔托·阿巴多

　　罗贝尔托·阿巴多（Roberto Abbado）1954 年 12 月 30 日出生于米兰，从小就跟随父亲学习钢琴。他天资聪颖，敏而好学，又加之家学渊深，因而他很快就以"神童"的美誉驰名于当地。17 岁那年，他立志要成为一名指挥，于是离开米兰前往威尼斯的凤凰歌剧院，师从杰出的歌剧指挥大师弗兰科·费拉拉（Franco Ferrara，1911-1985）。费拉拉享有"意大利当代的莫扎特"之美誉，他小提琴、钢琴、管风琴、作曲和指挥无所不能，无所不精，尤其在指挥领域更是才华横溢，13 岁就指挥了佛罗伦萨五月音乐节管弦乐团的音乐会，曾经先后得到过布鲁诺·瓦尔特、托斯卡尼尼和达·萨巴塔的悉心传授，成为 20 世纪中叶意大利乐坛上最富传奇色彩的指挥大师。然而由于他病弱的身体不允许他继续站在指挥台上，他才从上世纪 60 年代起致力于指挥教学工作。当费拉拉后来又到罗马的圣塞契利亚音乐学院任教时，罗贝尔托也追随恩师到了首都罗马，继续在老师门下深造。由于表现突出，21

岁的罗贝尔托被应邀以一名
学生的身份指挥了该学院的
管弦乐团，即圣塞契利亚音乐
学院管弦乐团的演出，这在这
所具有近七十年历史的学院
还是破天荒的头一次，由此而
震惊了意国乐坛。毕业后的
罗贝尔托在指挥艺术的道路
上倒也顺风顺水，23 岁那年他
就独当一面，有生以来指挥了
第一部歌剧——威尔第的《西
蒙·博卡涅格拉》，并获得了成

罗贝尔托与他的老师费拉拉(中)

功。在他的处子秀"惊艳"之后的 6 年里，他先后在米兰的斯卡拉歌剧院、威尼斯
的凤凰歌剧院、维也纳国立歌剧院、柏林德意志歌剧院、苏黎世歌剧院、巴黎巴士底
歌剧院以及罗马，佛罗伦萨和博洛尼亚的歌剧院指挥上演了一系列歌剧，并以其敏
锐的艺术触觉和大胆清新的艺术风格将不少当代歌剧搬上了舞台，因而被媒体称
为"歌剧的复兴者"之一。

　　的确，歌剧是罗贝尔托的第一个"情人"。对于一位意大利音乐家来说，将目
光首先瞄准歌剧是很自然的："我是一个意大利人，歌剧的情结融化在我的血液之
中"，罗贝尔托如此说。在歌剧舞台上，他显示出了异乎常人的天份，他尤其擅长指
挥莫扎特以及意大利 19 世纪初歌剧三杰——罗西尼、贝利尼和唐尼采蒂的作品，
其中莫扎特的大部分歌剧他都指挥过。他在指挥歌剧时会更注重突出作品的旋律，
也就是说在诠释时他将重点放在演员的歌唱而不是表演上："我从歌唱家那儿学
到了许多东西，主要是通过他们的演唱加深认识了音乐是如何借助于歌词的韵律
和词语的表达去刻画人物情感的"。由他指挥录制的罗西尼的《坦克雷蒂》荣获了
1997 年德国"回声"古典唱片大奖；而贝利尼的《凯普莱特与蒙泰古》又被 BBC
古典音乐评为"1999 年的年度之选"。

　　从 1991 年起，罗贝尔托又将艺术的视角延伸到了交响音乐领域，他应邀接任
慕尼黑广播乐团(Munich Radio Orchestra)的乐团首席。对于 37 岁的罗贝尔托来
说，或许这种角色的转变开始得晚了些，因为他作为一名歌剧指挥所长期积累起来
的声名反而使他在下决心转型时显得有些顾虑过多。他说："在刚开始的时候我
的确感到有些不自在，我承认这是一个困难的阶段。不过，一旦当我确信我能够指
挥一支交响乐团演奏交响乐曲时，这扇大门也就随之为我打开了。"事实上，他头
一次指挥交响音乐还是在美国实现的，那是 1990 年他在纽约的林肯艺术中心客
串指挥了一场圣卢克管弦乐团的音乐会，其结果是他一下子发觉了指挥交响音乐

会对他的巨大诱惑,这才使他最终接下了慕尼黑广播管弦乐团的首席指挥一职,从此走上了指挥歌剧和交响乐"两条腿走路"的艺术坦途。在谈到指挥歌剧和交响乐的不同时罗贝尔托说:"我在指挥歌剧时所获得的'自由'的感觉是重要的;而指挥交响乐时,我又通常会为器乐作品所具有的精确和严格的创作构思而震撼。"1994年,他第一次登上了美国大都会歌剧院的指挥台,标志着美国乐坛对他的首肯。自此以后,他在交响乐领域也如鱼得水,游刃有余。不过,自1998年他从慕尼黑广播乐团期满卸任之后,却再没有接受任何一家管弦乐团的长期合约。他尽管有意识地躲避着承诺和约束,却仍不乏追逐的爱慕者。在这点上或许他像他的父亲一样,喜欢自由自在地工作和生活。"我非常享受只当客席指挥的滋味。这对于我来说是一种正确的选择,没有必要把自己的自由交换出去。"他不愿接受乐团长期合约的另一个理由是他无法在一个地方安定地稳居下来。他堪称是一位现代的游吟诗人,喜欢乐之所致,独来独往。然而,就是这样一位另类的艺术家,却是波士顿、费城、洛杉矶、纽约、芝加哥、旧金山、明尼阿波利斯、蒙特利尔、慕尼黑、巴黎、悉尼、布达佩斯等十几个著名一流乐团的客席指挥。

身为指挥家的罗贝尔托对自己的工作使命作如是解:"我以为作为指挥,至少一项很重要的工作就是为新的作曲家和演奏家们铺路开道"。他是这样说的,也是这样做的。他于1998年指挥首演了意大利当代作曲家法比奥·瓦契(Fabio Vacci)的交响作品《萨比乌诺的卡兰奇》(Dai Calanchi di Sabbiuno),这部作品是作曲家为纪念二战时期被纳粹屠杀于博洛尼亚附近峡谷的游击队员而作的。2007年3月,他又在斯卡拉歌剧院首演了瓦契的新歌剧《特内科》(Teneke)。还是在2007年的11月,罗贝尔托又指挥美国的圣保罗室内乐团与当代女小提琴家莱拉·约塞弗维兹合作将美国当代作曲家约翰·亚当斯的《小提琴协奏曲》搬上了舞台。

如今,这位阿巴多家族的第三代传人已年过54岁了。作为在指挥乐坛上经验丰富而又精力旺盛的实力派人物,罗贝尔托以其清新爽朗的风格和精湛娴熟的技巧驰名于欧美乐坛。无论是歌剧还是交响作品,他都以对于音乐中戏剧性因素的营造,对于抒情性因素的发掘而独树一帜,从而能充分唤起听众情感诉求的高雅艺术情趣。不错,他是克劳迪奥·阿巴多的亲侄子,血液中自有家族的遗传基因,然而他的成功更多的却是依靠自身的刻苦勤奋和锲而不舍的追求。而这种精神恐怕也得之于其家族的家风和传承吧。

从2005年起,罗贝尔托成为美国圣保罗室内乐团的艺术合伙人,并在乐团的演出季期间出任该团指挥,他与圣保罗之间的关系愈益密切。那么,他是否就此而放弃以前坚持不与乐团建立长期固定合约的初衷,终于想使自己的生活安定下来呢?看来,只有时间才会告诉我们这一切。

后柏林爱乐时期的克劳迪奥

乍一看,心头一紧。平素早已熟悉的那张脸如何变得教人不敢相认:原本天生的长方脸如今瘦削得成了一张十足的马脸,眼角深陷,额头上布满刀刻般深的凹槽皱纹;激动时头部的青筋暴突,豆大的汗珠顺着脸颊和鬓角滴滴地往下淌。挥动指挥棒的双手瘦骨嶙峋,穿在身上的晚礼服由于体形过于消瘦甚至给人以宽大得不合身的滑稽之感。真有些令人不敢相信这还是当年那个初登指挥台,以一曲马勒的《复活》赢得满堂喝彩的青年才俊吗? 还是十几年前刚就任柏林爱乐乐团首席指挥时的那位踌躇满志的众望之星吗? 但,这确是克劳迪奥·阿巴多! 只不过是行将卸任,告别柏林爱乐的阿巴多。此时此刻,他正指挥着他的昔日御林军在演奏

克劳迪奥·阿巴多在指挥卢塞恩节日乐团

着德沃夏克《新世界交响曲》第二乐章那著名的慢板主题。这一幕出现在那张标题为《倾听寂静——一个人物肖像的剪影》(Claudio Abbado: Hearing The Silence—Sketches For A Portrait' TDK Euroarts 发行)的影碟的开头。岁月荏苒,当年的勃发英姿,如今已为苍老和憔悴所取代。

阿巴多在其指挥生涯的巅峰急流勇退,离开柏林爱乐,其身心所受到的疲惫和打击是多重的。2000 年,在演出时每每感到体力不支的阿巴多经医生确诊患了胃部恶性肿瘤,医生不得不切除了他的大半个胃。很显然,昔日乐坛上的“拼命三郎”一下子成了癌症俱乐部里的一员。肉体上的打击已够沉重,偏偏祸不单行,他的情感生活此时也面临着严重的危机:20 世纪 80 年代后期,他与叛逃到西方的俄罗斯女小提琴家维克多丽娅·穆洛娃产生过一段令人瞩目的缠绵恋情,他们还有了一个孩子——现年 12 岁的米沙。然而,这段年纪相差四分之一世纪的忘年恋却在 10 年后无疾而终,阿巴多忍受着情感的创伤重又回归到一个人孤寂落寞的单身生活之中。就在这种身心俱疲的状态下,阿巴多选择的不是抗争,而是忍让;因为他不是贝多芬,而是勃拉姆斯。“倾听寂静”表明了他的一种人生态度。影片中的一个场景令人至今深刻难忘:1997 年 4 月他指挥演出勃拉姆斯的《德意志安魂曲》。当合唱团唱着终曲到达高潮后,整个音乐厅内出现了前所未有的宁静:乐音消失了,画面凝固了,空气也凝结了,唯有影碟机上不断跳动闪烁的数字在提示着人们:

这并非是一幅时间静止的停格画面,而是实实在在"无声的音乐"。这一幕时间竟罕见地长达 50 秒之久! 此刻,方始使人感受到"寂静"的力量。正像影片中由阿巴多的好友,德国电影、戏剧演员布鲁诺·冈兹(Bruno Ganz)所说的那样:"突然间一切都归零了,一切都静止了。在这一刻听众与音乐的呼吸都合而为一。整个音乐厅内充满着真实的感动,这才是大家都参与其间的高潮!"

对于阿巴多从柏林爱乐的离去,还有更深层次的原因,因为他毕竟是乐团百年历史上在位的首席指挥请求主动去职的第一人。前柏林爱乐首席,现卢塞恩节日乐团首席,小提琴家柯利亚·布拉彻(Kolja Blacher)说此消息对他和乐团的大多数成员来说都很震惊,但这也恰恰表明阿巴多是一个具有独立思想的艺术家,"我想不起除了他以外,还有谁有如此胆识对公众说:'好! 到此为止了。一切都很好,但都结束了。'我相当佩服他的这一决定。"

导致阿巴多去职更深层的原因仍是这个社会中最直截了当,也最令人无奈的商业利益因素。正像《今日歌剧》的记者简·奈克尔斯分析的那样:"(柏林爱乐)乐团深深地爱着他们的指挥大师,然而有时它却爱某些东西更多些:那就是——钱。阿巴多的唱片总是卖得不温不火,当然这既有当今的唱片市场早已日趋饱和的因素,也有阿巴多的个性原因。他质朴而谦恭的个性以及为人低调的姿态与他的前任卡拉扬那市场宠儿的形象真乃有天壤之别。这也许才是他无法在柏林爱乐继续待下去的一个基本因素。通常他的唱片每款在全球的销量总数仅在两三千张而已。更有甚者,阿巴多与柏林爱乐的唱片曾经一度竟然要与歌坛当红的阿兰尼亚和乔治乌这对恋人歌唱家演唱的威尔第二重唱专辑捆绑在一起搭售才能卖得动。这种情形自然使曾沐浴过风光无限的卡拉扬时期的乐团无法接受。"奈克尔斯最后的结论是:对乐团这种注重商业利益倾向方针的不满,抱怨以及自身的疾患才是促使阿巴多最终放弃连任首席指挥的根本原因。

手术后的阿巴多静养了一段时间,然而这场突如其来的疾病却并没有击倒他,也丝毫没有摧毁他对音乐的信念。他的朋友们都说:手术后,他的外形的确改变了很多,然而在他的眼睛里仍然流露着年轻而清醒的光芒。而阿巴多自己也说:"手术后我看待事物和感受事物的观点与以前都不同了,因而我把这当作是我人生中的一个转折点。"一旦精力许可,他又要重拾音乐,投身到音乐中去,因为他坚信"音乐能够创造奇迹"。于是,在阿巴多和卢塞恩艺术节总经理米歇尔·海夫利格(Michael Haefliger)的共同酝酿筹划下,一支崭新的乐团被打造出来了,这就是卢塞恩节日乐团(Lucerne Festival Orchestra)。

卢塞恩位于瑞士中部,这座拥有 6 万人口的小城掩映在旖旎的湖光山色之间,它是瑞士最大的避暑胜地。早在二次世界大战期间,由于瑞士严守中立,这里成了音乐家们得以躲避战争荼毒,慰藉心灵的一方乐土。1938 年,指挥大师托斯卡尼尼曾在这里举行过一场传奇性的音乐会,在此基础上形成了日后颇具知名度的

"卢塞恩艺术节"。从 1943 年到 1993 年的整整 50 年间,这里也曾有一支被称为"节日乐团"的演奏团体,但却始终流于为艺术节期间的节目凑数的二三流水平,最终在 1993 年被迫解散。而 10 年之后的 2003 年,由克劳迪奥·阿巴多一手组建起来的这支"卢塞恩节日乐团"却迥然不同,打从它在当年 8 月 14 日第一次公开亮相时起,就已显示出乐团所具有的神奇和不凡的独特气质。乐团由一批顶尖的青年演奏家组成,他们大多是阿巴多在过去二十多年里曾经指挥或指导过的各交响乐团的首席或精英。由于受到大师人格魅力的感召,因而当得知要成立"卢塞恩节日乐团"时他们不惜放弃原先的职位和待遇,义无反顾地前来效力于阿巴多的麾下。除前述的柯利亚·布拉彻外,像中提琴家沃尔夫拉姆·克里斯特是独奏家兼弗莱堡音乐学院的教授;长笛家雅克·佐恩是前阿姆斯特丹皇家音乐厅管弦乐团长笛首席兼日内瓦音乐学院教授;大提琴家让-彼得·美因兹是独奏家兼柏林艺术大学教授;而低音大提琴家阿洛依斯·波什是前维也纳爱乐乐团的低音首席,等等。除了这些固定编制的成员而外,像柏林爱乐的长笛首席帕胡德、杰出的单簧管女演奏家萨宾娜·梅耶与她的木管合奏团以及著名的阿尔班·贝格四重奏组、哈根四重奏组的成员,他们都会出现在节日乐团的音乐会上,随着阿巴多的指挥棒奏出他们曼妙的乐声来。

阿巴多喜爱年轻人是出了名的,他一贯积极提携年轻的艺术演奏人才。在他执掌柏林爱乐之时,就先后约有占乐团三分之二的青年演奏家充实到演奏阵容中来,人数达 80 人之多。1978 年,他发起成立了"欧共体青年管弦乐团",就是旨在将不同乐团里的年轻演奏精英们捏合到一起,为他们的互相了解,交流提供了一个很好的实践平台。沪上一些资深的乐迷们应该对 1982 年由阿巴多亲率该团来沪演出的那两场精彩的演出还保持着新鲜的记忆。后来它更名为"欧洲室内管弦乐团",是因为阿巴多认为原先的乐团名称限制了非欧共体青年优秀音乐人才的加入,而对这种在艺术上人为区分种族、国别的做法是他坚决反对的。1986 年它又再次更名为"古斯塔夫·马勒青年乐团",直至今日成为在乐坛上享有盛名的"马勒室内乐团"(Mahler Chamber Orchestra),可以说这支大本营设在意大利费拉拉的"青年军"一直是阿巴多调教得最得心应手的子弟兵。而当组建"卢塞恩节日乐团"时,"马勒室内乐团"的演奏家们理所当然地就成为了节日乐团的核心骨干。尽管对于这批年轻人来说,阿巴多是他们的"乐团之父",然而事实上,无论是在乐团的排练场上还是在休息室里,你都听不到这些年轻人称他为"尊敬的大师"(Maestro),而是亲切地称呼他"克劳迪奥"。

从某种意义上说,作为一个意大利人克劳迪奥·阿巴多是相当异类的。在他的身上,有着典型的贵族气质:在对待艺术的品位和见解上,他显得孤寡清高、含蓄内敛,从不趋炎附势、人云亦云。他长期的学生,从 1998 年起就担任马勒室内乐团客座首席指挥,现任该团首席指挥兼音乐总监,伦敦交响乐团客座首席的英国青年指挥家丹尼尔·哈丁（Daniel Harding）就谈道："他为人相当低调,也相当私密,我跟随他 10 年了,感到要他掏心掏肺地吐露内心的一切的确很难。"对这一点阿巴多也毫不否认："我不爱说话,我总是把事情留给自己。我将自己的价值观与情感都融汇于我的音乐之中了,因而语言也就无需多说什么了。"也许他和他哥哥马尔切罗一样,又也许阿巴多家族的人都与张扬、炫耀无缘。可是,在人际交往方面,他性格中的另一面又得到了淋漓尽致的体现,那就是态度谦和,作风民主。在这方面哈丁也有评价："他具有别人所没有的气度,表现出令人难以置信的优雅。在他的这种轻松宽容的气氛引导下,乐团反倒更能获得别人带不出来的极佳效果。"

克劳迪奥·阿巴多在卢塞恩艺术节上

卢塞恩艺术节每年 8 月至 9 月举行。在为期七八周的时间内要上演 60 场以上的音乐会,其中交响乐演出占了近半数。除了应邀而来的那些著名的客席乐团外,卢塞恩节日乐团仍是艺术节上当然的主角。但这支新的节日乐团早已摆脱了以前那支乐团纯粹是凑数应景的名声,在阿巴多的领导下,乐团的演出质量始终保持着一个很高的水平。每年 7 月开始,乐团便集结在阿巴多的指挥棒下,为即将开幕的艺术节演出进行排练。整个夏天是乐团最忙碌的季节。除卢塞恩节日乐团外,阿巴多还定期指挥的乐团有两支:那就是马勒室内乐团和莫扎特管弦乐团（Mozart Orchestra）——一支总部设在意大利博洛尼亚,编制规模更小的合奏乐团。他每个演出季指挥 30 到 35 场音乐会,他拒绝给自己的音乐活动制定一个明确的量化指标,因为"我这不是在工作,而是在实现一种热情（I'm not working, I'm carrying out a passion）"。在稍后的一次访谈中,他进一步阐述道:"从我 7 岁时起,用声音来制造出神奇的事情就是我的梦想。自那时起我只是为了追求这个梦想而活,对于个人今后的生涯我从未考虑过,也从不奢求去谋取重要的职位。我以为自己是非常幸运的,因为无论在欧洲还是美国我都能找到最好的交响乐团去实现我的这一梦想。"如果说 1965 年时年 35 岁的克劳迪奥·阿巴多凭藉着他在萨尔茨堡艺术节上指挥柏林爱乐乐团演奏的马勒《第二交响曲》（复活）而一举成名的话,那么 2003 年他在遭遇身患恶疾,情感失落和事业挫折的三重打击之后,凭藉着卢塞恩节日乐团的横空出世而宣告了他自己的"复活"。他与他的弟子们一起演奏莫扎特和贝多芬,演奏布鲁克纳和马勒,全然忘却了自己的一切不幸。

在 2005 年秋天,年仅"3 岁"的节日乐团就头一次走出卢塞恩,到意大利的罗马去进行巡演；2006 年 10 月，他们又第一次走出欧洲，在东京的三得利大厅举行了亚洲巡演音乐会；而 2007 年 10 月，由卢塞恩节日乐团的演出更揭开了美国卡内基音乐厅第 117 个演出季的序幕，在两场重量级的音乐会上，他们演奏的曲目分别是贝多芬的《第九交响曲》和马勒的《第三交响曲》。原本这两场大戏的指挥都由阿巴多本人亲自担纲，然而，就在乐团即将成行的一个月前，瑞士方面传来了大师由于健康状况，无法如约赴美指挥这两场音乐会的消息。

后来这两场音乐会分别由美国指挥家大卫·罗伯森（David Robertson）和法国指挥大师皮埃尔·布列兹指挥卢塞恩节日乐团在卡内基如期举行，影响巨大。然而阿巴多的失约毕竟令人遗憾，因为自从 2001 年 9 月 11 日率柏林爱乐在美国巡演之后，阿巴多就再也没有在卡内基露过面。事实上，自他动了手术后，人们期盼在舞台上能够一睹大师风采的心情较之以前反而更为迫切了，他的音乐会票子变得异常抢手。卡内基音乐厅总经理兼艺术总监克利夫·吉林森就说："现在当舞台上出现克劳迪奥简直成了一个重大的事件。尽管此次大师未能成行，不过我们将想尽一切办法使这一重大事件能够成为现实。对此我们是非常自信的。"迄今为止，阿巴多最近指挥的一场音乐会是与卢塞恩节日乐团于 2007 年 8 月 22 日演出的马勒《第三交响曲》。

目前，阿巴多将较多的时间放在自己在意大利南部位于地中海沿岸的萨蒂尼亚岛（Sardinia）山区一幢 16 世纪的木质别墅内，周围有馥郁青葱的植被和农田。他在这里种植了大约九千多株各类树木，非常适宜休养生息。他花大量的时间阅读，并与亲友们在一起，享受着亲情的温暖。他仍在学习他所不熟悉的工作，因为"对于富有启发性的事物我总是充满着求知的热忱"，他说。他还喜欢乘坐帆船出游，到滑雪胜地去度假等。"我找到了一种新的生活方式——没有一只胃的生存方式。我的情感也就此发生了变化……现在我懂得了：在生活中总是会有所限制的，我试图找到一种方法避开这些限制，去尝试做某些新的事情。"

达尼埃勒·阿巴多

当然，在克劳迪奥·阿巴多身体状况许可的条件下，除继续精心打造有他亲手缔造的几支乐团之外，他的另一项最重大的工程就是参与到他儿子的工作中去。从艺术传承的角度而言，儿子已经到了该接班的时候了。不过，儿子承袭的却并非是老爸的音乐衣钵，但仍在大艺术的范畴内。达尼埃勒·阿巴多（Daniele Abbado）1958 年出生于米兰。受母亲的影响（克劳迪奥的前妻是一位戏剧演员）他从小就对戏剧表现出浓厚的兴趣。中学毕业后，达尼埃勒进入米兰的皮科罗剧院所创办的戏剧艺术学校，师从著名的戏剧导演、帕尔玛剧院的双巨头莫尼·沃瓦迪亚（Moni Ovadia, 1946-　　）和卢契拉·莫拉奇（Lucilla Morlacchi, 1936-　　），这

达尼埃勒·阿巴多

两位老师对他日后的艺术人生都产生了深远的影响。他先是毕业于帕维亚大学的哲学系,走上社会后却以戏剧导演的身份开始其职业生涯,并将音乐元素大规模地引入到戏剧作品之中。从 1995 年起,37 岁的达尼埃勒开始在世界范围内执导歌剧演出。他一口气将莫扎特与达·彭特合作的三部歌剧代表作——《费加罗的婚礼》《唐璜》和《人皆如此》搬上了歌剧舞台,在 1998 年和 2000 年又相继将韦伯的《自由射手》和贝多芬的《费德里奥》搬上了罗马圣塞契莉亚音乐学院的舞台。1999 年他还在古城维罗纳的爱乐剧院执导了《唐璜》。

除了传统的经典歌剧作品外,达尼埃勒还对当代歌剧兴味盎然。他不遗余力地将当代作曲家门的作品推上舞台,如意大利作曲家贝里奥的《帕萨吉袄与拉博里图斯二世》(Passaggio and Laborythus II),巴蒂斯特利的《实验》(Experimentum Mundi),维契的《迁徙的鸟》(Les Oiseaux de Passage),德国作曲家亨策的《波利西诺》(Pollicino),欧林的《一号文献》(Dokumentation I),《奥菲欧之奖》(Orpheus Prize)和《溶合 96》(Spoleto' 96)等,这些往日知音甚少的歌剧作品经由达尼埃勒之手都先后在热纳亚,博洛尼亚,罗马甚至是萨尔茨堡艺术节上得以上演,并备受好评。

从对艺术作品的选择偏好,到对社会,人生的处世理念,乃至个人气质的性格特征,达尼埃勒·阿巴多与其父克劳迪奥·阿巴多都很相似,然而直到 2006 年之前,这对父子在共同的艺术领域内却少有交集,甚至也甚少交流。或许是自幼受到父母离异的阴影,从小到大达尼埃勒对他那位音乐界的大腕老爸之中都处于一种若即若离,似亲非亲的状态,正因如此他认为父亲在他的人生选择过程中没有向他施加过影响和压力,他完全是按照自己的意愿成长起来的。至于为何父子俩一直没能合作一把,达尼埃勒说:“父亲和我都讨厌那些所谓的‘父子拍档’(the father-son thing),因为每当才华横溢的父亲试图将天份并不怎么出众的儿子推向前台时,会使周围的每一个人都因之而陷入窘境,他们又不便对此公然说‘不’。为了防止类似的情形在我的身上重现,所以我要走我自己的路。”

话虽如此,在大艺术这个范畴内,总难免有交汇的机缘。他们最早的合作是尝试性的,那就是克劳迪奥·阿巴多那部带有自传性的影片《神奇之声的小屋》(The House of Magical Sounds)由达尼埃勒进行剪辑处理;后来就是几场电影音乐会,达尼埃勒将普罗科菲耶夫配乐的《亚历山大·涅夫斯基》和肖斯塔科维奇配乐的《李尔王》进行画面和剧情的剪辑,使之在音乐会上与由父亲指挥的管弦乐现场演奏相匹配,做到音画合一。不过,在 2006 年纪念伟大的莫扎特诞辰 250 周年的日子里,这对父子俩才真正实现了全方位的艺术合作。在当年的爱丁堡艺术节上,他们共同将莫扎特的歌剧《魔笛》搬上了艺术节的舞台。而这一事件之所以在当时吸引众人的眼球而形成轰动,是由于它具有引起轰动的元素:首先,说起来也许有些令人难以置信:克劳迪奥·阿巴多作为当代杰出的指挥大师尽管指挥上演的作品不计其数,然而在 2006 年以前却从来没有指挥过《魔笛》! 这也是他唯一没有涉猎过的一部莫扎特歌剧,因之这次演出是圆了他的莫扎特歌剧全集之梦;其二,这次演出担任演奏的乐团是克劳迪奥的嫡系——马勒室内乐团。以一支仅有 48 人的室内乐团的规模去演释莫扎特的生前最后一部杰作,这又开创了歌剧演出史上的先例;最后,当然就是这是阿巴多父子俩头一次在歌剧领域里的全方位合作。达尼埃勒在其中的作用之所以重要,是由于他为这次演出拿出了一个全新的诠释版本。

　　达尼埃勒对《魔笛》的热衷还要追溯到他的求学时代。在大学里虽然他学习的专业是哲学,但他却从未放松过对《魔笛》中描写的那些玄妙的宗教教义和共济会组织的发展沿革等历史资料的探究。他说:“你必须要找到它们两者之间的联系,《魔笛》这个作品也许更具备当代的涵义。因为所有种族,人类非常简单的观念或信仰叠加在一起,再用音乐的形式将它们表达出来,那么这种观念和信仰就能成为治愈一切彼此隔阂,纷争的‘心灵鸡汤’”。由于这个演出版本最重要的两个关键人物——戏剧导演和音乐指挥本身就是两父子,因而这种家庭的气氛也迅速传导到了整个剧组里面,所有的演职员们都像身处一个大家族之中,他们的工作状态显得异常地宽松而又坦诚,其结果自然也就格外的高效而又卓越。达尼埃勒对此评价道:“我把我们的这次合作称作是‘一种无条件的,建设性的关系’,因为他从未试图以父亲的独特身份或一位大指挥的权威在排练过程中去掌控一切。”

　　克劳迪奥·阿巴多和达尼埃勒·阿巴多版的《魔笛》在爱丁堡艺术节上的两场门票被迅速销售一空,以后无论是在意大利,还是德国的上演,都获得了空前的成功。其实,爱丁堡艺术节原本不是以上演传统剧作著称于世的,相反它最夺人眼球之处恰恰是在此上演的各类先锋派的实验剧目。可是谁让《魔笛》是由阿巴多父子合作的硕果呢? 有谁让 2006 年偏偏是伟大的莫扎特诞辰 250 周年的重大日子呢? 于是,一部创作于 215 年前的,为人家喻户晓的传统歌剧却成了这一届艺术节上最大的赢家。2007 年 11 月 13 日,达尼埃勒又在西班牙的马德里皇家剧院将布里顿的《卢克莱修受辱记》搬上了舞台。评论家们称这次演出“是令人难忘的……达尼埃勒·阿巴多为歌剧提供了一个简洁,雅致的空间;细腻而又有鉴赏力的布景,它被缀饰得瑰丽堂皇,为歌剧的音乐与台词作了气氛和情节上的铺陈和渲染。他对表演的指导处理效果也堪称壮观而有光彩,剧中的每个人物角色的个性都定位准确,栩栩如生。这个演出版本对于那些总是希冀寻求‘新奇震撼力’的所谓著名的现代导演们来说,完全可以称得上是一个值得他们学习的范例。它实在是达尼埃勒·阿巴多剧场作品一个真正的代表作,清晰地表明了他对在舞台上上演的音乐作品的热爱和尊重。"

从 1999 年起,达尼埃勒受聘担任了米兰布雷拉戏剧学院的导演系教授;2002年被任命为中部艺术节的艺术总监。自 2003 年秋天起,他成为意大利雷吉奥—埃米利亚剧院(Reggio-Emilia Theatre)的艺术总监。在达尼埃勒的眼中,这座具有全国不同种族通婚率最高的后工业时代的中心城市象征着不同文化之间的高度融合,它是一座乐于接纳新生事物的城市。对于自己今后的艺术之路,达尼埃勒不无自信地说道:"重要的不是玩商业上的数字游戏(指着眼于经济收益,票房收入的多寡),我仍试图继续激励着我的团队,使他们相信:我正在以自己的全部热情在从事着这项事业。到目前为止,这种朝着我的人生理想一步步靠近的步伐看起来迈得还不错。"

人生有涯,前程茫茫,但明天无疑是令人鼓舞的。阿巴多家族上两代的经历都已经证明了这一点,作为家族的新生代传人,达尼埃勒·阿巴多也将以自己的经历继续践行。

《倾听寂静》DVD

《阿巴多在卢塞恩》DVD

阿巴多与莫扎特管弦乐团演奏的莫扎特作品

阿巴多父子合作的歌剧《魔笛》

二、施纳贝尔家族中的 Duo

阿图尔·施纳贝尔(Artur Schnabel,1882-1951)这个名字对了爱乐者来说应该算得上如雷贯耳了吧！他是 20 世纪上半叶乐坛上最伟大的钢琴家之一,他不仅是那个时代演奏并录制了贝多芬全部 32 首钢琴奏鸣曲的第一人,也是直接承袭德奥钢琴学派嫡派传统并将之发扬光大的第一人。2007 年正值这位琴坛泰斗诞辰 125 周年,这也是我起意写写施纳贝尔的一个动机。当然,125 周年相比于去年的莫扎特 250 周年在年份上、意义上自然要打个对折,相信纪念施纳贝尔的活动也绝不可能像去年在世界范围内全球共襄的"莫扎特年"那么盛大隆重。这里只想谈谈施纳贝尔家庭成员之间的音乐生活,试图从另一个角度去走进这位令我们肃然起敬的钢琴大师的精神世界。

阿图尔·施纳贝尔

何为 Duo, Duo 这个词的原意是一对、一双。作为音乐术语,就是指由两个人的同台表演,它不光是指器乐之间的二重奏、声乐方面的二重唱,也泛指一切以二人形式展现的音乐体裁。细细考察施纳贝尔家族中的 Duo,竟有四对之多,这在一般西方的音乐之家中也是不常见的。

阿图尔·施纳贝尔与特蕾萨·贝尔的 Duo

施纳贝尔家族中的第一个 Duo 就是施纳贝尔与他的夫人特蕾萨·贝尔

施纳贝尔与妻子特蕾萨

（Therese Behr）的爱情二重唱。他们妇唱夫随的乐坛形象为家庭中的子女们留下了完美的印象,并且成为他们日后自觉承继、效仿的楷模和典范。特蕾萨·贝尔当年与施纳贝尔的结合可是有着明显的"下嫁"意味：其一,她的年龄要比施纳贝尔大 6 岁,是名副其实的"大娘子"；其二,她的个头比起身材矮小的施纳贝尔要足足高出 15 厘米,他俩是典型的"高个子女人与她的矮个子丈夫"；最后,在他们相识时,贝尔在乐坛上的知名度也远比施纳贝尔高得多。因而从各方面说,特蕾萨·贝尔都堪称是一位乐坛的"女强人"。

特蕾萨·贝尔 1876 年 9 月 14 日出生于德国的斯图加特。她是一名女低音歌唱家,早年在法兰克福师从当时德国第一流的男中音歌唱家裘利斯·斯托克豪森（Julius Stockhausen, 1826-1906）。22 岁时贝尔来到首都柏林,继续拜名师格尔斯特（Etelka Gerster）深造。同年,贝尔就在舞台上初试歌喉,引起了人们的关注。第二年,她便在自己的独唱音乐会上获得了巨大的成功。不仅她的演唱声情并茂,感人至深,而且听众们还注意到在音乐会上坐在一旁为这位人高马大的青年女低音伴奏的居然是钢琴之王李斯特的一名高足——阿尔弗雷德·赖泽瑙尔（Alfred Reisenauer, 1863-1907）!

在此后的舞台演出中贝尔一路走红,她那丰饶而富于色彩变化、深沉而又圆润浑厚的低音音色不知打动过多少人的心扉。贝尔主要演唱德奥抒情艺术歌曲而很少涉足更易成名成家的歌剧领域。擅写艺术歌曲的大作曲家理查·施特劳斯也为她的演唱所感动,曾专门创作了歌曲《黄昏的梦》（Traum durch die Dammerung）题献给贝尔,并由她首唱。在贝尔演唱事业最鼎盛的岁月。她身边的钢琴合作伙伴竟然是理查·施特劳斯、弗里兹·克莱斯勒(伟大的小提琴家,但也精于钢琴伴奏)以及阿尔弗雷德·赖泽瑙尔这"三大牌",其名声一时举国无二。而当她要在音乐会上与交响乐团合作演唱巴赫的康塔塔或马勒的声乐套曲时,与她合作的指挥家便是尼基什、魏恩加特纳,当然仍少不了理查·施特劳斯。在 1903 年,27 岁的贝尔还组织过一个声乐四重唱,进行过探究重唱艺术的魅力。

相比于如日中天的特蕾萨·贝尔,施纳贝尔尽管在自己的祖国奥地利少年成名,8 岁即能在维也纳举行独奏音乐会,然而在 20 世纪初,他毕竟还只是一个刚刚来到柏林"闯天下"的外来者。刚到柏林不久,施纳贝尔就在尼基什的指挥下与柏林爱乐乐团举办了几场音乐会,为自己在柏林站稳脚跟打下了最初的根基。贝尔正好也是尼基什音乐会上的常客,所以他俩应该是在柏林爱乐乐团的音乐会得以相识的。而后,他俩又进一步成了音乐会上的合作伙伴。而理查·施特劳斯、克莱斯勒和赖泽瑙尔毕竟都是术业专攻的名流,他们为贝尔的演唱担任钢琴伴奏多少带有捧场与客串的成分。贝尔始终缺少一个固定的合作伙伴,而初来乍到的阿图尔·施纳贝尔就是一位最理想的候选者。在他们合作之初,无论从哪方面而言施纳贝尔对贝尔都只有仰慕的份,然而随着合作的深入,他了解到这位誉满欧洲的女低音歌唱家早已到了成家的年龄却仍云英未嫁时,施纳贝尔便也顾不得许多了,决意要成为她的追求者。施纳贝尔不仅是一位优秀的钢琴家,也是一位深有造诣的作曲家。他开展感情攻势的杀手锏就是为贝尔献歌。据现有的资料判断:施纳贝尔于1899-1902年间所创作的声乐作品基本上都是他对贝尔表述爱情的见证,比如他的歌曲《夜曲》(Notturno)就是一首旋律优美、情意缠绵的作品,它的歌词取自德国诗人理查德·德梅尔(Richard Dehmel,1863-1920)的诗作。在19世纪、20世纪之交,德梅尔的诗作因其强烈的抒情性而为众多一流作曲家所青睐:理查·施特劳斯、马克斯·列格、阿诺尔德·勋伯格还有库尔特·维尔等不是将他的诗作谱成艺术歌曲,便是从他的诗中寻找激发创作灵感的源泉。就这样,经过几年的台上的默契合作,台下的献曲表意,两人的感情也终于瓜熟蒂落了。1905年,23岁的施纳贝尔与29岁的特蕾萨·贝尔结成了人见人羡的乐坛伉俪。婚后他们妇唱夫随的身影出现在舞台上的频率更高了。事实表明,这段婚姻对于施纳贝尔日后的成名影响是巨大的。为了提携夫君,使其能够尽快地被德国的听众所接受,贝尔在原本是她整场的个人演唱会上会特意删去几首自己的曲目,以便让出一部分时间给施纳贝尔的钢琴独奏。同时,婚后的贝尔对施纳贝尔演奏曲目的拓展也有意无意施加了影响。维也纳时代的施纳贝尔是以演奏莫扎特、贝多芬作品见长的,而贝尔则鼓励他进一步去探索舒伯特、舒曼和勃拉姆斯音乐作品的真谛,因为在长期的艺术实践中她对这三位作曲家的音乐有着切身的深刻理解。后来,施纳贝尔在演奏这三位作曲家的作品方面也具备了很高的造诣,尤其是他诠释的舒伯特钢琴奏鸣曲更是在1828年纪念舒伯特百年祭的活动中大放异彩,几乎被听众视为是从图书馆的故纸堆里重新找回了一个令人耳目一新的舒伯特。

在二战前的柏林,施纳贝尔的家以宽敞舒适、情趣高雅吸引着德奥音乐文化圈内的人士们近悦远来。他们的家总共有12间屋子,夫妇俩,后来还有他们的两个儿子以及4架贝森斯坦钢琴是这些屋子最显赫的主人。英国作家、

施纳贝尔夫妇与5岁的卡尔在柏林的家中

历史学家爱德华·格朗克肖（Edward Granksnow，1909-1984）一生阅人无数，他是这样描述这个家庭中的女主人的："作为一位艺术家的妻子，许多人不是缺少特蕾萨·贝尔所具有的音乐家身份的头脑，便是缺少她的丈夫所给予她的那份感激之情。贝尔比她的丈夫大几岁，是她促使施纳贝尔在经历了童年的天才时期后重新起步。她坚持由施纳贝尔作为自己的钢琴伴奏出现去面对挑剔的德国听众。她拥有最正确的音乐直感与智慧。我还从未遇到有第二个人像她那样地精明和干练。"

囿于时代所限，特蕾萨·贝尔这位 20 世纪早期的著名女低音歌唱家在她演唱事业的黄金时代未曾留下她的演唱录音，自然，当年她与丈夫的 Duo 是如何的亲密无间、珠联璧合也唯有后人展开自己的想像才能够获知了。随着两个孩子——卡尔·乌尔里希与斯特凡的相继出世，贝尔渐渐由台前退到了幕后，承担起了相夫教子的角色，而与此同时施纳贝尔则迎来了自己事业最辉煌的岁月。尽管如此，贝尔则在声乐教学上延续着她舞台艺术上的成功，她学生中的佼佼者德国女高音莱奥纳德（Lotte Leonard，1884-1976）、瑞士女高音斯塔德尔（Mara Stader，1911-1999）和英国男高音皮尔斯（Peter Pears，1910-1986）等都成了 20 世纪下半叶西方乐坛上极有声望的歌唱家，并且无一例外地他们都是音乐会歌唱家。

贝尔仅有的录音是 1932 年 11 月当她 56 岁时，由其长子卡尔·乌尔里希的钢琴伴奏录下的几首艺术歌曲。这时距离她们全家为躲避希特勒法西斯的迫害被迫离开柏林已没有多少时日了。在这些录音中，尽管年过半百的贝尔声音听上去已经缺少了她年轻时所拥有的力度和光泽，然而她的演唱功力却并未随着岁月的流逝而显现出明显衰退的迹象。威廉·格罗克（William Glock，1908-2000）是施纳贝尔的学生之一，后来他成为英国《观察家报》的音乐评论家，并曾出任 BBC 的音乐主管长达 13 年之久。在那段日子里格罗克经常去施纳贝尔的家中作客。他回忆道："那是一个值得纪念的夏天。在某个傍晚我听见贝尔正在演唱舒伯特的歌曲，她的儿子卡尔·乌尔里希为她伴奏。她的声音中有一丝忧郁，然而她演唱时的那种质朴纯真以及发自内心的炽热情感却使我终身难忘。她的丈夫就坐在我的旁边。听着妻子动人的演唱，他的眼中时有泪水在涌现、流淌……"

施纳贝尔全家福
特蕾萨、阿图尔、安、海伦、卡尔（从左至右）

1937 年，施纳贝尔全家几经辗转定居于美国。他们利用 20 世纪 20、30 年代早期在北美巡回演出而积聚起来的名声和威望开始了他们的新生活。到美国后的贝尔继续执教声乐,直到 1951 年施纳贝尔去世后她才离开美国重返欧洲,最终于 1959 年 1 月 30 日走完了自己的人生之路,在瑞士的卢加诺去世,享年 83 岁。

阿图尔·施纳贝尔与卡尔·乌尔里希·施纳贝尔的父子 Duo

在施纳贝尔家族的 Duo 中,卡尔·乌尔里希·施纳贝尔(Karl Ulrich Schnabel)占据着举足轻重的地位。早在 20 年代特蕾萨·贝尔渐渐退居幕后之际,她的长子卡尔·乌尔里希已长大成人,并以其出色的演奏技艺接替了母亲的角色,与父亲老施纳贝尔组成了享有盛名的父子钢琴二重奏。

两代钢琴家:阿图尔与卡尔

卡尔·乌尔里希 1909 年 8 月 6 日出生于柏林,从 5 岁起父亲就手把手地教他弹钢琴。13 岁进入柏林高等音乐学校之后,犹太裔的俄国钢琴家克罗策尔(Leonid Kreutzer,1884-1953)就成了他一生中最主要的老师。克罗策尔是老施纳贝尔的老师莱舍蒂茨基的妻子埃西波娃的学生,他于 1921 年起在柏林高等音乐学校担任钢琴教授。小卡尔跟随这位名师学琴,并在愉快中健康成长。他本身天赋就高,先天条件又好,因而进步很快。再加之他与克罗策尔都喜欢打乒乓,弹琴弹得厌烦了便去乒乓房里打上一场比赛。在学校如此,在家里上课也是如此,反正施纳贝尔家里的屋子多得是,只需避开他老爸在家里教学生的时间即可。就这样弹弹打打,一晃四年过去了。在此期间,卡尔还曾跟随另一位俄国名师、阿连斯基和塔耶涅夫的学生胡昂(Paul Juon,1872-1940)学习过一段时间。1926 年,17 岁的卡尔就在柏林举行了他的处子秀独奏音乐会,技惊四座。一时间,电台的广播录音、一系列的独奏、重奏和协奏曲音乐会的演出合同接踵而至。在 20、30 年代交替的那段日子里,卡尔像旋风般地游走于欧洲、北美、南美与澳洲,在那里的交响乐团举行着广泛的合作,名声不胫而走。

卡尔的长相在很大程度上承袭了母亲所遗传的基因,他身材高挑,玉树临风;带一副眼镜,举止温文尔雅,颇具贵族绅士气派。而在其演奏事业的起步阶段又多得益于父亲如雷贯耳的威名,因而他所到之处无不受到听众的热烈欢迎。不过,在几乎迅速地获取了最初的成功之后,很有想法的卡尔却将其满腔热情与艺术天分奉献给了一向受人冷落的钢琴二重奏(包括四手联弹)领域的复兴事业。他的第一位二重奏合作者自然就是他著名的老爸。大约从 30 年代起,施纳贝尔父子钢琴二重奏就出现在柏林的音乐会上。在音乐会上,这一老一少,一高一矮的父子以其卓越感人的演奏与对比强烈的外貌吸引了大批听众的兴趣与热情。须知在那个年代,人们是很难得在音乐舞台上看到钢琴二重奏这种表演形式的,当然对于二重奏或四手联弹的音乐作品就知之更少了。即使是在 21 世纪的今天,哪怕对钢琴经典熟稔得如数家珍的人也未必知晓舒伯特曾作有四卷四手联弹曲集,莫扎特也作有 5 首钢琴二重奏奏鸣曲以及变奏曲。此外还有大量原创的此类作品出自于贝多芬、韦伯、门德尔松、舒曼、勃拉姆斯、德沃夏克、比才、德彪西、拉威尔甚至更早期的克里斯蒂安·巴赫、克莱门蒂以及迪亚贝利等作曲家之手。可以说这样一大批双钢琴或四手联弹作品在 20 世纪能够在音乐舞台上与久违了的听众们得以见面在很大程度上有赖于施纳贝尔父子的不懈努力。施纳贝尔父子 Duo 的录音最早见诸于 1939 年,那时他们全家已定居美国。现在留存下来的录音有他俩与由博尔特指挥的伦敦交响乐团合作的巴赫《C 大调双钢琴协奏曲》,莫扎特《降 E 大调第十钢琴协奏曲》(双钢琴);舒伯特的《军队进行曲》三首、《A 大调回旋曲》《匈牙利嬉游曲》《变化的行板》和《A 小调快板》(均为四手联弹)等。对于施纳贝尔父子 Duo,音乐评论界给予了高度的评价,称他们的成功在很大程度上归功于他们在这个前人鲜有涉及的领域所作出的开创性工作,将许多原来被藏匿在音乐会舞台背后的艺术瑰宝通过他们精湛真挚的诠释展现在更多的听众面前。不过,他俩留下的这些录音已是这对父子档 Duo 最后的文献记录了,因为在今后的岁月里,父子俩的合作机会日见减少,取而代之的是影响丝毫不逊色于斯的小施纳贝尔的夫妻档 Duo。

卡尔·乌尔里希与海伦的 Duo

卡尔与海伦的四手联弹

意大利的科莫是意国北部著名的风景区,它与瑞士接壤,整座城市依傍于阿尔卑斯山麓。而著名的科莫湖区更是四周群山环绕,绮丽多姿,风光秀美。这里曾吸引了历史上多少文人骚客在此抒情感怀,留下不朽篇章,他们之中就包括但丁、雪莱;李斯特和威尔第。科莫湖除了具有美不胜收的湖光山色,便是散布在湖畔那些错落有致、各具特色的休闲别墅吸引着众多的游人慕名而来。1933年，具有犹太血统的阿图尔·施纳贝尔为了躲避纳粹法西斯的魔掌，携全家被迫告别了他已生活了三十多年，几乎已将自己视为是其中一份子的柏林。他们先在英国生活了一段时间，后来就来到了意大利的科莫。在那段令人惊心动魄的日子里，科莫湖成了他们全家疗治精神创伤、心灵得以休憩的一片世外桃源。之所以选择来这里，是由于施纳贝尔最忠实的学生之一、匈牙利裔的女钢琴家莉莉·克劳斯（Lili Kraus，1905-1986）在这里有一幢非常优雅的别墅。在一年之前施纳贝尔全家刚受莉莉·克劳斯之邀来此作过客，对这里留下了极其美好的印象。从1933年6月起，他们在科莫湖租下了一套房子，施纳贝尔便在附近的弗雷门佐开课授徒，举办钢琴大师班。虽然这里地处偏僻，讯息相对闭塞，然而钢琴大师施纳贝尔开课授徒的消息还是不胫而走，一时间吸引了大批求学若渴的青年学子纷至沓来，其中就有一位不惜远渡重洋，自美国来拜师学艺的女学生海伦·弗格尔（Helen Fogel）。

　　海伦·弗格尔1911年7月22日出生，她的双亲都是早年移居美国的奥地利人。海伦少时也好生了得，9岁那年就作为当地的少年神童在著名的卡内基音乐厅登台亮相，11、12岁已在纽约举办个人独奏音乐会了。后来她进入朱利亚音乐学院，师从两位俄裔教授：马尔金（Manfred Malkin）与西洛季。亚历山大·西洛季（Alexander Soloti，1863-1945）乃是尼古拉·鲁宾斯坦与李斯特的双重大弟子，更是拉赫玛尼诺夫的表兄和其钢琴启蒙者。在欧洲乐坛可谓是闻名遐迩。西洛季于"十月革命"后来到美国，从1924年起出任朱利亚的钢琴教授。海伦在他的悉心调教下勤奋习琴，演奏技艺进步神速。1932年，21岁的海伦毕业于该校。凭借着业已建立起来的声誉与资历，海伦渴望再到欧洲故里去进一步丰富自己的学识。于是从1934年起海伦拜在当时欧洲乐坛首屈一指的钢琴大家阿图尔·施纳贝尔门下深造。原本她只是想见识与进修一番，岂不料由于对大师的造诣和教学一见倾心，竟致原定的归期一拖再拖，不知不觉竟在意大利科莫一下子呆了四年。由于与恩师时常在一起探讨切磋，时间一长海伦便与施纳贝尔全家也都相当熟悉了。不经意间已在欧洲乐坛小有名气的施家大公子卡尔·乌尔里希以其俊朗洒脱的外表和浑身散发着浓郁浪漫气质的儒雅风度悄然拨动了美国少女的芳心。卡尔也早已对父亲的这位得意女弟子留心多时了。老施纳贝尔当然也不是傻子，他乐得成全自己的爱子与高徒之间的这段情缘。于是，卡尔与海伦便在1939年离开科莫之前结为秦晋之好，同年海伦作为施家儿媳与施纳贝尔全家一起返回美国。1941年，他俩唯一的女儿安（Ann Schnabel）出生了。

　　卡尔与海伦的婚姻不仅是两位钢琴家之间的美满结合，更是促成了施纳贝尔家族Duo的自然延续。在随后的岁月里，夫妇俩效仿他们的父母辈，开始了夫唱妇随的钢琴二重奏演出生涯。尽管在欧洲，钢琴二重奏或四手联弹的演奏形式经由施纳贝尔父子的大力普及人们已渐次熟悉，然而在美国听众中，这种宣传和普及

海伦(左)、卡尔(中)在演奏莫扎特
《第七钢琴协奏曲》现场

在很大程度上就是凭借着卡尔与海伦的不断演出。他们为纽约的六家广播电台录制二重奏或四手联弹曲目,并且在美国国内和加拿大频繁地举行音乐会。无论走到哪里,这对技艺精湛,配合默契的夫妻档 Duo 都是受人瞩目的焦点。经过他们多年不懈的努力,至二战结束后的1945 年,由于老施纳贝尔的昔日演技已明显衰退,他将更多的时间和精力放在钢琴教学上,此时卡尔和海伦在美国听众心目中的地位已然超越了他们的父辈。他们重返欧洲,在时隔 12 年之后再次在自己的家乡父老们面前献艺,使人们倍感亲切。1956 年,夫妇俩的二重奏在荷兰艺术节上大显神威,声誉鹊起。在艺术节期间,他们总共与交响乐团举行了五场双钢琴协奏曲音乐会。1972 年,在爱丁堡艺术节上,他们珠联璧合,天衣无缝的艺术辉煌得以重现。

卡尔与海伦的夫妻档 Duo 为我们留下的录音包括:由鲍姆加特纳指挥维也纳交响乐团合作的莫扎特《降 E 大调第十钢琴协奏曲》(双钢琴),《F 大调第七钢琴协奏曲》(三架钢琴,第三钢琴独奏由奥地利女钢琴家、指挥家安塔尔·多拉蒂之妻阿尔彭海姆(Ilse Von Alpenheim, 1927-   ));莫扎特的《D 大调奏鸣曲》《C 大调奏鸣曲》;舒伯特的《降 B 大调奏鸣曲》《F 小调幻想曲》《波兰舞曲》四首、《降 A 大调变奏曲》《降 B 大调变奏曲》《C 大调变奏曲》;韦伯的《五首小品》(Op.10, Op.60);门德尔松的《辉煌的快板、行板与变奏曲》;勃拉姆斯的《匈牙利舞曲》;比才的《五首小品》——选自"童年游戏";德沃夏克的《C 大调传奇曲》以及德彪西的《五首古墓志铭》等,其中绝大多数为四手联弹曲。只是由于这些录音至今全未翻刻成 CD,因而致使今人尚无法一聆卡尔与海伦夫妻档那音情合一、心心相印的动人旋律。

除了与丈夫积极地从事钢琴二重奏与四手联弹之外,战后海伦仍继续作为独奏艺术家活跃于音乐舞台上。她的独奏倒是发行了 CD,计有 Town Hall Records 发行的海伦演奏的阿图尔·施纳贝尔的《钢琴协奏曲》与《七首钢琴小品》(THCD65)和她演奏的贝多芬《D 大调第六钢琴协奏曲》(即《D 大调小提琴协奏曲》的钢琴协奏曲版)、韦伯的《E 小调钢琴奏鸣曲》和马利皮埃罗的《阿索格拉尼诗篇》(THCD66)两款。从 1940 年起,海伦又在纽约的达尔克罗什音乐学校任教。而自 1948 年起,她将更多的时间花在了昔日的施纳贝尔之家——意大利科莫湖每年举办的夏季钢琴大师班的讲学上。

1974 年 9 月 29 日,这位风华绝代的女钢琴家不幸因癌症病逝于科莫,年仅 63 岁。当年出版的《钢琴季刊》在刊发她逝世消息的同时,留下了下面这样一段文字:

"海伦·施纳贝尔是一位纯粹的、天生的钢琴家,她在音乐理解上不懈追求,在演奏技艺上娴熟完美。在她一生的艺术探索人生中从未有过任何的彷徨和偏离,因为她热爱音乐!"

卡尔·乌尔里希·施纳贝尔与琼·罗兰的 Duo

长年的相濡以沫,共同的理想志趣,使卡尔·乌尔里希与妻子海伦成名后一直视钢琴二重奏和四手联弹为他们追求的最主要形式,如今一旦海伦撒手而归,卡尔·乌尔里希顿觉自己的艺术和人生中都丧失了一个重要的支柱,因而自1974 年起,在整整 6 年中他再也没举行过这种钢琴二重奏演出,甚至与音乐舞台也完全绝缘了。一

卡尔与琼·罗兰的四手联弹

直到 1980 年,世人才颇为惊喜地发现时已 71 岁高龄的卡尔·乌尔里希重又复出了,他表演的仍是钢琴二重奏,只不过这一次他的合作伙伴换成了加拿大女钢琴家琼·罗兰(Joan Rowland)。

琼·罗兰也是少小成名,她 11 岁时就与加拿大多伦多交响乐团合作举行了她的处女秀演出,青年时代曾荣获达姆施塔特国际钢琴比赛和萨尔茨堡国际钢琴比赛的优胜。从那时起她已在北美和欧洲举办了众多的独奏音乐会以及与交响乐团合作的协奏曲音乐会。卡尔·乌尔里希通过数年的寻觅,之所以选择琼·罗兰作为自己二重奏新的搭档,首先是罗兰的年龄、性格和气质都与自己已故的妻子海伦相仿;其次,是罗兰特别擅长于演释德奥浪漫派作曲家如舒伯特、舒曼等人的作品;当然更主要的是通过接触交流,发现罗兰对钢琴二重奏和四手联弹的志趣竟与自己如此相契。他俩的合作始于 1980 年。卡尔·乌尔里希与罗兰的这对 Duo 尽管没有血缘亲情的成分因素,然而长期的合作使他们彼此心心相印。演奏也达到了炉火纯青的境地。1983 年他们录制的首张唱片发行,曲目是舒伯特的《C 大调奏鸣曲》(又称《大二重奏》Grand Duo)。这部四手联弹作品有着一首大型交响乐作品所应有的乐思和篇幅,因而就其艺术的重要性而言绝不亚于作曲家的那些交响曲。卡尔·乌尔里希与罗兰的演奏效果也的确相当接近管弦乐所表现出的丰富色彩与层次,同样鲜明生动地展现出四手联弹所特有的雄浑而又丰满的音色。而这张唱片中的另一首作品《降 B 大调变奏曲》,他们则又演释得轻盈妩媚,意趣盎然,充分展示了钢琴演奏中这种独特表现形式的艺术魅力。唱片获得了成功,它赢得

了包括演奏界、评论界以及乐迷们的一致好评。当然,更令不少人为之激动的还在于唱片封套上的这样一行字:施纳贝尔钢琴二重奏昭示人们——绵延相袭、声誉遐迩的施纳贝尔家族 Duo 重又回到了人们的音乐生活之中。

本人欣赏过卡尔·乌尔里希和琼·罗兰演奏的一张舒伯特作品专辑(Sheffield Lab A09-028),曲目有《F 小调幻想曲》《四首波兰舞曲》《降 A 大调主题变奏曲》《四首连德勒舞曲》以及《D 大调回旋曲》。唱片中的主打作品《F 小调幻想曲》堪称舒伯特四手联弹作品中的代表作,属于作曲家的晚期创作。在这首作品里尽显其音乐中鲜明的抒情性,歌唱性;而与此同时,如同他晚年的钢琴奏鸣曲一样,戏剧矛盾的冲突和悲剧性的英雄主义因素也同样彰显。卡尔·乌尔里希与琼·罗兰的诠释将此曲内涵深刻地挖掘出来并诉诸键盘指端。他们的音量控制极具功力,轻微时细若游丝;响亮时壮如洪钟。这对男女组合的 Duo 的优势在于在表现抒情的主题时可以处理得细腻纤柔,委婉感人;而那些多少被赋予了贝多芬影响的大段附点音型以及宣叙调段落里夹似跺脚式的厚重和弦又被演释得摄人心魄,既揭示出作曲家对身处境遇的愤懑与抗争,又蕴含着对人生体验的哀叹与无奈。在乐曲展开部快板的复调对位乐段两人的诠释层次分明,乐句的呼吸起伏有致,脉络清晰,极富织体的美感。该曲的结尾并未结束在完全终止上,更给人一种怅然若失,欲言又止的感觉。

《四首波兰舞曲》则提供了在肖邦之前创作此类体裁,未为人识的优秀范例。舒伯特的波兰舞曲没有肖邦作品中那样深刻的戏剧性,更多的是表现贵族宫廷舞蹈的雍容华贵、典雅轩昂,其中《E 大调波兰舞曲》(作品 75 号)则在典雅之外更有盈巧灵秀之美。与他的前辈莫扎特、贝多芬一样,舒伯特也是一位创作变奏曲的大家。《降 A 大调主题变奏曲》的主题是一段极其普通的音乐,没有优美的旋律,也缺乏动人的乐感。但在演奏家的精湛演绎下,这个平庸无奇的主题却被展示得气象万千,至最后竟具雷霆万钧之势。听完整张唱片,方知在四手联弹中其中的一位演奏家需要在大部分时间内充当一个演奏低音和声的角色。这也难怪历来少有人能在这个行当里沉得住气,耐得下性子甘愿坐此"冷板凳"了。二流琴手尚且不为,更遑论负有盛名的钢琴演奏家。然而卡尔·乌尔里希偏偏是这少之又少人中的一位,并且板凳一坐 50 年,甘于乐此不知返。

由卡尔·乌尔里希与罗兰组成的"施纳贝尔钢琴二重奏"录制的唱片还有:贝多芬的《瓦尔德斯坦伯爵主题变奏曲》,莫扎特《F 大调奏鸣曲》(LP:Sonic Arts);莫扎特《E 小调奏鸣曲》(嬉游曲)、舒伯特《玛丽主题变奏曲》(Town Hall THCD-41)和德沃夏克的《波西米亚森林》和《十首传奇曲》(Town Hall THCD-49)等。在他俩合作的二十多年里,他们的足迹遍及美国、加拿大与欧洲各国,他们的声誉使得包括美国的拉维尼亚音乐节、洛克豪森艺术节和马里兰艺术节在内的音乐盛会每年都邀请他们前去参加演出。在柏林的爱乐大厅、伦敦的伊丽莎白大厅、纽约的弗里克博物馆都举办过他们的专场音乐会。而"德国之声"更是将他们演奏的曲目通过广播电视网迅速地传播到世界各地。

在舞台上乌尔里希是毕生倡导钢琴二重奏和四手联弹的艺术家,而在台下他又是一位热心传播其艺术理念、诲人不倦的优秀教师,他被学生们称作是"世界上最具学术探究性的钢琴教师"。他的钢琴教学早得有些令人难以置信,从13岁起他就已开课授徒了。原来,在当时的柏林由于阿图尔·施纳贝尔的名气实在太响,慕名前来投师学艺的年轻人纷至沓来,使老施纳贝尔不免穷于应付。于是在实在分不开身的情况下他将自己的一些学生交给儿子卡尔·乌尔里希教。这样的"调包"可令那些学生感到老大地不爽,他们私下里把这位比自己年龄大不了多少的小施纳贝尔称作"糟糕的施纳贝尔",在跟随卡尔·乌尔里希学习时内心的那份委屈与郁闷可想而知。然而令人意想不到的却是时至今日,这批学生中的一些人仍记得当初跟小施纳贝尔上过的那些课,认为这是一段在他们人生中具有影响,足以使他们的艺术定型的经历。这些学生中就包括克洛德·弗兰克(Claude Frank, 1925-　　　),列昂纳德·舒尔(Leonand Share 1910-1995)和莱昂·弗莱舍(Leon Fleisher, 1928-　　　)。他们后来又师从老施纳贝尔。比较父子两代施纳贝尔的教学,尽管两者的教学风格方式各异,但他们认为卡尔·乌尔里希的教学水准一点不逊于老施纳贝尔。而卡尔·乌尔里希自己的得意弟子中,彼得·塞尔金(Peter Serkin, 1947-　　　)、穆雷·佩拉希亚(Marray Perahia, 1947-　　　)、理查德·古德(Richard Goode, 1943-　　　)。郑明勋(1953-　　　)等哪个不是当今琴坛的栋梁中坚,精英名家? 更令卡尔·乌尔里希引以为自豪的是在1997年、2001年连续两届范·克莱本国际钢琴大赛上夺得金奖的选手强·中松(Jon Nakamatsu)和斯坦尼斯拉夫·路德尼奇(Stanislav Loudenitch)竟双双出自他的门下。

卡尔·乌尔里希所秉承的家族传统与艺术精神决定了他们绝对忠实于乐谱的态度去诠释作品作为自己演奏艺术的最高准则。而在他的教学中这种理念也清晰而完整地贯穿于教学过程中。从1947年,他每年定期在意大利的科莫湖举办国际性的夏季钢琴大师班,一如其父在战前的习尚。此外,他也在英国、法国、意大利、德国、奥地利、西班牙、以色列、日本以及澳洲和南、北美洲举行大师班。1940年,他成为在纽约的达尔克罗什音乐学院的钢琴教授。他的著述《踏板的现代技巧》(Modern Technique of The Pedal)已被译成数种语言出版,并被不少音乐学院用作教材和研究参考书,而经他着手编订的舒伯特与韦伯的钢琴作品集也先后刊行于世。

2001年8月27日,卡尔·乌尔里希·施纳贝尔以92岁高龄病逝于美国康涅狄克州的丹布里。嗣后他的遗体被送到瑞士,与他的双亲以及他的妻子海伦一起葬于阿尔卑斯山脚下的施纳贝尔家族墓地里。在同年举行的柏林艺术节上,首映了一部展示他钢琴教学与学术成果的纪录片《心灵的火花——钢琴教学大师卡尔·乌尔里希·施纳贝尔》，它全面、生动、真实地再现了这位当代钢琴演奏家、教育家的一生艺术成就。对于卡尔·乌尔里希而言，恐怕没有比这样一部盖棺定论的作品更能使九泉之下的他感到欣慰的了。

斯特凡与克洛德——家族中的另类 Duo

斯特凡·施纳贝尔

诚如有显赫必有落寞，有沿袭必有叛道一样，即使门风厚实的施纳贝尔，其家中也绝非只"出产"钢琴演奏家，还出了两位另类的艺术成员，姑且将之称作"施纳贝尔家族中的另类二重奏"吧。

老施纳贝尔育有二子，除长子卡尔·乌尔里希直接秉承乃父的衣钵外，次子斯特凡长大后却成了一位戏剧影视演员。斯特凡·施纳贝尔（Stefan Schnabel）比哥哥小 3 岁，1912 年出生于柏林。他从小就对表演具有浓厚的兴趣，以至于家庭浓郁的音乐氛围也无法让他改变初衷。1931 年，19 岁的斯特凡离开柏林，进入波恩大学戏剧系学习表演，毕业后又进入英国以演莎士比亚戏剧而闻名全球的"老维克剧团"（Old Vic）边实践边深造。1937 年他随全家迁居美国后，当年就在纽约百老汇完成了自己的处子秀，之后成为美国著名导演、演员奥逊·威尔斯执掌的墨丘利剧团一员。在墨丘利剧团，斯特凡主演了不少内容丰富的剧作，如《裘里斯·凯撒》《制鞋》《假日》等，而他进入影视圈也与奥逊·威尔斯的提携有关：1942 年，他扮演的银幕形象出现在由威尔斯监制的影片《恐惧的旅行》（Journey Into Fear）里。在此后的银幕生涯中他塑造了众多的人物角色，但却始终未能出人头地、大红大紫过。在 20 世纪 50、60 年代斯特凡重返百老汇，又开始尝试音乐剧的演出，曾在音乐剧《苦恼与幻想》《探戈》中担任角色。与此同时他又从银幕转向荧屏，曾经在电视连续剧《导航灯》（Guiding Light）中扮演该剧主角之一——杰克逊医生而为美国观众熟悉。

斯特凡参演的《恐惧的旅行》电影海报

斯特凡·施纳贝尔 1999 年逝于美国,未闻其有子息。

　　家族中另一位另类克洛德·阿兰·莫蒂埃(Claude Alain Mottier)是施纳贝尔家族中的第四代。他是卡尔·乌尔里希与海伦唯一的女儿安(Ann Schnabel)的儿子。曾几何时,他为这个时代留下了一个令人刮目相看的传奇,也为施纳贝尔这个家族书写了最后一道辉煌。

　　克洛德 1972 年 6 月 20 日出生于瑞士苏黎世,早年表现出对音乐与钢琴的独特天赋。在他的小学、中学时代,他一直是所在学校引以为荣的音乐尖子,曾在学校里举办过钢琴独奏音乐会。与此同时,克洛德在自然科学领域也显示出了罕见的创造天赋。1985 年,年仅 13 岁的克洛德在康涅狄克州举办的科学博览会上因其研究的关于“双耳的听觉”(Binaural Hearing)课题而被授予“天才鼓励奖”,同年美国联邦技术合作组织又授予他“创新奖”以表彰他在论证“左、右耳听觉的交叉联法”(Cross-Coupling)方面取得的成果。第二年,他又因发明了一种能控制声音发生的帕斯卡尔程序而荣获一项计算机研究奖项,而这只是这位 14 岁中学生创作的实验课题。

　　在高中阶段,身为哈尔特音乐学院一名学生的克洛德一方面在音乐学习的道路上日渐成熟,另一方面又在自然科学领域里愈展峥嵘。他曾经获得过奥德烈·泰耶钢琴比赛的一等奖,并作为获奖者得到了在巡回演出中独奏的殊荣。1990 年他参加全美青年艺术家室内乐比赛,再次摘冠凯旋。从 1993 年至 1995 年,克洛德作为一名青年钢琴家曾先后在阿斯本、科罗拉多和佛蒙特等地的音乐艺术节上展示了自己的才艺,并且在西班牙、瑞士、意大利等欧洲艺术节上以自己的才华赢得了听众的热情赞誉。而同时期他在生物仿生学、心理声学与计算机科学方面的研究发明也几乎收获了同样多的褒奖与证书。他的论文曾在波多黎各举行的第三十八届国际科学与工程年会上宣读,并且在论文评比中获得第四名,为此他还得到了康涅狄克州州长威廉·奥尼尔的书面嘉奖。

　　其实在克洛德身上所展现的艺术与科学相得益彰、全面发展的现象至少可以在他的外祖父卡尔·乌尔里希那里找到遗传的某些基因。卡尔·乌尔里希除了是一位矢志于追求钢琴艺术真谛的音乐家外,也是一位兴趣广泛的涉猎者。二战结束后,他决定不再从事大规模的巡回演出,而把空闲下来的时间留给自己的业余爱

卡尔与克洛德·阿兰·莫蒂埃——家族最后的辉煌

好——登山、摄影和乒乓球。卡尔·乌尔里希的动手能力也很强,还在柏林时期,他就曾亲手制作了一列精致巧妙的小型电动火车,为了它的运行还特意设计了一张火车时刻表。据说他的朋友作曲家保罗·亨德米特特别乐意去施纳贝尔家的原因之一就是想去"经营管理"这辆小型电动火车的"运行业务"。在1932年,卡尔·乌尔里希还身兼导演、摄影和制片人拍摄过一部关于德国仙女童话的故事短片。

在哈尔特音乐学院和哈特夫德大学,克洛德一直师从巴西钢琴家卡斯特罗(Luis de Moura Castro),嗣后他又随波士顿钢琴家加布里埃尔·乔多斯(Gabriel Chodos)继续深造。但是不久克洛德患上腱鞘炎而不得不终止演奏。克洛德面临着重新调整自己人生目标的重大选择。好在他除了音乐外还多有所长。1996年他进入亚利桑那州立大学学习语言学,学习目标是瑞士德语与英语。其时他掌握了熟练的德语和法语,意大利语和西班牙语也讲得不错。然而,偏偏在当年5月,不幸又追踪而至,他被诊断患了肺部肿瘤,但他仍坚持学习了三个学期,与1997年返回康涅狄克家中,并于1999年结婚成家。

在以后的日子里,克洛德更加珍惜生命中的每一天,他让自己沉浸在音乐中,他变得对自己的音乐家族和音乐传统更加依恋,更加珍爱。当他受病魔折磨得什么也无法做的时候,他着手研究外祖父卡尔·乌尔里希是如何在音乐演奏中表达其情感的课题,并在2001年9月的柏林艺术节期间的施纳贝尔专题研究会上予以宣读。然而,残酷的命运即使是对这位已经陷入严重病状的青年才俊也不放过,在2002年8月14日,克洛德·阿兰·莫蒂埃,这位施纳贝尔家族的最后传人,在遭遇了一场突如其来的车祸后罹难而逝,年仅30岁。

呜呼! 施纳贝尔家族的百年传奇至此画上了一个不无令人遗憾的句号,唯有他们的音乐永存。

再现卡尔一生艺术成就的纪录片《心灵的火花》

卡尔与海伦演奏的钢琴四手联弹唱片

卡尔与琼·罗兰演奏的四手联弹作品

三、梅塔传奇

20世纪80年代初,在历经劫难后,初沐西风的中国爱乐之势正方兴未艾。不过,那时爱乐人的资讯还远没有如今这么迅捷广博,偌大的世界指挥乐坛,除卡拉扬一枝独秀而外,似乎只有东方三大指挥家被乐迷们分外地看重,毕竟他们是我们亚洲人的骄傲,较之高高在上、凛然不可犯的卡拉扬,他们距离我们更近,也更亲。这三位就是彼此年龄各相差1岁的新加坡华人朱晖(1934-   ),日本人小泽征尔(1935-   )和印度人祖宾·梅塔(1936-   )。转眼20多年过去了,原先相提并论的东方三杰的地位境遇均发生了不小的变化。作为新加坡交响乐团创始人的朱晖在当今乐坛已鲜见其名,现年70岁的他卸位后到伦敦当上了寓公,只是还不时来

指挥家祖宾·梅塔

中国内地的广东、福建等沿海省市发挥余热。小泽征尔也终于没能将他当初发下宏誓,要将他与波士顿交响乐团的百年好合进行到底,于2002年转战欧陆,投身于原本并非他所长的歌剧界,就任维也纳国家歌剧院音乐总监兼首席指挥。倒是三人之中年龄最小的梅塔,无论其艺术、声望,还是个人魅力均不输当年,仍在乐坛上呼风唤雨、游刃有余;一身兼三任焉(以色列爱乐、巴伐利亚国家歌剧院、佛罗伦萨五月艺术节节日乐团),忙得个不亦乐乎。不过,即便如此,他也并不是这篇《梅塔传奇》的当然主角。本文要介绍的乃是梅塔家族中的其他几位重要音乐成员。

印度"交响乐之父"梅利·梅塔

印度"交响乐之父"梅利·梅塔

孟买是印度最重要的商业中心和西海岸最大的港口城市,它也是梅塔传奇的发源地。梅塔家族是孟买的名门望族,20 世纪初,1908 年 9 月 25 日,随着一个婴儿的呱呱坠地,这个世代与音乐无涉的家族从此发生了翻天覆地的变化。梅利·梅塔(Mehli Mehta)出生于家境殷实富庶的商贾家庭,他的童年与其他同龄人并无二致,无非是读书识理,可是家中的一台唱机却改变了他日后的人生之路。在上中学时,他偶然在家中的唱片里听到了仅比他大 7 岁的海菲兹那优美感人的琴声,惊为天人,遂发誓要追随海菲兹做一位像他那样伟大的小提琴家。无奈他的周围缺乏一位哪怕是略通音乐的亲属,梅利决定自学成材。他拜那些走街串巷的江湖流浪艺人为师,后来自己也成了他们之中的一员。

苦于当时印度音乐教育的落后,梅利在家庭的支持下只身前往宗主国英国求学,入三一学院,并与 1929 年学成毕业。然而他毕竟起步较晚,在技艺上终难成就为像海菲兹那样伟大的小提琴独奏家。虽则如此,他仍怀着报效祖国的理想回到了祖国。经过一番艰辛的努力,1935 年,27 岁的梅利创建了印度历史上第一支本国交响乐团——孟买交响乐团。乐团成立后,梅利出任乐团的首席小提琴家长达 10 年,当聘请的英籍指挥离任后,他又自告奋勇地兼任了乐团的指挥。在乐团初创的年代里,梅利学习、钻研音乐真可谓是殚精竭虑,废寝忘食。1940 年,他又发起组建了孟买弦乐四重奏组。学而后知不足,在演奏和指挥的实践中梅利深感自己要胜任一支四重奏组和一支交响乐团的领导还是力不从心,为此他又下了进一步深造的决心。

1945 年,37 岁的梅利毅然决然地辞别妻子和两个年幼的孩子(祖宾和扎林),怀揣奖学金只身赴美。这一次,他按图索骥直接投到有"当代奥尔"之称的伊凡·加拉米安门下,要求后者收其为徒。比梅利年长 5 岁的加拉米安见其心诚如此,慷然允诺破例收下了这位"超龄学生"。其实,梅利中年习琴的主要目的还在于他想"偷"老师的教学诀窍。在加氏门下,梅利所获甚丰。至于他本人的演、技艺,由于朱丽亚音乐学院来自世界各国的精英才俊实在是太多了,梅利与他们显然不在一条起跑线上。

　　学罢了小提琴,梅利将他下一阶段的学习目标转向了指挥领域。1955 年,47 岁的梅利又来到了英国。在曼彻斯特,他在著名指挥大师约翰·巴比罗利领导的哈勒管弦乐团中先后担任乐队副首席、首席。梅利意识到指挥工作将是自己艺术生涯的终极目标。他说:"年岁大了,如果你还是一位演奏家的话,那意味着你必须付出比年轻人更大的气力,否则难免力不从心。我从来没有听说过有哪位提琴家在 85 岁以后还站在舞台上演奏的。而指挥家就幸运多了,他们不必天天与乐器打交道,年纪大些又有何妨?"就这样,又一个 5 年过去了,梅利在与巴比罗利的朝夕相处中揣摩领悟大师指挥艺术的精髓所在,对他日后的指挥生涯受益良多。他曾说过:巴比罗利是给予他指挥生涯影响最大的人之一。

　　离开哈勒管弦乐团后,他又加入了在美国费城的"柯蒂斯弦乐四重奏"组,并与该四重奏组一起横穿全美举行大规模的巡回演出。谈及这段经历,梅利宣称"四重奏的演出使我形成了整个音乐哲学最主要、最基本的因素。"直到 1964 年,梅利被聘为加州大学洛杉矶分校的管弦乐系主任兼学校乐队的指挥,生活才总算是彻底地安定下来。一转眼自己已然五十有六了,长子祖宾·梅塔也早已出落成一名专业指挥家,并出任加拿大蒙特利尔管弦乐团的首席指挥,于是梅利决定将他的妻子特米娜也接到美国来并在洛杉矶安家,应该说从这时起,梅利一生中最重要的艺术事业才正式起步。

　　抵达洛杉矶仅仅两个月,梅利就以其任教的加州洛杉矶分校管弦乐系的学生为班底组建了"全美青年交响乐团"(American Youth Symphony),自己出任艺术总监兼首席指挥。他将自己后半生的全部精力和心血都倾注到这支亲自缔造的乐团建设中去。乐团成员大都是来自洛杉矶以及毗邻地区的 16-25 岁左右的青年人,而梅利的年龄是他们的 3 倍甚至是 4 倍,但他们彼此之间的交流沟通却不存在任何障碍,相反与这些朝气蓬勃的年轻人整天厮混在一起倒使梅利也返老还童了。他曾自言:"指挥是天地下最累人的活儿了,在指挥时你不光要用眼睛全神贯注地看着演奏者,同时还要在头脑中一刻不停地思考着音乐:这

梅利·梅塔在指挥中

儿该如何处理,那里怎样才更富于个性。我必须把我思考的东西传递给乐团的 100 多号年轻人。在指挥时,除了下肢你的全身都在工作,有时甚至连下肢也得用上!"对于梅利指挥和管理"全美青年交响乐团"的工作,巴比罗利传记的作者迈

克尔·肯尼迪在他的书中援引了巴比罗利对梅利的评价:"我……注意到梅利先生与他的全美青年交响乐团的音乐会。我为他所做的一切感到欣喜。亲爱的梅利是出色的,他能使那些孩子们演奏出真正的、完全称得上是辉煌的音色。我对此深感震惊和感动。"

为学生上大师班的梅利·梅塔

曾是"全美青年交响乐团"成员的小提琴家劳伦斯·桑德林说:"梅利是一位带着对音乐的伟大使命、伟大目标和伟大热爱去做每一件事的音乐家。在他的身上,那份炽热和强烈的热情始终存在。"的确,对于年轻的乐团成员们而言,梅利是他们的精神教父,是他们的良师益友,也是一位受人尊敬的工头(taskmaster)。他领导乐团度过了 33 个演出季的演出,将这支当初青涩稚嫩的乐团提升到如今在西方已颇具知名度的艺术团体。乐团在苗壮成长,梅利却迎来了他的暮年。

分别的时刻终于到来了。1998 年,年逾 90 高龄的梅利放下了手中的指挥棒,与由他一手创造的乐团依依惜别。在致乐团全体成员的告别信中,梅利饱含深情地写道:"亲爱的朋友们:我以最深切的谢忱和最温馨的情谊向你们最后道一声再见。在上帝仁慈的帮助和支持下,我意识到有生以来最珍贵的梦想如今已经实现了,一支由高素质、高标准和高才艺的年轻人组成的美妙交响乐团已经站在我的面前,而这支乐团已经能够将世界上最伟大的交响作品的 90% 作为它的保留曲目。

"我还要向我最亲密、最忠实和最勤勉的、在过去和现在多少年来无偿提供支援的志愿者们说一声再见,是他们给了我力所能及的财政上、道义上和音乐上的支持。他们是这支乐团真正的骨干力量,尤其是当我还只是像一个靠卖弄噱头来唤起人们注意的滑稽演员在海洋中独自挣扎的时候,他们给了我最无私的援助,愿上帝与你们同在!"

梅利的功绩决不仅止于"全美青年交响乐团"。在 1978、1980、1982 和 1984 年他还作为费城管弦乐团的特邀指挥出现在音乐会的舞台上。此外他客席指挥过的乐团还有柏林广播交响乐团、以色列爱乐乐团以及美国国内圣安东尼奥、米尔沃基、孟菲斯等地的交响乐团。1983 年 3 月,75 岁高龄的梅利精神矍铄地率领着"全国管弦乐协会交响乐团"亮相于纽约著名的卡内基音乐大厅,这也是他生平第一次登上卡内基的舞台,尽管他的儿子祖宾早已是那儿的常客了。他的演出受到了听众的高度评价。在梅利漫长的音乐人生中,他曾先后接受过由加州艺术委员会颁发的"音乐艺术奖";南加州大学颁发的"马格南作品奖";美国弦乐教师奖以及由洛杉矶市长和市议会颁赠的"洛杉矶荣誉市民"称号等。

从 1995 年起,梅利开始受到心脏病的侵袭。尽管年高体弱,却仍不愿放下与自己相伴一生的音乐。他从事指挥工作大半生,与儿子祖宾·梅塔那汗牛充栋的录音唱片相比,他似乎是一位活在 19 世纪的指挥家,录音作品少得可怜。然而,在他生命的最后时刻——2001 年底,94 岁的梅利一反常态指挥"全美青年交响乐团"在加州洛杉矶分校的勋伯格大厅完成了理查·施特劳斯的交响诗《死与净化》的现场录音,他以这种形式为后人留下了他的"音乐遗嘱"。当 2002 年 10 月 22 日他溘然去世时,《死与净化》的音乐弥漫在他的葬礼仪式上。95 岁的老人带着他最终皈依的宗教,带着他在音乐中净化和升华的灵魂辞别了人世。

纽约爱乐乐团的掌门人扎林·梅塔

梅利·梅塔和妻子特米娜共有两个儿子,长子祖宾·梅塔承袭了乃父丰沛的艺术细胞,从小就拉小提琴,自 18 岁进入维也纳音乐学院学习低音提琴及指挥后,就一直羁留在欧美发展,直至今日成就为当今乐坛一位响当当的指挥大师。次子扎林·梅塔(Zarin Mehta)比祖宾小 2 岁,1938 年出生于孟买。

也不知是父母的刻意安排抑或是天性使然,扎林自小竟与音乐无涉,他所继承的是梅塔家族世代相传的生意经。在他少年时代父兄都在西方谋求发展,因而在家乡只有他和母亲两人相依为命。1962 年,29 岁的扎林在获得了会计师的资格证书后,通过广泛咨询求职,终被国际知名的"库柏斯和利伯朗国际会计师事务所"录用,并于同年来到了加拿大。

扎林·梅塔

本来,这位注册会计师的一生不会再与其父兄的音乐扯上半点联系。然而正像歌剧《卡门》中所唱的那样:你不去找它,它却偏偏要来找你。原来,扎林供职的这家事务所与加拿大最著名的音乐团体——蒙特利尔交响乐团有着长期的商业合作关系。当事务所董事会获知扎林乃是大名鼎鼎的祖宾·梅塔之弟后,扎林的运气就来了。只因为当年祖宾学成之后第一次独立执掌的交响乐团便是蒙特利尔交响乐团(1960),他在该团干了 7 年,直到 1967 年才转投以色列爱乐乐团。由于

这层特殊的关系,扎林加盟"库柏斯和利伯朗"不久就被事务所派驻蒙特利尔交响乐团,他加入了该团的董事会,后来又擢升为乐团的副主席。这不仅给了扎林熟悉、掌握乐团运作的机缘,更为他日后显赫的艺术经营管理生涯奠定了扎实的基础。尽管他从未学过音乐专项技能,但有父兄的耳濡目染,再加之扎林的精明能干,入门并不困难。在短短的几年内,他就与时任该团首席指挥的德国指挥家德克尔(Franz-Paul Decker)通力合作,将乐团逐渐打造成向世界一流交响乐团靠拢的艺术团体。扎林的工作赢得了乐团成员和蒙市人民的尊重。为了表彰他对乐团建设和为蒙特利尔市文化生活所做出的贡献,加拿大政府还专门授予他"加拿大荣誉市民"的光荣称号。扎林与德克尔的继任者、著名指挥家迪图瓦的合作更堪称珠联璧合,正是在迪图瓦在任期间蒙特利尔交响乐团一跃成为加拿大第一、世界一流的知名交响乐团。

1990年6月1日起,在蒙特利尔交响乐团成绩斐然的扎林又接受了一项新的挑战,出任拉维尼亚音乐节的首席运营官和行政总裁。拉维尼亚音乐节创办自1936年,每年夏天的6-9月在美国中部伊利诺伊州拉维尼亚公园举行一系列的音乐舞蹈演出。地处本州的芝加哥交响乐团作为东道主每年在此期间都要上演22套不同的音乐会曲目。除他们而外,这里每年还要接待超过130个艺术团体和个人在此献艺。半个世纪以来,拉维尼亚音乐节已经与东部马萨诸塞州的坦格伍德音乐节、中西部科罗拉多州的阿斯本音乐节并称为全美三大露天音乐艺术节而蜚声海内外。扎林接手拉维尼亚音乐节后,更显现出他在艺术与商业的结合方面长袖善舞、游刃有余的超众才能。与他前任相比,扎林更着眼于对音乐节全方位地拓展,充分开发其品牌效应。他首先将美国人喜闻乐见的爵士乐引入到音乐节之中,创建了"爵士在拉维尼亚"(Jazz At Ravinia)的年度系列计划,邀请乐坛上那些具有国际影响的爵士大腕们来此一显身手。他的另一高招就是为艺坛新人的脱颖而出辟畅了途径,吸引了大批乐坛新秀和音乐才俊来此展露才华。他新设立的"音乐万岁"(Musica Viva)系列则是国内、国际新作首演的一方乐土。此外,他还推出了儿童专场音乐会,使之成为孩子们表演竞技的理想乐园。1994年,正是在扎林的大力举荐下,音乐节任命了指挥家克里斯多夫·埃森巴赫出任音乐总监,进一步提升了它的艺术水准和明星效应。

扎林经营拉维尼亚音乐节所取得的艺术效益和经济效益是惊人的,在他走马上任的第一年,前来参加音乐节的人数就达到了创纪录的56万3千人次,而1998年音乐节的门票收入高达760万美元。在他的领导下,拉维尼亚音乐节业已成为一个以主流音乐为主、兼容爵士、世界音乐甚至是流行和摇滚等多元化种类的音乐盛会了。基于他出色的经营管理才能和所做出的巨大贡献,1996年多米尼克大学授予他"欢呼奖"(Bravo Award),1998年芝加哥音乐学院授予他"杜什金奖"(Dushkin Award),同年5月,芝加哥的罗斯福大学更授予他"荣誉博士"称号。

进入 21 世纪以后,扎林又入主纽约爱乐乐团,成为它的行政总裁。这自然又是一个一言九鼎的职位。想来像扎林这样的角色,如果《谁杀了古典音乐》(Who killed classical)这本书晚几年写的话,那么他也一定会被该书作者诺曼·莱布雷赫特(Norman Lebrecht, 1948-)毫不客气地指为扼杀古典音乐的"凶手"之一。如今的扎林一手掌控着纽约爱乐乐团 5 个亿的财政预算,他本人的年薪则

在库特·马祖尔的告别音乐会上,扎林(背对者)与指挥大师热烈拥抱

高达 87 万 7 千多美元,是全美一流交响乐团同类职位最高者。相形之下像费城管弦乐团这样的"世界乐团之花"中一个资深演奏员的年薪最低的仅 10 万出头,实在有些惨不忍睹。俗话说"财大者气粗",底气足了,也即意味着拥有更多的话语权和决策权。果不其然,扎林上任后,因与该团的首席指挥库尔特·马祖尔意见相左,话不投机,便直接导致了后者的"下课"。马祖尔一走,扎林立即迎来了他中意的乐团新主——洛林·马泽尔。基于他精明果敢而又冷酷无情的大胆作风,他被评论家称作是"一个敢于冒险的经理人"(An Audacious Manager)。

按理说扎林先后任职的蒙特利尔交响乐团和纽约爱乐乐团其兄祖宾都曾长期执掌,然而阴差阳错的是兄弟俩一个首席一个总裁却从未同时在一起共事。因而当扎林就任拉维尼亚音乐节首席运营官兼行政总裁时就有记者提及他在任期间是否会与哥哥合作,扎林几乎是不假思索但又意味深长地回答道:"噢,不,如果是那样我们兄弟俩会干起来的!"

扎林的妻子卡门·拉斯金(Carmen Lasky)是一位加拿大女高音歌唱家,她曾先后求学于蒙特利尔和维也纳音乐学院,擅长演释歌剧和德奥艺术歌曲,目前在美国西北大学担任声乐教授。他们的两个孩子女儿罗哈娜生于 1967 年,儿子鲁斯托姆生于 1968 年。关于卡门·拉斯金另有一说,谓她原是祖宾·梅塔之妻,两人于 1958 年结婚,有两个孩子,但 1964 年宣告离异。两年后卡门又嫁扎林;而祖宾则于 1969 年另迎娶女演员南希·柯瓦克为妻。此说见载于由陈贻鑫、龚琪编著的《外国著名指挥家词典》(人民音乐出版社 1999 年第一版)。由于缺乏更进一步的佐证资料,姑且存此一说。

美国乐坛上的"变色龙"贝琼·梅塔

老梅利有两个儿子,四个孙子女,如今重孙辈都有两位了,可尚未听说在这些嫡派直系中有第三代、第四代的传人,倒是他的旁系亲属中,这些年来升腾起一颗耀眼新星,让人不容小觑,他就是贝琼·梅塔(Bejun Mehta)。

贝琼为梅利兄弟之孙,自然也是祖宾和扎林的侄子了。他 1968 年 6 月 29 日出生于美国北卡罗莱纳州的罗林伯格,父亲是钢琴家兼音乐教师,母亲则为歌唱演员,同时又是一名记者。小贝琼自幼即显露出过人的音乐天赋,尤其是他的嗓音清脆透亮,极富穿透力,因而在孩提时代就已作为童声女高音而备受周遭人的击节赞叹。贝琼的独唱生涯始于他 9 岁那年,他的舞台处子秀真可谓是惊世骇俗。《纽约》杂志的音乐评论家罗伯特·西尔费蒂写道:"这是真的! 又有哪个 9 岁孩童能像贝琼一般收放自如地驾驭莫扎特歌剧《魔笛》中夜女王那段令人生畏的花腔女高音唱段呢? 最高的音达到高音 F,即使对于大多数业已成名的女高音们来说这都是一项令她们棘手的难题! ……。"

就这样,贝琼以"神童"的面貌惊现于舞台,在 14、15 岁变声期到来之前演唱事业达到了空前的巅峰状态。在他 15 岁那年,他的首张独唱专辑问世。这张由 Delos 唱片公司于 1983 年发行的唱片总共收录了包括亨德尔的清唱剧咏叹调、舒伯特的《岩石上的牧羊人》、勃拉姆斯的艺术歌曲以及布里顿改编的《夏日最后一朵玫瑰》在内的 12 首歌曲。唱片问世后,被《立体声评鉴》(Stereo Review)评选为该年度的"首演录音艺术家"奖(Debut Recording Artist),一时风光无限。

然而,诚如每一位"小时了了"的天才神童那样,"大未必佳"的阴影也随之降临到变声之后的贝琼身上。昔日引以为自豪的美妙嗓音几乎不再,不过,已经见识了大世面的贝琼倒也并未因此方寸大乱,他决定转学其他音乐课程。1984 年,16 岁的贝琼随巴西出生的美国大提琴家帕里索特(Aido Parisot)在纽黑文学习大提琴演奏,1990 年起他又进入耶鲁大学攻读德国文学。在耶大求学期间他又对录音技术产生了浓厚的兴趣,为此而下了不少功夫。

大学毕业后的贝琼自己组建了"贝琼·梅塔唱片制作公司",他摇身一变成了一名专门录制出版古典音乐的唱片制作人。经他之手录制、复制、编辑或发行的唱片有案可查的就有《斯特恩全集》第 26 卷(由斯特恩演奏的勃拉姆斯的 3 首小提琴奏鸣曲)、布鲁诺·瓦尔特指挥哥伦比亚交响乐团演奏的舒伯特《C 大调第九交响曲》、皮埃尔·布列兹指挥纽约爱乐乐团演奏的斯特拉文斯基的《木管乐器交响曲》等。打开贝琼·梅塔的网页,小小年纪的他头衔竟比他那振聋发聩的长辈梅利·祖宾更多,计有制作人、录音工程师、音响控制师、混录师、编辑、电子编辑、出品人等 10 个工种,简直就是一个音响世界里的万宝全书了。

不料,正当世人以为贝琼沉溺于音响技术的世界乐此不疲之际,1991 年贝琼冷不丁地又杀了一个回马枪,以男中音的身份出现在舞台上。在 1991-1994、1994-1997 年期间贝琼在波士顿和纽约分别随库尔汀(Phyllis Curtin)和扎姆巴拉(Edward Zambara)学习男中音演唱,并于 1995 年在纽约市立歌剧院成功地饰演了莫扎特歌剧《魔笛》中的捕鸟人帕帕基诺。1998 年,贝琼转投纽约曼哈顿音乐学院,师从加拿大女高音琼·帕特瑙德(Joan Patenaude)改学高男高音,并于同年在亨德尔的歌剧《帕泰诺佩》(Patenope)中饰演罗得岛王子阿尔明多一角。也还是在这一年,他又在纽约第 92 大街和"阿卡狄亚学会"举办了一场高男高音的独唱音乐会。在当今这个高男高音如同稀世奇珍的乐坛上,他的出现被人们称作是"贝琼的一次凯旋式的回归"。

1999 年,贝琼再次在纽约举办独唱音乐会,这一次他获得了玛丽琳·霍恩基金会的资助。同年,他还在亨德尔的另一部歌剧《罗黛琳达》(Rodelinda)中饰演被废黜的国王贝尔塔里多。于是乎,在大批一流声乐艺术家在排队等戏演的时候,年轻的贝琼却一枝独秀,在美国的大都会歌剧院、旧金山歌剧院、法国的巴黎国家歌剧院、小城堡歌剧院和抒情剧院的舞台上,都可以看到他扮相俊朗的身影,听到他清亮甜美的嗓音。尤其值得一提的是 2001 年他在洛杉矶歌剧院上演的歌剧《裘里斯·凯撒》中的表演。这次新版的《裘里斯·凯撒》破天荒地起用了三位一流的高男高音同台竞技,而这种情景在 30 年前几乎是令人难以置信的。在 20 世纪 60 年代西尔斯(Beverly Sills)当红时,由她饰演的埃及女王克莉奥派屈拉所对应的三位男主角中,罗马统帅凯撒和她的兄长托勒密采用的是男低音,而权臣尼伦努斯则是男中音。其实,若按作曲家亨德尔的原意,这三位男主角的声区都相当于女中音的演唱范畴,也就是说他们都可以用高男高音来演唱。到了 20 世纪的今天,亨德尔的这个初衷才最终得以实现。丹尼尔斯(David Daniels)、贝琼和沃克尔(David Walker)这三位当今最具潜力的年轻高男高音分饰了以上三角。此举一出,立即轰动美国乐坛,闻风而动的听众们奔走相告,竞相一睹"三大高男高音"的艺术风采。

贝琼的异军崛起是梅塔家族的骄傲,更是印度人民的自豪。他今后的走势是否继续坚挺,人们有理由翘首以盼。

梅利·梅塔创作的《天鹅之歌》唱片

贝琼·梅塔声乐独唱专辑

贝琼·梅塔编辑、制作的小提琴大师斯特恩的唱片

四、普罗科菲耶夫的家人们

闲来上网消遣,浏览翻墙链接。一则讯息不期而至,映入眼帘:俄罗斯青年小提琴家亚历山大·罗日杰斯特文斯基在 2003 年 10 月参加了一场为纪念普罗科菲耶夫逝世五十周年而在伦敦举行的音乐会。在这场为期两天的音乐会上,既演奏了谢尔盖·普罗科菲耶夫的两首弦乐四重奏、《希伯来主题序曲》、两首小提琴奏鸣曲和两首大提琴奏鸣曲等作品,还演奏了加勃利埃尔·普罗科菲耶夫的一首弦乐四重奏。加勃利埃尔·普罗科菲耶夫何许人也? 并且还是一位作曲家! 这自然引起了我的注意,原来他竟是老普罗科菲耶夫的孙子。再搜一搜,一幅普罗科菲耶夫家族的家谱——西方通常称为"家族树"(family tree)顿时跃入眼帘。普氏的后代如今散居于各个不同的国家,从事着不同的职业,只是他们大都并未秉承名人先辈的衣钵,不以音乐为生,但却都与艺术"沾亲带故"。由此联想到与现时人们对肖斯塔科维奇的重视和关注,这位昔日与肖氏被并称为"20 世纪苏联乐坛双璧"的伟人未免有些孤寂落寞。国内对普罗科菲耶夫的介绍和研究远比不上"肖学",历年来公开出版的几本薄薄的小册子只限于介绍他的一些热门作品,对他的个人遭际与家庭生活很少涉及,对于敏感问题则更是语焉不详。基于此,本文试图由他的家庭生活入手,通过他家人至亲的经历,从一个侧面去探寻普罗科菲耶夫的人生,让有兴趣的读者藉此可以对这位"20 世纪的莫扎特"有一些进一步的了解。

普罗科菲耶夫的三角恋始末

普罗科菲耶夫曾经在他思想最活跃的年代创作过一部根据作家波列伏依(Boris Polevoy)的著名小说改编的歌剧,剧名叫作《真正的人》(The story of a real man)。歌剧讴歌了一件在卫国战争中的真人真事。飞行员阿列克谢·马列希耶夫的战机被敌炮火击落。为了寻找部队,他在冰天雪地里顽强地爬行了 18 天后终

于找到了自己的队伍,可他的双脚却因全部
冻坏而不得不被截除。他的思想和情绪跌到
了底点。后来,他受到了在一战中另一位空
军英雄带着假肢重上蓝天事迹的感召,以惊
人的毅力坚持锻炼,并在爱人奥尔珈的悉心
照料下,最终圆了自己的飞行梦,被苏联政府
和人民尊敬地称为"无敌飞将军"。就是这样
一部主题鲜明,内容向上的音乐作品,问世后
却招来了音乐界的一场轩然大波。歌剧被官
方斥为"它的音乐在形式上有歪曲(主人公)
甚至是反民主的倾向。"的确,普罗科菲耶夫
在自己祖国苏联的乐坛上从来就不是他所竭
力要求自己做到的那个"真正的人",而实实
在在倒被证明是在俄苏历史上为世人所熟知
的又一个"多余的人"。事实上,在他活着的

年轻时风度翩翩的普罗科菲耶夫

时候,他从来就不是以一个苏联作曲家的身份,而是以一个有着世界主义背景的作
曲家的身份而享誉乐坛的。他生前在西方世界的影响远比在国内大得多。

谢尔盖·普罗科菲耶夫在苏联生活期间屡遭打击、封杀,固然可以从当时苏联
时代的政治形势、思想斗争以及他个人的艺术风格乃至人际关系等多个侧面去寻
找原因。然而有一点似乎不容置疑,那就是他的外国妻子确实是他在各种运动来
临时屡使他处于不利地位的重要因素。尽管我们没有忘记当时这个国家的最高统
帅本人也是全苏人民中的少数民族——斯大林的格鲁吉亚族在战后的苏联人口统
计时仅占总人口的五十分之一。

十月革命爆发后,已经在彼得堡音乐学院获得作曲、钢琴和指挥三个学位的普
罗科菲耶夫就到西方从事旅行演出,并在美国定居下来。他那精湛超卓的钢琴演
奏不仅使他名声大噪,也使他收获了爱情。那是在他1918年纽约的一次个人音乐
会上,27岁的他遇见了一位倾慕其艺术才华,欣赏其风趣个性的少女——卡罗琳
娜·科迪纳,人们通常称她为丽娜。

丽娜·普罗科菲耶娃(Lina Prokofieva)1897年出生在西班牙首都马德里一个
音乐之家,她的父亲胡安·科迪纳是西班牙男高音;母亲奥尔珈则是俄罗斯人,她
也是一位歌唱家。奥尔珈年青时代去歌剧之乡意大利学习,正是在那里她结识了
胡安。由奥尔珈再往上追溯,她的上一代血统更是复杂,父亲是波兰—立陶宛混血
儿,母亲是法国人。自丽娜出生后,他们全家曾短暂地回过俄国,后来就移居美国。
丽娜从小是在美国长大的,像她的父母一样,她也准备以歌唱作为自己的事业。与
普罗科菲耶夫相识时她是一名音乐学院声乐系学生。是音乐,将这两个年龄相差

普罗科菲耶夫与丽娜 1921 年
在巴黎

6 岁的年轻人的心紧紧地联系在了一起。不仅如此,他们还有共同的朋友圈子,他们都是些美国音乐界的名流,其中就包括已在美定居的拉赫玛尼诺夫。

在 20 世纪 20 年代出初,丽娜步其母之后尘,前往意大利继续深造。她是一位女高音,在意大利她曾演过威尔第的歌剧,在《弄臣》里饰演吉尔达。学业完成后,普罗科菲耶夫和丽娜在德国巴伐利亚的埃塔尔修道院举行了婚礼。普罗科菲耶夫的成家也标志着他人生中美国时期的结束。婚后,这对新婚夫妇将他们的爱巢筑在了法国的巴黎,一方面,巴黎是 20 世纪初的艺术之都,各路文人骚客云集于此,流派纷呈,学术活跃;另一方面,丽娜的外婆就是法国人,因而无论从艺术创作还是生活环境的角度来说,这里都是一个更适合这对年轻人的城市。普罗科菲耶夫的巴黎时期由此开始。

新婚的喜悦在不断地催生着代表作的问世:"第二""第三""第四"交响曲、舞剧《罗米欧与朱丽叶》、"第四""第五"钢琴协奏曲,还有《第二小提琴协奏曲》等佳作迭出,而且在婚后第二年,他们的第一个孩子的降生更掀开了普氏家族繁衍的序幕。在欧洲的舞台上,经常可以看到他们妇唱夫随的情影。丽娜在音乐会上演唱丈夫创作的声乐浪漫曲,而丈夫则为她钢琴伴奏。只不过丽娜的舞台生涯并未维持多久,当他们的第二个孩子呱呱坠地时她的艺术生涯就几乎停止了,她的角色转变为一个相夫教子的贤妻良母,后来只是在回到国内后偶然在莫斯科电台的广播里听到由丽娜演唱的歌声。相比于妻子,巴黎时期的普罗科菲耶夫可谓是如鱼得水,他不仅在创作、演奏领域继续卓有建树,并且拥有了一个相当广泛的艺术社交圈,就连当时已然成为乐界领袖的斯特拉文斯基也成为他家的座上客。这两位同样来自俄国的作曲家尽管年龄相差 9 岁,但却非常谈得来,是非常好的朋友,以至于"俄罗斯芭蕾舞团"的领导人贾吉列夫把他俩戏称为"我的两个儿子——伊戈尔(斯特拉文斯基)和谢尔盖(普罗科菲耶夫)!"不过后生可畏,更年轻的普罗科菲耶夫后来就成了斯特拉文斯基的竞争对手,尤其是在贾吉列夫逝世以后,两人的关系就变得更微妙敏感了。斯氏曾批评过普氏的某些作品;而后者也公开表示不喜欢"新古典主义时期"的斯氏创作。但总体来说,在巴黎的日子堪称是普氏音乐事业与家庭生活最辉煌、最美满的时期。在家里,夫妇俩要么是自弹自唱,要么就是全家一起外出度假。普罗科菲耶夫喜欢开车,他经常带着妻子和孩子们一起驾车去巴黎周边的名胜古迹旅游休闲。对于丽娜而言,在巴黎的 14 年则是她作为妻子最幸福、最快乐的时光。

作为一个俄罗斯人,客寓异乡,普罗科菲耶夫与他的民族前辈一样,内心里有一种难以排遣,挥之不去的乡恋和忧愁。拿他的大儿子斯维亚托斯拉夫的话来说:"在我的童年,尽管衣食无忧,生活顺遂,然而我的家庭氛围中最浓郁的情结就是天伦之乐和对故国的乡愁。"在这种情结的驱使下,已在国外生活了 18 年之久的普罗科菲耶夫产生了重返祖国的

享受田园之趣的普罗科菲耶夫夫妇

念头。斯维亚托斯拉夫说:"当父亲决定要返回苏联之前,他曾经征询过母亲的意见,说假如她不想离开的话那么他也不走。母亲支持了父亲的想法,同意与他一起回国。假如她当时予以拒绝的话,那么我想我们全家人的命运发展该是非常不同的结果……"1936 年,普罗科菲耶夫全家返回莫斯科,已适应了国外创作氛围的他天真地以为这时国内给予他的艺术天地一定和国外的一样宽广。谁知他回国后创作的第一部作品就被挨了一闷棍。那是一部交响性的歌曲集,它被当时的评论家 A. 奥斯特雷佐夫斥责为是"病态的,听任命运摆布的作品,并有着都市化的抒情倾向,"这位评论家进一步指出,"我们不反对普罗科菲耶夫对在西方的'多余的人'的情感世界作出反应……然而我们可不想分享这些人的情感怜悯。"在这种舆论的压力下,普氏诚惶诚恐,迫使自己去重新认识,适应国内的音乐创作环境与要求。1937 年,他为纪念"十月革命"20 周年创作了一首康塔塔,里面大量引用了马克思、列宁和斯大林的话作为歌词,成为那个时代的"语录歌";在 1939 年斯大林 60 岁生日之际,他又专门创作了大合唱《斯大林颂》(Homage to Stalin)作为呈献给党和国家领袖的献礼。尽管如此,他却仍未能摆脱作为反面典型被批判、被整肃的命运。回国当年,他就赶上了对以肖斯塔科维奇的歌剧《姆钦斯克县的麦克白夫人》和舞剧《清澈的小溪》为代表的"音乐中的形式主义"的批判,涉世未深的普罗科菲耶夫与相当一批著名的作曲家一样被列为"批判对象"之中;而 1948 年,由对"大毒草"——穆拉杰利的歌剧《伟大的友谊》的批判肇始,苏联音乐界又掀起了对音乐作品"形式主义,脱离人民错误倾向"的第二次批判。与前一次不同的是:此次批判是以苏共(布)中央决议奠定的基调,其打击面之广,声势之烈,尤甚于上一次,它使以肖斯塔科维奇和普罗科菲耶夫为首的一大批作曲家再一次惨遭厄运。

他们不得不表示"低头认错"，并要以实际行动来证明自己的悔改。

对于丽娜这样一位从小生活在西方的女性来说，哪怕是回国前作了再坏的思想准备，也没料到自己的丈夫竟会遭受到如此的磨难。当丈夫心情沮丧时，她总是以女性的细腻和温柔去抚慰他的心，鼓励他重新振作起精神，投入到工作和生活中去。在回国的最初几年，夫妇俩的感情堪称是心心相印，甘苦与共的。1939年，随着第二次世界大战的爆发，苏联国内的经济形势也日趋紧张起来。然而对于丽娜，相比于物质供应的极度匮乏，更令她揪心的是这个家庭的结构也日趋处于分崩离析的边缘。导致这一家庭解体的直接原因是一个名叫米拉·门德尔松(Mira Mendelson)的女子的介入。米拉·门德尔松出生于1915年，她是当时在苏联刚刚崭露头角的文坛新星，1940年毕业于莫斯科大学文学院。作为一位女诗人，米拉对普罗科菲耶夫的音乐仰慕已久，而普罗科菲耶夫自然也对这位比自己小24岁、浑身洋溢着青春朝气和艺术气质的高个子漂亮女性颇有好感。他邀请米拉与他一起合作，进行新的歌剧创作。他俩一连合作了两部歌剧，分别是：《修道院里的婚约》，又名《少女的陪媪》(Betrothal in monastery or The duenna)和根据大文豪列夫·托尔斯泰的巨著改编的《战争与和平》(War and Peace)，均由米拉·门德尔松创作歌剧脚本，普罗科菲耶夫谱写音乐。两人在艺术创作上相得益彰，在情感生活中则是相见恨晚。在这种情形下，在二战最困难的1941年3月，普罗科菲耶夫抛下了妻子和两个儿子(一个17岁，一个13岁)离家出走。他与米拉先到了高加索山区住了一段时间，后来又返回莫斯科，但却一直想方设法避开同在一个城市里的妻儿。而留在家里的孤儿寡母则在战争期间备尝艰辛。当时，整个莫斯科都遭受着饥饿与严寒，两个孩子还是凭着父亲留在家里的食品配给卡才不至于被饿死、冻死。幸亏丽娜懂得六国语言，于是，为了维持生计她开始在一个情报办公室里担任翻译，领取一些微薄的收入。后来，莫斯科遭到了德军飞机的轰炸，情况更为恶劣，两个孩子不得不一起去干挖土豆、拾火柴甚至是修筑反坦克战壕的体力活，大儿子为此还染上了肺结核。在艰苦的岁月里，母子仨相依为命，才艰难地熬了过来。

然而，对于丽娜来说，更悲惨的命运还在后面。战后的1948年2月，在毫无任何征兆的情况下，丽娜突然遭到了逮捕。那天夜里，有人打来电话，谎称是普罗科菲耶夫托人送来了一个包裹，要她下楼去取。丽娜下了楼，从此便一去不复返。随后便衣警察搜查了她的屋子，整整搜了一个通宵。后来，人们才知道正是丽娜在情报办公室担任翻译的那一段经历使她遭了罪。作为一个外国人，精通几国文字，又在涉及机密的部门工作，这足以使她被视为"一个极其值得怀疑"的不可靠分子；再加上后来当局又发现在战争期间，丽娜的母亲在巴黎沦陷区的纳粹办公室里做过事，而她与母亲一直保持着通信联系。此外，丽娜在苏联的不少朋友也都是西方人，其中尤其是美国人，这就使她被"怀疑"的几率大大提高。最终，她被指控从事间谍活动,以"叛国"和"反对现政权"的罪名被判处 20 年劳役,发配到远东的西伯利亚。丽娜被捕后,她的家人都不准去探望她。普氏在得知妻子的意外被捕后,他始而震惊,继而感到沮丧,因为他无力去为她的获释做任何事。当时,他自己也正处于以日丹诺夫为首的"围剿形式主义"的黑名单之列,随时随地要准备着接受音乐界同行和苏联人民的批判和教育。不过,他的内心充满对妻子的愧疚则是肯定的,他感到在这件事上自己的罪责,因为假如他没有离开家,悲剧也许就不会发生。而更大的悲剧在于自此以后,直到他去世,他再也没能与这位当年情笃意切的结发妻子再见上一面。

由于受到一波又一波的不公正批判与冲击,在普罗科菲耶夫生命的最后 5 年里,他的创作大为减少,作品中也不再有其艺术风格中最具个性的幽默风趣、灵巧诙谐的特征。他作为一位杰出的钢琴家实际上也已很少再能在舞台上展示精湛的演技了。与此同时,丽娜被捕的阴影又时时在吞噬着他的内心良知。在如此心力交瘁的状况下他的健康日益恶化,严重的高血压经常发作。1953 年 3 月 5 日,这位曾创作了《斯大林颂》的伟大作曲家戏剧性地与被他歌颂的人恰恰在同一天离开人世。然而,这种巧合的悲剧性在于:与大张旗鼓的领袖国葬相比,普罗科菲耶夫的讣告被弱化到最低限度,而他的葬礼也比当年的莫扎特好不了哪里去,几乎一样地凄惨悲凉,仅有寥寥几位乐界知己为他落葬。

尽管在他生命的最后十几年里,米拉一直与他生活在一起,据说米拉的身后还多多少少有着当局的某种默许和袒护,然而无论从官方的口径还是档案的史籍来看,米拉却最终未能被认可为普氏的正式妻子。而他的正式妻子丽娜在她所谓的"北方时期"度过了 8 年的劳役生涯之后,被宣布减刑重又回到了首都,斯大林的继任者为她平了反。可是当她走出牢狱的那一刻,她才得知了自己的丈夫去世已 4 年的消息。在劳改营里,丽娜与一位癌症患者两人共同被关在一个极小的屋子内。即便环境如此恶劣,她仍每天坚持做一种叫做 Barre 的健身运动,这使她为日后重获自由做好了精神上和身体上的准备。

丽娜在她的后半生身受肉体和情感的双重伤害,但是她却从未停止过对丈夫普罗科菲耶夫以及他音乐的爱。她始终坚定地认为她是普罗科菲耶夫唯一的妻子,因为他们在法律上从未离婚。待恢复自由后,她即着手从事整理丈夫作品与文稿档案的工作。1962

晚年的丽娜——"P 太太"

年,她在苏联促成了普氏纪念图集的出版。20 世纪 70 年代中期,她跟随已在英国定居的小儿子奥列格移居伦敦,在那里设立了谢尔盖·普罗科菲耶夫基金会,致力于普及、推广普氏作品的传播。她与西方出版普氏传记的出版商签定了新的合同,以确保她的家族成员中的每一位都能从版税中获取收益。据与她为邻的英国指挥家爱德华·道恩斯爵士(Sir Edward Downes,1924-)的妻子琼·道恩斯回忆:她为晚年的丽娜在复杂的商业谈判中所体现出的那种能量、决心以及敏锐所折服。她对于亡夫的忠贞和思念是一生不渝的,直到临终之际她还保存着丈夫生前的那件(由于年代久远已然有些僵硬了的)披肩。1989 年 1 月 2 日,新年的钟声刚刚敲过,这位命运多蹇的普罗科菲耶夫夫人——晚年她更愿意人们称她为“P 太太”(Mrs.P)的老人以 91 岁高龄辞别了人世,结束了她的一生。

长子斯维亚托斯拉夫(Sviatoslav Prokofiev)

斯维亚托斯拉夫·普罗科菲耶夫

普罗科菲耶夫与丽娜共有两个儿子。

长子斯维亚托斯拉夫·普罗科菲耶夫 1924 年出生于巴黎。他的到来为这个家庭增添了一份浓浓的温馨气氛,因为普罗科菲耶夫是非常喜爱孩子的,他第一次品尝到了为人父的那份喜悦之感。据斯维亚托斯拉夫回忆:“在我的童年,我时常看见父亲在钢琴前一坐就是一整天,不是在作曲,就是在准备音乐会上自己即将要演奏的作品;而我的母亲也经常会在他的钢琴伴奏下亮出她那动人的歌喉,我从小的生活真是幸福极了。”到了上学的年龄,父亲把他送到巴黎一所很有名的半寄宿制私立学校去上学,让他接受良好的法语教育。而到周末回家,全家人便一起外出,其乐融融。

当然,作为普罗科菲耶夫的儿子,学习音乐是一桩不得不需要面对的任务。尽管斯维亚托斯拉夫从小耳濡目染,也略懂一些入门常识,然而他却向父亲表达了自己将来的理想是当一名工程师。他甚至告诉父亲:他认为假如能发明出一种登陆到月球上去的新型交通工具,那要比创作一首新的交响曲会对人类社会更有贡献。“如今我要为我当初的年幼无知感到愧疚,因为人类登月的美好愿望在 30 年后(即 1961 年)就实现了,可我父亲去世后的 30 年里可曾出现过比他的《第七交响曲》更伟大的作品么?所以现在要我说的话,我认为应该是写出一部具有重大影响的交响曲要比登上月球对于人类文明的进程意义更大。"既然儿子不想学音乐,对儿子宽容,甚至有几分娇宠的普罗科菲耶夫就不坚持了。后来他发现斯维亚托斯拉夫喜欢画画,似乎还画得有模有样,于是他就鼓励儿子朝这方面去发展自己的爱好和特长。无独有偶,后来他的小儿子奥列格同样也选择了视觉艺术作为自己的发展方向。

为何像普罗科菲耶夫这样一位自身早慧、天才横溢的作曲家却没能将自己的儿子培养成一位音乐家,这似乎与我们所熟知的苏联音乐教育风气和音乐家的成才之路大相径庭。就客观因素而言,或许可以把它归结为他本人的艺术活动实在太忙,根本无力顾及于此。不过,斯维亚托斯拉夫在这里却给出了一个人们所忽视的主观因素:那就是普罗科菲耶夫尽管多才多艺,但"万宝全书缺只角",这只角正是他的教师角色。在音乐史上,从来没有人宣称自己曾是普氏的弟子,他的音乐风格也是独此一家。"我必须要说父亲尽管有着许多常人所不及的天分才能,但他绝不是一个当教师的料。举例来说,当他于1936年回到祖国后曾经给主管部门提出申请,请求去莫斯科音乐学院任教,可结果是杳无音信。即便在家里,他对于我和弟弟的学习也是一筹莫展。为了教我们学钢琴和视唱练耳,他专门为我们请了一位音乐教师,但这还是徒劳无益,我和弟弟总是对老师说:'哦,音乐? 还是下次再说吧。'老师把情况反映给父亲,他便来问我:'也许你真的不想学音乐?'而我的回答相当肯定。于是父亲无奈地说:'好吧,这也许对我和你们来说都是件好事,你们也不必再来打搅我了。'"后来斯维亚托斯拉夫在16、17岁时在业余时间还是学过长笛的,只不过他始终将音乐作为一种爱好罢了。

从法国回苏联定居时斯维亚托斯拉夫12岁,而二战爆发,法西斯德国入侵时他刚就读于莫斯科建筑学院预科。如前所述,战争期间他们母子三人甚至连最基本的生存条件都难以保证,更别谈他和弟弟的学习教育了。1948年母亲被捕后的第三天,年仅24岁的他就带着弟弟乘火车,出发到父亲在基斯洛沃德斯克的度假别墅去,因为那处居所里没有任何与外界联系的通讯设施。"那天,地上结满了厚厚的霜雪,下了火车却找不到任何去那儿的汽车。我们不得不步行了13公里路程才到达父亲的别墅。我们敲了门,开门的是米拉·门德尔松。她看到我们这两个不速之客吃惊地瞪大了眼睛,过后她'砰'的一声关上了门,不置一词。过了一会儿,父亲出来了。我们就在路旁将家中所发生的一切变故告诉他。当他听到母亲被安全局的人带走时非常惊异,但却也无可奈何,因为在这场大逮捕运动里,甚至连党的领导人莫洛托夫、加里宁和其他那些杰出的政治人物的妻子都难以幸免,更何况是区区一个音乐家的老婆呢。"不过,普罗科菲耶夫还是尽其所能地尽到了他一个父亲的职责,他专程回了一趟家中,并开始在经济上资助兄弟俩的学习和生活。

直到二战胜利结束后,斯维亚托斯拉夫才重又恢复了被中断的学业,并于1949年毕业于莫斯科建筑学院,成了一名首都的建筑设计师。他将自己一生中的大部分光阴都投入到城市的建筑事业中去。他的妻子是一位医生。1992 年,68 岁的他与妻子申请移居巴黎,那里是他少年时代充满着欢乐与温馨的故地。之所以选择巴黎还由于他们的独生子小谢尔盖(普罗科菲耶夫的长孙取的是与祖父同样的名字)已于两年前在那里定居了。目前,斯维亚托斯拉夫夫妇与他们儿子一家生活在一起。他有两个孙女。退休后的他和儿子一起,孜孜不倦地从事着纪念他父亲以及对父亲音乐作品和文献的整理、研究工作。对父亲的研究越深入,就越觉得父亲的伟大。他在行将离开祖国移居国外之前,已经在莫斯科广播电台的节目里听到将父亲与莫扎特相提并论的评价。斯维亚托斯拉夫认为这个比喻对于父亲来说是恰如其分,因为他们都是 3 岁学琴,在 5、6 岁时就开始创作钢琴曲并登台献艺了。而普氏创作歌剧甚至还早于莫扎特。8 岁那年,在对莫斯科进行了一次旅行,观看了舞剧《睡美人》、歌剧《浮士德》和《伊戈尔王》之后,他就宣称“我要写一部歌剧”,并果真在三四个月后将一部三幕歌剧《巨人》(The Giant)以及 6 首钢琴独奏的《风景素描》乐谱交到了他父母的手中。因此,斯维亚托斯拉夫坚定地相信:通过自己家人的不懈努力,随着时间的推移,未来普罗科菲耶夫在世界乐坛的地位定当如今日之莫扎特一样,会受到世人的倍加热爱和尊敬。

次子奥列格·普罗科菲耶夫(Oleg Prokofiev)

奥列格·普罗科菲耶夫与他的雕塑作品

1998 年 8 月 26 日,英国的《独立报》在一个比较醒目的位置上刊出了这样一则讣告:奥列格·普罗科菲耶夫已于 8 月 20 日因心脏病发作在位于英吉利海峡的格恩西岛去世,终年 70 岁。讣告里提及死者的身份是“画家,雕塑家和诗人,是一位对艺术表达的每个种类都充满着强烈的兴趣,并卓有成就的男性”。文中进一步指出:在世人眼里,奥列格·普罗科菲耶夫是这样一个人:他是他父亲音乐的一个热情而又学识渊博的振兴者;是他子女心目中充满慈爱的父亲;是朋友身边一位值得信赖而又趣味高雅的挚友。

奥列格·普罗科菲耶夫是作曲家谢尔盖·普罗科菲耶夫的次子,他 1928 年 12 月 14 日出生于法国巴黎。1935 年,7 岁的奥列格随全家回到了苏联。几乎从那一刻起,小小年纪的他就被迫经受了一系列坎坷多舛的命运挑战:先是父亲的创作遭到官方有组织的批判;而后又是父母分居,家庭解体;更不幸的是母亲被捕,他与哥哥沦为孤儿。尽管生活中的磨难接踵而至,然而青少年时代的奥列格还是从他所喜爱的美术中获取了极大的鼓舞和激励,使他对今后的人生之路保持着一份坚定的信念和忠贞的操守。

1944年,16岁的奥列格进入莫斯科艺术学校学习美术,在学校教学之余,又私人师从画家兼美术教育家罗伯特·法尔克(Robert Falk,1886-1958)。在20世纪前半叶的苏联绘画史上,法尔克是一位被正统的美术评论家有意"忽视"的代表性人物,他被现代的人们视为是连接俄罗斯传统美术与20世纪伊始兴起的法国现代绘画以及俄罗斯先锋派艺术的主要桥梁。法尔克年轻时入康斯坦丁尤昂与伊利亚·马尔科夫工作室学习绘画,后又师从康斯坦丁·克洛文和瓦伦丁·谢洛夫继续深造。1910年他创建了青年创作团体"杰克的钻石"并成为其中最积极的参与者。而在当时,连法国后印象主义的三大师之一的保罗·塞尚也曾经一度是该组织的成员,可见"杰克的钻石"的影响之大。他们通过与塞尚等人的交往与切磋,引进了当时最新潮的艺术理念和绘画技法,成为俄罗斯现代美术的积极探索者与实践者。这一时期法尔克本人的创作也展现出鲜明的绘画语言与风格个性。然而,"十月革命"之后,他的这一套很快被打入冷宫,艺术创作的空间不断受到挤压。于是他到国立高等艺术与技术学院从事教学。直到1953年斯大林去世后的"解冻时期",法尔克才仿佛从地底下一下子冒出来似的,在年青一代的美术家中间变得吃香起来,对他的评价也节节攀升,甚至就此形成了20世纪60年代全苏联画坛上先锋派艺术第一次的高潮。而奥列格早在40年代就已成为法尔克的私淑弟子,因而他的命运也如同他的老师一样不幸。由于他的艺术风格深受法尔克的影响,早在求学期间他就被校方认为是一个"创作思想不纯,风格离经叛道"的另类学生,他的作品鲜有在自己祖国展出的机会。不仅如此,奥列格的情感生活也颇为不顺,他的第一段婚姻以失败而告终,他与前妻索菲娅·柯拉维娜有一个儿子。正当他在事业、情感的双重打击下几乎崩溃的时候,命运却使他的生活出现了转机,一位异国女性出现在他的生活里,她就是卡米拉·格蕾(Camilla Gray)。

1968年,处于困顿与失意中的单身男子奥列格邂逅了前来苏联考察研究俄罗斯当代艺术史的卡米拉·格蕾,后者毕业于剑桥大学,从学生时代起就对俄罗斯的艺术发展史产生了浓厚的兴趣,并立志要将这个学问钻研下去。她只身来到了尚处在冷战状态下的苏联,流连徜徉于馆藏丰富的博物馆、美术馆,她为伟大的俄罗斯艺术瑰宝所震撼。为了使自己的博士论文立论更全面更客观,除了可以查找到的官方资料外,她也通过各种关系接触了大量的所谓"非官方"的艺术家与评论家。卡米拉和奥列格就是在一次私人画展上不期而遇的,当时奥列格的作品也在这个画展上展出。卡米拉对奥列格的画风甚为赞赏,而奥列格则为卡米拉的论文提供了大量的作品来源作为文字史料的佐证,并且对论文的论证方向提出了建设性的意见。这时的卡米拉的研究工作超乎当初预期地顺利进行下去。与此同时,两人的情感也越过了年龄,文化背景的巨大障碍,紧紧地维系到了一起。他们于1969年在莫斯科结为伉俪,当时奥列格41岁,而卡米拉是26岁。

正当他们的爱情瓜熟蒂落之时,卡米拉在其论文基础上写就的专著《伟大的试验:俄罗斯艺术1863-1922年》(The Great Experiment:Russian Art 1863-1922)也宣告问世。该书被认为是系统论述俄罗斯前卫艺术渊源、流变、发展以及影响的奠基之作,因为在当时的苏联,还没有任何一位本国的艺术评论家敢于对现代艺术作如此系统而翔实的研究和阐述。然而,天妒英才,不久,卡米拉在突然得了一场急病之后就遽然去世,年仅28岁。当时她肚子里还怀着她与奥列格的第二个孩子。眼看着情深意笃的爱情来也匆匆,去也匆匆,奥列格真是欲哭无泪,心灰意冷,这时他对祖国感到已无任何牵挂留恋,于是在1971年,他向政府提出携带他和卡米拉所生的女儿安娜斯塔西娅移居国外的请求,得到了批准。他们来到卡米拉的故国——英国,先在北方城市利兹定居下来,因为在那儿奥列格得到了利兹大学纯艺术系一份"特别研究生"(fellow)的助学金。在此后的3年里,他就在利兹大学一边学习,一边创作。在国内长期受到禁忌冷遇的创作热情一旦爆发,就难于抑制和中止。完成了学业后的奥列格成了一位职业的美术家。由于作品的不断问世和获得好评,他的名字开始逐渐在英国的艺术界为人所知晓。

尽管奥列格从上小学起,他的生活中就似乎充斥着某些不幸的激变,父亲的"政治立场"问题,母亲的历史问题一再裹挟着他,将他不断地拉回到痛苦和不幸中去;然而,这并没有压垮这位第二代的普罗科菲耶夫,相反,他始终执著于自己的信念与理想,以积极的姿态去面对人生。在英国,奥列格第三次组织了家庭,她的第三位妻子是弗朗西斯·恰尔德(Frances Child),他俩是在利兹大学认识的。以后,奥列格的母亲丽娜也申请了移民,来到英国与他们共同生活,开始了家族在英国的繁衍发展。由于十几岁就失去了父亲,因而在奥列格的心目中,父亲的形象远不如哥哥斯维亚托斯拉夫那么的清晰、深刻,甚至在他的青少年时代,由于父亲的离家出走和母亲的横遭逮捕,他的心里对父亲更有几分积怨和愤怒。然而随着自己年岁的增长,阅历的丰富,他对父亲的看法也有了很大的转变,甚至小时候那么令他头疼厌烦的音乐也对他产生了越来越大的吸引力。他开始有意识地将自己的艺术、自己的生活与父亲的音乐紧密地联系在一起。作为一位美术家,他为父亲创作了不少肖像作品。基于谢尔盖·普罗科菲耶夫在西方音乐界的重大影响,历年来世界各国艺术家为其创作的肖像作品数量众多,其中最有名的当数法国"野兽派"绘画大师马蒂斯于1921年为其创作的素描肖像,俄罗斯画家格拉德基赫所作的油画肖像以及俄罗斯雕刻家尼科莱·雅辛年科所作的雕塑头像了。

奥列格笔下的父亲形象与他们相比,有着自己独特的情绪感受。他创作于1989-1990年间的绘画木刻(painted wood relief)《普罗科菲耶夫》采用了作曲家的一个动态姿势,以简洁明快的线条勾勒出普罗科菲耶夫正在演奏钢琴的生动情

景。由一连串音符连接主人公两个最重要的
人体部分——头部与双手,意在表现作曲家即
便在高压政策的逆境中(这里用黑底作为隐
喻)仍然勇于表露自己心声,创作出乐观向上
的动人旋律的性格风骨。而在另一幅名为《一
个明星的诞生》(A star is born)的木雕作品里,
他用极富动感的流畅线条讴歌了一对热恋中
的情侣,他们四目相对,肢体缠绕,朝着一个方
向飘移。这令人联想起科科什卡那幅享誉世
界的《风中的新娘》。而在这对情侣的头顶上,
有一颗灼灼闪耀的星形图案。它或许是在向
世人昭示:普罗科菲耶夫之所以能成就为一
位伟大的作曲家,在很大程度上有赖于他与妻
子热烈情感的迸发;又或许奥列格以那颗星
自诩,寄予了作为出色父母的后代,自己终将

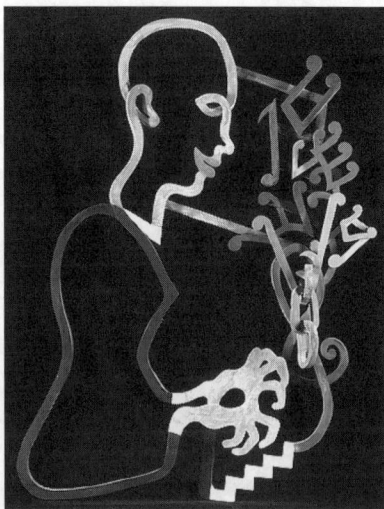

奥列格为父亲所作的木雕"普
罗科菲耶夫"

也会有如炫目的明星那样的一天。由于奥列格的美术作品往往具有鲜明的指向性,
因而它们经常被放置在西方上演他父亲音乐作品的音乐厅中和艺术节上,由此引
发人们对从事不同领域艺术的这对父子的时空联想。

作为诗人的奥列格曾写过一首赞美音乐的诗篇《我喜爱天体中的音乐……》
(I like the music of the spheres…),诗中写道:"我喜爱天体中的音乐,它没有标点
符号。它和谐地吟唱而不会像说话那样结结巴巴;它的姿态永远是那样优美动人。
你会听到由一个最细微的弱音移向另一个音,声音全然冲破了物质的束缚,宣泄而
出。它们在作曲家的手中翩然起舞,带着零星的呼喊,开始了它们的运动历程——
然后是轻盈的沙沙声,有如地下泉水的涓涓细流;它流向缺少音乐的地方,最后又
归于完全静谧的神奇之中。"事实上,自20世纪80年代起,奥列格已越来越自觉
地将自己与伟大作曲家儿子的身份紧密地联系在一起,他把自己生命中相当一部
分奉献给了父亲音乐作品的宣传与推广。他应邀担任了伦敦戈德史密斯学院内所
设的"普罗科菲耶夫成就陈列馆"的馆长,利用馆中的丰富收藏和真实史料引导人
们去进一步认识普罗科菲耶夫的创作与人生,并对此作更深入的探讨和研究。他
也经常会出现在英国广播公司的电视和广播节目里,接受记者的采访,并在演奏他
父亲作品的现场音乐会间隙与听众聊聊父亲的创作和为人。《独立报》记者诺厄
尔·曼恩就很难忘怀奥列格在戈德史密斯学院为大一学生作演讲时的情形:"他
为人谦逊有礼,演讲风趣生动。在这场超过两小时的演讲中,内容涉及普罗科菲耶
夫与肖斯塔科维奇这两位音乐巨子的音乐财富以及对社会所产生的意义和影响。
而在另一个场合,我曾邀请他到'普罗科菲耶夫成就陈列馆'去为由他翻译并编

奥列格用父亲歌剧名创作的
油画:"三桔爱"

订的《谢尔盖·普罗科菲耶夫苏维埃时期日志:1927年以及其他创作》签名售书。结果一到那里,他就为前来购书的大学生和教师们滔滔不绝地连续讲了3个小时。人们为他热情而平易可亲的言谈、言之凿凿的翔实阐述而深受鼓舞吸引,无不感到心悦诚服。"此外,奥列格对与他父亲同时代的其他苏维埃作曲家的作品也很有研究,颇富造诣。当他成为西方社会里一名自由职业艺术家之后,他也像他的父亲当年在法国那样,通过旅居国外的有利条件尽可能地向西方世界介绍俄罗斯当代作曲家的原创作品,并且力所能及地帮助和保护在国内的大批音乐家和美术家。"他是一位我很少见到的男性,"一名年轻的俄罗斯艺术家对曼恩说道,"我们的每一次相遇我总会感到他给我的生活里增添了一个新的空间维度;同时也会给许多具有创造性的人们的生活带去一种观察与思考的全新视野。"

　　1985年,57岁的奥列格·普罗科菲耶夫偕同她的母亲——时年已88岁高龄的丽娜登上了纽约林肯艺术中心埃利斯·图利大厅的舞台上,与指挥家卢卡斯·福斯(Lucas Foss,1922-2009)指挥的布鲁克林爱乐乐团一起,参与了他父亲为人家喻户晓的交响童话《彼得与狼》的演出。而在1991年,为纪念普罗科菲耶夫一百周年诞辰,英国的Hyperion唱片公司特意重新录制了新版的《彼得与狼》,在这个版本里担任乐曲中旁白的非是别人,正是作曲家的儿子奥列格和孙子加勃里埃尔,这使得这张唱片具备了独特的纪念意义与收藏价值。它由新伦敦管弦乐团演奏,罗纳德·科普(Ronald Corp)指挥。(唱片编号:CDH5517)。唱片共收录了普氏四部为少年儿童创作的作品:1.《篝火》组曲;2.《夏日》组曲;3. 次女高音独唱曲《丑小鸭》;4.《彼得与狼》。它也为我们留下了奥列格存世的唯一公开发表的声音,而这正是他献给他的伟大父亲的。

孙子加勃里埃尔·普罗科菲耶夫(Gabriel Prokofiev)

　　在普罗科菲耶夫家族里,奥列格称得上是一个为家族的繁衍"开枝散叶"的人,他的三次婚姻为他带来了7个子女,长子小谢尔盖,女儿安娜斯塔西娅分别是前两位妻子所生;而1974年他与弗朗西斯·恰尔德结婚后,又为他带来了五个后代,其中一个儿子早夭,还有一子一女是恰尔德与前夫所生,她为奥列格生的第一个孩子就是日后成为作曲家的加勃里埃尔·普罗科菲耶夫。

加勃里埃尔 1975 年出生于伦敦。这个孩子仿佛自他出生的那天起，冥冥之中就承载着继承伟大祖父衣钵的使命。尽管他的父亲与伯父似乎都与音乐无缘，然而现代医学早已证明了基因隔代遗传的概率还是很可观的。就像祖父 5 岁写出第一支曲子，9 岁尝试歌剧创作那样，发生在小加勃

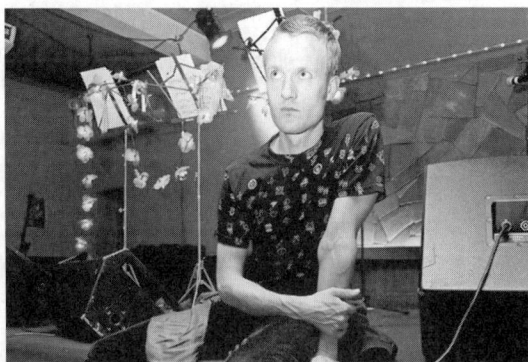

作为 DJ 的加勃里埃尔

里埃尔身上的早慧现象当然不会使这个家庭的人过分吃惊。正如加勃里埃尔自己说的那样："我 7 岁才开始上第一堂钢琴课，这似乎有些晚；不过，事实上，当我自己在 10 岁时写成了我的第一首流行歌曲时，我意识到了自身的音乐潜质以及创作冲动的到来。"

以此而论，加勃里埃尔的成长经历也许可以算得上是一位少年天才的现代版，他 10 岁起不仅创作流行歌曲，而且混迹于当地的流行乐队里担任乐器演奏了："我以演奏、演唱自己创作的歌曲而感到极度自豪，一度还小有名气，招惹得当地的报社记者在听了我的音乐之后炮制了一篇文章，标题就叫做《古典作曲家的孙子玩流行》(Classical grandson goes pop)，在当地还掀起了一阵不大不小的骚动呢。"当然，加勃里埃尔一直没有放弃对钢琴和圆号的学习。后来他还玩过当今英国最炙手可热的"汽车库音乐"(garage music)，并成为其中的一位佼佼者。但同时，他却就学于伯明翰大学和约克大学学习作曲，获得硕士学位。自 2001 年以来，他已经在多种表现形式的流行音乐领域小试牛刀，创作了诸如舞曲音乐、电子音乐以及嘻哈乐(Hip-Hop)在内的一批作品。然而，在 2003 年，这位几乎玩转了各类流行音乐的高手却在事先毫无征兆的情况下突然推出了一首弦乐四重奏曲，这使得那些早先断言加勃里埃尔将与家族的古典传统彻底决裂的评论家们又一次跌碎了眼镜。

自加勃里埃尔的《第一弦乐四重奏》问世后，人们将他的音乐与他伟大祖父的音乐做了一个对比，称他祖父创作的是"新古典主义"(Neoclassical)；而他创作的则是"非古典主义"(Nonclassical)。听听评论家们的描绘就可以想见这首作品是多么的惊世骇俗了：它的音响是尖锐而又强烈的；音乐的语言以舞曲音乐为基础，却又揉入了古典音乐的某些元素，体现出当代实验音乐的创作特征。由于加勃里埃尔是以创作流行音乐起家的，因而它对流行音乐中的那种表现手法相当熟稔。他做过音乐俱乐部里的 DJ，因而对"混音"(Remix)，"搓碟"(Scratching records)等一套技巧手法烂熟于胸。在他的"非古典主义"作品里就充斥着这种流行音乐

的表达意图。比如他的《第一弦乐四重奏》的乐曲是总共只有 14 分钟的四乐章套曲。然而在这张有加勃里埃尔以自己的独立唱片品牌 Nonclassical 于 2004 年发行的专辑里,在全曲之后还加入了五个分别出自不同作曲家之手的混音版乐章,其中就有加勃里埃尔亲自操刀,以嘻哈乐揉入作品的第一乐章混音版。所谓混音,简而言之,就是在原始的声音轨道(Original sound track,简称 OST)的基础上,加入原本不能产生的其他各类音效与节奏对音乐进行重新编辑录制,从而达到一种与原始声轨完全不同、甚至是大异其趣的艺术效果。而他于 2007 年创作的《第二弦乐四重奏》也如出一辙,在原曲之后加入了六个混音版乐章。

加勃里埃尔与"天堂四重奏团"

加勃里埃尔的这两首弦乐四重奏都是为"天堂四重奏团"(Elysian Quartet)度身订制的。这个四重奏团是由伦敦剑桥三一音乐学院的四位年轻的演奏家组成的,他们是:第一小提琴埃玛·史密斯(Emma Smith);第二小提琴詹妮梅·罗根(Jennymay Logan);中提琴文森特·西普瑞尔(Vincent Sipprell)和大提琴洛拉·穆迪(Loura Moody)。这三女一男演奏家在进入大学的头一年就组建了这支四重奏组,并得到了学院提供的奖学金。而当在约克大学攻读硕士学位的加勃里埃尔遇到了洛拉·穆迪时,两人的思想观念竟十分相契,可谓一拍即合。洛拉当即向加勃里埃尔提议让他为四重奏创作乐曲,这才有了加勃里埃尔的这两首弦乐四重奏的相继问世。作品经"天堂四重奏团"首演并录制成唱片后,尽管反响毁誉参半,但毕竟在西方社会产生了一定的影响。正因为曲作者是谢尔盖·普罗科菲耶夫的孙子之故,促使人们更有兴趣看看加勃里埃尔接下去的路又在何方? 果然,自那以后,他的又一首无论形式还是内容都堪称新颖的作品诞生了,它就是《旋转唱盘协奏曲》(Concerto for turntable and orchestra)。

喜欢流行音乐的人都知道,旋转唱盘(turntable)在俱乐部的舞会上是必不可少的一种播放设施,也可以说一位高超的 DJ 的全部才华在很大程度上就最终体现在他对于黑胶唱片、旋转唱盘以及调音混响的认识和技巧上。在加勃里埃尔的这首《旋转唱盘协奏曲》里,他把 DJ 以及他所掌控的唱机转盘作为传统协奏曲中的独奏乐器,让它发出的声响和一支编制齐全的管弦乐团相抗衡,相呼应。加勃里埃尔承认这个尝试肯定是一种挑战,"因为乐团所发出的音响像通常所见的那般雄壮洪亮,而 DJ 则在演奏过程中需要调动他抓、搓、打等一整套技术,使事先被录制在唱片上的音乐改变速度,音响和节奏,使它产生出类似 Theremin 电子乐器的效果。这样,在这首作品里,通常在音乐厅里演奏的音乐和在舞厅里演奏的音乐实现了成功的对话与对接。"这首《旋转唱盘协奏曲》由 DJ 约达(Yoda)与古典遗产管弦乐团联袂首演,此后另一位 DJ 本尼 .G(Beni G)又与皇家苏格兰国家管弦乐团合作,将它搬上了格拉斯哥皇家音乐厅的舞台。加勃里埃尔近年来的创作还包括他为俄罗斯钢琴家杰尼亚(Genia)创作的一组钢琴曲;一部为打击乐器(两支"芬达"玻璃瓶)与电子乐器演奏而作的作品;为兰伯特芭蕾舞团谱写的一首无伴奏小提琴曲以及《为一把"飞舞着的中提琴"、弦乐队、长号以及打击乐创作的协奏曲》(Concerto for 'dancing' viola, string orchestra, trombones and percussion)。当被问及他自认是一位古典作曲家还是一位流行作曲家时,加勃里埃尔欣然回答:"我是一位古典作曲家。可是我过去长期活跃于流行乐队里,就在不久前我还刚刚制作了嘻哈乐和格里姆(grime,一种从 21 世纪开始发展起来的实验流行音乐,系由嘻哈乐与电子音乐结合而成)。他们对我从事传统音乐创作很重要。比如我听到令我感兴趣的一个乐句,或是某个韵律,那么它就会被我记住,并带入到我的古典作品创作中去。因为古典音乐足堪承载流行文化的因素,却不必以牺牲它自身的特征作为代价。"

既然自诩为古典作曲家,加勃里埃尔为何不干脆写些纯正的古典体裁作品呢? 对于这个问题,这位现年三四十岁的名人之后在一次网络热线的采访中向记者描述了他在从事纯古典音乐时所遭受到的挫折感:"我感到非常地失落,因为在演奏我的纯古典作品时,我了解到出席音乐会的人里有50%都留着花白的头发;而另外的50%则不是作曲家就是身处音乐圈的人士……而我需要

1997 年为纪念丽娜百岁诞辰,普罗科菲耶夫的后人在巴黎重聚,图中有长子斯维亚(左二)、次子奥列格(左四)、加勃里埃尔(左六)以及长孙小谢尔盖(右二)等

我的朋友们去听我的音乐。看来纯古典音乐在许多方面都的确显得它与众隔绝了。是到了让当代人去充分地自由选择他们所中意的音乐的时候了! 让我们的眼睛环顾四周,我们不应害怕去接触、拥抱其他种类的表现形式。总要有人迈出这第一步。看到纯古典音乐所面临的现实我感到难过:它仍在沿袭着几百年来一成不变的繁文缛节,如在音乐演奏过程中不允许人们拍手或发出任何声响;同时我也讨厌那些正襟危坐的演奏员身穿的礼服以及音乐厅里滑稽可笑的服务生身上所穿的那种号服。"

　　的确,年青一代有他们自身的喜爱与需求,加勃里埃尔的同事们都是一群与他志同道合的、30 岁左右的年轻人。他们除了经过良好的科班教育之外,大多还有从事流行音乐、民间音乐的经历。像加勃里埃尔本人在上大学之前就曾到非洲的坦桑尼亚进行过采风考察,他跟当地人学斯瓦希里语,还记录下了为数众多的坦桑尼亚与肯尼亚牧民以及马伊萨土著部落音乐的录音。因之,他们在创作的时候,自然会将这些音乐元素糅入到作品中去。"我们要求与我们的前辈做得不一样,这并非就是说别的年龄段的人们就无法分享我们的观点;反之亦然。我们只是强调超过了一定年龄的人们要让他们跟上最新的时代趋势的确难度更大……因为这是一个在飞速变化着的时代!"

　　加勃里埃尔长得一表人才,高高的个子,亚麻色的卷发,留着俄罗斯人特有的小胡子,一副当代青年的做派,显得时尚而前卫。目前,他除了作曲,还自己经营管理着一家每月举办一次活动的俱乐部,该俱乐部的名称与他的唱片品牌一样,也叫做"非古典",因为它的成员们在里面切磋交流的都是些"非古典"范畴内的话题与技艺。在俱乐部里,加勃里埃尔自己充当 DJ。他说:"作为一位作曲家,我在家里通常不怎么听 CD 或录音,因为我要使自己的耳朵保持一种很纯粹的状态,而不能受到其他种类音乐太多的影响。当我在自己的工作室里工作了整整一天之后,需要我的耳朵听觉放松一下,只有在这种情况下我才会听一点其他的音乐调剂一下。不过,我却经常用手指轻轻地弹敲着手中的一厚摞 CD,因为我是俱乐部里的DJ,需要对每张唱片上有哪些风格的曲目了如指掌。"

　　加勃里埃尔也参与了其父为 Hyperion 重新录制《彼得与狼》的旁白工作,因此在这个版本里的旁白出现了两个不同的声音。伦敦的一家舞剧院正打算将《彼得与狼》改编成舞剧予以上演。加勃里埃尔对此表示:在他认为适当的时机他准备为祖父的这部伟大作品重新配器,使它更富于时代感。与此同时,他也颇有些为自己的父亲感到惋惜,"其实,我父亲的耳朵非常敏锐,如果他学习音乐坚持下去的话,他所取得的成就会比今天更大。可是他没能遇上一个好的钢琴教师。他与大伯父的学习基本上是在一种恐惧状态下进行的;而祖父又说在他俩的体内缺乏'音乐之骨',这终使他们彻底打消了从事音乐的念头。这也难怪啊——假如你是谢尔盖·普罗科菲耶夫的儿子的话……"

　　那么,作为一位名人之后,普罗科菲耶夫这个显赫的姓氏对于加勃里埃尔的事业是一种障碍阴影还是鞭策动力呢? 他坦承"两者都有那么一点儿。当我年轻的时候,家族的姓氏使我谨慎敬畏,自我意识特强;然而,当你已成为一位作曲家时,你所要做的就是无论如何要让人们在你的作品中忘掉你的名字,你要忘掉你是谁的后代,也不必去过分担忧你的作品问世后会令你的家族种姓蒙羞抑或增光。"事实上,公开自己是谢尔盖·普罗科菲耶夫的孙辈在他步入音乐圈的相当一段时间后。他之所以如此敏感是由于他感到这个不平凡的姓氏对自己有压力。只是到了发表他的《第一弦乐四重奏》之际,他才决定公开使用普罗科菲耶夫这个姓氏。而在此之前他曾用过不少别名。"关于我能否在音乐领域做出点成绩,人们是非常好奇的。通常人们会对我抱有不小的期盼,但也有人对我报以敌意,甚至开始对我发出了威吓。其实,对我捧杀或棒杀都没有什么意义,因为我只是一个普通的音乐家而已!"

加勃里埃尔与父亲奥列格为爷爷的交响童话《彼得与狼》配音的版本

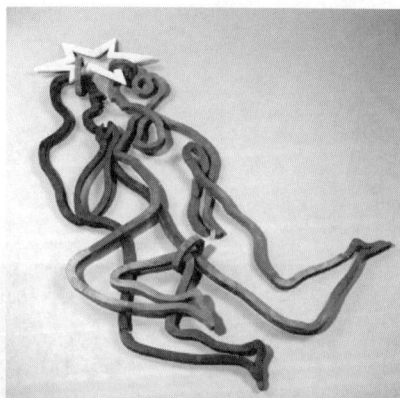

奥列格的木雕作品《一个明星的诞生》

加勃里埃尔创作的《第二弦乐四重奏》

奥列格的油画《弹钢琴的女子》

五、罗斯特罗波维奇一家三代的悲欢离合

赋予音乐哲理思考的罗斯特罗波维奇

姆斯蒂斯拉夫·罗斯特罗波维奇在当代大提琴演奏艺术领域是当之无愧的顶级大师；在指挥方面，仅从由大提琴家转行为指挥家的成功业绩来看，虽然他不得不屈居于伟大的托斯卡尼尼之后，但肯定要高过卡萨尔斯。他的钢琴水平恐怕没有多少人知晓，自幼练就的童子功足以使他能在音乐学院钢琴系的同学面前毫无愧色地演奏拉赫玛尼诺夫的协奏曲，并且还是他夫人维谢涅夫斯卡娅演唱会上钢琴伴奏的不二人选。

在20世纪下半叶的社会生活中，苏联音乐家中或许没有一个人经历过像罗斯特罗波维奇那样跌宕突兀的毁誉沉浮：在大红大紫之际被迫离开祖国远走他乡，还被褫夺了神圣的公民权；16年后却又以英雄般的姿态凯旋回归。又过了一年，这位尚未被恢复苏联国籍的"世界公民"在得知国内发生了反政府的政变之后，竟星夜兼程地从国外返回祖国，手握长枪与在总统府保卫的人们共同度过了三个不眠之夜。这是何等感人的赤子之心，何等惊人的勇气胆识。因为在这片土地上，长眠着他的列祖列宗和那些永远缅怀的挚爱亲朋。他之所以能成为乐坛的卓然"大家"，除去其自身的禀赋和努力而外，断离不开他的亲人们对他的栽培和造就。

列奥波德与索菲娅

与大多数我们所熟知的俄裔演奏艺术大师不同,罗斯特罗波维奇倒没有犹太血统,但也并非是纯正的俄罗斯人。这个家族的祖先原先应该居住在今天的立陶宛和波兰一带,因为祖先的姓氏是"罗斯特罗波维丘斯"(Rostropovitius),而这是一个非常典型的立陶宛人的姓氏。尽管器

罗斯特罗波维奇(中上者)与他的父母、姐姐

乐演奏从他祖父的祖父开始就一直是家族的传统,但一直到他的祖父维托尔德(Vitold Rostropovich)之前都还只能算是业余的乐手。维托尔德是家族中第一位进入彼得堡音乐学院学习的音乐家,他的专业便是日后代表家族荣耀的传家宝——大提琴。不过,维托尔德本人倒是未曾做出过什么值得夸耀的业绩来,他的最大成果就是培养了他的儿子,我们伟大的大提琴家的父亲——列奥波德。

列奥波德·罗斯特罗波维奇(Leopold Rostropovich)1892年2月26日出生于沃罗涅日市。他起先学习钢琴,后来转学大提琴。列奥波德从小聪明伶俐、悟性极强,12岁便举行了首次公开演奏会,出众的才华引起了世人的关注。在15岁时他终于如愿以偿,作为彼得堡音乐学院最年轻的学生师从大提琴名师维尔兹比罗维茨教授(Alexander Wierzbilowicz,1850-1911)。

维尔兹比罗维茨的班上高足满堂,而其中的佼佼者又数谢苗·柯佐卢波夫(Semyon Kozolupov,1884-1961)。列奥波德与他既是师兄弟,又是暗自较劲的对手,不过恐怕当时谁都没料到有朝一日他俩竟然成了连襟姻亲。列奥波德尽管天分极高,但对练琴却不甚刻苦。在人们的记忆里,他上课经常迟到,每次总是像一股龙卷风似的刮进教室,然后在众目睽睽之下双手围住老师的脖子表示亲昵。不过,教学甚严的维尔兹比罗维茨却并不认可他的这种举动,认为他虽有天分,却难成大器,而且列奥波德穿着邋遢随便,全然不顾一个学院学生应有的礼仪举止。为此,维尔兹比罗维茨报告了学院院长、著名作曲家格拉祖诺夫。格拉祖诺夫却不像这位教授那么悲观,他认为"这个小家伙的技巧简直是完美无缺,他天生是一块学音乐的料"。

格拉祖诺夫果然没有看走眼,1910年列奥波德以学院金奖的优异成绩毕业,而柯佐卢波夫则是银奖得主。第二年,年仅19岁的列奥波德在波兰举行了他艺术人生中的处子秀,受到舆论界的好评,并成了莫斯科马林斯基剧院乐队的大提琴

手。随后他前往西方游学,在巴黎追随过大提琴泰斗卡萨尔斯,这使得他的演奏艺术如虎添翼。在长年的巡演生涯中他既积累了丰富的舞台经验,也收获了美满的爱情。一次,他巡演到奥伦堡,为他担任钢琴伴奏的是当地音乐学校校长的千金索菲娅·费多托娃,她毕业于莫斯科音乐学院。她的姐姐娜杰塔同样毕业于该校,结果娜杰塔与柯佐卢波夫成了伉俪,而索菲娅则与列奥波德结为连理。

与列奥波德活泼开朗、热情洋溢的性格相反,妻子索菲娅身上体现出俄罗斯妇女的传统美德,她沉默少言,具有坚韧的意志和坚强的性格。他们的女儿薇罗妮卡出生后不久,全家迁居到了阿塞拜疆的首府巴库。列奥波德担任阿塞拜疆音乐学院的大提琴教授,索菲娅则教授钢琴课,列奥波德夫妇在巴库一待就是6年,对推动当地的音乐事业影响殊深,至今阿塞拜疆官方网站还非常自豪地把罗氏视作他们国家的音乐之宝,设有他们家族的官方网页。除了教学,列奥波德在此期间的主要活动是参加室内乐演出和从事创作,他写了不少大提琴作品,还把肖邦、普罗科菲耶夫和斯克里亚宾的钢琴曲改编为大提琴曲。

斯拉瓦和他的姐姐薇罗妮卡

1927年3月27日,未来的大提琴英才降生到这个家庭里,列奥波德转而把主要精力花在了这个他寄予厚望的儿子身上。为使一双儿女能够受到更好的音乐教育,在斯拉瓦(姆斯蒂斯拉夫·罗斯特罗波维奇的爱称,以下同)4岁时全家又返回了莫斯科。想当年列奥波德得意之时,在全苏境内保持着很高的演奏频率,也曾被全国各地的音乐学院争聘为大提琴教授。然而如今物是人非,列奥波德很快发现离开艺术中心多年后这里已全无自己施展才艺的舞台。此时他的连襟柯佐卢波夫已高居莫斯科音乐学院大提琴教研室主任之职;而他昔日在大剧院的首席职位也早已为年轻一代的才俊克努谢维茨基(Sviatoslav Knushevitsky, 1908-1963)所取代。彷徨失意之余,列奥波德为稻粱谋,不得不栖身于格涅辛音乐学院附小以及首都的几所区级音乐小学,其状堪称潦倒。不过,此时他最大的快意来自他的家庭,尤其是他的儿子斯拉瓦。尽管他一生育人无数,但还是把7岁的斯拉瓦送进格涅辛音乐学院附中学习,以求孩子早日成才。

虽然中年以后的列奥波德大有壮志难酬之憾,但在1940年他还是被授予共和国功勋演员的称号。1941年为庆祝列奥波德即将到来的50岁生日,一大批音乐界名流不顾当时战争已日益迫近的危险,联名写了一份致全苏联音乐界的公开信呼吁为他组织一场庆祝活动,他们之中有小提琴家大卫·奥依斯特拉赫、作曲家格利埃尔、指挥家戈洛瓦诺夫和歌唱家科兹洛夫斯基等。信中写道："无论是在首都还是在许多地方城市,列奥波德·罗斯特罗波维奇多年来卓有成效的艺术活动都闻名于全苏广大的音乐界。作为苏联最优秀的音乐家之一——大提琴家、教育家和作曲家列奥波德·罗斯特罗波维奇都值得承认和尊敬。"大型的庆祝活动本拟于1942年举行,但由于时局所限终未能如期举行,以致成为列奥波德毕生的遗憾。当纳粹铁蹄即将兵临城下之际,全家人被疏散到了奥伦堡——列奥波德当年收获爱情的城市。1942年4月,他在当地的一场音乐会上演奏了一首大提琴协奏曲,这首协奏曲的作者不是别人,正是自己14岁的儿子斯拉瓦。在音乐会上,斯拉瓦担任了父亲的钢琴伴奏。这场音乐会富有象征意义,预示着老的一代行将退出音乐舞台,而新的一代已然粉墨登场。不久,列奥波德得了心力衰竭,终告不治,遂于同年7月31日去世,年仅50岁。

父亲的英年早逝给尚在学习阶段的斯拉瓦以沉重的打击,为此他重病了一场。此后他重新振作起精神投入到父亲未竟的事业之中,并遵照父亲的遗愿,在1943年夏天重返莫斯科,进入他大姨父柯佐卢波夫在莫斯科音乐学院的大师班学习,最终成为苏联大提琴界新的领军人物。

斯拉瓦与加琳娜

在斯拉瓦的人生中,对他影响最大的女人莫过于他的妻子加琳娜·维谢涅夫斯卡娅(Galina Vishnevskaya)。

战后的50年代初,斯拉瓦从莫斯科音乐学院研究生毕业,并已在音乐舞台上崭露头角。他于1950年在布拉格的"哈努斯·维汉国际大提琴比赛"上与来自列宁格勒音乐学院的劲敌沙夫兰(Daniil Shafran,1923-　　　)一同夺得了比赛头奖,后又成功地出演了巴赫的六首《大提琴独奏协奏曲》和首演普罗科菲耶夫的《大提琴交响协奏曲》而声名大噪。然而这时他的情感世界还是一片空白。

1950年罗斯特罗波维奇与作曲家普罗科菲耶夫

直到1955年,28岁的斯拉瓦在一次官方举办的招待会上邂逅了大剧院的女高音歌唱家加琳娜,内心压抑已久的热情终于无可遏制地迸发而出,从此开始了他对加琳娜的狂热追求。

加琳娜·维谢涅夫斯卡娅

加琳娜 1926 年 10 月 25 日出生于列宁格勒。她的父亲是附近海军基地的一名下层军官,他沾染了军队中的散漫作风,一次酒醉后拔枪杀死了一个反抗他的水兵而被送进了监狱,从此杳无音讯。加琳娜的母亲因此自暴自弃,完全置年幼的女儿于不顾。加琳娜是由其外祖母带大的,她周围的社会环境非常恶劣,充斥着贫困饥馑的景象和打架斗殴的风气。所幸她天生有一副好嗓子,又有敏锐的听力和良好的乐感,对听过的歌曲能够过耳不忘。她的长相也令人过目难忘,从她那兼有波兰和吉卜塞血统的母亲那儿遗传而来的一切优点,使她成为当地的头号美人,也成了全城男人垂涎追逐的对象。她未满 17 岁时,基地的一个海军军官看上了她,而加琳娜或许当时只是希图这次婚姻能使她摆脱贫困和愚昧,于是他们很快地结婚了。然而,由于两人根本没有共同语言和志趣爱好,又很快地离了婚。

离婚后的加琳娜靠那走穴式的小分队演出,积攒了足够的钱以每小时一卢布的代价向一位 80 岁的声乐女教师薇拉·加莲娜(Vera Garina)学艺,这才算真正走上了艺术之路。薇拉对出身寒微却心比天高的加琳娜说:"你将成为一名女高音歌唱家,而且是歌剧中的女高音。你将是未来的明星。"不过,对当时温饱尚难自保的加琳娜而言,老师的预见和期望不啻画饼充饥。为了生存,她又去了州轻歌剧团,结果又被该剧团的团长鲁宾盯上了。死死纠缠的结果是 18 岁的加琳娜又一次成了新娘,嫁给了比自己整整大 22 岁的鲁宾。靠着这层关系,她才在剧团里站稳了脚,饰演一些侍女之类的配角和唱些地方上的通俗歌曲。

同年,她与鲁宾的儿子出生了,但她还未来得及品尝做母亲的喜悦,两个月后婴儿便因食物中毒而夭折。而她自己也患上了肺结核被送进了疗养院。在疗养期间她痛定思痛,决心离开看不到任何希望的轻歌剧团,彻底改变自己的命运。1952年的一天,加琳娜在涅瓦大街上无意发现了一幅莫斯科大剧院招收进修班学员的海报,她喜出望外,报名参加了选拔。结果一鸣惊人,这位没有任何学历和系统训练的"流浪艺人"竟因出色的嗓音条件被破格录取为大剧院的歌唱演员,从此她平步青云,彻底告别了"卖艺"生涯,登上了歌剧院的殿堂。她以其得天独厚的优美嗓音和动人外表迅速成为大剧院的新宠,并在最短的时间里一跃而成为令人折服的 Prima Donna(头牌女高音)。

斯拉瓦与加琳娜初识不久，一次异国之旅的机缘将他俩的爱情推向成熟。那是两星期后，加琳娜随大剧院出访捷克，应邀在"布拉格之春"音乐节上演出柴科夫斯基的歌剧《叶甫根尼·奥涅金》，这也是她首度走出国门。在布拉格，她再次与正担任音乐节大提琴比赛评委的斯拉瓦相遇。斯拉瓦对加琳娜开展了强烈的爱情攻势。据说他让宾馆的服务员在加琳娜的房间地板上布满一盒盒精致的巧克力，在她衣橱里的衣服上洒上美丽的百合花，以此表明自己的心迹。尽管与斯拉瓦相识时的加琳娜已有着与他相称的社会地位和艺术成就，她对这位年轻有为的大提琴新秀也确有好感，然而她过往的两段婚姻史和令人心酸的早年遭际毕竟还是她心理上的巨大障碍。当斯拉瓦了解了这一切之后，仍不改初衷，追求愈炽。为了生怕回国后他们的结合会遭到更多的舆论非议，他们决定就在布拉格这个富有诗意的美丽城市缔结良缘。

斯拉瓦与加琳娜的恋爱过程尽管速战速决，然而他俩坚贞不渝的情感维系却注定他们将相伴一生一世。婚后的加琳娜迎来了她艺术生涯中的辉煌时期。1961 年她首度访美，饰演威尔第歌剧中的阿依达；第二年她又以同一个角色登上了伦敦皇家歌剧院的舞台。1964 年她在米兰斯卡拉歌剧院登台亮相，出演普契尼歌剧《图兰朵》中的柳儿，她的演唱受到西方舆论的高度评价，盛赞她温暖甜美的音色，清脆流畅的吐字和非凡出众的

1966 年斯拉瓦夫妇与肖斯塔科维奇在音乐会舞台上

Legato，称她的表演具有"热情洋溢、催人泪下的表现风格"。在俄罗斯声乐艺术领域，她更成了首屈一指的"俄罗斯美声唱法"之绝对典范，她饰演的角色有《叶甫根尼·奥涅金》中的塔吉亚娜、舍巴林歌剧《驯悍记》中的凯瑟琳、普罗科菲耶夫歌剧《战争与和平》中的娜塔莎和穆拉杰利歌剧《十月》中的玛琳娜等。1966 年，她在歌剧影片《卡捷琳娜·伊兹梅洛娃》（即《姆钦斯克县的麦克佩斯夫人》）中饰演女主角，演、唱、做俱佳，令人叫绝。而她演唱的俄罗斯艺术歌曲更是至今为止无人能出其右。喜爱她的许多乐迷们也正是在她的歌声中才开始接触并了解穆索尔斯基、普罗科菲耶夫和肖斯塔科维奇的声乐作品。她兼有女高音和次女高音的宽阔音区，擅长演唱戏剧女高音的角色和情感幅度强烈的音乐会艺术歌曲。她的音色与西方的卡拉斯、泰巴尔迪等迥然有异，音色圆实醇厚，声腔共鸣更为浑厚。她的这种艺术风格集中体现在 1962 年获得"唱片大奖"的穆索尔斯基的《死之歌舞》，以及肖

斯塔科维奇和英国作曲家布里顿为她度身定做的两部作品《七首浪漫曲》（根据俄国诗人亚历山大·布洛克的诗而作）和《战争安魂曲》之中。

　　与斯拉瓦的结合使加琳娜生平第一次品尝到爱情的甜蜜和家庭的温馨。无论在事业上还是在生活上，斯拉瓦对她都极尽呵护关爱之能事。斯拉瓦在音乐圈内素有"五个 F 的男人"之雅号。这五个 F 就是：Fiddle —提琴家；Food —美食家；Fodka —轿车爱好者；Friends —可靠的朋友和 Female。这 Female 初时不免令人犯疑，因为它专指女性、雌性生命，然进而一想倒也释然，它不正是我们常说的"家庭妇男"之称谓吗？事实上这是赞扬他甘为夫人打下手啊。婚后，为了能和妻子经常在一起，斯拉瓦竟嫉妒起加琳娜长期合作的钢琴伴奏者阿希拉莫维奇来。在一次加琳娜出访前夕，他突然提议由他来担当钢琴伴奏，这着实令加琳娜吃惊不小："你为我伴奏？可你根本不会弹钢琴啊！"斯拉瓦二话不说，微笑着坐到钢琴前径自演奏起来，让加琳娜着实见识了他从 4 岁起就练就的童子功。从此，夫妇俩便妇唱夫随，如影随形，斯拉瓦成了加琳娜的专职钢琴伴奏。加琳娜演唱专辑中的录音就是他俩默契合作的成果见证。而当加琳娜出演歌剧时，斯拉瓦又当仁不让地成了歌剧院的乐队指挥。

罗斯特罗波维奇与他的"精神导师"肖斯塔科维奇

　　在婚后漫长的岁月里，这对艺术伉俪始终保持着对艺术、对人生和对信念的高度一致。他们荣辱与共，不仅在如日中天的时候能够齐头并进、同创辉煌，而且在遭遇挫折困顿、面临人生重大转折的关键时刻，也始终不离不弃、相濡以沫。当 1972 年春，斯拉瓦带头写信表示同情诺贝尔文学奖获得者索尔仁尼琴时，加琳娜就坚定地与丈夫站在一起。其时，在莫斯科没有户口、住房的诗人一家就居住于斯拉瓦在莫斯科郊外的茹科夫别墅里。在长达 4 年的时光里，他们一直受到斯拉瓦和加琳娜在生活上无微不至的关怀和道义上的支持。而当索尔仁尼琴于 1974 年 2 月被苏联当局驱逐出境的 4 个月后，斯拉瓦一家也被迫离开了祖国，结束了他们艺术上的"俄罗斯年代"。

　　加琳娜出国时年已 48 岁，对于一位从事声乐艺术的女性来说这是一个演出年限的危机年龄。然而，她仍尽可能地向西方听众展现出自己的艺术才华。在爱丁堡艺术节上她主演了威尔第的《麦克白》，并在布里顿指挥的肖斯塔科维奇的《第十四交响曲》中担任女高音独唱。在美国，她与纽约的大都会歌剧院签订了两年的演出合同。年近半百的加琳娜在舞台上依然风姿绰约,音色仍是那么柔润清畅。岁月没有削减她的艺术才华,更没能耗损她的国际声望,她被西方的听众赞誉为"来自东欧的卡拉斯"。

　　1982年,56岁的加琳娜宣布结束自己长达近40年的歌唱生涯。在告别演出中,她在巴黎大歌剧院最后一次演唱了她终生挚爱的《叶甫根尼·奥涅金》,仍由斯拉瓦担任乐队指挥。如今,退出舞台后的加琳娜发起成立了"罗斯特罗波维奇——维谢涅芙斯卡娅基金会",致力于为俄罗斯儿童的健康和治疗提供资助。她还在莫斯科成立了"加琳娜·维谢涅芙斯卡娅歌唱学校",为年轻的艺术家开设大师班课程。而在美国的家中,她则尽心尽责地负责照料着她6个外孙(女),安享晚年的天伦之乐。

奥尔珈与伊莲娜

　　斯拉瓦与加琳娜有两个女儿,她们继承了先辈的衣钵,长大后都成为了音乐家。

　　大女儿奥尔珈(Olga Rostropovich)1956年出生于莫斯科。她的降生使喜爱孩子的斯拉瓦分外高兴,从此他感到自己成了一位幸福的父亲。这位有着"家庭妇男"美誉的提琴大师在家里帮着妻子给孩子洗澡、换尿布,还利用自己出国访问的机会给家里带回当时在苏联还很稀缺的各种营养品,因此奥尔迦成长得非常健康。

加琳娜、斯拉瓦与奥尔珈(从左至右)

　　及奥尔珈稍长,斯拉瓦就自己着手教她钢琴,因为他从自己父亲那里得来的"治学格言"便是钢琴演奏总是一切器乐的基础,当年他自己也正是这么成长起来的。长大后奥尔迦自己选择了大提琴,这自然使斯拉瓦喜形于色,溢于言表。奥尔珈最初是随父亲的助手学琴,因为斯拉瓦实在是太忙了,根本不可能留出一块固定的时间来为女儿上课。后来奥尔珈的老师又换成了莫斯科音乐学院的著名女教授加琳娜·柯佐卢波娃(Galina Kozolupova)。这位柯佐卢波娃正是谢苗·柯佐卢波夫的二女儿。事实上,真正对奥尔珈的学习产生难以磨灭影响的人既不是她的父亲,也不是这位表姑,而是一位与她毫不相干的异国女大提琴家——杜普蕾。奥尔迦回忆起1966年,自己刚满10岁,那一年正逢杜普蕾来苏联随斯拉瓦深造。一次,在莫斯科音乐学院里她亲身感受了这位已在国际乐坛上崭露头角的英伦才女的卓越才华:"她的演奏是那么充满情感,简直令人难以置信。她当时拉的是舒曼的大提琴协奏曲。我可以向你保证:在教室里听她演奏的人没有一双眼睛是干的,在场的人都被她强烈地感染了。"

尽管奥尔珈身上从来就不缺乏家族的音乐细胞,然而后来父母所遭受的坎坷经历还是不可避免地对她的学习造成了影响。1974年,全家离开苏联时奥尔珈年仅18岁,生活的变故使她中断了学习。全家先到了巴黎,后来奥尔珈与妹妹又被安置到瑞士洛桑一家天主教会所设的寄宿学校生活了一年多。在此期间,奥尔珈便随移居瑞士的俄裔大提琴家德米特里·马科维奇(Dimitry Markevitch,1922-2002)继续学习,每周上一次课。直到1975年6月斯拉瓦受邀出任美国华盛顿国家交响乐团的指挥,这时姐妹俩才又来到美国就读于纽约的朱丽亚音乐学院,并最终毕业于该校。

奥尔珈的演奏并不多,见诸文字记载的似乎只有她曾在父亲指挥下的贝多芬《C大调三重协奏曲》中担任大提琴独奏,其他的演出经历语焉不详。其实,论才气,奥尔珈并不差;论形象,她在各方面都承袭了母亲的优点,美丽动人而仪态万方。之所以未能成"家"大致无外乎两方面的原因:其一,父亲课女甚严。奥尔珈曾自言每当自己要开独奏音乐会之前总要先过父亲这道关。"他对我永远都有超高的期待。我跟他上提琴课时常更像是一场战争。"其二,斯拉瓦似乎不想让女儿一辈子以拉琴为生。他曾对奥尔珈说过:"没有女性能够成为大师级人物的。"可事实上他自己最成功的学生恰恰都是女性:莎霍芙斯卡娅(Natalia Shakhovskaya,1935-)、古特曼(Natalia Gutman,1942-)和高基安(Karine Georgian,1948-)无一不是顶级国际赛事的金奖得主。其实,他内心最真实的想法是不希望女儿长久地生活在自己的阴影之中。奥尔珈后来成了一位大提琴教师,执教于纽约的曼哈顿音乐学院。

奥尔珈尽管没能在演奏舞台上增光添彩,但日后她还是大大地出了一回名,那是她与法国企业界巨子,驰誉世界的奢侈品牌爱马仕继承人奥拉夫·格朗—爱马仕那名噪一时的结婚和离婚。他俩1991年5月在巴黎举行的婚礼其场面之奢华据说令这个时尚之都的居民都叹为观止。前法国总统、当时还是总理的雅克·希拉克亲自主持婚礼。在婚礼上,新娘奥尔珈身披由世界著名服装设计师伊夫·圣—洛朗根据俄罗斯风格精心制作的婚纱,头顶饰着各种名贵钻石的头冠,愈发显得仪态万方、千娇百媚。在通往教堂的路上有一支50位提琴手组成的乐队为婚礼队伍奏乐助兴,沿途洒满了玫瑰花瓣。为争睹这场豪华婚礼,巴黎交通为之一时淤塞瘫痪。婚后奥尔珈生了一个儿子,他有着一个非常纯正的俄罗斯名字,叫奥列格。然而,就是这样一对在世人眼中堪称绝配的佳偶,却在他们结婚10年后于2001年传出了仳离的消息。

奥尔珈的妹妹伊莲娜(Elena Rostropovich)仅比她姐姐小10个月。她从小学习钢琴,后来成了钢琴家和作曲家。她结了两次婚,前一任丈夫留给她3个儿子:伊凡、谢尔盖和亚历山大;她的第二位丈夫是意大利音乐家,他们又生了一个女儿,取名为安娜斯塔西娅。与前面3个男孩子一样,他们的名字都十分俄罗斯化。作为作曲家,伊莲娜创作过一些歌曲,她目前生活在巴黎。

总体而言,罗斯特罗波维奇家族第三代的艺术成就远远逊色于她们的父母,即使是她们的生活质量也无法与她们的父母同日而语。难怪奥尔珈在对著名乐评家蒂姆·雅诺夫谈及自己的父母时说:"我的父亲的确是一个热情的人,他一生都渴望真正地享受生活。他与母亲的婚姻经历了各种磨难的考验,是坚固又纯洁的。我的母亲既是大剧院的首席女高音,同时也是一位成功男人的妻子和孩子们的母亲。她能将这两种角色完成得都很好。我真不知道她是如何做到这一切的。他们已经结婚快50年了,都非常珍惜相扶相伴共同走过的这半个世纪,没有任何东西能够摧毁它。"

*　　　　*　　　　*

1985年,加琳娜撰写了自传《加琳娜:一个俄罗斯人的故事》在美国出版。书中详尽、直白地叙述了她的家庭背景和早年经历;1955-1975年这20年间辉煌的演艺人生以及她们全家被迫出走的来龙去脉。当然,书中的主线是她与斯拉瓦的爱情,还有她与她的邻居,伟大的作曲家肖斯塔科维奇、诺贝尔文学奖得主索尔仁尼琴、英国作曲家布里顿等人之间的友情。通过此书可以从另一角度解读到发生在这个著名的音乐之家的方方面面,对更进一步理解20世纪下半叶苏联的音乐生活和社会事件都不无裨益。

庆贺罗斯特罗波维奇80岁大寿发行的艺术片:《人生的祭奠》DVD

加琳娜演唱的俄罗斯艺术歌曲唱片

加琳娜演唱的肖斯塔科维奇作品

六、法国乐坛上的"卡萨德絮王朝"

　　在音乐史上，"音乐之父"巴赫的家族可名副其实地称得上是"四世三公"了。从他祖父克里斯多夫算起，历经其父约翰·安布罗休斯一辈，约翰·塞巴斯蒂安自身一辈，再到他的众多儿子辈正好是四代。这还剔除了他那身为磨坊工的高祖魏特和当面包师的曾祖约翰内斯这两辈，因为他们都还只能算是兼职打工的业余乐师。按说在德语中巴赫的原意是"小溪、小河"，然而每当我们细细打量着这个音乐家族的庞大谱系时难免会生发出"姓无贵贱，有才显彰；位无尊卑，唯业永昌"的感慨。虽说门第的等级和先祖的荫袭等封建理念早已被18、19世纪的民主、平等之风刮得不堪一击，可唯独在艺术领域，"世代相袭，师出名门"的艺术家们总还是被人看高一线，并报以羡慕赞叹之情的。

路易斯·卡萨德絮

　　乐坛上的"音乐之家"几乎俯拾皆是，不胜枚举。只是当代的音乐之家要达到巴赫家族那样的人才济济，家业鼎盛却也极其罕见。在20世纪，法国的卡萨德絮（Casadesus）似乎是惟一一个称得上是名正言顺的"音乐世家"的著名家族。

　　却说在伟大的巴赫逝世的100年后，1850年3月26日，在西班牙东北部加泰罗尼亚地方诞生了一个名叫路易斯·卡萨德絮（Luis Casadesus）的男孩，这个路易斯就是日后建立"卡萨德絮音乐王朝"的奠基人。路易斯从小就喜欢音乐，老是梦想着有朝一日能够成为像他老乡萨拉萨蒂那样的小提琴王子，然而他却得不到接受音乐教育的机会。长大后他继承父业成了印刷业主和会计师,只能在辛勤劳作之余自学音乐,除小提琴外他还自习吉他和曼陀林。他似乎对演奏吉他更有心得,在1913年,他利用自己在印刷行业的先天优势自费撰写出版了一本关于吉他演奏的书,书名居然大言不惭地叫做《吉他的现代教学法》。20岁那年,路易斯娶了一位法国姑娘玛蒂尔德为妻。就这样,他白天在印刷所里忙里忙外,而一到晚上,就脱下工作衣跑到附近的咖啡音乐会上去演奏和指挥乐队。对于商人路易斯来说,他既能从音乐的演奏中获得精神上的乐趣,同时又能从这种业余的音乐活动中挣取额外的经济收入,真是一举两得。

　　或许是出于要为音乐事业多贡献一份力量的考虑吧,路易斯和妻子一鼓作气地生下了9个子女。20世纪的孩子再也不会像巴赫的儿子那般容易夭逝,路易斯立志要将他们都培养成为专业的音乐家,毕竟他的经济实力足以保证他实现这个预定的目标。于是他与妻子领着一大群孩子离开了西班牙,来到音乐事业更为发达的法国首都巴黎定居下来。日后,如他所愿9个孩子中的8个都成了艺术家。1919年,当路易斯老爹辞世时,他的那些从事音乐艺术的子女们都已卓然成家。他们分别是:弗朗索瓦(作曲家、指挥家)、罗丝(女,钢琴家)、罗贝尔–吉罗(戏剧演员、歌手)、亨利(作曲家、指挥家)、马塞尔(大提琴家)、塞西尔(女,钢琴家)、雷琴娜(女,古键琴家)和马留斯(小提琴家、作曲家)。这些卡萨德絮家族的音乐种子在20世纪的乐坛上滋生繁衍,共同谱写了一曲多姿多彩的"家族生命交响曲"。而在这个庞大的家族中最扬名立万的当数钢琴家罗贝尔·卡萨德絮了,他是路易斯的孙子。不是说"三代造就一个贵族"吗? 此其谓之。

20世纪的伟大钢琴家罗贝尔·卡萨德絮

　　罗贝尔·卡萨德絮(Robert Casadesus)1899年4月7日出生于巴黎,他的父亲是老路易斯的次子罗贝尔–吉罗(Robert–Guillaume Casadesus, 1878-1940)。罗贝尔–吉罗倒没有成为一名专业的音乐家,他是一位戏剧演员,艺名叫罗贝尔–卡萨。作为演员,他演、唱俱佳,也曾创作过一些轻歌剧和戏剧中的通俗歌曲。儿子罗贝尔出生后,作为老路易斯的长孙,老路易斯对他格外寄予厚望。当孩子3岁半时,老爷子就试图让孙子学小提琴,不料被罗贝尔拿过一下给砸破了——他可不想拉琴,他要学的是钢琴。好在家里钢琴家多的是,于

罗贝尔·卡萨德絮

是,从 4 岁起罗贝尔就由姑妈罗丝教他习琴。罗丝(Rose Casadesus, 1873-1944)是巴黎音乐学院著名的钢琴教授马尔蒙特(A.F.Marmontel, 1816-1898)的学生,是阿尔贝尼兹、比才、丹第和杜波瓦的同科师妹,自然琴艺了得。这位终生未婚的女钢琴家把一生都奉献给了她所热爱的音乐事业,而她的幼弟马留斯和侄子罗贝尔更是在她的直接教诲和引导下步入音乐艺术的神圣殿堂的。除罗丝姑妈外,罗贝尔学琴生涯中正式拜的一位老师就是路易·杰梅(Louis Diémer, 1843-1919)。杰梅也是马尔蒙特的学生,并且在老师退休后接替了他在巴黎音乐学院高级班的教职。杰梅的门下也是高徒满堂,名声最显赫者有科尔托、里斯勒(Edouard Risler, 1873-1929)和伊冯·纳(Yves Nat, 1890-1956)等。当杰梅在某次听了罗贝尔的演奏后当即以不容置疑的口吻对他说:"下学期你必须到音乐学院我的班上来上课。"就这样,1911 年 12 岁的罗贝尔正式开始了学院的科班学习。14 岁时他获得了学院钢琴比赛的首奖,令人刮目相看。除钢琴外,他也学习和声和作曲,1915 年以优异的成绩毕业。尽管如此,罗贝尔成名后坚持认为在他一生中罗丝姑妈才是他真正的老师,"我跟她一直学到 30 岁。每年我都要去诺曼底乡间弹琴给她听……从她那儿我学到了更多的东西。"

罗贝尔与加贝,琴坛伉俪

罗贝尔 17 岁首次正式登台亮相,从此在欧洲各国举行巡演,一时声誉鹊起。这时他是以一位才华横溢的青年独奏家的形象在乐坛上崭露头角的。1921 年,22 岁的罗贝尔与来自马赛的女钢琴家加贝·伊霍特结为夫妻,这桩婚姻缔造了 20 世纪一个非常著名的钢琴二重奏。

加贝(Gaby Casadesus)比罗贝尔小 2 岁,她也是杰梅教授的学生,16 岁时也得过学院比赛的一等奖,1923 年又被授予法国为女钢琴家所设立的最高奖项——帕热奖(prix pages),其才艺与夫君不遑多让。大约从 20 世纪 20 年代中期起,夫妇俩组成的钢琴二重奏开始引起音乐界的广泛关注,而使他们声誉大振的则是 1934 年他俩在华沙的音乐会上演奏了由罗贝尔本人创作的双钢琴协奏曲。第二年,他俩又在瓦尔特的指挥下合作上演了莫扎特的《第十钢琴协奏曲》(双钢琴),再次激发乐坛的轰动。同年,罗贝尔首度访美,在纽约的音乐会上成功地演奏了莫扎特的《第二十六钢琴协奏曲》(加冕)。指挥大师托斯卡尼尼亲耳聆听了罗贝尔的演奏,对他赞赏有加,遂力邀他在纽约爱乐乐团的下个演出季中合作演出圣-桑的钢琴协奏曲。当时的罗贝尔认为圣-桑乃一介二流作曲家,他的作品实在无法与巴赫、莫扎特和勃拉姆斯相比拟,后来还是请教了拉威尔方始扭转他对圣－桑的这种偏见。两年之后,他终于与托斯卡尼尼合作将作曲家的《C小调第二钢琴协奏曲》搬上了美国的音乐舞台。

在二次大战期间,罗贝尔夫妇的活动舞台主要是在美国。除夫唱妇随的钢琴二重奏外,罗贝尔还与本国著名小提琴家弗兰西斯卡蒂(Zino Francescatti, 1902-1991)组成固定的二重奏演奏了许多经典的小提琴奏鸣曲。他在美国的音乐生活如鱼得水,声誉日隆。其实,卡萨德絮家族的美国情结由来已久。早在1921年,罗贝尔的大伯弗朗索瓦就在巴黎市郊著名的枫丹白露创建了一所"美国音乐学院",卡萨德絮家族中的多名成员都曾担任过该院的教师。罗贝尔本人从22岁起就已是学院中最年轻的钢琴教授了。他在学院内多次开办大师班,培养了一批琴坛的俊才后进。在他的学生中日后在乐坛留名的有女钢琴家哈斯(Monique Haas, 1909-1987)、海尔费(Claude Helffer, 1922-　　　)等。此外,他还有一名特殊的学生,那就是罗贝尔自己的儿子让。二战结束后的1946年,罗贝尔携全家重返祖国,继续主持美国音乐学院的教学。

就常人的思维定式而论,罗贝尔既是一位法国人,又受教于堂堂巴黎音乐学院,那么他理所当然是法国钢琴学派的代言人,其实不然。尽管他具备了法国钢琴学派所特有的一切技巧,诸如手指的姿势、颗粒状的饱满音质、均衡有致的力度和清澈悦耳的音色等,然而细究起来他的触键技巧和音响美学理念较之追求纯之又纯音色的正宗法国钢琴学派仍有不少明显的差异。首先,罗贝尔并不承认真有那么一个"法国钢琴学派",从他的罗丝姑妈那儿他学会了融百家之说,采众人之长的治学之道。他主张要使手指灵活敏捷,弹奏得辉煌明朗该学车尔尼;要掌握有效地控制力度就要用菲利普(Isidore Philipp, 1863-1958,匈牙利裔法国著名钢琴教师)的教学方法;而欲探求乐曲的深度内涵则应从莫扎特、贝多芬和勃拉姆斯的作品中去寻找。他演奏的曲目范围也比正宗的法国学派钢琴家宽泛得多,以勃拉姆斯为例,那是以科尔托、玛格丽特·朗为代表的法国学派大师们避之犹恐不及的"禁区",而罗贝尔演奏起来却照样得心应手,入木三分。不过,对于贝多芬中后期那些孕育着巨大情感波澜和深邃哲学命题的奏鸣曲,罗贝尔的表现与真正的德奥学派钢琴大师相比难免差一些了,因而他愿意在音乐会上公开演奏的也就是贝多芬前期的十几首奏鸣曲。

作为一位活跃于20世纪上半叶誉满全欧的大师级人物,罗贝尔有幸与当代不少著名的作曲家都有交往。他在巴黎音乐学院求学时,福列正是当时的院长,曾当面聆听他的演奏,他还在德彪西去世前的三个月听过这位印象派大师的演奏。至于与拉威尔之间的交往更是直接影响了罗贝尔的一生。

也许是拉威尔和罗贝尔两人共同具有的法国－西班牙家庭背景的缘故吧,这两位年龄相差24岁的音乐家走到了一起。当他俩第一次相识时,罗贝尔为拉威尔弹了后者的钢琴组曲《夜之幽灵》中的一曲,拉威尔听后大为惊异,他对当时惶惶不安的罗贝尔说:"你把钢琴家们通常未能表达出来的和弦显现出来了,我看你是个作曲家。"大师的一席话说得罗贝尔受宠若惊,从此惺惺相惜,引为挚友。后来当拉威尔计划到西班牙、瑞士等地旅行演出时他也特意拉上罗贝尔与他结伴同行。在旅行演出途中两人一起表演钢琴二重奏。拉威尔的琴艺原本就不差,只是疏于练琴。在音乐会上通常是拉威尔弹高音部分,罗贝尔弹低音部分。演奏时拉威尔难免会遭遇技不达意的尴尬,每当此时罗贝尔就奋勇救驾,以自己娴熟的技艺和丰富的临场善变经验避免了使大师当众丢丑。早在1924年,罗贝尔就已成为第一位在整台音乐会上全部演奏拉威尔作品的钢琴家了,而作曲家本人也在不同的场合数次听过罗贝尔演奏自己的"宝贝",深为他的演释所折服。他告诉罗贝尔对于自己的作品"随你想怎么弹都可以。"于是罗贝尔更是在拉威尔的作品上下足了功夫,他演奏的拉威尔以线条明晰、色彩丰沛而著称于世,极好地表达了作曲家创作时内心世界的两个内核——乐曲的结构和华丽的音色。1951年,罗贝尔终于得偿半生所愿,将拉威尔所有的钢琴独奏作品悉数录制完毕。唱片问世后在乐坛引起了巨大的反响,并荣获了唱片协会大奖。

罗贝尔与指挥家乔治.塞尔(右立者)

在演奏事业蒸蒸日上之际,罗贝尔无疑受到了拉威尔的鼓舞,又朝着作曲家的方向去发展自己。说起他的创作数量倒毫不逊色于任何一位当代作曲家,因为他创作了七部交响曲(这一点甚至连他崇拜的舒曼、勃拉姆斯和拉威尔都未能做到)、八首协奏曲、四首钢琴奏鸣曲、模仿肖邦和肖斯塔科维奇而创作的《24首钢琴前奏曲》以及室内乐和声乐作品等。尽管数量绰绰有余,然而这些作品中的大部分至今仍静静地躺在家族的图书馆内。作为一位作曲家,他的作品被认为具有先锋色彩,充斥着尖锐与不协和的音响,作品的质量也参差不齐。他公开出版并已录制成唱片的主要就是为自己的家庭成员而创作的双钢琴协奏曲和三重钢琴协奏曲,那是由于他家里有三位杰出的钢琴家的缘故。

罗贝尔·卡萨德絮一生所获的荣誉中有因出色地诠释勃拉姆斯而被德国政府授予的"勃拉姆斯金质奖章",由比利时政府授予的利奥波德国王荣誉勋章。他是法兰西荣誉团的骑士。作为一位杰出的音乐艺术家和社会活动家他深受法国人民的爱戴,在世界乐坛享有崇高的威望。

罗贝尔的妻子加贝除与丈夫
演奏钢琴二重奏而享有盛名外,作
为独奏家她的演奏也以情感细腻
和充满自信而驰名琴坛。她曾为
美国 VOX 唱片公司录制了莫扎特
和法国作曲家的钢琴作品。而作
为一位优秀的钢琴教师,她在法国
和美国的执教生涯则延续得更长。
1972 年 9 月 19 日,当罗贝尔去世
后,为了纪念志同道合、相濡以沫

加贝与罗贝尔

的丈夫,她和子女们积极地投身于一切相关的纪念活动。她创立了"罗贝尔·卡
萨德絮钢琴研究学会",并于 1975 年在美国克利夫兰创办了"国际罗贝尔·卡萨
德絮钢琴比赛"。加贝是一位风度典雅、生机勃勃的女性,她频繁地出现在种类繁
多的纪念罗贝尔的广播和电视节目中。1989 年,年逾古稀的她出版了回顾自己艺
术一生的自传《我的婚姻,我的音乐》(Mes Noces Musicales),先前还撰写过一本
钢琴教学的专著《我的演奏之道》(Ma Technique Quotidienne)。在新世纪到来的
前夕,这位才华不凡的女钢琴家以 98 岁的高寿病逝于巴黎。

　　罗贝尔和加贝共有 3 个孩子:儿子让、居伊和女儿特蕾茜。3 个子女都习音乐,
但以让的成就更大。

　　与其他著名钢琴家不同,罗贝尔认为在像他们这样一个音乐世家里,由父母
教自己的孩子学琴更好,就如同他当年随罗丝姑妈学琴那样,家庭中浓郁的艺
术氛围和浓浓的天伦亲情是任何其他地方都无法比拟的。让·卡萨德絮(Jean
Casadesus)1927 年 7 月 17 日出生,自小随父母习琴,进步神速,他 10 岁即入巴黎
音乐学院,二战期间到美国之后又进入普林斯顿大学继续深造。1947 年,年方 20
的让参加了日内瓦国际音乐比赛的角逐,他无愧于名门之后,在比赛中一举夺魁。
而在他前一年荣获此项殊荣的乃是奥地利的古尔达(Friedrich Gulda),由此可见让
的实力和技艺有多么出众。让的长相继承了父母各自的优点,有着宽阔的额头、坚
毅的眼神和棱角分明的嘴唇,是一位风度翩翩的美男子。获奖之后,让在以色列和
拉美各国成功地举行了一系列巡演,他的才华和风度征服了无数的听众。他也与
他的名家父母一起举行音乐会,表演钢琴三重奏。在教学方面,他继承了父母的衣
钵,曾先后在枫丹白露的美国音乐学院和美国的纽约州立大学任教。1953 年,26
岁的让与画家吉拉尔(Andre Girard)的女儿伊芙喜结连理,婚后夫妻俩情深意笃,
美满的婚姻更推动了让事业上的发展。然而,正当让欲大展宏图之际,却于 1972
年 1 月 20 日在加拿大的一次车祸中不幸丧生,年仅 45 岁。爱子的遽然去世对罗
贝尔的身心打击极大,以至于他在闻悉噩耗的半年之后也匆匆辞别人世,享年 73

岁。让留下一个孩子,名艾格涅(Agnès),未闻其是否从事音乐事业。

在人才济济的卡萨德絮音乐王朝中,尽管每人都身怀绝技,各具所长,然而自打它的老祖宗路易斯奠基开业至今凡150年的光景中,毕竟谁也无法盖过罗贝尔·卡萨德絮那一柱擎天似的灼人光芒,他是整个王朝的至尊,是这个著名家族的最杰出代表。不过,如果单表罗贝尔一人,倒也确非本文的初衷,窃以为对于一个如此枝茂叶盛而百年不遇的音乐家族,自信还是会对饶有兴趣的读者产生一定的好奇心和求知欲的。

为了行文的方便,在本文的上半部分除介绍了卡萨德絮家族的兴起缘由外便径自直书它的第三代传人罗贝尔一家。然而罗贝尔再伟大,他毕竟只是家族中的一员。因而在下半部分中,且让我们因循着卡萨德絮家族的生命树,一代一代地去寻找它其余枝蔓上结出的累累硕果吧。

王朝第二代中的卡萨德絮三兄弟

弗朗索瓦·卡萨德絮

在老路易斯9个子女中,长子弗朗索瓦无疑是家族兴旺发达的一个关键人物。家长对子孙后代的期望抱负首先总是在他们的第一个孩子身上得以付诸实施的。俗话说长兄如父,榜样的力量是无穷的,正是由于弗朗索瓦的以身作则,才使他的弟妹侄甥们纷纷效尤,继而投身于音乐之中,共同营造出音乐家族的繁盛。

弗朗索瓦(Francois Casadesus)1870年12月20日出生于巴黎。老路易斯生他时无论在商界、音乐界都已很有些脸面了,家底颇为丰厚。他自小就随父亲学习小提琴,之后进入巴黎音乐学院兼学小提琴和作曲指挥。他的作曲老师乃是大名鼎鼎的弗朗克。在19世纪90年代,毕业之后的弗朗索瓦作为一名指挥开始了其最初的艺术生涯。他曾担任过巴黎歌剧院和喜歌剧院乐队的指挥,并于1890-1892年间率领这两支乐团在国内进行巡演。此后,他的兴趣转向了作曲,于1898年写出了自己最成功的一部作品《花之芭蕾》(Le ballet des fleurs)。据说该剧当年在巴黎奥林匹亚剧院上演时曾创下连演150场的惊人纪录。1907年起他又开始为一本名为《奥罗拉》的音乐杂志撰写音乐评论。后来觉得投稿仍不过瘾,更于1916年自已创办了一份名叫《音乐》的杂志。这份杂志曾因刊登了一战期间被俘或遇害的音乐家们的52件遗作而名噪一时,这些佚作的面世引起了世人的极大关注。

不过,弗朗索瓦一生中最重要的业绩莫过于他1921年在枫丹白露所创建的"美国音乐学院"了。这是一所高水平的专业音乐院校,致力于培养一流的音乐人才。弗朗索瓦亲自担任学院的首任校长并授业传道。自此,家族中凡是学音乐的成员都曾先后到学院里担任过任课教授,"美国音乐学院"成了卡萨德絮家族实现音乐教育战略的理想基地。

作为一位作曲家,弗朗索瓦在20世纪上半叶的法国乐坛举足轻重,他创作的作品中还值得一提的有歌剧《巴黎香颂》《斯堪的纳维亚交响曲》、为18件木管乐器而作的《伦敦素描》,以及根据小说《巴黎圣母院》素材创作的音诗《卡西莫多》等。1942年他当选为法国音乐作曲与编辑协会(SACEM)的副主席。而在家族内部,自老路易斯去世后,他就像一位舵手全面操持着家族事业的发展方向,家族中的一应重大决策都凝聚着弗朗索瓦的辛劳。因而在他去世前的一个生日宴会上,当家族的25位成员在席间表演了整整一台音乐会时,洋溢在弗朗索瓦心中的欣慰喜悦之情是不言而喻的。此举被当时的新闻媒体广为渲染,传作佳话。弗朗索瓦1954年6月27日去世,终年84岁。他本人只有一个儿子朱尔-拉法埃尔(Jules-Raphael Casadesus),偏生他没有继承父亲的事业,而是成为一位记者和作家。

除弗朗索瓦外,第二代卡萨德絮中较有成就的是他的两个弟弟:亨利和马留斯。

亨利(Henri Casadesus)排行第四,是第二代中音乐成就最大的一位,同时又是日后为家族王朝输送新鲜血液功劳最大的一位。他1879年9月30日出生,自小学的也是小提琴,后进入巴黎音乐学院师从拉维纳克(Albert Lavignac, 1846-1916)学习作曲。1899年,29岁的亨利在学校举办的音乐比赛中获得了中提琴演奏的第一名,从此他主要从事中提琴的演奏。在20世纪初的法国乐坛有一个著名的弦乐四重奏——卡佩弦乐四重奏,它的领导者是法国小提琴家吕西安·卡佩(Lucien Capet, 1873-1928)。该四重奏以演释贝多芬的弦乐四重奏闻名遐迩。从1901-1917年,长达16年的时间里,亨利一直是这个著名的四重奏里的中提琴家。其后他又涉足于指挥,担任过巴黎"欢乐"抒情剧院和比利时列日歌剧院的指挥。

随着社会地位的日益提升和音乐活动的日益拓展,亨利也逐渐完成了由一名单纯的演

亨利·卡萨德絮(右)

奏家向全方位的社会活动家角色转变的过程。亨利很早就对法国民族音乐的复兴产生出强烈的兴趣。1901 年,他在著名作曲家圣—桑的支持下发起成立了旨在拯救和发觉 17、18 世纪法国古乐器的"卡萨德絮古乐器协会"并积极地为它工作。该协会从创立之后的近 40 年里,通过亨利与他的同事们的不懈努力,不仅修复和保存了大量新发现的古乐器,并且他还用这些乐器来举办音乐会,以揭示古乐器那纯朴自然的动人音色。以亨利为首的这个演奏团体几乎清一色为卡萨德絮家族成员,包括亨利(古中提琴, Viola d'amore)、弟弟马留斯(古小提琴, Quinton)、妹妹雷琴娜(古键琴)、堂妹鲁赛特(古大提琴, Viola da gamba)以及莫里斯·德维利埃(古低音提琴, bass-viol)。为了弘扬民族的传统音乐文化,他们不遗余力地到欧洲各国去举行巡演,前后走过的行程总量达 35 万公里。这项诞生于 20 世纪上半叶的"本真演奏"运动直到 1939 年二战爆发,亨利移居美国方被迫中止。如今,这批珍稀的古乐器都被收藏在美国波士顿交响乐团的陈列室内。作为这项拯救与发掘古乐器工程的副产品,亨利也同时致力于对那个时代音乐大师们散落遗失的作品手稿的整理研究,并试图将这些作品再现,不料他们的这项工作在乐坛引发了莫大的争议。

众所周知,在 20 世纪初,小提琴大师克莱斯勒曾伪托 17、18 世纪作曲家库泊兰、迪特斯多夫等人的名义发表了不少实则由其本人创作的小提琴曲,这些脍炙人口的小品曾赢得过无数听众的喜爱而盛传不衰。或许是受到克莱斯勒此举的启示,亨利在他两位兄弟弗朗索瓦和马留斯的协助下,于 30 年代起也陆续宣称发现了一批前辈大师所留下的佚失之作,其中有汉堡巴赫(C.P.E.Bach)的《弦乐组曲》、伦敦巴赫(J.C.Bach)的《大提琴协奏曲》、亨德尔的《中提琴协奏曲》和莫扎特的《小提琴协奏曲》等。为使世人相信这些作品确系出自大师之手,他们还为这些作品添上了一层神秘而又动人的外衣。比如发表于 1931 年的莫扎特那首《小提琴协奏曲》据亨利"考证"乃是作曲家 10 岁时为一位名叫阿德莱依德的公主殿下而创作的。同年这首新面世的协奏曲即由年轻的梅纽因在拉慕勒的音乐会上予以首演,因而它便以《阿德莱依德协奏曲》之名挤进了莫扎特的作品之列。尽管这批作品问世之后一直受到研究学者们的质疑和考问,然而由于卡萨德絮兄弟一直对此不置可否,倒也毫不影响它们在社会上的流传,其中莫扎特的《阿德莱依德协奏曲》和亨德尔的《B 小调中提琴协奏曲》还分别由名家灌制了唱片,它们是梅纽因与蒙托指挥的巴黎交响乐团(EMI 7 63718 2)和普里姆罗斯与沃尔顿指挥的爱乐乐团(Pearl Gemm cd 9252)演奏的版本。

相比于那些在乐坛引发世人聚焦的音乐社会活动,毕业于巴黎音乐学院作曲系的亨利自己的创作就显得有些无足轻重了,他只写过几部小歌剧。不过,作为一位出色的中提琴家,他倒是在演奏古中提琴方面独具匠心,撰写出版了《古中提琴演奏法》一书。亨利殁于 1947 年 5 月 31 日。他一生的三次婚姻为他带来了 5 个子女,他们都没有直接从事音乐演奏事业,或许他们受二伯父—即罗贝尔的父亲罗贝尔—吉罗的影响更大些,日后他们之中的 3 人分别成为了艺术家。长子克里斯蒂安(Christian Casadesus, 1912-　　)20 岁起走上了演艺之路,是巴黎戏剧艺术学院的高材生,曾在莎翁名剧《驯悍记》《哈姆雷特》以及拜伦的《唐璜》中担任过主演,1954 年以后改行当了戏剧导演。女儿吉赛尔(Gisele Casadesus, 1914-　　)也是巴黎戏剧艺术学院的尖子,20 岁加入"法兰西喜剧社"。她是 30、40 年代法国剧坛的风云人物,曾与诺贝尔文学奖得主莫里亚克、龚古尔文学奖得主玛格丽特·杜拉斯都保持着长年的合作与友谊。她一生参与主演的戏剧和电影甚多,1993 年、1994 年连续两度荣获莫里哀戏剧奖,足见其功力的精湛卓绝。她与"法兰西喜剧社"的头牌小生吕西安·普罗斯特,又名吕西安·帕斯卡尔(Lucien Probst——Lucien Pascal)结婚,共生育了二男二女,日后成为家族中生代的佼佼者。亨利的小儿子贝尔纳(Bernard Casadesus, 1923-1994)虽从小学习音乐,并曾一度出任歌剧院的演员,但在 1950 年他放弃了表演事业而成为哥伦比亚广播公司 CBS 发展部的负责人。1981 年他重又杀回音乐界,成了一名音乐学家。不过,他更出名的身份是诗人,发表过四部诗集和四首韵体长诗。

回过头来再表老路易斯的幼子马留斯(Marius Casadesus),他 1892 年 10 月 24 日出生,与大哥弗朗索瓦的年龄几乎相差了整整一代。如前所述,马留斯自小的音乐教育是由其姐姐罗丝承担的,他先学钢琴,继习小提琴,并以优异的成绩毕业于巴黎音乐学院。1914 年以后他以独奏家的身份开始其职业演奏生涯,间或也与侄子罗贝尔一起同台演奏小提琴奏鸣曲。实际上这对叔

马留斯·卡萨德絮

侄的年龄也就相差 7 岁,两人倒更像是兄弟。有资料称他为拉威尔那首著名的炫技名曲《茨冈》的首演者,即使事实并非如此,却也从一个侧面印证了他的琴艺不凡。1962 年,马留斯荣获了法兰西荣誉团骑士的勋章。

马留斯也是其兄亨利发起组织的"卡萨德絮古乐器协会"的重要成员,在"炮制"那批古典乐曲赝品中大显身手。作为小提琴家,他完成了《阿德莱依德协奏曲》的指法弓法的编订和配器。直到 1977 年,这桩公案方始由法庭审理而大白于天下。法庭依据马留斯所提供的证据最终认定马留斯为这首作品的著作权人,从而彻底推翻了该曲系莫扎特所作之说。不过此时,该案的始作俑者——马留斯的两位兄长弗朗索瓦和亨利早已作古多时了。

马留斯的 3 个子女中,长女玛蒂尔德(Mathilde Casadesus, 1931-1965)是电影

演员,生前曾拍过 25 部影片,1965 年在西班牙与好莱坞著名影星奥黛莉·赫本一起拍摄《偷龙转凤》时意外身亡,年仅 34 岁。马留斯惟一的儿子格列科(Gréco Casadesus,1951-   )是一位作曲家,曾先后受业于巴黎音乐学院和凡尔赛音乐学院,毕业后在 EMI/百代唱片公司担任艺术指导,经他亲手录制的唱片就有 200多种,与其合作的音乐家中不乏声震乐坛的名腕大师。大约在 1980 年左右,他在录音界功德圆满后又投身于作曲领域,他创作的第一张作品专辑《停止航行》(Voyage Immobile)问世后立马售出了一万余张,并被电台和电视台频繁播放,蔚为流行。1986 年,他又创立了自己的录音工作室,使用电脑和电子合成器进行创作。他的作品多为电视节目和舞台戏剧的配乐,此外他也为电影写配乐。

以上大致林林总总地罗列了卡萨德絮第二代、第三代音乐传人的生平事略。及至到了这个家族王朝的第四代中,又涌现出一位重量级人物,他就是著名指挥家、作曲家,身为巴黎音乐专业委员会(Conseil Supernieur de la Musique)总干事的让-克洛德·卡萨德絮(Jean-Claude Casadesus)。

王朝第四代中的翘楚让-克洛德三兄妹

让-克洛德是亨利的外孙、吉赛尔之子,虽则他的父姓是帕斯卡尔(普罗斯特),然而作为家中的长子,他却承袭了更为著名的卡萨德絮的姓氏。他 1935 年12 月 7 日出生,最初是以一名打击乐演奏家的身份亮相于乐坛的。作为巴黎音乐学院打击乐比赛第一名的高材生,让-克洛德曾先后担任科隆纳乐团的打击乐独奏家和"音乐天地"协会的定音鼓首席。与此同时他又继续深造作曲和指挥,先在

让-克洛德·卡萨德絮

巴黎师从德尔沃(Pierre dervaux,1917-   ,曾任巴黎歌剧院首席指挥)、继而去瑞士巴塞尔追随名师布列兹(Pierre Boulez,1925-   )。在这两位皮埃尔的点拨下,让-克洛德果然练就了不凡的身手。1969 年,34 岁的他出任巴黎歌剧院和喜歌剧院的常任指挥,1971 年他又与老师德尔沃一起创建了卢瓦尔地区爱乐乐团,出任德尔沃的助手。当德尔沃去职后他顺理成章地成了该团的首席指挥。

不过,让-克洛德在乐团建设方面最大的业绩还在于他一手创立了里尔国立管弦乐团。里尔是法国北部城市,与比利时接壤,为外省音乐不发达的地区之一。但自里尔国立管弦

乐团成立之后，落后之态立刻大为改观。让－克洛德苦心经营、韬光养晦，将自己的主要精力都花在了乐团的建设和提高上，终于使之成为目前法国名列前茅的重要乐团之一。它作为法国的文化使者曾经到过世界上许多国家进行访问演出，也曾来过中国。让－克洛德与该团合作录制过 20 多张唱片，其中不少赢得了各类唱片评鉴大奖。他们的唱片多由法国的 Harmonia Mundi、Forlane 以及 Naxos 唱片公司发行。除此之外，让－克洛德一流的指挥造诣还使他频频受到海内外顶尖乐团和歌剧院的惠顾，纷纷邀他担任客席指挥。因其对法国音乐事业所做出的杰出贡献，他也像家族中其他的音乐成员一样被授予法兰西荣誉团骑士勋位，还获得了拿骚（Orange Nassau）大奖和比利时利奥波德国王勋章。同时，他也是全法"音乐文学与自由"协会的主席，是一位活跃于当代国际乐坛的著名指挥家。

　　多米尼克·普罗斯特（Dominique Probst）是让－克洛德的同胞兄弟，他却随父姓，1954 年 2 月 19 日出生。与他哥哥一样，最早也是一名打击乐演奏家。1978 年多米尼克在巴黎音乐学院的打击乐比赛中夺得第一名，次年又在由女作曲家莉莉·布朗热基金会组办的作曲比赛中出人意外地一举夺魁，从而引起了世人的广泛关注。多米尼克多才多艺、精力过人，作为打击乐演奏家、音乐教师和作曲

多米尼克·普罗斯特

家，他三管齐下地活跃于 20 世纪 80 年代的法国乐坛，成果颇丰。他为戏剧、芭蕾、电影、电视和广播作品都创作过不同类型的配乐，而他创作的传统歌剧《马克西米连·科尔贝》自 1988 年在意大利的里米尼首演以来获得了广泛的好评，曾荣获法兰西学院奖、作家与作曲家协会奖（SACD）和国家唱片协会奖等多个奖项。他的作品还有交响曲《凡尔赛游记》、根据安徒生童话所作的抒情戏剧《美丽的海妖》、四首为打击乐器独奏而作的练习曲以及为长号和室内乐队所作的协奏曲等。

　　至此，卡萨德絮家族四代音乐精英的人与事，或简或繁，皆已各有表述。本该就此收束，然而且慢！尚有一人容某补叙于后。

　　让－克洛德与多米尼克还有一位同胞姐妹，她也随父姓，姓的却是父亲的艺名，叫玛汀娜·帕斯卡尔（Martine Pascal），她嫁给了电影演员维利·霍尔特（Willy Holt）。玛汀娜本人在音乐方面似乎毫无起色，然而她的儿子奥利维埃·霍尔特（Olivier Holt）在母系强大的家族王朝影响下，还是不可避免地成为了音乐家。奥利维埃仅比他的舅舅多米尼克小 6 岁，1960 年出生的他从小的目标就是像他的大舅让－克洛德那样成为一名有名望的指挥家。于是从小年时代起他就负笈到欧美

奥利维埃·霍尔特

游历,遍访名师,先后拜福尔纳(Jean Fournet)、费拉拉(Franco Ferrara)、伯恩斯坦和马克拉斯等名家为师,博采众长,终于成才。他历任巴黎歌剧院、喜歌剧院以及南锡、里尔、马赛歌剧院的指挥,并且还是奥地利莫扎特音乐学院管弦乐团和卡萨尔斯艺术节的特邀客席指挥。在 20 世纪 90 年代,他终于接过了大舅让－克洛德手中的指挥棒而成为里尔国立管弦乐团和卢瓦尔地方爱乐乐团的指挥,实现了他少年时代的志向。他为菲利普唱片公司录制了不少优秀的唱片,其中就包括他二舅创作的歌剧《马克西米连·科尔贝》,这张唱片获得了法国国家唱片协会颁发的"奥菲欧"奖。在 2003年,他又将赴美指挥佛罗里达爱乐乐团举行他的访美首演,还要与意大利的马西莫歌剧院管弦乐团合作在意大利上演柏辽兹的《幻想交响曲》,这位人气正旺的少壮派指挥家因其姓霍尔特,因而实难在本文的卡萨德絮家族正传中忝列一席,然而他的身上毕竟仍流淌着卡氏的血脉,故可视作卡氏外传。

*　　　*　　　*

　　行文于此,遥想卡萨德絮家族王朝的奠基人老路易斯倘地下有知,当会在彼岸额手相颂曰:吾爱乐之心何其诚也,吾子孙爱乐之举何其盛也。四代受惠于缪斯,要老卡家的人不爱乐,又何其难也!

罗贝尔与塞尔合作的
莫扎特钢琴协奏曲唱片

记录罗贝尔钢
琴艺术成就的 DVD

由普里姆罗斯演奏的
《亨德尔中提琴协奏曲》实
为亨利·卡萨德絮的伪托
之作

七、一门三俊　棣萼相辉
——德国指挥家约胡姆兄弟

　　由于音乐传统的绵长和音乐教育的普及,西方人家庭成员中几人皆能抚琴弄瑟的并不鲜见,而一家涌现出几位知名的音乐艺术家亦决非什么令人惊诧的稀罕事。在西方乐坛多的是夫唱妇随、父传子袭的风景,即便是在指挥这个诞生最晚的行当里也不乏其例。说起来,世人最熟悉的莫过于克莱伯父子(Erich Kleiber 和 Carlos Kleiber)了。其实,挥坛父子还大有人在,如法国的蒙都父子(Pierre Monteux 和 Claude Monteux),苏联的阿诺索夫(Nikolai Anosov)和罗日杰斯特夫斯基(Gennady Rozhdestvensky,儿子随母姓,其母为莫斯科大剧院著名的女高音歌唱家娜塔莉·罗日杰斯特文斯卡娅);还有祖宾·梅塔和他的指挥家老爸梅利·梅塔(Mehli Mehta)等,都可谓是自承父业,且青出于蓝。

　　不过,在已经过去的 20 世纪中,若论指挥之家的极致,当以古森斯与约胡姆家族为最。前者祖、父、子三代薪火相传,前后延绵达一个多世纪,又俱闻达于当时乐界,一时传为美谈;更有趣的是这不同代的三位古森斯居然是行不改名、坐不改姓,祖、父、子三人皆同姓同名。如果说古森斯家族是纵向的一脉相承,那么来自德国约胡姆家族的令人称奇之处则是横向的一门三俊,它照样成为当代乐坛上的一段佳话。

奥托·约胡姆(Otto Jochum)

　　三兄弟中的大哥奥托·约胡姆 1898 年 3 月 18 日出生于德国南部城市奥格斯堡附近一个名叫巴本豪森的小镇。约胡姆家族是一个笃信宗教的音乐之家,父亲路德维希·约胡姆是当地教堂的管风琴师。奥托自小就在父亲的指导下学习音乐,在家时父亲教他钢琴和乐理,去教堂做礼拜时也常把他带在身边,使他从小就感受宗教音乐的浩然恢弘和空灵庄重,并就此影响了他的一生。奥托从 13 岁起

奥托·约胡姆在指挥德国雷根斯堡合唱团

进入学校接受中学教育,1920 年,22 岁的他进入奥格斯堡音乐学院学习作曲,他的老师是克洛佩尔(Fritz Klopper)和施米德(Aleinrich K.Schmid),后者正是著名的奥地利音乐学家、布鲁克纳作品版本的编订者之一诺瓦克(Leopold Nowak)的老师,因而日后奥托喜爱并推崇布鲁克纳是天经地义的事。在音乐学院内他潜心攻读作曲大家们的经典,其中对宗教体裁的大型声乐作品尤感兴趣。从 1921 年起,奥托开始出任奥格斯堡圣乔治大教堂的管风琴师,在此后的 11 年里他一直是该教堂最受尊敬和拥戴的乐师。

从音乐学院毕业之后,好学不倦的奥托又到巴伐利亚州府所在地,同时也是德国音乐艺术中心之一的慕尼黑,在慕尼黑音乐艺术学院著名教授哈斯(Joseph Haas)的高级班上继续深造作曲和指挥课程。与此同时,他也在慕尼黑大学选修心理学方面的课程。1932 年,34 岁的奥托参加了全德音乐比赛,他以一部清唱剧《最新的一天》(Der jungste Tag)获得了作曲比赛的大奖,引起国内音乐界的广泛瞩目。这部清唱剧是应邀为奥格斯堡歌唱学校做弥撒而创作的,作品具有浓厚的布鲁克纳和列格(Max Reger)的流风遗韵,将精致缜密的复调技法与宁静庄重的宗教情感有机地揉为一体,显示出奥托作为一名青年作曲家的不凡才华。这部作品的成功使奥托成了奥格斯堡歌唱学校的音乐指导兼合唱指挥。1935 年他被母校奥格斯堡音乐学院聘为教授,同年又创建了神学院的合唱团和以自己名字命名的市立合唱团并自任指挥。当他 40 岁就任奥格斯堡音乐学院的院长时,奥托·约胡姆已处于自己音乐活动生涯的顶峰。在二战前的德国,由他领导的合唱团已是国内众多同类团体中的佼佼者,而他本人也以合唱指挥家的身份在乐坛名重一时。

二战结束以后,在 1949-1951 年期间,奥托将原奥格斯堡歌唱学校并入神学院并继续担任神学院合唱学校的负责人兼指挥。只是从 51 年以后体弱多病的他自感体力不济,便于 1953 年从繁重的指挥和教学工作中提前退休了。退休之后的他将全副精力投诸于创作之中,在此后的 16 年里,奥托创作了为数众多的音乐作品,他的作品编号有 194 个之多,体裁遍及弥撒、清唱剧、声乐套曲、交响乐和室内乐。奥托本人偏爱 19 世纪中后期浪漫主义作曲家如舒曼、李斯特、瓦格纳和勃拉姆斯的创作,但真正吸引他的还是从巴赫到列格以来的那些宗教经典作品,他尤其对布鲁克纳崇拜得五体投地,心向往之。在 20 世纪 20、30 年代,世人对布鲁克纳的作品还知之甚少,更遑论去钻研、演出他的作品了。然而奥托受父亲和老师的影响,一直试图以一己之力使布鲁克纳的作品重新发扬光大。在他指挥的合唱曲目中永远有布鲁克纳的一席之地。不仅如此,奥托对布氏生前曾长年生活过的地方也心向往之,他曾不止一次地前往奥地利的林兹和维也纳去探寻偶像的足迹,详细地考察了林兹的圣弗罗里安大教堂。孩提时代的布鲁克纳曾在该教堂的唱诗班当过歌童,成年后更在那里担任管风琴师达 12 年之久。布氏的一生创作似乎都与这座巍峨神圣的大教堂有着不解之缘。或许是受了神与布鲁克纳的双重启示,在 1946 年,奥托写出了他一生中最重要的一部作品:《圣弗罗里安交响曲》,作品 84 号,以此寄托他对布鲁克纳的追慕景仰之情。

奥托的其他重要作品还有他的处女作清唱剧《巴本豪森的死之舞蹈》(这部创作于 1920 年的作品直到 1978 年方才首演问世)、《圣玛丽亚弥撒》《圣乌尔利希弥撒》《哥特交响曲》、管弦乐曲《基督与世人》《夜之诗》;管风琴与乐队作品《帕萨卡里亚与赋格》、弦乐四重奏《漫游之靴》以及声乐套曲《酒杯与星辰》等,尽管这些大型作品如今已经很少被上演和录音了,然而奥托创作的大量歌曲作品至今仍在社会的文化生活中广为流传。为了排练和演出的需要,奥托一生先后为 7 个合唱团创作和改变过上千首合唱歌曲,这些歌曲不仅被收入由他本人主持编写的煌煌 34 卷《儿童合唱曲集》,其中不少至今还是德奥中小学校的习唱曲目。此外,他还分别就奥格斯堡的各处运动和学校音乐教育撰写过专著。奥托·约胡姆于1969 年 10 月 24 日病逝,终年 71 岁。

欧根·约胡姆(Eugen Jochum)

欧根·约胡姆是三兄弟中的老二,也是三人中声誉最著、影响最大的一位。

欧根比哥哥奥托小 4 岁,1902 年 11 月 1日出生。他从小就显露出过人的音乐天赋,受父、兄影响,他 8 岁起即到教堂里为唱诗班义务演奏管风琴。他的学习之路与其兄如出一辙,成年后也是先进入本地的奥格斯堡音乐学院,而后于 1922 年 20 岁时到慕尼黑音乐艺术学院深造。他先攻作曲,师从瓦尔特肖森(Herman Von Waltershausen)。瓦尔特肖森是 20 世纪初德国乐坛上的一个传奇人物,这位在 10 岁时因一次意外而失去右臂的音

欧根·约胡姆

乐家在以后的日子里却能仅凭一只左手照样弹钢琴和指挥乐队,后来他又从事作曲,成了音乐学院的作曲教授。他还是德国第一所电影院校的创建者。不过,由于

互尔特肖森擅长的是歌剧创作,使欧根多少感到与自己的志趣有些不符,于是他转向师从霍塞格尔(Siegmund Von Hausegger)教授改习指挥。当初连他自己也不曾想到这个决定就此成为他日后名扬世界乐坛的转机。霍塞格尔也许是 20 世纪最早提倡使用原版演奏布鲁克纳交响曲的学者之一,在其早年担任法兰克福、汉堡和慕尼黑等地乐团指挥时就致力于布鲁克纳交响曲的整理和宣传。在演释布鲁克纳领域异军突起并成为绝对权威的欧根在很大程度上得益于早年受这位恩师的耳濡目染。他一边学习一边在慕尼黑国立歌剧院担任见习指挥。1926 年欧根毕业伊始,就与慕尼黑爱乐乐团合作在乌彻姆音乐大厅里亮出了他的处子之作。他指挥的曲目是贝多芬的《雷奥诺拉第三序曲》和布鲁克纳的《第七交响曲》。试想,一位年方 24 初出茅庐的后生一出手就敢于拿"布七"祭旗,其使人惊诧和意外的程度是可以想见的,更何况他将这部作品诠释得如此富于逻辑和令人信服就更被视为是不可思议的。

不管怎么说,首演所获的成功使欧根一下子就在国内的音乐舞台上站稳了脚跟,他在收到北方的基尔歌剧院的邀请之后旋即北上,出任该院的指挥之职。在随后的 3 年里他已经在这座地处边陲的北方小歌剧院里安排上演了 50 多部歌剧,与此同时他还应邀在相邻的著名音乐之城吕贝克担任音乐会的指挥。1929 年他转到了莱茵河畔的曼海姆指挥了一个演出季,随后受命出任杜伊斯堡歌剧院的音乐总指导。尽管这时欧根的艺术经历已经颇为丰富多彩,他的艺术才华也得到了人们的认可,然而他仍把 1931 年受聘担任柏林广播交响乐团音乐指导视作他人生中一个重要的成功契机。

在成功地指挥了一场布鲁克纳的《第五交响曲》之后,来自柏林广播交响乐团

欧根·约胡姆在指挥中

的一纸邀请成了年届而立的欧根最好的生日礼物。能够在首都指挥一支交响乐团无疑标志着对他艺术才华的首肯和赞赏,他也因此有机会去结交更多的同行,开拓更宽广的天地。果不其然,在他任职于柏林广播交响乐团的两年里,他又先后荣幸地成为世界一流的柏林爱乐乐团、柏林国家歌剧院和维也纳爱乐乐团的客席指挥,而与柏林爱乐的良好关系更直接导致了他 25 年之后与该团合作的一系列经典录音的诞生。1934 年,欧根继卡尔·穆克(Karl Muck)和卡尔·伯姆之后担任汉堡国立歌剧院的音乐总指导和汉堡交响乐团的首席指挥,这也是他一生中任期最长的两个任职。在汉堡,他既度过了自己艺术生涯中最朝气蓬勃的

年代,也经历了二次大战血与火的灵魂历练。他笃信音乐的至高无上,即便在纳粹猖獗的年代里他也不顾法西斯所施加的巨大政治压力,机敏地与希特勒当局周旋,在音乐会上坚持上演已明令遭禁的巴托克、亨德米特和斯特拉文斯基的作品。虽然他是那么的由衷喜爱后期浪漫派的作品,但他仍然坚信那些具有划时代意义的20世纪作品是不应因政治和种族的歧视而遭埋没毁弃的。

战争期间,欧根的另一项重要的功绩是在邻国荷兰取得的。在1941-1944年期间他担任了著名的阿姆斯特丹音乐厅管弦乐团的首席客座指挥。正是在那里他首次有机会系统地将布鲁克纳的交响曲搬上舞台。在此之前,音乐厅管弦乐团在其杰出的领袖门格尔伯格长达半个世纪的统帅下,因门氏本人对马勒和R.施特劳斯的偏爱已然成为当时欧陆演奏这两位作曲家作品最好的乐团,欧根的到来为他们带来了布鲁克纳,这样,19世纪后期浪漫派三位最重要作曲家的作品都在这里得到了最充分最全面的普及和展示,致使该团在诠释这些作品中的优势传统一直保持至今,笑傲群雄。在荷兰的这几年里,欧根由衷地爱上了这个从气候条件到文化渊源都与自己祖国截然不同的国度。荷兰成了他的第二故乡。

二战结束后,年近知天命的欧根重返他当初学习出道的慕尼黑,受命担任巴伐利亚广播电台的音乐总监。欧根到任之后深感战后的音乐事业百废待兴,偌大的慕尼黑城中,国家歌剧院早已被炮火废为残垣,而慕尼黑爱乐的首席指挥卡巴斯塔(Oswald Kabasta)因其与纳粹当局过从甚密的关系受到指控而无奈自杀,致使乐团群龙无首而处于瘫痪境地,一时间在德国人口最多的这个音乐重镇竟没有一支像样的乐团在开展音乐活动。有感于此,欧根积极奔走呐喊,终于打动广播电台领导层同意拨出资金组建一支新的交响乐团,并指派欧根具体负责筹建组团事宜。就这样,一支崭新的富有生命力的交响乐团——巴伐利亚广播交响乐团应运而生了。随着这支乐团在今后的岁月里声誉蒸蒸日上,它的创建者和首席指挥欧根·约胡姆的名字也被永久地镌刻在人们的心目中。在整个20世纪50年代,欧根除苦心孤诣地精心打造巴伐利亚广播交响乐团之外,也大大扩展了他在国际上的音乐活动领域。1953年,他首次出现在拜罗伊特艺术节上,指挥了瓦格纳的歌剧《特里斯坦与伊索尔德》,1957年他率领着巴伐利亚广播交响乐团又参加了英国的爱丁堡艺术节,同样赢得了满堂彩。

1961年,当年轻的荷兰指挥家海汀克成为阿姆斯特丹音乐厅管弦乐团首席指挥之际,为了辅佐这位乐团历史上最年轻的首席指挥,欧根又被请回了荷兰,受命与海汀克共同领导他所熟悉的乐团,时隔20年后再度出任它的首席客座指挥,从1961年一直工作到1974年。同年他即率团访美。在美巡演期间,他与首席指挥海汀克共同分担了乐团的指挥工作。早在30年代,欧根就曾受到来自大洋彼岸的托斯卡尼尼的盛邀,请他赴美指挥纽约爱乐乐团举行15场音乐会,不过当时欧根婉拒了这个邀请,因为他确信他不需要以此来弥补自己指挥经历的不足。而如今

欧根与著名指挥家福尔特文格勒

当他的首度访美获得巨大成功时，不仅进一步牢固地确立了他作为国际级指挥大师的权威地位，同时也极大地提升了 32 岁的年轻人海汀克的国际知名度。

作为一名内敛严谨和稍许有些老派的德国指挥家，欧根·约胡姆的演奏曲目相对于他同一时代的大师们而言要窄得多，他更愿意将自己的曲目局限于一个相对集中的范畴之内。除了由于协奏曲的需要偶尔碰一下肖邦和德沃夏克之外，他擅长演释并留下代表性录音的作曲家似乎可以浓缩为 4B、3S、2W 和 1M，即巴赫、贝多芬、勃拉姆斯和布鲁克纳（4B）；舒伯特、舒曼和 R. 施特劳斯（3S）；韦伯和瓦格纳（2W）以及莫扎特（1M）。在录音技术和唱片工业远不如今天如此发达和商业化的时代，欧根却为后人留下了贝多芬和勃拉姆斯交响曲全集各三套，这个记录即便是指挥翘楚托斯卡尼尼和富特文格勒恐怕也望尘莫及。然而，所有这一切对于他诠释的布鲁克纳来说却又似小巫见大巫，如果说欧根投身于指挥艺术是他生命奉献的全部意义的话，那么他对布鲁克纳作品的终生求索和精湛造诣则是这种奉献的终极目标和完美归宿。

自 1884 年尼基什在莱比锡首次指挥布鲁克纳的《第七交响曲》使与世无争的作曲家的名声破土而出，在之后的近半个世纪内布氏作品又重归落寞，目前有记录可查的 20 世纪的最早录音是俄裔美国指挥家霍伦斯坦（Jasha Horenstein）于 1928年指挥柏林爱乐演奏的《第七交响曲》，紧随其后的就是欧根指挥汉堡爱乐于 1935年演奏的"布七"。欧根 1926 年亮相乐坛的处子作是"布七"，而他在行将就木之际于 1987 年 1 月在慕尼黑生前最后一场音乐会上指挥的仍是"布七"，他的一生都与布鲁克纳的交响曲相携相伴。在唱片录音史上欧根是第一位将布氏交响曲全集录制成唱片的指挥家。早在 1958 年他就与柏林爱乐乐团开始了这项在当时可谓是浩大纷繁的艺术工程，一直到 1967 年完成最后的《第三交响曲》前后历时长达 10 年。而时隔 8 年之后，在 70 年代中期他又与德累斯顿国家管弦乐团为 EMI唱片公司录制了他的第二套布鲁克纳交响曲全集。即便与同为布鲁克纳权威、且音响效果更出色的卡拉扬版、海汀克版相比，欧根·约胡姆版的布鲁克纳全集仍有两位后辈所难以逾越的独特魅力。首先，欧根本人就是一位管风琴家，他最能准确细腻地体察浸透在布氏交响曲音符深处的那种管风琴音响的创作思维；其次他不像卡拉扬和海汀克，一手托布鲁克纳、一手托马勒，因此难免混淆这两位虽相提并论然则在性格气质和创作主旨都风马牛不相及的作曲家的作品风格。欧根一生远离马勒(只指挥过他的《大地之歌》),唯用情于布鲁克纳,这就使他在指挥时能将自己与布鲁克纳物我两忘,以那活泼松弛而又富于浪漫主义气息的诠释去尽显布氏的精神世界,从而使作品再现得无懈可击、尽善尽美。

当国际性的布鲁克纳勃兴之时,欧根理所当然地成为了国际布鲁克纳协会的倡导者和捍卫者,从 1950 年起他就一直担任该会德语区(包括德国和奥地利)的主席。1969 年,以近古稀之年的欧根老骥伏枥,又欣然领命出任班堡交响乐团的首席指挥,并于 1975 年荣膺伦敦交响乐团"桂冠指挥"的美誉,以表彰他为弘扬德国音乐文化艺术所做出的杰出贡献。1977 年以后的欧根因年事已高,不再担任固定的签约指挥,但仍不时出现在欧洲各国的音乐舞台上,他最后的两场告别音乐会显得意味深长,地点分别选在了他一生最喜爱的两座城市——阿姆斯特丹和慕尼黑。1987 年 3 月 26 日,这位约胡姆兄弟中的"王者"在慕尼黑溘然长逝,享年 85 岁。

2002 年是欧根·约胡姆诞生百年祭,为纪念这位 20 世纪杰出的指挥大师,11 月 1 日在德国的首都柏林,他的出生地巴本豪森以及其他城市都举办了纪念音乐会。欧根的女儿——钢琴家维罗尼卡、指挥家萨瓦利许等都在音乐会上演奏了大师生前所喜爱的曲目。德国邮政局更早于 10 月 10 日便发行了一枚纪念邮票,邮票正面所截取的是欧根在 1971 年拜罗伊特

德国为纪念欧根诞辰 100 周年发行的纪念邮票

艺术节期间排练现场的音容笑貌,大师的和蔼和真挚令人备感亲切。而素以发行历史录音闻名的法国唱片公司 TAHRA 也于当年推出了《欧根·约胡姆百年纪念》专集,它的编年体的方式收录了欧根自 1933 年至 1986 年间最具代表性的经典录音。这套百年纪念专集共三辑,每辑由 4 张 CD 组成。不过,这里面并不包括他那两套令人如雷贯耳的布鲁克纳交响曲全集,因为他的这两套唱片相信早已成为爱"布"乐迷们人手一份的案头珍藏了。

格奥尔格·路德维希·约胡姆
（Georg Ludwig Jochum）

格奥尔格是约胡姆兄弟中的小弟,由于他的全名中含有父亲的名——路德维希,似乎昭示着在三兄弟中他最受父亲的宠爱。他比欧根小 7 岁,1909 年 12 月 10 日出生。

格奥尔格·约胡姆

格奥尔格的学艺之路与他的两位兄长也无二致,不仅也先后入奥格斯堡音乐学院和慕尼黑音乐艺术学院学习音乐,而且还随大哥们的老师哈斯学习作曲,跟二哥的老师霍塞格尔研习指挥。1932年,23岁的格奥尔格毕业之后旋即成为穆斯特市立管弦乐团的音乐指导,两年后受邀担任法兰克福歌剧院的首席指挥。履职期间他还兼任普劳恩市的城市音乐会的艺术指导。二战期间,他来到了布鲁克纳的家乡——奥地利的林兹,就任林兹歌剧院的音乐总指导。

格奥尔格从小就受两位兄长的影响,对布鲁克纳的音乐十分迷恋,又兼之在布氏家乡实地浸淫数年,因而他指挥的布鲁克纳作品也是十分了得、功力不凡的。在奥地利,他还曾指挥过布鲁克纳管弦乐团,并于1943年起兼任圣弗罗里安的布鲁克纳艺术节的音乐总监。战后的1946年他重返德国,就任杜伊斯堡歌剧院的音乐总指导,而这个职位恰是16年前由欧根曾经担任过的。此外,他还是杜伊斯堡音乐学院乐团的指挥。当欧根在慕尼黑和阿姆斯特丹不断创造奇迹的同时,格奥尔格却在这个德国中部毗邻荷比边境的城市里默默耕耘。杜伊斯堡地处著名的鲁尔工业区,这里的文化生活和音乐素质向来比不上沿海各大城市。然而格奥尔格对此倾注了大量的精力,重构并推动了这里战后萧条的音乐文化生活,使杜伊斯堡歌剧院的艺术水准和实力地位有了长足的进步。

格奥尔格长相酷肖欧根,两人都是瘦削的个子,戴着眼镜,一派学者风范,风度翩翩。然而,论起他的艺术遭际甚至比严谨内敛、不事炫耀的欧根更孤寂落寞,因为他始终生活在欧根的阴影里。他擅长指挥的也是德奥作曲家的作品,也是布鲁克纳。事实上,在20世纪40年代,由兄弟两人——欧根在德国、格奥尔格在奥地利硬是撑起了全面复兴布鲁克纳音乐的一片天,从而为20世纪下半叶布氏作品全盛时期的到来共同打下了坚实的根基。但就指挥造诣而言,他的功底和才华也决不输于欧根。只可惜他晚出生了几年因而他的成功显然无法与欧根

欧根(左)与格奥尔格兄弟俩

相抗衡。尽管在此后的年代里他也曾与汉堡交响乐团、西柏林广播交响乐团等建立过广泛的合作关系,然而他却始终只能作为乐团的客席指挥,这也决定了他的艺术生涯始终处于一种漂泊不定、坎坷多蹇的境地。

格奥尔格不仅声誉远逊于欧根,他留下的唱片录音也少得可怜。本人曾于上海九龙唱片行偶然购得一款他与钢琴怪杰格伦·古尔德1958年在瑞典斯特哥尔摩实况演出的CD,即携回视若珍藏。在这张2CD中,古尔德演奏了他除巴赫之外最为人称道的三首钢琴协奏曲中的两首——莫扎特的《C小调第24协奏曲》和贝多芬的《降B大调第二协奏曲》(另外一首是勃拉姆斯的《D小调第一协奏曲》),由格奥尔格指挥瑞典广播交响乐团协奏。与大家更为熟悉的伯恩斯坦/纽约爱乐版相比,个性张扬不驯的古尔德的演释更为古朴归真,乐队的配合也更为淳厚素雅、清新脱俗,别有一番情趣况味。或许是郁郁不得志的原因吧,格奥尔格只比他的大哥多活了一年,于1970年11月1日病逝于缪尔海姆,年仅61岁,是三兄弟中的最寿短者。

*　　　*　　　*

约胡姆三兄弟中最年长者诞生于19世纪末,最长寿者殁于20世纪80年代后期,从他们生命的延续而言庶几覆盖了近一个世纪。棠棣手足,上的是同一所音乐学院,师从的是相同的师长,他们亦步亦趋地趟过同一条河流,一心一意地爱着同一位偶像。他们之中或写出了第一部为布鲁克纳歌功颂德的交响曲;或完成了世界乐坛上第一套布氏交响曲全集的录音;或开创了在巡演中完整演奏布氏全部交响曲的先例;或缔造了国际布鲁克纳协会的诞生。不妨做此设想:倘若20世纪没有约胡姆兄弟的全力倡导和身体力行,布氏作品在今天焉有日益众多的皈依者否?

有兄弟若此,有功绩如斯,安得不为三位约胡姆著一文乎?

附录一:TAHRA唱片公司2002年版《欧根·约胡姆百年纪念》专辑目录:

第一辑:二战前及战时录音:(4CD)
1. 瓦格纳:《汤豪瑟》序曲 柏林爱乐(1933年)
2. 勃拉姆斯:《第一交响曲》柏林爱乐(1938年)
3. 勃拉姆斯:《第三交响曲》汉堡爱乐(1939年)
4. 贝多芬:《第七交响曲》柏林爱乐(1938年)
5. 莫扎特:《第四十一交响曲》柏林爱乐(1941年)
6. 贝多芬:《第五交响曲》柏林爱乐(1945年)
7. 列格:《小夜曲》阿姆斯特丹音乐厅管弦乐团(1944年)

8. 莫扎特：《第四十交响曲》音乐厅管弦乐团（1945 年）

9. 柯莱利：《福利王奏鸣曲》（管弦乐队版）汉堡爱乐（1945 年）

第二辑：1948–1961 年间的现场录音：（4CD）

1. 莫扎特：《第三十三交响曲》柏林爱乐（1948 年）

2. 莫扎特：《第三十三交响曲》音乐厅管弦乐团（1961 年）

3. 贝多芬：《第六交响曲》柏林爱乐（1951 年）

4. 勃拉姆斯：《德意志安魂曲》巴伐利亚广播交响乐团（1951 年）

5. 穆索尔斯基：声乐套曲《死亡之舞》基姆·鲍格 / 音乐厅管弦乐团（1959 年）

6. 莫扎特：《第九钢琴协奏曲》哈斯基尔 / 巴伐利亚广播交响乐团（1958 年）

7. 莫扎特：《弦乐小夜曲》音乐厅管弦乐团（1961 年）

8. 莫扎特：《双簧管协奏曲》哈孔·斯托金 / 音乐厅管弦乐团（1961 年）

第三辑：1963–1986 年间的实况录音：（4CD）

1. 德彪西：《夜曲》音乐厅管弦乐团（1963 年）

2. 柏辽兹：《本·切里尼序曲》音乐厅管弦乐团

3. 瓦格纳：《帕西法尔》中的耶稣受难日场景、《纽伦堡的名歌手》序曲音乐厅管弦乐团（1972 年）

4. 巴赫：《婚礼康塔塔》阿梅琳 / 音乐厅管弦乐团（1973 年）

5. 弗朗克：《D 小调交响曲》音乐厅管弦乐团

6. 勃拉姆斯：《第四交响曲》音乐厅管弦乐团

7. 格里格：《A 小调钢琴协奏曲》吉列尔斯 / 音乐厅管弦乐团

8. 舒伯特：《第九交响曲》柏林广播交响乐团（1986 年）

附录二：格奥尔格·路德维希·约胡姆的唱片录音目录一览：

1. 布鲁克纳：《第一交响曲》柏林广播交响（1956 年）TAHRA CD 162

2. 布鲁克纳：《第二交响曲》林兹布鲁克纳管弦乐团（1944 年）TAHRA CD 163

3. 布鲁克纳：《第三交响曲》斯图加特广播管弦乐团（1964 年）TAHRA CD 164

4. 布鲁克纳：《第四交响曲》林兹布鲁克纳管弦乐团（1944 年）TAHRA CD 166

5. 布鲁克纳：《第六交响曲》林兹布鲁克纳管弦乐团（1944 年）Dante Lys 476/477（2CD）

6. 布鲁克纳：《第九交响曲》柏林广播交响（1954 年）TAHRA CD 170

弗朗克：交响诗《普绪喀》林兹布鲁克纳管弦乐团（1944 年）Dante Lys 476/477（2CD）

7. 格拉祖诺夫：《小提琴协奏曲》安德列·加勃里埃尔 / 柏林广播交响 LP：Remington R 199

8. 莫扎特：《第二十七、三十交响曲》LP：Loiseau-Lyre OL 50039

9. 舒伯特：《第三交响曲》西北德意志广播（1957 年）Shinseido/Angel

10. 肖斯塔科维奇：《第一钢琴协奏曲》尤金·李斯特 / 柏林歌剧院乐队（1960年）MCA MCAD2-9823A

注：除标明载体为 LP 外，其余的皆为 CD。

欧根指挥的贝多芬交响曲全集唱片

欧根指挥的布鲁克纳交响曲唱片

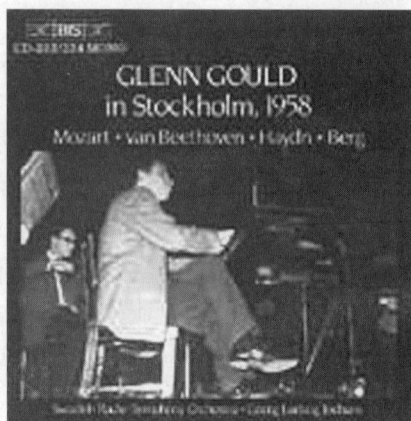

格奥尔格与钢琴家古尔德斯德
哥尔摩现场音乐会唱片

八、瓦格纳家族王朝与拜罗伊特艺术节

　　1876 年,哲学家尼采发表了他那惊世骇俗的论文《理查德·瓦格纳在拜罗伊特》,正式宣告了他 7 年来忠心耿耿追随瓦格纳之路的终结和他与瓦格纳之间友谊的决裂。曾几何时,在这位巴塞尔大学哲学教授的心目中,瓦格纳是一位令人可望而不可及的"神祇"。尼采是在经历了万众瞩目的第一届拜罗伊特歌剧艺术节的盛况后才决意将他此前就已草就的文章公之于众的。在文章里他全面地研究,审视了瓦格纳的音乐、戏剧理论以及艺术个性,历陈其为人之卑劣和艺术节所暴露的弊端,一声"上帝已死",标志着他对这位昔日偶像的幻灭与绝望之情。然而,在音乐史上,尤其是在歌剧艺术史上,一言九鼎的瓦格纳可不是尼采的一句"上帝已死"就会顷刻土崩瓦解,灰飞烟灭的。事实是:瓦格纳不仅在拜罗伊特取得了他一生中最辉煌无比的成功,并且这种成功和影响还不止"曾经在",而是"一直存在,无限期地存在"于拜罗伊特。2010 年 7 月 25 日开幕的拜罗伊特艺术节已办到了第 99 届,距离百届大庆仅一步之遥;而组织操办艺术节的也已变成了瓦格纳家族的第四代传人。试问:在音乐长河里可曾有哪一个家族能像瓦格纳家族那样绵延不绝,一如既往地与一个先辈所开创的音乐事业不离不弃,共生共荣呢?瓦格纳家族和拜罗伊特艺术节就如同是一对彼此互为依存的因果,或者说一枚金币的正反两面,一旦将它们分离割裂,它们之中的任何一个都无法单独生存。如果真有这一天到来的话,那倒真成为作曲家所描绘的《众神的黄昏》那样——瓦尔哈拉神殿将为之倾覆殆亡。

家 族 溯 源

　　2013 年,这个世界上的人们将迎来纪念理查德·瓦格纳诞辰二百周年的伟大日子。在这近二百年期间,无数的音乐学人已把这位歌剧伟人的艺术理论,舞台实践研究了个透彻。不过,就像中国的《红楼梦》研究那样,尽管贵为显学,因着一部小说而形成了令无数人穷经皓首,乐此不疲的"红学",但却连作者曹雪芹的血脉支系,生卒年月甚至是生身父亲是谁都无法弄清,至今莫衷一是。巧的是,比曹雪芹晚近一个世纪出生的德国人瓦格纳也偏生遭遇到了同样的困窘,对他的父亲是谁居然也是歧见纷呈,莫有定论。

　　瓦格纳(Wagner)在德国是一个常见的姓氏。在维基百科中列举出拥有这个姓氏,有头有脸的知名人士就有近60个(当然其中有几个是臭名昭著的第三帝国时期的纳粹分子,他们是否算理查德·瓦格纳的旁系枝叶,待考)。早期欧洲人的姓氏来源无外乎是将自己的出生地,自己的职业或外形特征来作为子孙繁衍,血脉传承的家族符号。"瓦格纳"这个姓氏的出现表明了中世纪欧洲手工业制造的发达,因为它脱胎于 Waganari 一词,意思是马车匠(Wagonmaker)。理查德·瓦格纳的祖上从17世纪起便有几位与音乐沾上了边,他们除了制作马车的本职手工技能外,还兼任了小镇教堂里的管风琴师。可不要小看这些业余的管风琴师,在普通人的心目中他们是最接近上帝的人。到了瓦格纳的祖父戈

瓦格纳的祖父戈特弗里德

特弗里德(Gottfried Wagner, 1736-1795)一辈,他终于走出了世代手工业者的阶层,通过勤奋地学习当上了莱比锡市的税务官员,成了城市生活的管理者。他的儿子弗里德里希(Friedrich Wagner, 1770-1813)学的是法律,毕业后同样进入了政府部门,是当地警察局的一名书记员。理查德·瓦格纳就是这位书记员与身为面包师女儿的妻子乔安娜·罗西娜所生的第九个孩子。只是在小儿子出生后仅6个月,生前还雄心勃勃,梦想着成为警察局局长的弗里德里希就在一场流行性斑疹伤寒中一命呜呼了。原本,按照这样的家世谱序,理查德·瓦格纳的身世血统应该不会有什么疑窦混沌,但问题在于弗里德里希去世后仅9个月,他所留下的遗孀和一大群孩子就统统成为了一个名叫盖尔的人的家属。

　　路德维希·盖尔(Ludwig Geyer, 1770-1821)当时是德累斯顿宫廷剧院的一名喜剧演员,他也是莱比锡人,并且是弗里德里希·瓦格纳的好朋友。原来弗里德里希每天虽然面对的是一厚摞一厚摞的司法公文,但他却是一个十足的戏迷,并常利用休闲假日的空隙去参加一些业余剧团的演出,自然也免不了在那些场合逢场作戏,向心仪的漂亮女伶献殷勤。在瓦格纳的自传里就有父亲"回家后往嘴里匆

匆地扒完几口饭后,又飞快地把白天被墨水弄脏的手指洗干净,一眨眼的工夫就蹦回到那个剧团里去了"的描述。可以想见,对于这样一个对家庭不负责任的丈夫,妻子的抱怨和辛酸是不言而喻的。不过,尽管备尝生活艰辛,9个孩子中有3个幼年夭折,瓦格纳夫人却也非常喜欢戏剧,少女时代的她还曾粉墨登过场。因而当丈夫弃家于不顾,自己备受孤寂凄苦之时,来自他们夫妇俩共同的朋友盖尔的问候关怀,嘘寒问暖于她就不啻一份"心灵鸡汤"了。盖尔外貌俊俏,且多才多艺,他不仅是演员,还是个诗人、剧作家,肖像画也画得不错。而这些领域的才干日后都在作为他继子的理查德·瓦格纳身上得到了全面的彰显,故而瓦格纳身上是否具有盖尔的遗传基因是很容易引起人们联想的事。事实是:在14岁之前,未来的歌剧伟人的名字一直是威廉·理查德·盖尔(Wilhelm Richard Geyer),直到他上中学报名注册时才认祖归宗,将自己的姓氏改回瓦格纳。试想,倘若盖尔没有自己的血亲骨肉,即便他对弗里德里希的遗孀再倾慕爱恋,大概也断不会下决心用自己的一份辛苦钱去养活一大堆嗷嗷待哺的继子继女吧。事实上,在瓦格纳的晚年,他私下里自己也越来越倾向于认为盖尔不仅是自己的继父,而且根本就是自己的生身父亲的说法。

不过,由于盖尔身上所具有的犹太血统一直是向来持强烈反犹立场的瓦格纳讳莫如深的,因而主观上他是无论如何不愿公开承认自己与盖尔的真实关系的。而无法正式确认盖尔与他真实关系的客观因素还在于:其一,在1883年就已离世的瓦格纳是享受不到"亲子鉴定"的科学进步成果的;其二,除了他本人以外,瓦格纳的那些哥哥姐姐们也确实每个人身上都遗传、继承了他们的父母对戏剧和音乐的热爱,比如他的长兄阿尔伯特日后成了一位歌剧演员和戏剧导演;他的3个姐姐不是戏剧演员就是歌剧演员,因而莱比锡的瓦格纳之家完全称得上是一个地地道道的戏剧之家。对于出生9个月就随母改嫁来到德累斯顿的理查德来说,撇开血统不论,在他成长的道路上盖尔的确充当了一个父亲和艺术启蒙者的角色,他以自己的艺术天赋影响、感染着理查德,以致虽然孩子从小学到中学进的都是普通学校,但他对戏剧、诗歌的喜爱却与日俱增。直到1831年,18岁的瓦格纳才进入莱比锡大学音乐专业学校,真正开始了他的音乐学习并确立了以此为生的艺术信念。

往 昔 艳 史

瓦格纳一生沉溺于两大嗜好,终身无法自拔,那就是艺术和女人。他常常将这两者相提并论,以表达他对艺术,对人生的看法。在《论艺术与革命》中,瓦格纳就是这样把音乐比作女人的,他写道:"意大利歌剧艺术是一个妓女;法国歌剧则完全是一个风骚女人。"而对于他之前自己本民族的德国歌剧,瓦格纳也没有表现出丝毫的宽容和赞美,称它们是拿不上台面的"羞羞答答的女人"。在他心目中,真正的歌剧应该是莎士比亚和贝多芬的结合；而这样理想完美的歌剧只有在他瓦格纳的手中才能最终得以酝酿诞生，而唯有在这样的歌剧里才会展现出真正撼人肺腑的爱情。

在对他所厌恶的歌剧艺术进行了百般揶揄戏弄的同时，瓦格纳对生活中与他患难与共的女性也已产生出了厌倦和审美疲劳。在他参与 1849 年 5 月德累斯顿爆发的街头革命被镇压之后，瓦格纳不仅丢了他好不容易才谋得的德累斯顿宫廷乐队指挥的职位，还遭到了普鲁士政府的通缉。于是瓦格纳不得不带上他的发妻——一位比自己年长 4 岁的三流歌剧演员明娜流亡瑞士。当初，在德国乐坛还一文不名的瓦格纳爱上了与他同住在一栋演员宿舍里的明娜，他向明娜求婚时甚至还未到法定的结婚年龄(21 岁)。很显然，瓦格纳需要的只是身边有一个温存的女人，精神上有一处心灵的避风港。其实，明娜并非是他理想中的女人，尽管她长得很美，"有

瓦格纳第一任妻子明娜

一双羚羊般可爱的眼睛，但她的天赋有限，也缺乏想象力"。事实上，这种仅基于性的吸引而缺乏共同的志趣理想的结合从一开始就显示出强烈的不和谐，两人甚至在瓦格纳打算借钱装修新房的问题上就爆发过激烈的口角。婚后，明娜就更因不擅理财却偏喜铺张挥霍的瓦格纳的债务问题不断争吵。瓦格纳自己就承认："在作曲的时候我特别容易暴怒，由于老是在她身边，心情一直很难开朗……最使人痛苦的是：吵架好像成了每天的例行公事。当架吵得过于激烈时我就不得不奔出家门。"

瓦格纳心目中的女神应当是怎样的女性，虽然他没有给出过具体的标准，然而从这一时期他创作的三部成功的歌剧《黎恩济》《漂泊的荷兰人》和《汤豪瑟》里所描绘的三位女主角伊琳娜、森塔和伊丽莎白身上，不难看出他对理想伴侣的要求，那就是要具有忠贞的承诺和虔诚的信念，有为自己所爱的人不惜赴汤蹈火，舍生取义的勇气，就像情愿与哥哥一起被烧死的伊琳娜，纵身跳下悬崖以示清白与痴情的森塔，以及至死都在期待着浪子回头的伊丽莎白，她们都称得上是肉体与精神皆纯洁无比的"圣女"。人们常说在瓦格纳的歌剧里"忠诚与背叛"是永恒的主题，而在现实生活中"忠诚"总是他对别人的要求，而自己却在一次次地演绎着背叛的故事。在两性关系上瓦格纳奉行的是"单边主义"，他要求的女性要尽善尽美地纯洁、崇高；而却放纵自己不择手段地去享受背叛偷情所带来的欢愉。瓦格纳似乎

偏爱向自己的朋友或恩人下手，即便是在他流亡期间，债务缠身，囊中羞涩，他的这种兴趣爱好也丝毫未减。在法国的波尔多，当地一位葡萄酒商劳索就接待过瓦格纳，把他奉为上宾，引进家中，并给予经济上的资助。然而就在劳索家陈设豪华的客厅里作曲家却与劳索的英国裔妻子杰西眉目传情，两人甚至商量要私奔到希腊和小亚细亚，以摆脱让他们各自感到窒息的生活。幸好当地的宪兵队得到密报，说有一个德国人持假护照来到了波尔多，于是警队出动，把瓦格纳这位不速之客遣送回瑞士，这才避免了那位受到侮辱的丈夫想送给瓦格纳的一颗子弹。

给予瓦格纳创作灵感的玛蒂尔德·威森东克

瓦格纳是一个"饱暖思淫欲"的人。1853 年 5 月，在苏黎世李斯特等作曲家为瓦格纳举办了 40 岁的生日庆典，并在剧院举办了为时三天的瓦格纳音乐节。志得意满之余，他内心那颗骚动不安的心又开始跳动起来。在苏黎世他和 37 岁的丝绸商奥托·威森东克以及他年轻美丽的妻子玛蒂尔德成了志趣相投的好朋友。威森东克夫妇对瓦格纳这位流亡天才的艺术推崇备至，他们邀请瓦格纳夫妇到家做客甚至居住。而瓦格纳音乐节的得以举行，主要也有赖于威森东克给予的大力资助。然而很显然，瓦格纳辜负了这位崇拜者的一片虔诚景仰之心，表面上他称威森东克的出现于他而言是"上帝的馈赠"，可是暗地里，瓦格纳和玛蒂尔德竟暗生情愫，到了难分难舍的地步。在他的自传里他甚至露骨地坦白："在（瑞士）这 5 年里，我之所以能一直在性格和趣味都背道而驰的明娜身边，完全是由于有这位年轻淑女（指玛蒂尔德）的爱的恩赐……我们努力为对方发掘幸福的快乐之泉。"就在恩人为他提供的居所里瓦格纳为玛蒂尔德的诗谱成了《五首威森东克歌曲》，互诉衷肠。当然，两人之间的暧昧关系没有逃过因年老色衰而对其他女性分外敏感和妒忌的明娜的眼睛。头脑简单却并不愚蠢的明娜通过收买别墅花匠终于截获了证据——瓦格纳写给玛蒂尔德的问候信，信中有"每当我看见你的眼睛时我就讲不出话来了，要讲的话都变得毫无意义！于是，再没有客体与主体的分界，一切都合为一体"的词句，一场大规模的冲突在两个女人之间被公开引爆。大师的这第二段"夺妻"之战又宣告无果而终。

丑闻被披露后，瑞士是待不下去了，瓦格纳不得不到巴黎、威尼斯等地暂避风头。然而很快，不知悔改，或者应该说根本不想悔改的瓦格纳又物色到了他的爱情猎物。诚所谓"好事不过三"，他的这一次"夺妻"行动却以他的大获全胜而鸣金凯旋。

"王后"归位

尽管瓦格纳与玛蒂尔德·威森东克的爱恋无疾而终,但这时已声名鹊起的大师身边时不愁缺少倾慕其才华的女伴的。在他创作《纽伦堡的名歌手》期间,瓦格纳又邂逅了另一位玛蒂尔德——玛蒂尔德·迈尔,两人也是鸿雁传书,互道仰慕。瓦格纳有时用他《纽伦堡的名歌手》中女主角的名字把这位玛蒂尔德称作"我的小伊娃"。如果说瓦格纳对她的迷恋还停留在"发乎情,止乎礼"阶段的话,那么那位善解人意、丰满性感的维也纳歌剧院女演员弗里德里克·梅耶则实实在在满足了大师的生理需求。不过,这显然不够! 在创作和生活的巨大压力下瓦格纳需要的是"一个下定决心要将自己奉献给我的女人。我现在正缺少这样一个女人,她能不顾目前(我的)这一切坚定地安慰我,就像在这种糟糕的状况下一个女人所能做的那样,必须这样待我……也许现在我对自己的过高估计已使自己晕头转向,我简直自负到胆敢想象一个女人在这种棘手的情况下会委身于我"。不过,假如性格中没有这种狂妄和自负,他也就不成其为瓦格纳了。事实是:只要他敢想,即便将遭遇到关隘重重,最终仍能化险为夷,心想事成。瓦格纳的一生,不就是一部雄心勃勃的音乐家的冒险史吗?

这时,对于他的发妻明娜,瓦格纳甚至连看一眼的兴趣都提不起来,她不仅年老色衰,患上了心肌扩张疾患,还常掀翻醋坛,弄得家里鸡飞狗跳;更重要的还在于:明娜连一次怀孕都不曾有过,这是梦想建立家族王朝的瓦格纳所无法接受的。因而长期以来,明娜"只是瓦格纳虚有其名的妻子,她和丈夫只有在用餐时才能见上一面"。不过,要想离婚也非易事,因而瓦格纳只能一面维持着表面的婚姻,一面又不断地打着情感的"擦边球"。那些崇拜瓦格纳的女性都期望有朝一日能成为这位情圣身边的"伊索尔德",然而当她们都或多或少地为此而努力之后却发现:她们全都败在了一个原本认为根本不堪与自己竞争的对手手中。

还是在1853年,这一年的10月10日,瓦格纳在巴黎第一次见到了一个身材瘦削,脸部表情有几分冷漠的16岁女孩,她叫柯西玛,是瓦格纳极为崇敬的钢琴巨擘李斯特的女儿。当时,他对外表平平的柯西玛几乎没有留下什么印象。不过到了4年之后的1857年,情况却发生了变化。这一次瓦格纳却觊觎上了已嫁作人妇的柯西玛,虽然她还是显得那么瘦弱而缺乏风韵,但从这位少妇目光如炯的眼神里,阅人无数的瓦格纳解读出了许多令自己感到欣喜的"信息"。

其实,柯西玛虽贵为"琴圣"李斯特之女,然而她的少女时代却从未从她那位著名的父亲那儿沾得任何光,相反倒称得上是备尝艰辛,是在相当恶劣的环境下成长起来的。由于她的母亲玛丽·达尔古伯爵夫人与李斯特结合时是有夫之妇,因而无法获得天主教会的许可,成为合法夫妻。柯西玛以一个私生女的身份降临人世后从小就切身体会到父母的相恋给自己带来的心灵创伤。李斯特在与她母亲接连生下 3 个孩子后就消失得无影无踪了；而母亲也把幼小的孩子们扔给他们的匈牙利奶奶后重新回到了她当初曾断绝关系的贵族家庭，并且以女作家的身份在文学沙龙里成为和乔治·桑一样的时髦人物。后来，李斯特又和已婚的卡洛琳娜·冯·维特根斯坦侯爵夫人同居，这时他才想起自己 3 个子女的教育问题，派侯爵夫人的家庭女教师去巴黎代为履行家长的职责。由于有继母的存在，柯西玛姐弟想与李斯特相逢是难上加难，以致于柯西玛把侯爵夫人称作"恶魔"。更令人无法容忍的是：这个"恶魔"偏生也有一个与自己同岁，却远比自己漂亮，诱人得多的女儿玛格诺雷特；而父亲在刻意回避着自己亲生骨肉的同时却和这个没有血缘关系的继女生活在一起。当柯西玛进入青春期后她的父母突然又出现了：先是母亲接 3 个孩子短暂地分享了几个小时她奢侈生活的荣光，带他们参观了卢浮宫和巴黎喜歌剧院。后来父亲也带着继母和继女来到了巴黎，让自己的 3 个子女去拜见她们。在见多识广的玛格诺雷特面前，柯西玛和她的姐姐穿着女子中学的校服，活像个乡巴佬。更可气的是，就是在这次"家庭聚会"上，父亲的朋友瓦格纳忙着向那位已很懂得卖弄风情的玛格诺雷特献殷勤，为她朗诵自己创作的新剧本，而视站在旁边显得拘谨土气的柯西玛姐妹如无物！

　　父亲一如既往地来也匆匆，去也匆匆。后来李斯特把柯西玛姐妹送到柏林一个新的家庭教师那儿，让她们在那里继续接受管教。这位家庭教师不是别人，正是遭遇了被丈夫抛弃因而变得性格乖戾的前男爵夫人弗兰西斯卡·冯·彪罗，钢琴家汉斯·冯·彪罗的母亲。可以说这一次李斯特的安排部署一反他惯常的行事作风，显得极有深意。他认为汉斯·冯·彪罗是一位极有音乐天分的后起之秀（他是舒曼老丈人维克的学生，后又到魏玛拜李斯特为师），将成为未来欧洲钢琴家的领袖。于是他精心挑选弗兰西斯卡教女儿们社交礼仪，汉斯教她们钢琴；而一旦青年钢琴家选中其中的哪一个女儿为妻，那么这个女儿就因嫁给年轻的男爵而彻底改变其非法出身，一跃而成为上流人士。更重要的还在于：这个女儿将能与她的丈夫汉斯·冯·彪罗一起被李斯特视为是自己音乐事业的传承者。

　　柯西玛这一次抢到了彩球。不过，这还要仰仗于她父亲的大力成全。据德国瓦格纳研究学者约阿希姆·柯勒在其所著《弗里德里希·尼采与柯西玛·瓦格纳》一书里所述：

瓦格纳与柯西玛

在 1855 年临近年底的一个晚上,彪罗指挥他的崇拜者瓦格纳的歌剧《汤豪瑟》序曲的演出遭遇了听众的嘘声。为了排遣爱徒的沮丧李斯特带着彪罗夜游柏林,开始所谓的"男人之行"(一般指男子在结婚前夜庆祝告别单身生活而举行的宴饮狂欢)。当他把彪罗送回家时已是次日凌晨两点了。"我把汉斯推进了家门,这时有一个房间的灯还亮着,但我没有上去",李斯特如此说。这个亮着灯的屋子正是柯西玛的房间。不知是与乃父心有灵犀,还是自己受到年轻的钢琴家献身于音乐的精神感召,总之柯西玛在这个晚上决定了要把自己奉献给汉斯,当然她的这个愿望很可能在当晚就成为了事实。两年之后,彪罗与柯西玛正式结婚。尽管女婿在给老丈人的信中称:"我一直把您视为我目前和将来事业的主要支持者和激励者,现在我与您又贴得更近了。"然而对于柯西玛来说,她从这种主动奉献的婚姻中并没有感受到幸福。更令人难以理解的是,当这对新婚夫妇要去蜜月旅行时,彪罗居然撇下新婚燕尔的妻子只身前去找瓦格纳大谈后者的《齐格弗里德》以及酝酿中的《特里斯坦与伊索尔德》。对此,书呆子似的彪罗居然说自己"真说不出有什么比跟一个值得人们像神一样尊重的出色男人在一起,更能给我如此的快慰和清新的感觉了";而那边备受冷落的妻子却痛苦地想让人把自己给杀了,或者干脆自己跳进日内瓦湖中。不过,令彪罗做梦也没想到的是自己的新婚妻子不久就将成为他的"师娘"。

瓦格纳一直在寻觅自己的猎物,寻找着理想的人生伴侣,或者不妨说他在物色一个家族王国的母系始祖。在慕尼黑,彪罗夫妇已与他们的崇拜偶像完全打成了一片。通过与柯西玛的接触,瓦格纳发现这位过去被自己忽视的女性身上有他后半辈子最需要的气质,那就是对他艺术毋庸置疑的虔诚捍卫和接人待物方面异乎常人的清晰理智,尤其是后者更是自己过去经历中的致命短板。瓦格纳向来自视甚高,经常表现为目空一切,颐指气使,因而时常得罪圈内同行,有时还闹得成孤家寡人。他也不懂理财经营,动辄挥霍铺张,被人索债,仰人鼻息是家常便饭。瓦格纳此时比任何时候都清醒地认识到欲创建一个家族帝国和一个属于自己的艺术王国,柯西玛这样一个女性是可遇而不可求的。因而他巧妙地利用了这位比自己小24 岁少妇对自己歌剧艺术的崇拜(据说她每次观看《罗恩格林》都会感动得喃喃自语,热泪盈眶)和对丈夫的失望不满果断出手,开始实施他的"夺妻"行动。而柯西玛也意识到她又一次奉献自己的时机到了。瓦格纳写道:"沉默的她突然扑倒在我的脚下,在我的双手上印下了无数的泪痕和亲吻。"就这样,彪罗和柯西玛这对已生育了两个女儿的夫妇被拆散了,柯西玛投入了瓦格纳的怀抱。在她看来,与瓦格纳结合不仅能从他身上体会到在死板生硬的彪罗那儿得不到的怜香惜玉的男人温存,而且借助彪罗这个"中介"使她完成了从对父亲的偶像崇拜到对另一个"父亲般"的偶像崇拜。1863 年 11 月,瓦格纳家族王国的"亚当与夏娃"在缔结了"彼此不存贰心,永不分离"的誓言后义无反顾地走到了一起,这一年瓦格纳正值知天命之年——50 岁。

终成大业

瓦格纳、柯西玛和他们唯一的儿子齐格弗里德

1864 年。这一年在瓦格纳的创作艺术史上乏善可陈，他没有拿出什么新作来，而距离他的上一部歌剧《罗恩格林》的首演面世已经整整过去 14 个年头了。然而这一年在瓦格纳的人生经历中却具有转折性的意义，因为这是营造家族百年大业的元始年，更是他奠定一生丰功伟业的新纪元。这一年的 6 月，柯西玛带着她与彪罗的两个女儿前来慕尼黑，和瓦格纳正式同居。对外柯西玛称自己是艺术大师的秘书，尽管他俩的关系已相当公开化，路人皆知。剩下来的事情就比较简单了，只是对付那个被戴了绿帽子的丈夫和向李斯特解释这一切的问题。在柯西玛入住瓦格纳别墅后的一个星期，彪罗也赶来了，但生米已成熟饭，无济于事了。彪罗在残酷的现实面前只能选择沉默。9 个月之后的 1865 年 4 月，52 岁的瓦格纳在折腾半生之后终于拥有了自己的第一个孩子——女儿伊索尔德，家族王国终于诞生了。柯西玛的前两个女儿达尼埃拉和布朗蒂娜显然不属于这个王国，因为她们无论在出嫁前还是在出嫁后都从没有使用过瓦格纳这个姓氏。她们的父亲彪罗则对自己偶像与妻子对自己的共同背叛痛心疾首，他毅然放弃了对瓦格纳亦步亦趋的追随，转而投入到瓦格纳的敌对阵营——勃拉姆斯和汉斯立克那儿，成为为勃拉姆斯艺术呐喊助威的干将，并终身未再婚娶。至于李斯特，他几乎是在一夜之间发现经他资助多年的艺术知音，和自己年龄仅差 2 岁的瓦格纳转眼变成了女婿，尤其是他所取代的还是自己当年为女儿挑选的彪罗时，其尴尬和困窘是不言而喻的。他对此非常震怒，为此，这一对昔日在通信中互相唱和的音乐巨匠公然反目。李斯特来过别墅一次，见事情已无可挽回便拂袖而去，此后有十年光景不再与瓦格纳交往，直到晚年两人关系才有所缓和。瓦格纳为了自己的宏图大业竟向自己的信徒和朋友下手，这一点连一直为他大唱赞歌的尼采也看不下去。在精神上一直暗恋柯西玛的尼采此时也反戈一击，对瓦格纳开始口诛笔伐。尽管众叛亲离，然而如今这一切对瓦格纳都显得无足轻重了，因为他已拥有了一个最重量级的人物作为自己的靠山。凭借此人，即便是落得个孤家寡人，他也仍能看到实现其歌剧理想的曙光！

瓦格纳所处的时代整个德意志还处于各邦国各自为政的分裂局面，在各邦中以普鲁士和奥地利的势力最强盛。虽然经过 1848 年的欧洲革命,封建专制势力感到确实需要建立一个强大统一的德意志帝国,然而在南方的巴伐利亚,当时还是一个相对远离政治纷争的世外桃源。这里的统治者就是路德维希二世,瓦格纳的艺术和经济资助人。

路德维希二世是人们所熟知的希茜公主的表弟,1862 年,由于他的父亲马克西米连二世遽然去世,年仅 17 岁的路德维希在几乎没有任何思想和从政准备的情况下仓促即位,成为全德意志最富有的巴伐利亚的年轻国王。新国王是著名的美男子,身高一米八,长相俊美,器宇轩昂。不过,这位国王却既不爱江山,也不爱美人。他只爱艺术,并为此而花光了祖辈积攒下来的所有财富,到他死后还欠下了一屁股债。而这巨大的财政窟窿除了用以建造他所醉心的新天鹅堡外,基本上就主要花在瓦格纳的身上。1861 年,年仅 16 岁的路德维希第一次在慕尼黑的皇家歌剧院欣赏到《罗恩格林》,就被那充满浪漫主义诗意的剧情和英雄主义的旋律所折服。他当即产生了想见到这位作曲家的愿望。他即位后的 1864 年 5 月 3 日,他派出内阁秘书专程给瓦格纳送去了自己的一帧照片和一枚红宝石御戒以表明对艺术大师的仰慕之情。国王此举对两个月前还因没能使《特里斯坦与伊索尔德》如期上演而躲债到瑞士避难,甚至"再一次怀着自杀念头"的瓦格纳来说不啻于是天上的大馅饼砸在了自己的头上。"这是一个天大的福音,甚至可以说是一个奇迹",于是受宠若惊的瓦格纳忙不迭地在第二天就赶往慕尼黑王宫拜谒这位年轻的君主。可以想见,一个年过半百,身高只有一米六几的作曲家诚惶诚恐地受到那位俊朗英武的高个子国王接见的情景必定是非常有趣的。但就是两人的这一次握手,不仅使瓦格纳的毕生野心一点点地变成了现实,也使国王宫廷的金库迅速地化作流水。路德维希

瓦格纳的庇护人路德维希二世

路德维希二世与瓦格纳

二世对瓦格纳所提出的需求几乎是毫无保留地满足,他不仅替瓦格纳偿清了所有的个人债务,还将国王的私人预算也交由大手大脚的作曲家支配。他甚至还腾出距离自己城堡不远的乡间别墅供瓦格纳一家人居住使用。在这位对自己艺术痴迷得已呈"妄想、偏执和雾蒙蒙的神秘感"病态,仿佛置身于童话世界的国王面前,瓦格纳喜欢扮演"父亲"的角色。既然喜欢谈音乐谈艺术,自己就是当仁不让的启蒙者和引导者。他一方面听任陛下把自己神化,另一方面又不失时机,得寸进尺地让路德维希二世为自己更大的项目投资"埋单"。他要求国王在慕尼黑建一所音乐学校,专门培养训练一批演唱自己歌剧的歌手;他还将自己着手创作的史诗《尼伯龙根的指环》四部曲的版权预售给国王,价格是 3 万弗罗林。当然,预算中最昂贵的一笔支出就数建造拜罗伊特节日剧院了,它的投资竟高达空前的 5 百万弗罗林。为此,国王遭到了几乎从首相到普通民众纳税人的一直反对,内阁甚至扬言要全体总辞职。然而,这位身中"瓦格纳艺术之毒"的国王还是一意孤行,我行我素。

拜罗伊特节日剧院外景

拜罗伊特节日剧院内景

打造一个一切按照自己理想设计,并且只演自己剧作的剧院一直是瓦格纳改革歌剧的人生终极目标。为了实现这个理想,这个精力充沛,意志坚定的小老头四处奔走。1871 年 4 月 6 日,他带着柯西玛以及新的助手、指挥家汉斯·李希特来到了巴伐利亚东部的小镇拜罗伊特,因为在慕尼黑他树敌太多,根本不可能实现自己的宏伟计划。他们发现这个小镇有一条极为壮观的大道,如果由这里直通到剧院,就会令人产生一种有如迈向教堂般的庄重和神圣感。其次,这里距离周边的大城市较远,有利于瓦格纳对自己作品专有权的控制;最后,小镇的民风淳厚质朴,这里缺乏文化生活,正好有利于迅速营造起人们对瓦格纳戏剧的喜好和崇拜。于是,还是在路德维希二世的鼎力相助下,再加上发行股票筹措融资,以及游说银行家的慷慨解

囊,在 1872 年 5 月 22 日打下第一块基石后经过 4 年的紧张施工、装置、调试和彩排,

1876 年 8 月 13 日,近代音乐史上最辉煌豪华的第一届拜罗伊特艺术节终于在拜罗伊特节日剧院拉开了帷幕。揭幕当晚的首演剧目就是瓦格纳费工费时长达 28 年才得以完成的四联剧《尼伯龙根的指环》,由大名鼎鼎的汉斯·李希特担任指挥。当日躬逢其盛的嘉宾中不仅有已与他冰释前嫌的老丈人李斯特,还有圣 - 桑、格里格、柴科夫斯基这样的音乐名宿,更有德皇威廉二世、巴西国王这样的显赫贵胄,以致于瓦格纳大言不惭地宣称:"以前,艺术家是供王公贵族们消遣取乐的,而今皇上和王爷们得上艺术家这儿来了,这可是破天荒的头一遭啊!"

　　第一届拜罗伊特艺术节前后举办共 18 天,天天宾客盈门,听众鼎盛。不过,尽管演出获得了空前的成功,然而当财务报表递上来时,瓦格纳的脸上又显出了沮丧之色,原来整个艺术节不但没能盈利,反而造成了 15 万马克的巨额赤字。由于资不抵债,第二年的艺术节不得不紧急刹车,大师本人也想移居美国,开溜了事。第二届拜罗伊特艺术节直到 6 年后的 1882 年才姗姗来迟,在这届艺术节上,瓦格纳奉上了他一生中的最后一部作品《帕西法尔》。

　　为了拜罗伊特艺术节,瓦格纳动用了他的全部聪明才智和身心辛劳,经过一生的困顿、潦倒、被通缉、被追债、四处流亡、化缘,到晚年终于换来了无比的荣耀!1883 年 2 月 13 日,这位音乐大师,戏剧天才终因心脏病发作而告别了人世,但他已为这个世界留下了一个继承他事业的家族和弘扬其理想的艺术节。

　　1883 年 2 月 13 日,理查德·瓦格纳这位百年不遇的戏剧巨人,如他当初向柯西玛所承诺的那样,倒在了后者的怀里,他死在意大利的水城威尼斯。当然,他的遗体是必定要运回到他一生苦心经营的拜罗伊特并安葬于由他的恩主——巴伐利亚国王路德维希二世为他捐资兴建的"万福里德"的。正像当年他带领着全家迁居于此时在这幢新罗马式的别墅进门处上方亲手镌刻的那句诗那样:我的苦痛

瓦格纳家族的万福里德之屋

在此处寻得了安宁——在德语中"万福里德"(Wahnfried)的意思是"幻想中的宁静"。瓦格纳的棺木于 2 月 17 日由火车运往拜罗伊特,次日下葬。当火车抵达拜罗伊特时,人们发现护送遗体而来的瓦格纳遗孀柯西玛不仅神情凝重,而且形如枯槁,她已经绝食整整 4 天了,原本就很瘦削的她如今更是瘦得连结婚戒指都从指头上滑落下来了。看起来她似乎也将伴随着瓦格纳离开这个世界,至少在当时不少

人都有这种预感。

　　然而,这种预感却并不准确,事实是柯西玛是个高寿之人,她一直活到了1930年。可是这其实却违背了他们夫妻当初的一个私人约定,因为瓦格纳生前曾向路德维希国王吐露过这个约定的内容:在他死后的第八天柯西玛就会随他走进坟墓。不过,令生前喜欢颐指气使,号令别人的瓦格纳没想到的是他所设想的这一天竟然要他在地下沉睡了47年后才迟迟到来。是的,柯西玛不能离开,那是由于对于这个刚刚建立起来的家族王朝而言,还有两件至关重要的大业尚未完成。作为伟大奠基者的未亡人,她有义务去完成这两项大业,以确保家族王朝事业能够"千秋万代"地传承下去。她放不下的就是拜罗伊特艺术节和儿子齐格弗里德。

母 后 临 朝

柯西玛

　　1876年的第一届拜罗伊特艺术节尽管盛况空前绝后,然而在财政上却捅了一个大窟窿,负债累累。积几年之力,缓过一口气来举办的第二届艺术节(1882年)在汲取了上一次极尽奢华铺张之能事的教训之后,总算没有增添新的财政赤字。接下去的第三届(1883年)实际上成了世人缅怀瓦格纳的"追思弥撒",因为整个艺术节上演的作品只有一部,那就是瓦格纳的《帕西法尔》。瓦格纳死后,年复一年的艺术节如何规划,如何操办,这是摆在柯西玛面前的当务之急,因为她已成为艺术节的实际掌舵人。柯西玛是李斯特的女儿,虽然从小没能从父亲那儿得到亲授的"真经",但其血液里的遗传因子不容忽视,再加上母亲方面的文学基因以及她后来随彪罗学琴的经历,在贵族式教育中培养起来的她精通音乐与文学应该是不成问题的。然而在那些真正的艺术家和瓦格纳迷们的心目中,柯西玛毕竟还只是个"半瓶子醋"。他们对由她来掌管艺术节的大权表示了疑虑和不信任,比如约瑟夫·鲁宾斯坦就曾说:"我觉得她压根就不懂音乐!"而马丁·普吕德曼也写信给路德维希二世,称"自从柯西玛真正掌权以来,到处谈论的是戏剧表演的效果,舞台的改进,可没有音乐……这极有可能毁灭拜罗伊特!"

　　是的,柯西玛或许并不真正通晓音乐史上的所有伟大作品,不懂音乐创作,可是对拜罗伊特来说只要通晓她丈夫所有的伟大作品,懂得瓦格纳的音乐戏剧主张,这就足够了。事实上,从她掌权的那一天起,她就从家庭主妇变成了在舞台上操持有度的艺术女强人。柯西玛想着手组建一个为了艺术节长治久安的"统一联盟"，尽可能多地吸引优秀人才来"为我所用"。为此她甚至把脑筋动到了她的父亲李斯特和被她无情抛弃的前夫彪罗身上，想让他们来担任艺术节的总监。当然这只能是她的一厢情愿：李斯特虽然在晚年与瓦格纳达成了和解，但他仍对自己的得意学生彪罗的名誉受损未能释怀，他没有出席自己女婿的葬礼便是明证。至于彪罗则更与柯西玛形同陌路，他现在是勃拉姆斯的忠实拥趸者，正在为演奏后者的钢琴协奏曲和指挥后者的交响曲忙得不亦乐乎呢。无计可施的柯西玛只有亲自披挂上阵，打理一切。正像音乐学家们所评论的那样：在柯西玛的领导下拜罗伊特不会成为一个富有创造性的机构，但在依照大师本意阐释瓦格纳的作品方面，没有比她更合适的人了。

　　此前，在拜罗伊特艺术节上柯西玛大都是在幕后，最多是以自己的见解和观点去影响瓦格纳；而如今形势逼她走到了前台，一切都要由她做出决断，而这种决断在很大程度上决定着艺术节的生死成败。果然，在筹办艺术节的理念上柯西玛与瓦格纳就显示出了天壤之别。瓦格纳根本没有经济头脑，为了使自己的歌剧获得成功，赢得喝彩，满足睥睨一切的野心他总是不计成本四处去挑选指挥家和演出班底，布景和服装也务求繁缛华丽；柯西玛则不同，通过几年的艺术节举办，她清醒地意识到自己天才的丈夫实际上已经为这个家族，为艺术节留下了一笔隐形的财富，用今天的话说就是"品牌效应"。她所要做的只是按照往年的模式依样画葫芦，先把艺术节顺利办下去，等"品牌效应"日益提升，到时候还怕优秀的指挥家和表演人才不争先恐后地前来？于是在1884年的艺术节排演当中，柯西玛破天荒地请人在舞台上搭了一间棚屋，以便于她现场监督排演，还便于发现问题与艺术家们及时沟通解决。据说当时的指挥家赫尔曼·列维（Hermann Levi, 1839-1900）和导演福克斯手上都攥着一大把柯西玛从棚屋中递出的"整改意见"依计行事。柯西玛依这种"垂帘听政"的方式掌控了艺术节的人事和产品；同时又通过安插信得过的亲戚进入艺术节管理层，接掌了艺术节的财权，稳定住了初期不断下滑的财政状况。乃至于1886年6月，当瓦格纳家族最慷慨的赞助人路德维希二世离奇去世，没有了王宫的巨额财源支持时，柯西玛在两个月后还是照样组织了当年的艺术节并取得了空前的成功。

　　稳定之后需要创新！随着前来拜罗伊特观摩艺术节的人越来越多，听众构成的日益国际化，总不能翻来覆去老演那么几出。历练滚爬了几年的柯西玛已看出了不少舞台表演的门道，于是她开始亲自动手，将瓦格纳中期创作的那些颇受欢迎的歌剧拿来搬上节日剧院的舞台。它们包括在瓦格纳生前从未在艺术节上演过的《罗恩格林》《特里斯坦与伊索尔德》《纽伦堡的名歌手》，甚至是《汤豪瑟》的完整版——即1861年巴黎首演版，根据法国人的趣味添加了在维纳斯堡内大段极具视觉效果的芭蕾舞。这些歌剧在拜罗伊特都取得了成功；而且经过几年的经营，柯西玛现在已把极为擅长于诠释瓦格纳歌剧的优秀指挥家拉拢到了自己周围,除了汉斯·李希特、赫尔曼·列维外,又增加了菲利克斯·莫特尔(Felix Mottl,1856-1911)和卡尔·穆克(Karl Muck,1859-1940)。通过这些指挥大师对作品的精彩演释和演出受欢迎的程度,此时的柯西玛已经完全可以让当初怀疑、反对她当政的人闭上了嘴。至1896年,柯西玛以自己的理念打造的《尼伯龙根的指环》在拜罗伊特再度上演,这标志着她已使艺术节度过了早期的危机,走上了良性循环的发展壮大之路。自此,艺术节的一应事宜已无需她过多地去操持奔走了,一切都在她的掌控之中。这时,这个身材干瘦却意志惊人,被时光和经历磨砺得愈益干练精明的女人开始为另一件重大的事情又烦扰担忧起来,那就是她的儿子——家族王朝的继承者齐格弗里德的接班问题。

大 器 难 成

瓦格纳和柯西玛所生的三个孩子都是在他俩尚未履行法律程序之前所生的,因而严格来说他们都是私生子。尽管如此,他们毕竟是瓦格纳一生中仅有的 3 个孩子,因而这位父亲对他们的舐犊情深体现在为他们取的名字上。3 个孩子的名字都源自他歌剧里的人物。1865 年 4 月出生的大女儿伊索尔德用的是《特里斯坦与伊索尔德》中女主角的名字,很显然这是为了纪念即将在两个月后在慕尼黑宫廷歌剧院首演的该剧。1867 年 2 月出生的二女儿爱娃用的是《纽伦堡的名歌手》

中女主角的名字,这也是为了一年后在同一家剧院首演的新剧"做广告"。到了 1869 年 6 月 6 日,才堪称是瓦格纳人生中的大日子,因为在他 56 岁时他终于有了自己的儿子。为了隆重纪念儿子的诞生,他特意精心挑选了正在创作的《尼伯龙根的指环》第三部《齐格弗里德》里男主角的名字,以这个他心目中的青年英雄来为儿子命名,他就是齐格弗里德·瓦格纳(Siegfried Wagner,1869-1930)。

瓦格纳从自己的继父(或者说是生父)盖尔对自己的巨大影响中切身地感到对儿童教育的重要性,尤其当这个孩子将要挑起传承家族宗祧,承继王朝业绩两副重担时,精心为他挑选"太傅"更是重要性不亚于其歌剧野心的一等大事。瓦格纳首先想到的人选是尼采,其时的尼采正陷入对瓦格纳的狂热崇拜

瓦格纳与其子齐格弗里德

里,他又是巴塞尔大学的教授,其满腹经纶来教一个 3 岁稚童绰绰有余;即便是在艺术领域,这位哲学教授的钢琴演奏水平也远比自己这个大作曲家强得多。尼采的演奏是令女主人柯西玛都禁不住要击节称赞的;更主要的还在于尼采作为大学教授远比自己空闲得多。瓦格纳一度甚至非常过分地要求他的追随者放弃其教授的"铁饭碗",屈就于做他儿子的私人家庭教师,不过他的如意算盘没能得逞。后来尼采已日益认清了瓦格纳的真实面目,决绝地与他分道扬镳。于是,瓦格纳又请来诗人兼哲学家的海因里希·冯·施坦因担任儿子的家庭教师,主教文学与哲学;而由属于瓦格纳派的青年作曲家洪佩尔丁克(Engelbert Humperdinck,1854-1921)负责小齐格弗里德的音乐教育。

所谓母以子贵。齐格弗里德降生于这个家庭的重要性还在于彻底巩固了柯西玛作为"皇后"的地位。约阿希姆·柯勒写道:"当她(柯西玛)第三次怀孕,而 50 岁的瓦格纳第一次有了儿子时,他们之间的关系才具有了排他性。"的确,有了儿子的瓦格纳此后似乎对爱情"忠贞"了许多,尽管在其晚年仍有一两次"疑似出轨"的艳遇,但在其家庭观念的自律以及柯西玛强硬手段的打压下最终没有酿成像早年与劳塞、威森东克夫人那样的轩然大波。齐格弗里德对瓦格纳的重要性还体现在一个重要的佐证上:虽然 3 个孩子都属私生子,然而伊索尔德和爱娃硬是没让她们姓上瓦格纳的姓氏,相反还掩人耳目地让她们都姓彪罗!即便是瓦格纳和柯西玛后来名正言顺地成了夫妻,也未让两个女儿将姓氏改过来。可是齐格弗里德却不同,自打他呱呱坠地之日起,便公开姓了瓦格纳,王朝接班人的名分和地位之明确莫过于此。

小齐格弗里德在父母的精心呵护、良师的悉心栽培下逐渐成长,瓦格纳去世的那一年他正好高中毕业,他的志愿是学习建筑,并考取了柏林综合科技高等学校,可母亲柯西玛不愿意,她紧急写信给洪佩尔丁克,让在法兰克福的后者拖延儿子去柏林报到的时间,并且在这段时间里"尽可能在您的指点下多听多学习","因为音乐现在应该是他唯一的课程"。此计果然奏效。齐格弗里德在洪帕丁克那里进行了一段时间的"强化教育"后果然没去柏林,而是转到卡尔斯鲁厄的拉福音乐学院开始其正规的音乐学习。其实,作为歌剧大师儿子的齐格弗里德身上还是有些遗传基因的,早年除家庭的耳濡目染和老师的倾力调教外,他也从他的外公李斯特那儿获

齐格弗里德·瓦格纳

得过某些和声与创作方面的提点。1880 年,年仅 13 岁的他就已开始尝试作曲了。从音乐学院毕业后,他即开始从事创作,他的一首交响诗《塞恩苏姬》(Sehnsuchi)是受到著名诗人席勒的同名诗启迪而产生了创作灵感,随后于 1895 年 6 月 6 日,即他 26 岁生日那天在伦敦亲自指挥首演了这部作品。第二年,齐格弗里德头一次在拜罗伊特节日剧院登台亮相,作为指挥家李希特、莫特尔的助理指挥了《尼伯龙根的指环》中最为冗长的《众神的黄昏》。而在他成为作曲和指挥之前,他在母亲的培养计划里已按部就班地先后充当过灯光助理、音乐助理、排演助手,所有这一切都是为了今后王朝权力的顺利交接。柯西玛曾赤裸裸地在给女儿的信里要求家庭所有成员对这位"未来的国王"效忠:"孩子们,为了齐格弗里德! 这是一项繁重而又美好的使命,你们应该始终全神贯注,我也始终与你们休戚与共——关注齐格弗里德,他是我的唯一,也是你们的唯一……"可是,柯西玛如此重男轻女,过早地确定"王位继承人"激起了家族其他成员的不满和挑战。伊索尔德的丈夫弗朗茨·拜德勒也是一位指挥家,他想凭其大女婿的身份在拜罗伊特与齐格弗里德平起平坐,这可惹恼了柯西玛。于是,在平静之屋"万福里德"柯西玛和女儿伊索尔德之间爆发了一场剧烈的家庭冲突,以致于后来甚至干脆对簿公堂。伊索尔德起诉生母,要求分得父亲的财产,从此两人不再往来,连日后伊索尔德因结核病客死瑞士,柯西玛也是在 10 年之后才闻知了女儿的死讯。这种关系简直就是当年她自己与其父亲李斯特关系的翻版!

　　平心而论,齐格弗里德绝对不能算是一个坐享父母业绩的纨绔子弟,他勤勤恳恳地创作了大量的歌剧,数量甚至比他那伟大的父亲还要多。除了歌剧,他还写有小提琴协奏曲、长笛协奏曲、交响诗和艺术歌曲。与他的父亲一样,他也创作了一生中唯一的一部交响曲,巧的是调性也是 C 大调。但可惜终因他的资质平平,音乐创作无任何独特创新之处,因而他的这些作品没有一部能够进入标准的演出曲目之中。作为指挥,他也从未能独当一面,一辈子只能充当李希特、莫特尔的助手。同样,在艺术节的管理方面也乏善可陈。不过,有一件事倒使他大大地出了名,那就是他的同性恋倾向。自打准备让齐格弗里德逐渐熟悉、掌管艺术节的同时柯西玛就没少为儿子的婚姻大事操心运筹。要使王朝后继有人,尽早诞下"王孙"是这位家族女主人很自然的渴望;可偏偏齐格弗里德对母亲的急切期望置若罔闻,原来他一直偏好男色。到了 1913 年,44 岁的齐格弗里德终于陷入到一桩丑闻之中。一个叫马克西米连·哈登的记者掌握了齐格弗里德搞同性恋的证据,并扬言要公之于众,这可使以柯西玛为首的家庭成员慌了神。为了挽回影响,除向恶意敲诈的哈登送上不菲的封口费外,当务之急就是要丑闻的当事人马上结婚! 或许是意识到了事态的严重性,这一次齐格弗里德表现得非常积极主动,他的终身大事终于在两年后的 1915 年尘埃落定。

王 朝 耻 辱

　　"王子"迎娶的灰姑娘叫温妮弗雷德。温妮出生于英国，是作家约翰·威廉斯与其德国妻子的女儿。在她 2 岁那年父母就双双弃世。沦为孤儿的温妮先是在亲戚的接济下长到 10 岁，后被母亲的德国远亲接到德国收养。这位远亲的丈夫卡尔·克林特沃特正好是一位音乐家，还是柏林一所音乐学院的院长。于是，这位英国诗人的女儿姓了克林特沃特的姓并很自然地成了柏林音乐学院的学生。更兼养父是李斯特的学生，瓦格纳好友的关系，于是在 1914 年 17 岁的妙龄少女就得以到拜罗伊特参与艺术节的彩排，亲眼目睹了艺术节的盛况以及瓦格纳家族的荣耀。在拜罗伊特温妮也遇见了未来的王位继承人齐格弗里德，各自不同的内心需求促使两人

齐格弗里德、温妮和他们的四个子女

很快地走到了一起。就像当时目击那场婚礼的人们所说的那样：这是一桩美貌与地位交易的婚姻。夫妻俩的年龄相差 28 岁，比之他们的父辈瓦格纳和柯西玛的龄差 24 岁有过之而无不及。温妮生得如花似玉，美艳动人，自从嫁入豪门后她也很快就显示出其过人的适应能力与社交能力，从中似乎已预示着她日后成为拜罗伊特第二代女统治者某些不可或缺的潜质和才华。当然，要想让柯西玛彻底交权让位，齐格弗里德夫妇还得来点"真格的"。于是，两年后的 1917 年他们的长子维兰德出世了。此举果然奏效，已升格为祖母的柯西玛兴奋地坐到三角大钢琴前，情不自禁地弹奏起《齐格弗里德》中著名的"林中絮语"乐段。这是瓦格纳去世后她第一次动这架钢琴，也是她余生中的最后一次。而受此鼓舞，又或许是齐格弗里德想着要把过去耽误的光阴夺回来，在之后的 3 年里他们又相继为王朝贡献了 3 个孙子孙女。晚年的柯西玛一边享受着天伦之乐，一边也不忘偶尔睁开一只眼睛遥控着齐格弗里德的执政和拜罗伊特艺术节的运转。到了 1930 年 4 月 1 日，92 岁高龄的柯西玛与世长辞；而 4 个月后 61 岁的齐格弗里德也在彩排《众神的黄昏》时突发心脏病追随母亲而去。

　　从 1930 年起到 1945 年二战结束，温妮执掌拜罗伊特艺术节大印 15 年。同样是女性"治国"，柯西玛利用的是丰厚的艺术人脉，将尽可能多的优秀艺术家网罗到自己周围；而温妮依靠的则是政治权势，因为 20 世纪 30 年代的拜罗伊特早已

温妮与希特勒亲密无间

不单纯是一个艺术圣地了，它成了纳粹和希特勒的"精神家园"。

温妮给后人留下最深刻印象和最津津乐道的话题与音乐和戏剧似乎都没有什么关系，而恰恰是在此期间它与纳粹党及其"元首"希特勒的亲密关系上。正是由于纳粹和希特勒的庇护，拜罗伊特艺术节不仅在战争期间照办不误，而且就像纳粹报纸上所宣称的"艺术节的山冈应该成为德国人的圣地"那样，受到格外的照顾和支持。1933 年的艺术节的门票预售情况颇为不佳，显示出它将再次面临巨大的亏损时，这一次希特勒充当了当年路德维希二世"买单人"的角色，通过党部买下了所有卖不掉的戏票，然后再分发给在职党徒去接受"反犹太化教育"。由于有希特勒的"第三帝国"撑腰打气，拜罗伊特就不愁没有观众，没有票房。到了 1940 年希特勒干脆直接插手艺术节的事物，他宣布把拜罗伊特艺术节命名为"战时的节日"，演出将不再向公众开放，而只向那些被指定为"元首的客人"服务。于是，那些即将被送上前线的青年炮灰，从前线归来的"荣誉军人"以及从事军工生产的工人们都被用"帝国音乐专列"送到拜罗伊特去免费观摩《尼伯龙根的指环》和《纽伦堡的名歌手》，用艺术去毒害他们的心灵。更有甚者，艺术节居然还在演出中让纳粹特种精锐部队的士兵加入到合唱队中，让他们和演员们一起登台演唱。这些军人们还在节日剧院的各个入口处用军乐吹奏瓦格纳的音乐主题，以此表示对这位"第三帝国艺术文化之父"的膜拜和致敬。至此，拜罗伊特已成为纳粹宣扬"日耳曼民族至上"的种族主义和军国主义的舆论工具，这是艺术节历史上最荒谬的一页，使艺术节的声誉跌入了亵渎和平、正义与人性的深渊。而这一切的始作俑者，正是瓦格纳王朝的女祭司——温妮弗雷德。按希特勒和温妮的本意这种"战时的节日"还要一直继续办下去，可没曾想在 1945 年这座城市很快成了盟军飞机轰炸的目标。先是在 4 月 5 日的一次空袭中"万福里德"这座瓦格纳家族的"寝宫"遭到严重毁损；后来在举城大溃逃时，节日剧院的大门被撞开，里面的演出服装与道具被洗劫一空。据目击者说：当时长达数英里的逃难人群都穿着瓦格纳各部歌剧中的戏服，七彩斑斓，场面堪称千载奇观。战后，温妮理所当然地坐上了审判纳粹的被告席。在为自己答辩时温妮不否认曾加入过纳粹党，并与希特勒有过交往；但她诡辩这样做"只是为了完成祖先交给我的艰巨任务——即在战乱年代维护瓦格纳的艺术遗产……我作为一个寡妇，要想完成这种几乎不可能完成的任务就必须求助于当时的德国掌权人。但我从来就不是他们的帮凶。"

究竟是不是纳粹和希特勒的帮凶,其实温妮的内心最清楚。这个从 1923 年第一次见到希特勒就狂热的崇拜和臣服于他的女人,在同年希特勒发动"慕尼黑啤酒馆政变"失败身陷囹圄时为他递送食物和笔墨纸张,供其写作《我的奋斗》;每年希特勒出席艺术节她在"万福里德"热情款待,让后者有宾至如归之感的快意;她还让自己的孩子非常顺口、自然地称"最高

齐格弗里德、温妮夫妇在拜罗伊特迎接希特勒

元首"为叔叔——这样的女人,有谁会相信她与希特勒的关系仅仅只是想利用他而已。这一点,甚至连她自己的亲人都不相信。根据她的孙子戈特弗里德·瓦格纳回忆:即便是在战后,温妮都从未对她当年的所作所为表现出半点忏悔之意,并且她的立场观点还相当公开、直白。比如她把死去的希特勒隐晦地称作 USA。这 USA 当然不是指美国,而是"我们神圣的阿道尔夫"(Unser Sacred Adolf)的缩写。在这里,这个英德混血的女子狡猾地运用了英、德两种语言的单词构成了她内心念念不忘的那句话。在 1975 年她接受记者采访时,这个时年 78 岁的老妇还公然大言不惭地宣称:"遇见他(希特勒)是我毕生不可错过的一段经历",甚至梦呓般地说她还在等着有朝一日能像当年一样,迎接站在自己家门口的希特勒的到来。自温妮名声扫地后,有关她与希特勒之间令人扑朔迷离的话题可谓是一波未平,一波又起。英国作家威尔逊(A.N.Wilson)在 2007 年还据此写成了长篇小说《温妮与狼》(Winnie and Wolf)。

权 柄 之 争

温妮受审的结果,法庭判处她有罪,但予以缓刑两年半。不过,她被褫夺了继续领导拜罗伊特艺术节的权力。好在此时她的两个儿子已经长大成人,于是,维兰德和弟弟沃尔夫冈被委以重任,让他俩成为"为家族代言和处理事务"的接班人,共同执掌艺术节的权柄。瓦格纳家族的第三代有两个孙子两个孙女,分别是维兰德、沃尔夫冈、弗里德琳德和维蕾娜。巧的是:这两双孙儿孙女却因各自的个性与立场迥异分别形成了彼此不容的两对。

维兰德·瓦格纳(Wieland Wagner, 1917-1966)是柯西玛最喜爱,最倚重的长孙。他和他的父亲齐格弗里德不同,从小在拜罗伊特的耳濡目染下长大,因而他可没有什么其他的未来人生目标,就是继承家族事业,成为王朝的合格接班人。而他也的确遗

维兰德 . 瓦格纳

传了家族的艺术天分,不仅会摄影,学绘画,而且还学习音乐理论,跟随海德堡管弦乐团的指挥库特·奥弗霍夫学习演奏乐器。在二战期间维兰德就已经成长为一位具有实践经验的戏剧导演了,这些都为他的"亲政"奠定了坚实的基础。1951 年 9 月,战后的首届拜罗伊特艺术节又在万众瞩目下隆重揭幕了。维兰德作为艺术节的总监使这届艺术节获得了应有的成功,他不仅邀请到了当时最年轻有为,潜力无限的指挥家卡拉扬,而且他亲自制作的《帕西法尔》以一种光影交汇,似真似幻的全新视觉效果得到了世人的认可,从而巩固了他作为"王储"承继大统的合法性和合理性。维兰德也许在音乐理论上无所创建,然而他却被广泛地认为是"在节日剧院历史上最具天赋的艺术导演之一",他主持制作的瓦格纳剧作将祖父的那些繁文缛节统统摒除,改而以与时代精神相吻合的最简洁的舞台手法予以展现出来,以深刻的心理分析视角去揭示,探究文本中的"纯粹的人性"内涵。1954 年由他执导的《尼伯龙根的指环》更奠定了战后"新拜罗伊特风格"的鲜明特征。

尽管在事业上维兰德表现得异常成熟和令人放心,然而在他的婚姻生活方面却总会令关心他的人心惊肉跳。他和妻子格鲁德·莱辛格称得上是青梅竹马的恋人,然而在婚后却由于性格不合而频繁地争吵。但作为一位芭蕾舞演员,格鲁德在艺术上的某些见解还是使维兰德的创作获益匪浅。两人在这场争争吵吵,勉强维持的婚姻中养育了 4 个孩子,但最终这位艺术才子还是晚节不保。在 1960 年的艺术节上维兰德结识了来自匈牙利的青年女高音安娅·西莉娅(Anja Silja, 1940-　　　),为她的青春美貌和动人歌喉所震撼,从此一发而不可收地陷入了对安娅的痴迷中去,甚至闹出了抛弃妻子,离家出走的绯闻。天才似乎总与短命相伴,在一次排演时维兰德突然昏倒,后来被证实是患了恶性肿瘤,他于 1966 年 10 月 17 日去世,年仅 49 岁。天才的维兰德带走的不仅是他的生命,而且也带走了他的妻儿们对王朝和艺术节的继承权。他的一子三女日后的成就都不显眼,或者毋宁说是没有机会让其"闪光"。儿子取名为沃尔夫 – 齐格弗里德(Wolf-Siegfried Wagner, 1943-　　　),不知这位出生于 1943 年的瓦格纳王朝的第四代长重孙的名字是否与当年如日中天的希特勒有些什么瓜葛。他虽然学过医术,可是由于父亲死后他的叔叔沃尔夫冈在拜罗伊特大权独揽,他被长期排斥在艺术节之外,于是改行当了商人,成为西班牙马略卡岛上一家建筑企业的老板。妹妹妮可是一名舞台顾问,达芙妮则是一位戏剧兼影视演员。

　　瓦格纳去世时他膝下只有一个儿子，因而齐格弗里德的继位毫无争议；而齐格弗里德有两个儿子，如今维兰已逝，艺术节的生杀予夺的大权自然落到了早已是艺术节共同艺术总监的弟弟沃尔夫冈手里。其实，沃尔夫冈觊觎"王位"已久，只是碍于长幼顺序而未敢造次。沃尔夫冈·瓦格纳（Wolfgang Wagner, 1919-2010）生得身材魁伟，为人又刚愎跋扈，因而有"瓦格纳家族最后的巨龙"的名号，又被称为"家族中的法夫纳"。沃尔夫冈也有着一段不甚清白的历史。1933 年希特勒上台后，出于幼年对"狼叔叔"的爱戴，他曾为希特勒青年营的一员，1939 年还加入德国军队参加了对波兰的"闪电战"。他

既是同行又是竞争对手的维兰德与沃尔夫冈两兄弟

在作战时手臂受了伤，于是在 1940 年退役。据说为此"元首"还在首都专程召见过他。论艺术才华，他不及长兄的十之一二，因而当初其母温妮很英明地为他规划的学习目标是戏剧业务，其实更具体一些就是戏剧艺术的运作和管理。在这方面。沃尔夫冈的确堪称天才，他继承了祖母柯西玛和母亲温妮方面的遗传基因，在掌管艺术节期间采用在社交关系上长袖善舞和在管理决策上独断专行的"胡萝卜加大棒"的政策。维兰去世后他也曾制作过若干部祖父的代表作在艺术节上演，后来自己意识到作为导演的不足之处，决定沿用祖母柯西玛的执政理念，引入大量国外导演来诠释作品。出于树立自己权威的考虑他有意识地使维兰的艺术风格退出舞台，这引发了更大的争议和不满。沃尔夫冈的长寿也一如其祖母，他自哥哥

沃尔夫冈·瓦格纳的告别

1966 年去世后在拜罗伊特独掌朝纲长达 42 年之久，一直到 2008 年近 90 岁时才依依不舍地交出统治的权柄。在他统治的后期，比艺术节的剧作饱受批判更要命的是家族内部的纷争不休，后院起火，使得他为"王位继承人"的问题头疼不已。不仅维兰德一支的后代要向他讨个说法，连他自己家里也是干戈相向。沃尔夫冈结过两次婚，1943 年他与柏林歌剧院的舞蹈演员爱伦·德莱克塞结婚。他们的

沃尔夫冈的两个女继承人卡塔琳娜（右）和爱娃

两个孩子——女儿爱娃（Eva Wagner-Pasquier,1945-　　）和儿子戈特弗里德（Gottfried Wagner,1947-　　）都是颇有艺术天分的"瓦四代"，只不过沃尔夫冈与爱伦长期以来也是同床异梦，貌合神离，因而他对这两个子女始终抱着一种若即若离的态度，根本没打算要将艺术节的大权交给他们。

　　1976 年对沃尔夫冈来说有着重大的意义，因为这一年是拜罗伊特的百年大庆。在这届艺术节上由他主持制作的新版《尼伯龙根的指环》聘请了法国的电影大师帕特里斯·夏洛担任导演，由著名指挥家皮埃尔·布列兹现场指挥。这场经典性演出的成功为沃尔夫冈捞足了政治资本，进一步巩固了他在家族里的发言权。同年他终于得以与失爱的妻子爱伦离婚，另娶比自己小 25 岁，担任艺术节秘书的古德龙·马克-阿尔曼结婚，于 1978 年又生下了幼女卡塔琳娜（Katharina Wagner,1978-　　）。对于这个女儿沃尔夫冈可是视若掌上明珠，倍加宠爱，并对她实行重点培养。卡塔琳娜也着实长得惹人喜爱，她是一位标准的德国美人。作为一名戏剧导演早在 2002 年她 24 岁时就在美茵弗兰肯剧院执导了《漂泊的荷兰人》显示了自己的艺术才能。沃尔夫冈有心想扶正卡塔琳娜上位，怎奈早已对他独断专行忍隐不发的瓦格纳基金会这一次公开站出来与他分庭抗礼。瓦格纳基金会成立于 1973 年，它的诞生标志着以往个人对家族的控制权力将转移到一个具有法律效力的公开基金会加以行使，换而言之，随着基金会的成立，瓦格纳的艺术遗产再也不专属于瓦格纳家族而成为全德国人民的公共财产。基金会有权选择艺术节的领导人。这样，当时担任艺术节总监的沃尔夫冈实际上已经只是一个"职业经理人"了，他无权根据自己的好恶来决定艺术节的一切，包括指定自己的继承者。这一次，瓦格纳基金会提出的继任人选恰恰是卡塔琳娜的同父异母姐姐爱娃，认为爱娃曾任法国巴士底歌剧院、美国大都会歌剧院的艺术顾问，在艺术资质和舞台阅历上更胜卡塔琳娜一筹。在双方僵持不下的情况下沃尔夫冈不得不作出妥协，宣布继他之后的艺术

戈特弗里德·瓦格纳与他的著作

节将由他的两个女儿共同执掌。这俨然又是当年维兰德和沃尔夫冈"双头制"的翻版。至于他的儿子戈特弗里德这个原本最有希望"入继大统"的第四代"王储"则不仅与自己的父亲划清了界限,更成为对家族最无情的批判者和叛逆者。这位专门研究库特·魏尔的歌剧和布莱希特戏剧的维也纳大学博士在艺术的各个领域都颇有建树,他还对19、20世纪的犹太文化和历史情有独钟。他对家族昔日攀附纳粹的"荣耀"进行无情的揭露,对家族与希特勒的特殊关系发起了攻击。他甚至对老祖瓦格纳的作品也展开批评。从1983年起就携全家移居意大利,以示与家族撇清干系。而他那本振聋发聩的自传《不与"恶狼"一起嚎叫的人》(Who Doesn't with the Wolf)曾被翻译成五种语言在世界各地出版,在美国出版时书名则改为《瓦格纳们的黄昏——揭开一个家族的遗产》(Twilight of the Wagners—The unveiling of a family legacy),它的问世无疑又在国际文化界投下了一颗重磅炸弹,掀起了新一波关于瓦格纳家族的大讨论、大争辩。

　　戈特弗里德叛逆思想的形成在很大程度上是受到其姑母弗里德林德的影响。弗里德琳德(Friedelind Wagner, 1918-1991)被认为是瓦格纳家族中的"白绵羊",是四个兄弟姐妹中唯一一个没有与纳粹有任何关系的家族成员。她在二战时期就勇敢地公开反对纳粹和反犹太运动,先后到英国和美国积极从事反对纳粹的政治活动。她终身未婚,她的自传《遗产之争》(Heritage of fire)影响也非常大;而与她形成鲜明对比的是妹妹维蕾娜(Verena Wagner, 1920-　　　),她不仅本人加入了纳粹党,还嫁了一个身为炮台要塞司令的法西斯军人,在1940年甚至还传出过希特勒愿意娶这位瓦格纳孙女的"绯闻"。这对姐妹俩的政治立场和价值取向可谓是天壤之别。

　　但荣与辱,兴与衰,这就是历经二百年而不倒的瓦格纳家族以及围绕着这个家族的拜罗伊特艺术节一个永恒的话题,它既令人永远充满亢奋,又令人永远无法释怀!

瓦格纳的《尼伯龙根的指环》全剧DVD

齐格弗里德·瓦格纳的管弦乐作品全集唱片

弗里德琳德的著作《遗产之争》1948年英文版

戈特弗里德的著作《瓦格纳们的黄昏》

九、马勒亲属中的音乐家们

马勒

对于 2011 年的世界乐坛而言,今年是一个真正的"马勒之年",全世界的音乐人以各种方式来纪念这位于一百年前离开这个世界的音乐巨人。自 20 世纪下半叶起的 50、60 年里,马勒的音乐以及寄寓其间的深邃含义正在被越来越多的人们所熟悉、认识和喜爱,时至今日似乎马勒生前所作的预言"我的时代终将到来"也越来越被之后的现实所应验:马勒,这位生前仅以"一流指挥家,二流作曲家"留名的生不逢时者在今天迎来了他的全盛时期甚至是巅峰时期,马勒的交响曲也早已超越了音乐的范畴而上升为一种社会热点和人文思潮在影响,感召着 21 世纪的当代人,这恐怕是连预测自己时代会到来的作曲家本人也万难"狂想"到的啊。

"马勒之年"谈马勒是应有之义,但既然已有如此众多关于他的人生、艺术、情感、思想的内容见诸各种媒体,在此本人却斗胆独辟蹊径,想侧重介绍几位围绕在马勒身边亲属中的音乐家。选题固然有些另类,但总还不至于算偏题甚或跑题吧。

古斯塔夫·马勒出生于奥匈帝国卡利希特一个犹太商人的家庭里。犹太人经商似乎是天经地义的事,然而倘若我们追根溯源地寻觅这个家族的根系的话却会发现马勒日后喜爱音乐进而成为一名伟大的作曲家并不是偶然的。马勒的高祖(曾祖父的父亲)亚伯拉罕·马勒就是一位 18 世纪的音乐家,这位与海顿同时代的人是赫美尼亚(Chmelna,今捷克境内)地方犹太教会堂的歌手;并且他还不像瓦格纳歌剧《纽伦堡的名歌手》里的萨克斯、施瓦茨们有着走卒贩夫之类的本职工作，亚伯拉罕可是一位"专业"的歌者，他仅凭在教堂里歌唱已能维持全家的生计。只是到了马勒祖父西蒙一代才转而经商。他起先投资房产，将多余的房屋出租给他人，继而投资实业，办起了酒坊和纺织厂，然后再将家业传给马勒的父亲伯纳德。因而到了马勒这一代，那种在其家族蛰伏了三代人的音乐基因在马勒的身上集中地复苏、爆发也并非不可理解。我们不妨再作更大胆的推测：倘若包括马勒在内的 14 个兄弟姐妹不是其中大部分过早夭折离世（其中仅有 6 人的寿命活过了 20 岁）的话，那么他们这一代里很可能不止涌现一个音乐家。事实上，马勒的一个弟弟奥托（Otto Mahler，1873-1895）就是一名维也纳音乐学院的学生，他相当具有天赋，然而却还未来得及展示自己的才华和抱负就在他 22 岁那年在马勒的朋友家里饮弹自杀，结束了自己年轻的生命。

在马勒的其余兄弟姐妹里，他和两个妹妹的关系是最为亲近的，她们分别是小他 8 岁的二妹尤斯婷娜（Justine Mahler，1868-1938）和小他 15 岁的小妹艾玛（Emma Mahler，1875-1933）。自从马勒的哥哥依希多尔早夭后马勒就是这个多子女家庭中的大哥了。从少年时代起马勒就和这两个妹妹的关系特别好。在彼得·富兰克林所著《马勒的生活》一书中可以找到这样一个细节：1875 年，仅比马勒小 1 岁的弟弟恩斯特因长期受心脏病折磨终于不治身亡，这给马勒的心灵造成了重大的创伤。在恩斯特患病期间马勒曾长时间地守在弟弟的床榻前为他讲故事，以驱除他的痛苦和恐惧。当时的尤斯婷娜只有 6 岁，在幼小的姑娘心里，她也非常希望能够得到哥哥给她讲故事的"待遇"，于是她甚至想出了"诈死"的小把戏，某天晚上在自己的小床四周点上了蜡烛，自己则合上双眼安安静静地躺在床上。这一招令全家人特别是马勒受惊匪浅。

也许正由于从幼年起家里就不断有兄弟姐妹不幸离去，因而在马勒成年后除了死亡的阴影始终在他的创作与生活中挥之不去外，他的另一个突出的情节就是害怕远离亲人的孤独。作为家里的长子，马勒从 11 岁起就被父亲送去寄宿制中学，并且很早就挑起了协助父亲维持家庭生计的重担。当他的父母在 1889 年一年里先后去世后，这时已就任莱比锡歌剧院指挥的马勒就把两个尚未出嫁的妹妹从老家接出来，承担起一位大哥对妹妹的监护之责。两个妹妹中的尤斯婷娜算得

马勒与妹妹尤斯婷娜

上是一位既心地善良又心灵手巧的女孩,早在母亲患病期间就一直由她照顾料理,掌管家务;在母亲去世后她又成了马勒在生活上最好的"大管家"。

在此后的岁月里,无论是马勒在指挥工作中遭到责难还是在创作乐曲时遇到坎坷时他总是愿意回到与自己相伴的几位亲人和密友的身边,似乎只有在这里困扰他的一切烦恼和痛苦才能得到彻底的排遣与释放,以致后来每逢他去外地度假时也总是把家人带在身边,同享天伦之乐。在 1902 年马勒与阿尔玛结婚之前,他们始终是马勒生活里最亲密的伙伴。这个被称为马勒的"假日小集团"的成员包括他的两个妹妹,马勒的一位红颜知己娜塔莉·鲍尔 - 莱赫纳(Natalie Bauer-Lechner,1858-1921)——她是马勒在维也纳音乐学院时期的师姐,已经与丈夫离婚的小提琴兼中提琴演奏家。她在马勒与阿尔玛结婚的前一天还在幻想着自己是这场婚礼的女主角。此外,还有两位男性成员,那就是马勒的挚友,忠实的追随者阿诺德·罗塞和布鲁诺·瓦尔特。

阿诺德·罗塞(Arnold Rose)

阿诺德·罗塞 1863 年出生在奥匈帝国的雅西(现罗马尼亚境内)一个热爱音乐的犹太家庭里,他和他的 3 个弟弟均从小就显示出优异的音乐潜质。打他小时候起全家就移居到了首都维也纳,因为他那位制造马车起家的父亲已在维也纳将车辆运输业搞得红红火火,兴旺发达。罗塞 7 岁开始正式学习音乐,10 岁进入维也纳音乐学院小提琴一年级班师从卡尔·海斯勒接受系统的专业教育。1879 年,年仅 16 岁的罗塞就在莱比锡布商大厦的音乐会上首次亮相。两年后的 1881 年 4 月 10 日,又应邀与维也纳爱乐乐团合作,在指挥家汉斯·李赫特的指挥下在维也纳首演了戈德马克的《A 小调第一小提琴协奏曲》,可谓一鸣惊人。在这场音乐会之后不久,18 岁的罗塞就被维也纳宫廷歌剧院(今维也纳国家歌剧院的前身)聘为独奏小提琴兼乐团首席,从而开始了他长达半个世纪之久的维也纳宫廷歌剧院暨爱乐乐团首席的艺术生涯。作为独奏家兼乐团首席,年纪轻轻的罗塞可以说是 19 世纪下半叶维也纳音乐生活中一切重大事件的参与者和见证者,他和当时维也纳音乐圈内的顶尖人物如勃拉姆斯、布鲁克纳、约阿希姆和汉斯立克等都有过交往,有的还过从甚密,引为忘年之交。当然他作为歌剧院的首席自然与其时

马勒的妹夫、小提琴家阿诺德·罗塞

担任首席指挥兼音乐总监的马勒(1897-1907年在任)就少不了交往。更兼之两人都是犹太裔,因而彼此更觉亲切。要说起马勒对罗塞的赏识还有这样一则传奇故事。在1889年罗塞又兼任了拜罗伊特节日乐团的首席,在艺术节上,他所在的乐团在某位指挥家引领下演奏瓦格纳的《女武神之骑》。然而乐团声部参差不齐,节奏快慢不均。这时只见坐在第一排的罗塞腾身站起,他拿着自己的小提琴以自信的姿态和饱满的音色对乐手们给出了正确的指引,将那位蹩脚的指挥撇在一旁,让一度陷入混乱的乐团重新回到正常的演奏中来。马勒作为受邀嘉宾当时正好亲眼目睹这一幕,据说演出结束后马勒当众表示:这位演奏家才堪称真正的乐团首席!(Now there is a concertmaster!)。自此,罗塞进入了马勒的"假日小集团"里。

后来事情的变化使得马勒与罗塞这种亦师亦友的关系发生了微妙的变化。罗塞有一个弟弟叫爱德华(Eduard Rose)是大提琴家,他也随着哥哥进入马勒的私人生活圈。不料这位大提琴家与马勒的小妹艾玛一下子对上了眼,两人几乎是一见钟情,并很快就订了婚。受此感染,当然也不排除马勒的从中牵线作伐,尤斯婷娜与阿诺德·罗塞在彼此知根知底的情况下也慢慢滋生了情愫。只不过这两位相差5岁的情侣表达爱情的方式与他们各自的弟、妹迥然有异,他们的恋爱几乎是以秘密的方式进行的,这在很大程度上还是体现了尤斯婷娜的温柔体贴和善解人意。由于马勒的指挥、创作十分忙碌,生活上又相当杂乱无章,在此期间一直是尤斯婷娜忠心耿耿,无怨无悔地在料理着哥哥生活起居上的一切。《马勒的生活》一书中这样写道:"从1892年开始,他们就形成了这样的常规:每年夏天,尤斯婷娜就在娜塔莉·鲍尔-莱赫纳的帮助下租下一处乡间宅邸作为她哥哥为获取灵感而散步的场所,并提供给他作曲所需的宁静……在施泰因巴赫的日常生活由尤斯婷娜尽心安排打理,她在这里成了名副其实的管家。"书中还提到:当后来他们将度假休闲的地方搬到克罗地亚海滨的疗养胜地——阿巴齐亚后"罗塞和尤斯婷娜此时已经结下了强烈而又'秘密'的感情关系。"但由于艾玛和爱德华·罗塞结婚后两人很快去了美国波士顿,因而尤斯婷娜暗暗打定主意在哥哥寻找到中意的妻子组成家庭之前自己绝不先结婚离开他。果然在1902年3月9日马勒迎娶了"全维也纳最迷人的姑娘"阿尔玛·申德勒之后的第二天,阿诺德·罗塞与尤斯婷娜·马勒的婚礼也随之举行,兄妹俩的情谊深厚如此。

阿尔玛·申德勒固然是名门之后,大家闺秀,她的美貌众口一词,无人质疑;但如若将她与尤斯婷娜的长相仔细辨析的话,我们发现两人还真的长得非常相似。或许马勒当初在寻觅自己意中人的时候也以自己妹妹的容貌和性格作为择偶的参照也未可知。即便是马勒和尤斯婷娜相继成家,两家人的关系也仍要比马勒与其他的同胞手足的关系更亲密,仅从他们各自为孩子取得名字这一细节即可窥见一斑:马勒的第二个女儿叫安娜·尤斯婷娜·马勒(Anna Justina Mahler),她将姑妈的名字作为自己的教名;而尤斯婷娜的女儿叫阿尔玛·罗塞(Alma Rose),给她取的则是自己大舅妈的名字！

在 19 世纪下半叶的欧洲，罗塞集独奏家、室内乐重奏家和乐团首席三重身份于一体，堪称是乐坛上的风云人物。作为独奏家，在著名的《卡尔·弗莱什回忆录》里，当年还是维也纳音乐学院学生，曾亲眼目睹罗塞演奏的弗莱什这样写道："罗塞是那种发乎天然，多才多艺，不假才智（这里应指不凭借炫耀卖弄的小技巧——笔者注）的维也纳音乐家。他最厉害的是换把准确无误，他那纯净的音准是出了名的。据说他经常天真地对人说：'我的手指天生就不会拉出错音'（瞧，他的自信简直超过了后来的海菲兹——笔者注）。此外，他对音阶，急奏和经过句的把握则显示了他极为出色的左手技术……他的技巧的最大特色在于合理运用音色的调色板技术，他对所有的运弓技巧，哪怕是最复杂的技巧都应付自如。"很显然，在展示小提琴演奏艺术时他是尊崇约阿希姆为宗师的，将强调声音与技术只有服务于崇高的理念时才会有价值的最高境界。在英国 Pearl 唱片公司精心编辑的《录音里的小提琴历史》（The Recorded Violin）第一卷里，罗塞的两段录音印证了卡尔·弗莱什对他的正确评价。他演奏的萨拉萨蒂根据古诺歌剧改编的《浮士德幻想曲》录制于 1910 年，这正是罗塞演奏艺术达到全盛时期的代表作。尽管这是一首炫技作品，但它却向世人展示了罗塞所具有的流畅而又精准的个人特色。就音色而言，显得晶莹纯净而又质朴无华，散发着一种与众不同的美感趣味。他的另一段录音——巴赫无伴奏第一首中的《前奏曲》则录制于 1928 年，它也是罗塞留下的唯一一个电声录音的演奏。尽管此时他的技艺已有衰退的迹象，乐句不再那么厚实流畅，早年曾自诩的音准变得游移飘忽，音色的'调色板'似乎也有褪色的瑕疵，这主要是他慢弓的音色控制已不如当年那般均衡丰满。然而，从音乐中传递出的他对音乐的坚定信念和矢志热爱却一如他的全盛时期。

伟大的伊萨依曾经半开玩笑半认真地对罗塞说过："你没有选择做独奏家真是吾辈的万幸。"的确，罗塞作为一位室内乐演奏者对于后世的影响要远比他作为独奏家重要得多。1882 年罗塞组建了以自己名字命名的罗塞弦乐四重奏组（Rose Quartet）并担任第一小提琴。这个四重奏组自诞生之日起一直到 1938 年被迫解散总共存在了 55 个年头，在 19 世纪后半叶，它是名气仅次于约阿希姆四重奏组的室内乐演奏团体，它以弘扬德奥古典、浪漫派的经典为己任，但同时又大力宣传介绍包括"新维也纳乐派"十二音体系在内

罗塞弦乐四重奏组

的当代作品。罗塞四重奏组和勃拉姆斯保持着特殊的友谊,它不仅在维也纳首演了后者的《单簧管五重奏》和《G 大调弦乐五重奏》,勃拉姆斯本人还与它合作过自己的《钢琴五重奏》。在勃拉姆斯看来,这个由犹太裔演奏家组成的罗塞四重奏组就比它的前辈——由纯正的奥地利人老约瑟夫·赫尔姆斯伯格领衔的四重奏组(Hellmesberger Quartet)更具备保持德奥弦乐四重奏优秀传统与风貌的气质。

作为维也纳宫廷歌剧院和维也纳爱乐乐团的双料首席,罗塞数十年如一日兢兢业业的工作和成就可以说直接奠定了日后这两个音乐团体享誉世界的演出风格。英国杰出的指挥家博尔特(Adrian Boult)曾经公正地评价道:"他是那个时代欧洲最伟大交响乐团最完美的乐团首席。"

与辉煌而荣耀的前半生相比,阿诺德·罗塞的后半生未免显得有些黯然失色。如果说 1938 年前他还在维也纳的音乐生活中占据着一个中心位置,身为奥地利皇家御赐的"帝国宫廷音乐家"享受着乘坐宫廷马车,衣冠齐整地出入歌剧院的殊荣的话,那么 1938 年后这一切的荣誉便随着纳粹的上台而丧失殆尽了。在这一年的 8 月 22 日,与他相濡以沫的妻子尤斯婷娜病逝,随后纳粹疯狂地排犹浪潮使他无法继续自己的演出和教学,他被迫离开祖国去荷兰和英国旅行,最后定居于伦敦。即便是在异国他乡,罗塞也没有放下手中的小提琴,继续从事着室内乐演奏。1943 年在伦敦的威格莫尔音乐厅为他举行了一场庆贺他 80 大寿的音乐会。在音乐会上他与有"钢琴皇后"之称的英国钢琴家梅拉·海斯(Myra Hess,1890-1965)联袂登台献演,场面极为感人。然而即便如此,罗塞晚年也难掩妻子去世,儿女失散后孑然一身的孤寂和凄凉,尤其是在战后当他得知了自己的爱女阿尔玛的死讯后更是老泪纵横,伤心欲绝,遂于 1946 年 8 月 25 日病逝,享年 83 岁。

阿尔玛·罗塞(Alma Rose)

阿诺德·罗塞与尤斯婷娜有一子一女,儿子阿尔弗雷德·罗塞(Alfred Rose,1902-1975)后来成为一名钢琴家、指挥家,然业绩不彰,未有史载;倒是女儿阿尔玛因其胜人一筹的才华和坎坷多舛的命运日后成为马勒家族中除作曲家之外最富于国际声誉和影响的一人。如果说阿诺德·罗塞的晚年具有某种悲剧性的话,那么才华横溢的阿尔玛·罗塞的人生则堪称是令人唏嘘不已的一幕悲剧。

阿尔玛·罗塞 1906 年 11 月 3 日出生于维也纳,她从小就随父学习小提琴,由于天资聪颖,悟性甚高,因而深得父亲的钟爱。据说马勒晚年也对这位极具艺术天分的外甥女青睐有加。长大成人后的阿尔玛可谓是人美艺高,且又系出艺术家名门,身边的倾慕追求者自然纷至沓来。最后她选择了来自捷克的青年小提琴才俊瓦萨·普里霍达作为自己的夫婿,两人于 1930 年结为伉俪,时年阿尔玛 24 岁,普里霍达 30 岁。婚后,这对琴坛上的金童玉女一度夫唱妇随,恩爱无比。孰料仅仅

被纳粹夺去才华与生命的阿尔玛·罗塞

曾经的金童玉女——普里霍达与阿尔玛

5 年后他们的二重奏却奏响了"孔雀东南飞"，昔日美好的姻缘宣告终结。至于阿尔玛的这段婚姻变故，时至七十多年的今天仍令人猜测纷纷，莫衷一是，由于其事件的轰动性在此后的几年里不断有各种推断臆想披露于报端。一种流传最广的版本是：普里霍达之所以与阿尔玛离婚是屈服于纳粹的淫威，他怕由于妻子的犹太身份会影响他原本灿烂似锦的艺术前程。其直接的好处是后来他果然没有像其他一大批犹太裔音乐家那样遭受残酷的肉体迫害，或被逼出走他乡。然而有人指出这种理由缺乏依据，因为 1935 年欧洲大规模的排犹浪潮还未升级，更何况后来普里霍达娶的第二位妻子仍然是一位犹太女子。这桩公案尽管始终未有定论，然而众怒汹汹的舆论在战后还是给普里霍达招致了不小的麻烦。

阿尔玛的婚姻虽然不如意，然而作为一位优秀的小提琴家她在专业艺术领域的才华却是有目共睹的。1932 年她创建了一支女子管弦乐团，取名为"维也纳的圆舞曲少女"（Die Wiener Walzermadein），成为当时欧洲乐坛上一道亮丽的风景。出资组建乐团的女老板安妮·库克斯是阿尔玛的好友，这支乐团在阿尔玛的悉心调教下达到了相当高的水平，在欧洲许多国家举行巡演而蜚声乐坛。

1938 年当德国以武力吞并了奥地利后阿尔玛的厄运就开始了。在母亲去世后，她与父亲原打算一起逃离奥地利准备经荷兰前往英国，但到了荷兰后不知什么原因让她最终并未与父亲一起抵达伦敦而是在荷兰滞留下来，继续从事演出活动。不久，希特勒下令闪击荷兰，荷兰沦陷，于是阿尔玛不幸被捕。有一种说法是阿尔玛之所以滞留荷兰是由于当时她和一名叫奥古斯特·凡·布姆坎普的工程师结了婚，可后者却眼睁睁地看着她遭逮捕而未施予援手。还有一种说法是：荷兰沦陷后阿尔玛曾试图经由法国越境去中立的瑞士避难,然而还未来得及动身就被盖世太保捕获。这时是在 1942 年底。被捕后的阿尔玛起先被关在法国的德兰西(Drancy)集中营里,到 1943 年 7 月又被转往令人闻风丧胆的奥斯维辛集中营。

抵达奥斯维辛之初的阿尔玛并没有暴露自己的身份,然而也许是她在欧洲实在是太有名了,最终还是被别的关押者指认出来。她的到来使集中营女监的党卫军女指挥官,有"野兽"绰号的玛丽娅·曼德尔大喜过望,令她担任集中营里乐队的指挥。原来监狱里本就有一支女子乐队,称"奥斯维辛女子管弦乐团"(Das Madchenorchester Von Auschwitz),那是在曼德尔授意下组建起来的,意在粉饰纳粹集中营惨无人道,草菅人命的实质。在阿尔玛到来之前,这支女子乐队由一位名叫索菲亚·恰伊科夫斯卡的波兰女音乐教师领导,但效果欠佳,乐队仅起到仪仗队的作用,在每天清晨囚徒们出门去服劳役和傍晚归来关上监狱大门前演奏那么几下。于是,曼德尔要求阿尔玛全面负责乐队的整编和排练。当时的乐队全由一批业余的演奏员组成,她们使用的乐器也古怪可笑,既有弦乐器,也有手风琴和曼陀林,完全不成体统。阿尔玛接手后,马上对乐队实施正规的训练。她并且找出了另两位同为集中营囚犯的专业音乐家:在德国被捕的大提琴家阿妮塔·拉斯克－沃尔费什(Anita Lasker-Wollfisch,1925-　　　)和在法国被捕的钢琴家法尼娅·菲内隆(Fania Fenelon, 1908-1983)。阿尔玛就以包括自己在内的这三位专业音乐家为核心(正好一个钢琴三重奏)按照她当初训练"维也纳的圆舞曲少女"乐团的标准进行排练。当然她也要求曼德尔弄来了一些必要的乐器,从而使监狱女子乐队的演奏水平大大提高。经阿尔玛调教的乐队除了原先的仪仗作用外,每逢周末她们还要在监狱里举行周末音乐会,以取悦那些也"非常喜爱"莫扎特、贝多芬的纳粹头目。据说阿尔玛的指挥才干不仅使曼德尔深感满意,甚至连曾到奥斯维辛来"视察"的更高级的纳粹魔头约瑟夫·布拉默和约瑟夫·门格尔也对她表示公开的赞扬。连自己的敌人都不得不心悦诚服地交口称赞,这从另一个角度展现出阿尔玛这位女艺术家杰出的艺术才华和组织能力。

那么,对于阿尔玛在奥斯维辛集中营领导女子乐队这件事究竟如何看待,这似乎一直是令后人颇为纠结困惑的问题。如果依照"凡是敌人拥护的我们就要反对"的习惯思维,似乎阿尔玛此举有为纳粹统治脸上贴金,屈从于高压威逼为敌人的罪恶目的服务之嫌。而

奥斯维辛集中营里由阿尔玛·罗塞指挥的女子乐队的音乐会

且作为一个乐队指挥，哪怕是一个在集中营里犹太囚徒的指挥，阿尔玛和她的乐队成员相较于其他从事繁重体力劳作的犯人的确待遇要改善不少，乐队队员们有相对体面的衣衫，伙食也较好，她们不必去从事苦力活；而阿尔玛的生活比队员们还更"优待"些，她甚至有属于自己的单间牢房，以便于能够研读乐谱，准备演出。然而，尽管如此，从本质上说阿尔玛仍是一名被纳粹关押的犯人，她之所以组织、领导乐队并非出自她的自愿，而是在残酷的环境里的一种求生本能。关于阿尔玛与女子乐队的议论随着战后集中营幸存者撰写的回忆录的出版又引发了更大的纷争，而其中两本最有分量的回忆录恰恰出自前面提到的两位乐队里的专业演奏家之手。菲内隆在其回忆录《为生存而奏》（Playing for Time）中将阿尔玛描绘成一个如同纳粹一样冷酷而专制的指挥，说她对那些本来演奏水平就有限的业余的演奏员们动辄责骂、颐指气使；而在挑选排练与演奏曲目时则极力迎合纳粹典狱官员的口味，等等。而拉斯克 – 沃尔费什的回忆录《传承事实真相》（Inherit the Truth）的描述则恰恰和菲内隆的针锋相对，在书中拉斯克 – 沃尔费什强烈驳斥了后者对阿尔玛的歪曲。她表示阿尔玛在奥斯维辛集中营里所做的一切其终极目的就是通过她的乐队尽可能地保护姐妹们的生命。为了这个目的她才表面上委曲求全，迎合曼德尔等的旨意，并使乐队具备一种接近于专业的艺术标准。这样就使得纳粹当局不忍轻易对乐团成员们下杀手。事实证明阿尔玛所做的这一切使这个看似不可能完成的任务成为可能。在她任职女子乐队指挥期间，人数最多时达 45 人的乐队成员没有一个遭到杀害或被送进毒气室，相反当她们生病时甚至还能获得被送医院救治的待遇，这对于身处奥斯维辛的其他犹太囚徒来说是闻所未闻的。

阿尔玛·罗塞与她的父母一同葬在维也纳郊外的格林津公墓

令人扼腕叹息的是：尽管阿尔玛尽力保护了她麾下的乐队队员，然而她本人却未能逃出纳粹的魔掌，她于 1944 年死于集中营，年仅 38 岁！关于她死亡的原因有两种说法：其一是她死于斑疹伤寒；其二是她食用了被下了毒的食物致死。关于阿尔玛与她的女子乐队的演奏录音一直未见有报道，倒是从网上搜寻到有 1995 年发行的由阿诺德、阿尔玛父女俩合作的 CD，上面有他俩参与演奏的贝多芬的"第四""第十"和"第十四"三首弦乐四重奏的珍贵录音。

瓦萨·普里霍达（Vasa Prihoda）

地处中欧的波西米亚平原向来是弦乐艺术的摇篮之一,在曼海姆时期由斯塔米茨父子三人奠定的音乐传统到了 19 世纪杰出了璀璨绚丽的果实。尽管没能成为与德奥,法比以及俄罗斯相提并论的三大小提琴演奏学派,但它却为世界乐坛贡献了诸如劳伯（Ferdinard Laub,1832-1875）,翁德里切克（Frantisek Ondricek,1857-1922）,德尔德拉（Frantisek Drdla,1868-1944）, 内 德 巴 尔（Oskar Nedbal,1874-1930）和 科 契 安（Jaroslav Kocian,1883-1950）等驰誉欧洲的小提琴名家和像赫里梅利（Jan Hrimaly,1844-1925）,塞夫

瓦萨·普里霍达

切克（Otakar Sevcik,1852-1934）这样写出过杰出小提琴教材的著名提琴教育家。而在 20 世纪上半叶的世界乐坛上,又形成了扬·库贝利克（Jan Kubelik,1880-1940）和瓦萨·普里霍达双峰并立的格局,在当时的小提琴艺术界占有牢固的一席之地。

瓦萨·普里霍达 1900 年 8 月 22 日出生于捷克南部小镇沃德诺尼,相比于他日后的岳父罗塞他更称得上是一个标准的神童。他 3 岁习琴,10 岁入布拉格音乐学院师从舍夫切克的高徒扬·马拉克教授。12 岁的普里霍达就开始在地方的音乐会上露脸,13 岁已在首都布拉格演奏莫扎特的《G 大调第四小提琴协奏曲》完成其舞台处子秀。少年时代的普里霍达不仅琴拉得好,相貌也长得好,一头浓密的金黄色卷发,一双炯炯有神的眼睛里露出既异于常人的成熟又不失童稚的率真目光,活脱脱一副神童莫扎特再世的形象。因这两个与生俱来的优势,普里霍达“少年神童”的美誉不胫而走。15 岁那年,他与捷克爱乐乐团合作献演了帕格尼尼的《D 大调第一小提琴协奏曲》,又以其精湛洒脱的演技一鸣惊人,名声更为鼎沸。于是载着这些光环,他的父亲也想因袭当年列奥波德·莫扎特的套路,欲趁热打铁带着自己的儿子前往帕格尼尼的故乡意大利淘金。他们先去了瑞士和巴尔干,而后来到意大利。早已见惯了神童奇才的意大利人却对普里霍达的演奏报以漠然的态度,票房收入吃紧,甚至影响到了他们赖以生存的日常开销。万般无奈之下,为求得温饱,这位提琴神童不得不屈尊在米兰的一家咖啡馆里打工卖艺,以挣得返乡的盘缠。

　　正应了那句老话：塞翁失马焉知非福,正当普里霍达穷极潦倒之际,他的人生转机却也悄然降临。某日,大指挥家托斯卡尼尼正巧来到这家咖啡馆,当他猛然听到这里乐队里的一个年轻人居然能独奏塔尔蒂尼的《魔鬼的颤音》和帕格尼尼的《随想曲》时不禁大为惊诧。他当即唤来了普里霍达问明缘由后决心要帮助这位在异乡失意的年轻人摆脱困境。于是由托斯卡尼尼出面为普里霍达组织了一场慈善义演。在大师的举荐和感召下音乐会获得了空前的成功,意大利人似乎以一种全新的感受去重新认识,评价这位被他们视为草芥的小提琴家。这场慈善义演不禁使普里霍达得以顺利完成在意大利的巡演,而且为他在自己祖国以外的欧洲乐坛上奠定了一个确立自己位置的基调。仿佛一夜之间普里霍达已然成为全欧洲最富于盛誉的杰出小提琴家了。在 20 世纪 30、40 年代他在世界乐坛的演出极为频繁,足迹甚至远及阿根廷和美国。美国听众高度赞誉他的演奏风格,那令人眩晕的高超技巧以及非常富于个性化的艺术特征。评论家们甚至认为即便海菲兹听到他的演奏也会嫉妒他的才华,由此他在美洲大陆赢得了一个"欧洲的海菲兹"的荣耀称号。

　　瓦萨·普里霍达尽管拥有"欧洲的海菲兹"的美誉,那么他的演技究竟如何?在那位阅人无数,以文字指点一个世纪小提琴江山而著称于世的《卡尔·弗莱什回忆录》里对于普里霍达竟然无只言片语——尽管弗莱什的回忆录终稿于 1928 年,且在文中还提到了比普里霍达更年轻的海菲兹、莫丽妮等当时的新星。而在几乎可被誉为《卡尔·弗莱什回忆录》20 世纪版的美国小提琴家亨利·罗思(Henry Roth, 1916-　　　)所著《伟大的小提琴演奏家》(Master violinists in performance)里,从伊萨依一路论述盘点下来直到 20 世纪 70、80 年代的郑京和、安妮 – 索菲·穆特,可还是难觅普里霍达名字的踪迹。莫非当年的普里霍达是人为炒作,浪得虚名? 好在普里霍达所处的时代已是音响技术革命的时代,因而他甚至比他的同胞扬·库贝利克幸运得多,不仅为后人留下了原声录音(The acoustic recordings),还有相当部分的电声录音(The electric recordings),足以让我们见识一番这位"神秘"的小提琴家的庐山真面目。

　　Pearl 唱片公司于 1990 年发行了一张普里霍达的小提琴专辑,收录了他演奏的各种体裁小提琴独奏曲 10 首。在小提琴历史文献中维塔利的《恰空》是一首比起巴赫的《恰空》毫不逊色的作品。1923 年普里霍达在宝丽金唱片公司录制的《恰空》充分展示出这位少年才俊的精湛技艺和出众才华。他的琴声具有感染力和穿透力。与卡尔·弗莱什评价扬·库贝利克的演奏音质冷淡枯涩,几乎从不使用揉指相反,普里霍达的揉指运用得非常恰当且巧妙,使乐曲的每一个音符都充满着音乐的韵律。或许是为了烘托作品的宗教意境,钢琴家布鲁诺·塞德勒 – 温克勒还特意变身为管风琴家为他伴奏。可惜由原声录制出的管风琴音色显得多少有些怪异,丝毫没有管风琴那空旷壮丽的震动与回荡之感,只是机械地为小提琴独奏作着短促而含混不清的衬托。然而,仅凭普里霍达的琴声就足以彰显出该曲的崇高和瑰丽之美。

由威廉密改编的帕格尼尼《D大调第一小提琴协奏曲》仅保留了原作的第一乐章,这个版本在今天已难得听到了,然而在20世纪的20、30年代它却是一个非常盛行的做法,像克莱斯勒等人都留下过这个版本的录音,普里霍达自然也不例外。在这首协奏曲的演释中他展示了作为"帕格尼尼行家"的风范,即便是在呈示部里优美动人的副部主题里也加入了高八度的装饰乐句。主题呈示后的那段有双音演奏的跳弓以及急速的快弓普里霍达奏来从容洒脱,干净利落,其技巧一点儿也不比半个世纪后的那些帕格尼尼专家们逊色。虽然这仍是个原声录音,但他的琴声却饱满厚实,丰沛润泽,连跳弓也运用得轻盈灵巧,弹性十足。华彩用的是最通用的索雷版,可谓恣肆徜徉,驾轻就熟,展示出小提琴家的真性情。

不过,这张唱片里唯一由管弦乐团伴奏的却并不是帕格尼尼的协奏曲,反而是他为奥地利女高音歌唱家塞尔玛·库兹(Selma Kurz, 1874-1932)演唱的古诺《小夜曲》所作的伴奏。在乐团轻柔拨奏的宁静背景下,普里霍达的优美琴声时而缠绕在歌唱的旋律上作着妩媚动人的装饰,时而又与独唱形成模仿对位,饶有情趣。

20世纪30年代后由于电声时代的到来,使得录音的音量和音质都得到了极大的提升。普里霍达赶上了这场技术革命。在电声录音部分中他的琴声显得更富有穿透力和感染力。塔蒂尼的《魔鬼的颤音》录制于1938年底,这时的普里霍达艺术已臻鼎盛时期,作品也全面展示了他在演奏艺术上的这种辉煌。他特意选用了由小提琴前辈大师维厄当的演奏版本。这个版本的特点在于在原已十分艰深的演奏技巧上再增添新的难度,使之达到令人咋舌的程度。它要求演奏者不仅在乐曲庞大的华彩乐段里集中展现其颤音技巧,甚至在每个乐句的呈现时也要巧妙地用上短暂而柔和的颤音,使旋律的展开既不突兀,又为之增色。普里霍达对这种高难度的挑战自信十足,举重若轻,尤其在全曲最华丽的颤音华彩乐段中,他的演奏速度比任何别的小提琴家都更快,仿佛有一股不可遏制的激情在内心奔腾涌动,他赋予这段华彩舞曲般的琴韵律动。他的颤音既迅疾又利落,既热烈又神秘,仿佛是魔鬼那魅惑诡异的笑声。这也是本人听过的该曲唯一独特的演奏版本,将之称为"颤音中的颤音"似不为过,弥足珍贵。

当然,作为一位当时负有盛名的小提琴名家,普里霍达也像他的那些杰出的同行们那样还在小提琴曲的创作和改编上展示了自己的才华。专辑中有他自己改编的作品:他为舒伯特的歌曲《为坚定的心灵祈祷》(Litanei auf das Fest aller Seelen)不得不让人赞叹帕格尼尼发明的"人工泛音"有多么的伟大和奇妙,因为在这首乐曲里普里霍达以人工泛音奏出的主题变奏晶莹剔透,纯净无瑕,具有金子般的音质,没有任何些许的发毛破音的痕迹,彰显出他完全是驾驭人工泛音的一位顶尖高手。而长达六分半钟的《玫瑰骑士圆舞曲》改编自理查·施特劳斯同名歌剧里那段脍炙人口的选曲,音乐中充满着悠扬悦耳的旋律和丰富多变的演奏技巧。可惜这首作品却没能像克莱斯勒的音乐会小曲或海菲兹改编的《顿音霍拉舞曲》那样流传下来。即便是在像克莱斯勒改编的《斯拉夫舞曲》、萨拉萨蒂的《安达卢西亚浪漫曲》《纳瓦拉》和《流浪者之歌》这样的常规曲目的诠释中,人们也可从那个普里霍达的演奏里体味到他对作品的独到见解与独特处理,在乐曲的内在韵律与节奏的把握上留下了自己鲜明的个人印迹。

　　1930 年,当时事业正如日中天的普里霍达与同样在乐坛上崭露头角的小提琴才女、名门之后的阿尔玛·罗塞结为伉俪,这是一对在众人眼里"只羡鸳鸯不羡仙"的神仙眷侣,两人不但是郎才女貌,而且更是世所难得的郎貌女才,简直就是天成佳偶。然而,令所有当初祝福他们的人跌破眼镜的是 5 年之后两人却在捷克宣告劳燕分飞,各自东西了。对于这场婚姻的失败,人们对阿尔玛寄寓了更多的同情而对普里霍达则普遍表示出质疑和指责。的确,在纳粹统治时期普里霍达没有像其他大批富有正义感的音乐家们那样出走欧洲,或公开声明拒绝与纳粹当局合作,而是安然地在被占领的奥地利与捷克从事演奏活动并在萨尔茨堡的莫扎特音乐学院教课。不仅如此,由于普里霍达长相英俊,风度翩翩,在 1936 年他的形象还出现在两部影片之中,分别是《在两个世界里》(Between Two Worlds)和《马哈拉查的爱情》(Die Liebe des Maharadscha)。

　　二战结束后,像富特文格勒、门格尔伯格等有"嫌疑"的音乐家们一样,普里霍达在战后的日子很不好过。捷克政府指责他在战争期间与纳粹法西斯同流合污,禁止了他的一切演出活动。不得已他于 1946 年携全家离开捷克,先后在维也纳,慕尼黑和萨尔茨堡等地任教,直到 10 年后的 1956 年才获准重返祖国。这次回归他在布拉格受到了热烈的欢迎,因为他毕竟还是那位深受人民喜爱的捷克人的儿子。他与钢琴家阿尔弗雷德·霍勒切克在布拉格的鲁道夫大厅举行了独奏音乐会,而后在"布拉格之春"艺术节期间在市政府的斯美塔那大厅与捷克爱乐乐团合作演奏了他的保留曲目:德沃夏克的《A 小调小提琴协奏曲》,还用上了自己为这首协奏曲所创作的华彩乐段。一直到 1958 年在他为 Cetra 唱片公司录制的莫扎特第三、第四小提琴协奏曲的录音中仍显示出他的演奏状态保持得非常良好,完全能够胜任舞台演奏;然而战后的舞台毕竟已不属于他了,随着戈德伯兹、谢林等一批在二战中被迫出走的小提琴家的纷纷回归以及以内弗,拉宾为代表的新生势力的强势崛起,普里霍达的黄金时代已然过去了。普里霍达生前最后一次音乐会是在1969 年 4 月举行的,三个多月后他就因心脏病发作在维也纳去世,享年 60 岁。

　　普里霍达生前使用的是一把 1710 年制的斯特拉底瓦里名琴 "Camposelice",这把琴还是他第一次到意大利巡演时所得到的馈赠,据说这把琴还曾被帕格尼尼使用过,这无疑增添了它的艺术价值。在他去世后捷克政府出资将其买下并予以收藏。普里霍达的同胞后辈约瑟夫·苏克(Josef Suk, 1929-　　　)后来就经常使用它演奏并录音,成为名琴的传承者。

　　普里霍达留下来的录音不多,除了上文提及的那张个人专辑外,在 Pearl 唱片公司的《录音里的小提琴历史》第二卷上还有一首录制于 1938 年的帕格尼尼的《我心惆怅》变奏曲也很精彩。他录制的作品大多以炫技性的作品为主,协奏曲除莫扎特的那两首外尚有与意大利小提琴家弗朗科·诺维洛合作的巴赫的《D 小调双小提琴协奏曲》、维厄当的《第四小提琴协奏曲》以及维奥蒂的《F 大调双小提琴交响协奏曲》(仍与弗朗科·诺维洛合作)。但他的录音遗产中最有代表性也最具艺术感染力的无疑是由他演奏的德沃夏克的《A 小调》了,但长期以来人们无缘得识,所幸 Symposium 唱片公司已于 2001 年将普里霍达 1937 年与柏林国家歌剧院管弦乐团合作,由肯彭指挥的该曲录音转成 CD 发行,它无疑是这首作品中一个权威的诠释版本,值得乐迷们为之付出寻觅与收藏的代价。

安娜·马勒(Anna Mahler)

　　众所周知,马勒与阿尔玛夫妇共有两个女儿,其中长女玛丽娅·安娜·马勒(Maria Anna Mahler)5 岁即告夭亡,而次女安娜·尤斯婷娜·马勒(Anna Justina Mahler)则恰恰相反,她的寿命长达 85 岁,为马勒家族直系亲属中之最长寿者。当然,就阿尔玛而言,她所生育的可不仅仅是这两个女儿,在她与德国建筑家、

阿尔玛·马勒和她的
两个女儿

马勒与大女儿玛丽娅
在维也纳

现代艺术设计的创始人——包豪斯(Bauhaus)学派奠基者瓦尔特·格罗皮厄斯(Walter Gropius, 1883-1969)结婚后又生育了一女一子:女儿曼侬·格罗皮厄斯(Manon Gropius)和儿子马丁·卡尔·约翰内斯·格罗皮厄斯(Martin C.J.Gropius)。这四个子女中除小马丁的经历湮没于史外,非常有意思的是:阿尔玛的这三个女儿分别与三部音乐史上的经典联系在了一起。马勒在 42 岁那年迎来了他的第一个孩子,中年得女其喜悦幸福之情是可以想见的。他对这个长女格外钟爱,然而1907 年 6 月他与妻子阿尔玛从意大利罗马归来后却发现委托英国家庭教师照看

的两个女儿都得了流行的猩红热。小女儿安娜痊愈了,但大女儿玛丽娅由于并发白喉却不幸去世。马勒陷入极度的悲痛凄苦之中。其实,早在 1902 年,他就曾以德国诗人吕克特的五首诗作谱写了声乐套曲《亡儿悼歌》,故而当玛丽娅去世后作曲家不禁喟叹:"爱女之亡,实乃此曲预悼之故也!"

阿尔玛与格罗皮厄斯所生的女儿曼侬

曼侬·格罗皮厄斯出生于 1916 年,长大后出落得亭亭玉立,仪态万方,是一位典型的美人。然而所谓红颜薄命,曼侬 18 岁那年却得了当时的不治之症骨髓灰质炎,于 1935 年也香消玉殒。闻听此讯,从小一直对曼侬疼爱有加、视如己出的作曲家阿尔班·贝尔格不由悲从中来,他当即搁下了正在创作的歌剧《璐璐》,在科隆登的湖畔山庄"像着了魔似的"创作了他一生中唯一的一部小提琴协奏曲,作为安魂曲献给逝去的曼侬。这部小提琴协奏曲的标题叫做:怀念一位天使。作品中除了运用贝尔格所遵循的十二音技法外还运用了科隆登地区的民谣以及巴赫的宗教圣咏《吾心已足》作为音乐的素材。值得一提的是:贝尔格在完成这部小提琴协奏曲之后本人却并未亲眼目睹作品的首演,因为作曲家在当年的圣诞节那天也奉主召唤,到天堂去与他的小天使见面了。作品是在 1936 年的 4 月才在西班牙巴塞罗那的音乐节上得以首度上演的。为了创作这首作品,贝尔格让自己的歌剧《璐璐》成为了未完成的遗作。

既然马勒的《亡儿悼歌》和贝尔格的《小提琴协奏曲》分别为阿尔玛所生的两个女儿所作遂成经典,那么与安娜·尤斯婷娜·马勒有关的音乐作品又是哪一部呢?安娜后来成了一位著名的雕塑家,原本不该在本文中留过多的篇幅,不过,她既为马勒之女,名门之后,而且在其漫长的人生中也书写了不亚于其母阿尔玛那样多姿多彩的际遇经历,她的五位丈夫里就有两位是赫赫有名的音乐家。因而,像这样一位 20 世纪社交生活中的名媛,她又怎会与音乐毫无瓜葛呢?

安娜比姐姐玛丽娅小 2 岁,1904 年 6 月 15 日出生于维也纳。像她的姐姐一样,安娜从小就有一个犹太人意第绪语的昵称,叫 Gucki。阿尔玛在其自传里提到了这个昵称的来历,她说:"安娜自打一出生来到这个世界就张开她婴儿那大大的蓝眼睛朝着我们微笑。"与 Gucki 相近的德语词汇 Gucken 是"用眼睛窥视"的意思,由此可见这个孩子有多么的可爱。不过,安娜的童年可绝对算不上幸福。她3岁时姐姐就离她而去,父亲又患上了严重的心脏病。未满7岁,她丧失了父爱。在马勒去世后,母亲阿尔玛几乎是同时就决定要开始自己的新生活,因为她对自己年轻时就展现出的艺术才华因结婚而被埋没一直耿耿于怀。同时她那丰富充沛的情感也急需得以填补和纳新。于是,阿尔玛·马勒似乎重又回到了她当姑娘时的阿尔玛·辛德勒的时代,她在维也纳的家经常是高朋满座,宾客盈门,重又成为当时奥地利上流社会与文化生活的一个中心。不仅如此,她还巧妙地周旋于格罗皮厄斯、画家柯柯施卡等爱慕者中间,玩着大胆而又暧昧的情感游戏。

阿尔玛与安娜

然而,对于童年时代的安娜来说,这种灯红酒绿,人群熙攘的社交生活使她备感压抑,喘不过气来,她感到自己被母亲疏忽,遗忘。因而这位带着微笑来到人世,长相酷似其美丽母亲的女孩内心逐步升腾起一种对家庭生活的失望、痛苦甚至是怨恨。当她到了发育阶段,叛逆心理与日俱增,尤其是当她14岁时母亲正式下嫁给格罗皮厄斯并生下了同母异父的妹妹曼侬后,安娜更感到自己对这个家已毫无所恋。16岁那年,她毅然决定放弃家中浮华陆离的一切,去寻找自己的人生之路。

　　1920年11月2日,安娜与一个叫鲁珀特·柯勒的维也纳音乐学院学生“闪婚”,离开了家庭的沙龙;然而由于这段婚姻过于草率,未满一年两个年轻人就又匆匆办理了离婚手续。离婚后安娜曾重新回到家中,但不久就移居德国首都柏林,再一次地远离母亲阿尔玛以及被她称为“枯燥、迂腐的资产阶级小圈子”。正是在柏林,安娜遇见了年轻的音乐家克热内克,堕入了与后者的恋情之中。

欧内斯特·克热内克(Ernst Krenek)

　　克热内克是捷克裔作曲家,1900年8月23日出生于维也纳,他的父亲是在奥匈帝国军队服役的捷克军士。克热内克从小就喜欢音乐,先习钢琴,后攻指挥,在一战前时年17、18岁的他就已先后在多家歌剧院从事过指挥工作。战争爆发后他应征加入了奥地利军队,不过由于其所在部队就驻扎在维也纳,于是部队的长官居然允许他在服役期间继续在维也纳音乐学院学习作曲。一战结束后,克热内克又转到德国的柏林音乐学院深造。1922年他在这里遇见了安娜,他的艺术才华让安娜为之倾慕;而克热内克自然也万难抵御美貌而又极具个性的安娜的魅力。只是

作曲家克热内克

对于安娜的这一次婚姻,阿尔玛吸取了前一次女儿"闪婚"的教训,算是亲自过问了。女儿与克热内克的恋情得到了阿尔玛的首肯。不过,她却同时向这位上门的毛脚女婿提出了一个要求,就是请他整理续写马勒的遗作《第十交响曲》,因为她相信克热内克的作曲才华。然而,正像为阿尔玛看好的女儿与克热内克的第二段姻缘仍难逃未满一年即告仳离的结局那样,她希望完成亡夫《第十交响曲》的愿望也未能如愿。克热内克只参与编订了《第十交响曲》的第一和第三乐章,而随着他与安娜的婚姻告吹,自然在情感上、精力上他也无需再去践行当初对阿尔玛的承诺。

那么安娜的第二段婚姻又是如何触礁的呢?这就得说到那首与安娜的命运有关的音乐作品了。1923年克热内克与安娜结婚后接受了瑞士富商维尔纳·莱恩哈特的资助开始创作他的《第一小提琴协奏曲》。为了给克热内克的创作提供一个更为理想的环境,莱恩哈特甚至还邀请克热内克夫妇赴苏黎世他的私人别墅去工作和生活。不过,这种慷慨资助还带有一个附加条件,就是要求克热内克在创作时要让莱恩哈特的另一位被保护人——澳大利亚女小提琴家阿尔玛·穆迪(Alma Moodie,1898-1943)参与,因为克热内克此前从未写过小提琴作品,穆迪的到来可给予他小提琴独奏部分的有益建议。穆迪是著名小提琴教师卡尔·弗莱什门下最得意的女弟子,她的演奏技艺娴熟出众,弗莱什曾自称:"她理应被视为那一时代最杰出的女小提琴家威尔玛·聂鲁达(Wilma Neruda,1838-1911)当之无愧的继承者。"照理,一位杰出的作曲家和一位优秀的小提琴家的合作是能够孕育出一部小提琴协奏曲的经典之作的,就像门德尔松与费迪南·大卫的合作诞生了他的《E小调》,勃拉姆斯与约阿希姆的合作诞生出了《D大调》那样。然而问题在于穆迪既是一位才华横溢、个性十足的女性,且年龄又与安娜相近,同样颇具女性的魅力,这不能不引起新婚不久的安娜心里那种女性本能的敌意。眼看着穆迪整日与自己的丈夫在书房里耳鬓厮磨,安娜感到烦躁和憋屈,言语之间难免出现讥诮嘲讽之词。偏偏作品完成后克热内克又把这首协奏曲题献给了穆迪,并由后者于1925年1月5日在德国城市得骚举行首演,这似乎更证实了安娜怀疑丈夫出轨的猜测。于是,作品的首演成为了她第二段婚姻破裂的导火索。尽管克热内克并没有出席当天协奏曲的首演,然而就在首演后几天,安娜与克热内克就宣告结束他俩的婚姻,分道扬镳。安娜的退出成全了穆迪,克热内克果然和穆迪走到了一起。在1924年克热内克又创作了他的《小提琴奏鸣曲》,同样题献给这位被他称为"使我神魂颠倒的女性"。他还在自己最著名的一部歌剧《强尼奏乐》(Johny spielt auf)里借由剧中人物阿妮塔,使其赋予穆迪个性中的某些特征,对其进行刻画、赞美。不过,穆迪却最终未能成为克热内克的正式妻子,1928 年克热内克与女演员贝尔塔·哈斯结婚。

　　1933 年纳粹上台后,作为非日耳曼血统的克热内克的文章和作品遭到了全面的禁止。在此恶劣环境下他于 1938 年移居美国,在那里继续从事音乐创作并在许多不同的大学里任教。在 20 世纪的乐坛上克热内克是一位以风格复杂多变而著称的作曲家。他早年的创作深受其老师弗朗兹·施雷克影响,基本上是晚期浪漫主义的语言;到了 20 年代,他和作曲家布索尼、指挥家舍尔欣、钢琴家施纳贝尔等过从甚密,风格转向无调性。到了巴黎后他又受到斯特拉文斯基和法国"六人团"的影响创作了一批具有新古典主义特征的作品;待到他回到奥地利后又追随勋伯格改奉十二音体系为圭臬;到美国后他则对新兴的电子音乐与拼贴音乐产生了浓厚的兴趣。不过,他一生创作中最具有影响力的仍是他在欧洲时期的作品,如歌剧《强尼奏乐》《卡尔五世》等,这些作品尽管当时在德奥遭到禁演,但在其他国家却广为流传,甚至直到今天,在奥地利生产的香烟里,还有一种名叫"强尼牌"的香烟,其名称就源自他的那部具有爵士乐因素的歌剧。《强尼奏乐》也堪称是 20 世纪第一部大胆采用爵士音乐题材和语言进行创作的歌剧,其问世甚至早于美国本土作曲家格什温的《波吉与贝丝》。

　　20 世纪 50 年代后,克热内克又移居加拿大,在多伦多的皇家音乐学院任教。1991 年他病逝于美国加州的棕榈泉,终年 91 岁。

安纳托尔·菲斯图拉里(Anatol Fistoulari)

　　在遭遇了小提琴协奏曲风波之后的安娜再度回归单身女人的行列。不过,在1929 年 12 月她又为自己第三次披上了新嫁衣。安娜不仅长相容貌酷似其母亲阿尔玛,而且其情感生活之丰富也一如其母。在阿尔玛的一生中,拜倒在她石榴裙下,与她产生情感纠葛的有音乐家、美术家、建筑家、诗人与剧作家,几乎囊括了广义上"艺术"的各个门类;而安娜所倾心的对象"口味"同样也很杂,她的第三任丈夫是一位在德语文学界举足轻重的出版界大

指挥家菲斯图拉里

腕,名叫保罗·佐尔内(Paul Zsolnay),他也算得上文化圈内的一位知识精英了。这一次的婚姻使安娜拥有了自己的第一个孩子,她为这个女儿取了一个和外婆同样的名字,叫阿尔玛·佐尔内。安娜的这段婚姻总算没有再遭"闪婚闪离"的覆辙,维持了5年光景,她于1934年又告离异。

数度的婚姻不顺促使安娜将生活的重心转移到自己的事业上来。事实上,尽管她从未接受过任何音乐、美术等方面的专业指导,然而从小生长在一个有浓厚的艺术氛围环绕的生活圈子里,各种艺术思潮的交流、艺术门类的嫁接对她产生了难以估量的潜移默化的影响。安娜也算得上是一个大器晚成的范例。直到26岁那年她才蓦然发现原来雕塑才是自己借以表现生活,抒发情感最好的表达手段,在那一座座静穆沉默的雕塑中能最好地展示自己的艺术创造力。于是在1930年她在维也纳跟随弗朗兹·沃特鲁巴上了几次专业课,并到意大利罗马实地考察了一番后就开始了自己的雕塑创作。在谈到自己的这个人生抉择时安娜说:"其实我从小就喜欢画画,但我从未想过要成为一名画家,因为色彩对我来说并无重要性可言。在我看来,绘画只是一种二维的雕塑而已。"

安娜为父亲马勒所作的塑像

安娜出手不凡,作为女性艺术家,安娜的雕塑往往体积比较小巧,手法细腻,她尤其擅长表现自己周边那些人物的身形神态。或许她为同母异父的妹妹曼侬所作的胸像是她第一个比较成功的作品。到了1937年,33岁没有接受过科班学习的安娜终于让全欧洲第一次见证了作为"马勒女儿"的雕塑家的成功,她在当年举行的巴黎世界博览会上以其作品一举夺得展览会大奖,从而一鸣惊人。然而正当她欲借此趁热打铁展开自己的事业时,1938年德国法西斯占领了奥地利,作为犹太人的安娜被迫出走英国。在整个二战期间她都居住在伦敦的汉普斯泰德,她在那里建造了一个工作室,开始自己的艺术创作。这一时期她为自己的前夫克热内克、佐尔内、女儿阿尔玛,自己的姑丈——尤斯婷娜·马勒的丈夫阿诺德·罗塞,英国作曲家阿瑟·布利斯等都作了半身胸像。也是在伦敦,安娜又邂逅了一位35岁的英俊指挥家,他,就是菲斯图拉里。

安纳托尔·菲斯图拉里比安娜小3岁,1907年8月20日出生于乌克兰首府基辅的一个音乐世家,其父格雷高里是著名作曲家里姆斯基-科萨科夫和安东·鲁宾斯坦的双料弟子。菲斯图拉里是一位音乐神童,他的指挥处子作竟始于7岁那年,而指挥的曲目居然是柴科夫斯基的《第六交响曲》!在家乡的这场音乐会令所有人都为之瞠目结舌,叹为观止。菲斯图拉里的神奇还不仅于此。在24岁那年他作为俄罗斯伟大的男低音歌唱家夏里亚宾伴奏的乐团指挥在法国巴黎几乎整整指挥了一个演出季,获得了巨大的成功和声誉,并因此与夏里亚宾结下了莫逆之交。在当时的乐坛上曾有这样一个为人公认的共识,那就是"假如你能为夏里亚宾的歌唱伴奏的话,那么你就能为任何人的演唱演奏伴奏!"于是菲斯图拉里开始在法国走红。1933 年他与由列昂尼德·马辛领导的俄罗斯芭蕾舞团合作演出,简直风靡了整个巴黎。1937 年他们又一起赴英国和美国演出,也是盛况空前。在二战爆发的 1939年,菲斯图拉里干脆加入了法国军队上了前线,不过随着法军的溃败他被迫流亡到英国,在整个二战期间他都一直客居英国继续从事音乐活动。1942 年菲斯图拉里与安娜·马勒结婚,次年安娜又生了一个女儿,取名为玛丽娜·菲斯图拉里。正是在英国,菲斯图拉里迎来了自己艺术生涯中第二个辉煌的时代。

　　1944 年,菲斯图拉里被任命为伦敦爱乐乐团的首席指挥。时年 37 岁的年轻指挥接受这项任命的条件之一就是在任期内每年要指挥 120 场音乐会,平均每 3 天就要演一场。这对于一位刚接手乐团的非本土指挥家而言几乎是一个"不可能完成的任务"。没有过多的时间使他与乐团交流、磨合,况且要在短时间里迅速积累起尽可能广泛的演奏曲目更是谈何容易。然而,菲斯图拉里似乎天生就是为创造奇迹而生的,他硬是出色地完成了任务。为了提高自己的艺术造诣,他下苦功阅读大量的作品总谱,在镜子里反复演练指挥姿式,并通过收听广播从其他优秀的指挥家身上汲取养料,博采众长,将他们的艺术特长融会贯通到自己的指挥中去。菲斯图拉里个子不高,平素少言寡语,他的样子看上去总是病快快的,还不停地眨眼睛,烟抽得厉害。可是只要一站上指挥坛,他就像换了个人似的变成了一位威严叱咤的君王。二战期间菲斯图拉里的这段经历至今还令仍然健在的乐团退休的演奏家们记忆犹新。然而,正像一切天才的结局那样,造化弄人,菲斯图拉里的辉煌是短暂的,尽管他已于 1948 年成为了英国公民,可是战后他却不得不交出自己手中的指挥棒,黯然离开了伦敦爱乐。后来他也曾组建过自己的管弦乐团并客串担任一些乐团的客席指挥,但都不很成功。到了 60 年代后期,他竟沦落到只能指挥像瑞士的 Svizzera 广播乐团这样的五流乐团了;而当年经由他提携的一批独唱、独奏艺术家们早已在乐坛上如日中天了,这是何等强烈的反差和境遇啊!

　　战后的菲斯图拉里岂止事业失意,他与安娜的情感生活也出现了裂痕。1947 年安娜陪母亲阿尔玛以及她的最后一任继父弗兰

创作中的安娜·马勒

兹·维尔弗(Franz Werfe)去美国,定居于洛杉矶的贝弗利山庄。同年维尔弗去世

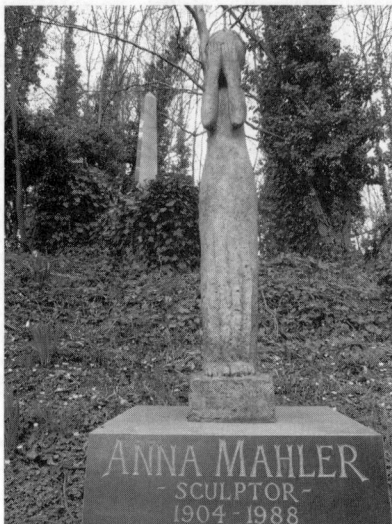

安娜为本人制作的墓碑雕像

后安娜一直陪伴在母亲身旁。在美国期间安娜又创作了一大批著名的人物雕塑,如作曲家勋伯格、指挥家布鲁诺·瓦尔特的胸像等。她还返回英国在伦敦的肯尼斯·格拉汉姆画廊举办了自己的素描和雕塑展。1964 年 12 月 11 日,阿尔玛在纽约去世。安娜在处理了母亲的后事后又重返欧洲,分别去她生活过的英国和意大利故地重游。1970 年,安娜第五次成为新嫁娘,她的丈夫阿尔勃莱赫特·约瑟夫(Albrecht Joseph,1901-1991)是一位好莱坞的影视编剧。而菲斯图拉里的晚年则甚为凄凉,他因严重的关节炎而成了跛子,在遭受了多年的病痛折磨后于 1995 年 8 月在伦敦去世,享年 88 岁。

*　　　　*　　　　*

　　1987 年,83 岁高龄的安娜访问了萨尔茨堡,并计划参加来年举行的萨尔茨堡艺术节。她还想再去美国一趟,因为在洛杉矶还有她尚未完成的一些工作。可惜她的这两个愿望都未能如愿。晚年的安娜体弱多病,一直由自己的小女儿玛丽娜照顾。1988 年 6 月 3 日,安娜·马勒,这位伟大作曲家的女儿,传奇的雕塑家在伦敦走完了她的一生,终年 84 岁,成为马勒直系亲属中的最长寿者;而她的母亲阿尔玛去世时是 85 岁。在这一点上,母女俩也是何其相似,抑或长寿的基因并非出自马勒家族,而来源于安娜的外祖家族,也未可知。

贝尔格的《小提琴协奏曲》唱片

克热内克的《第一小提琴协奏曲》唱片

纪录片《阿尔玛·罗塞:
从维也纳到奥斯维辛》DVD

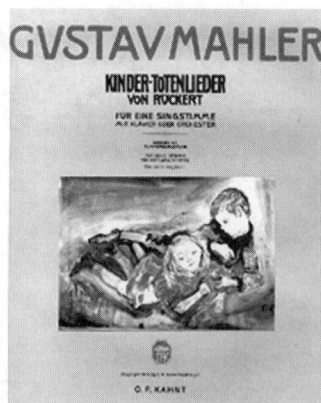

马勒的声乐套曲《亡儿
悼歌》唱片

十、音乐世家，忠烈门庭
——记多纳伊家族

　　尽管贵族阶级的特权在欧洲的大部分国家里早在一个半世纪之前就已被剥夺了，他们子孙后代的穿着打扮在当代现实生活中已与平民百姓一般无二，但直到今天，具有贵族称号的人与他们的家族至少在欧洲人的眼中还是很能赢得人们的尊重的，甚至还有几许艳羡的成分。

　　随着岁月流逝，欧洲各国的贵族数量只会越来越少，唯独在最早爆发资产阶级革命，至今仍实行君主立宪制的英国，新的贵族却仍源源不断地涌现出来。究其原因，是王室有权给各行各业的功勋卓著者赐封荣誉贵族称号。在音乐界，自 1904年埃尔加被荣封爵士之后，细细查来，除了倒霉的德留斯和沃恩—威廉斯等少数几位外，即便是一些二三流的音乐家像巴克斯、布利斯，沙利文等，皇室也都是慷慨大方地赐予勋爵头衔。时下最新获册封的，也是最年轻的音乐爵士便是红透半边天，现年 52 岁的塞蒙·莱托。不仅如此，皇恩浩荡所及，甚至连加入了英国籍的外裔音乐界人士也沾了光，像出生于匈牙利的指挥家乔治·索尔蒂，出生于美国的小提琴家耶胡迪·梅纽因，澳大利亚籍的捷克裔指挥家查尔斯·马克拉斯等也都成了音乐界的"贵族阶层"。

　　英国的贵族比较容易识别，他们的姓名前都有一个需读重音的 sir；而欧洲大陆各国的贵族称号随着时代的演变则大多已演化成其姓名中的一个组成部分，如法国人姓名中的 de，荷兰人姓名中的 van 即是。更为常人知晓的恐怕就是德国人姓名中的 von 了。在当今指挥乐坛上，继大名鼎鼎的赫伯特·冯·卡拉扬仙逝后，世界当代著名指挥大师中硕果仅存的另一位姓名中带 von 称号的就是昔日克利夫兰管弦乐团的掌门人，现任英国爱乐管弦乐团与德国北德广播交响乐团双重首席的克里斯托弗·冯·多纳伊了。他，就是我们这篇故事的主人公之一。

埃尔诺·多纳伊

要讲克里斯托弗·冯·多纳伊,就得从他的祖父埃尔诺·多纳伊(Erno Dohnanyi)开始讲起,因为埃尔诺在19、20世纪的欧洲乐坛实在是太有名了,确有大书一笔的必要。

提到19世纪下半叶崛起的匈牙利民族乐派,人们首先想到的总是巴托克和柯达伊。其实,与他俩同一时期活跃于乐坛的另一位杰出的音乐家就是埃尔诺·多纳伊。他们三人不仅年龄相若(多纳伊最大,巴托克和柯达伊分别比他小4岁和5岁),家庭背景也相仿(都不是出生于传统的音乐世家),甚至他们最初的老师也是同一个人。在日后各自的音乐生涯中,他们彼此之间也有交集,互为影响,相与提携,只是巴托克和柯达伊走民族音乐的道路更加坚决,也更为彻底;而多纳伊则更

匈牙利民族乐派三杰之一的多纳伊

倾心于延续一条相对传统中庸的路线,从而形成了他们作品泾渭分明的艺术风格。打个不恰当的比喻,巴托克、柯达伊与多纳伊的分别就像是俄罗斯乐坛上"强力集团"与柴科夫斯基的分野,尽管他们的道不同,但却相与为谋,最后都成为在音乐史上享有一席之地的音乐大家。

埃尔诺·多纳伊1877年7月27日出生于匈牙利的普雷斯堡(如今归属于斯洛伐克共和国的首都布拉迪斯拉发),他的父亲是一位数学教授,同时又是一位业余大提琴手。埃尔诺从小就跟随父亲学习音乐,他的钢琴弹得非常棒,小小年纪便已是家乡一带的音乐神童了。在当时,普雷斯堡是全匈牙利音乐氛围最为浓郁的地区,这也就是巴托克的母亲带着儿子迁居来此的主要原因。除在家随父亲学习钢琴之外,埃尔诺也跟随当地大教堂的管风琴大师卡尔·弗斯特纳学习钢琴与作曲。正是在弗斯特纳那儿,他第一次见到了小他4岁的巴托克。

在家乡上完高中后,埃尔诺已确立了以音乐作为自己事业的人生理想,于是他辞别家人,前往首都布达佩斯,进入布达佩斯音乐学院系统地学习专业知识。在音乐学院,他与巴托克又一次不期而遇,更巧的是,他们竟成了同班的同学。他们的主课钢琴和作曲的老师都是斯蒂芬·托曼(Stephan Thoman)、汉斯·冯·柯斯勒(Hans von Koessler)。托曼是钢琴之王李斯特的学生,这位原籍德国的钢琴家由于仰慕、崇拜他的老师,成名后不仅长期在匈牙利施教,甚至把自己的名字也由德

国化的斯蒂芬改称为匈牙利化的伊斯特万(Istvan)。而作曲教授柯斯勒的名气更大,他曾担任过德累斯顿管弦乐团的指挥。从1882年起,他来到匈牙利布达佩斯音乐学院教授作曲、合唱与管风琴演奏。他在这里一呆就是26年,几乎把他的青春年华都倾注在培养匈牙利的音乐人才方面。他的学生除巴托克和多纳伊外,以后还有柯达伊,创作出了匈牙利轻歌剧《吉卜赛公主》和《玛里查伯爵夫人》的埃梅里希·卡尔曼(Emmerich Kalman)以及有"匈牙利乐坛第四人"之称的莱奥·韦纳(Leo Weiner)等,因而把他比作"孕育匈牙利民族乐派的伯乐"是当之无愧的。埃尔诺在柯斯勒的指导下作曲成绩提高得也很快,在校期间就已发表了自己的处女作——《C小调第一钢琴五重奏》。这首由籍籍无名的学生发表的习作竟博得了大作曲家勃拉姆斯的刮目相看,后者不仅当即在维也纳向听众大力举荐这首作品,并且安排埃尔诺到维也纳进行首演。大师的慧眼识才让埃尔诺感激涕零,从此奠定了他的创作风格更倾向于勃拉姆斯以及德奥浪漫主义传统。

在钢琴演奏方面,除由音乐学院的托曼教授执教外,埃尔诺更得到了李斯特的另一位大弟子塔尔贝特(Eugen d'Albert)的悉心指导。阿尔伯特是以演奏巴赫、贝多芬、李斯特和勃拉姆斯作品著称于琴坛的,为了追随这位名师,埃尔诺特地从维也纳赶到柏林,拜在时任柏林高等音乐学校校长的阿尔伯特门下继续深造。先后有两位李斯特的高足担任他的老师,不消说埃尔诺·多纳伊的演奏技艺已是非常了得。1897年,年方二十的他踌躇满志地在柏林的舞台上登场亮相,作他的钢琴独奏处子秀。他的音乐会立即受到音乐节同行与舆论界的高度关注,他们一致认为此子的前途未可限量。其后,相同的成功场景又在维也纳再现了。

借这两次成功的东风,埃尔诺在经纪人的安排下旋即举行了他的欧洲个人巡演。巡演的首站放在英国的首都伦敦。在皇后大厅,埃尔诺在著名指挥家汉斯·里赫特(Hans Richter)指挥的伦敦交响乐团协奏了贝多芬的《G大调第四钢琴协奏曲》,引起轰动,成为当时一场令人难忘的重大演出,从而也为他的这次欧洲之旅打下了成功的基础。此后,埃尔诺·多纳伊更多地是以一位钢琴名家的身份活跃于欧洲各国的音乐舞台上。他的演奏特点是音色富于变化,对作品有着极为深刻的理解力,尤其是对德奥作曲家莫扎特、贝多芬、舒伯特、勃拉姆斯以及对本国伟大的作曲家李斯特的钢琴作品,被誉为有着像一个德奥血统的钢琴家那样精确诠释。他留下来流传至今的录音很少,但从中仍能品出个中三昧。

1998年,英国的"珍品"(Pearl)唱片公司再版了钢琴大师系列中的埃尔诺·多纳伊卷(Pearl GEM0018),内中收录了由他担任独奏的莫扎特《G大调第十七钢琴协奏曲》和他创作中最负盛名的《摇篮曲主题变奏曲》(即《小星星》),此外,他还独奏了根据约翰·斯特劳斯的轻歌剧《蝙蝠》和《吉卜赛男爵》中的咏叹调改编的两首乐曲。这些作品均录制于1928-1931年间,正是埃尔诺钢琴艺术最成熟、辉煌的时期,从中不难体会到他鲜明的演奏个性与艺术风采。作为一位钢琴家,埃尔诺的声誉渐次传到了美国，于是他应邀赴美演出。在美国的首场音乐会上，他仍选择贝多芬的《第四钢琴协奏曲》作为他献给美国听众的见面礼。在大洋彼岸，他获得了与在欧洲一样的巨大声誉。

1902年，25岁的埃尔诺与同为钢琴家的妻子伊丽莎白·昆瓦尔德（Elisabeth Kunwald）的儿子汉斯出生了，这也是他们夫妇唯一的孩子，因为当汉斯3岁时，埃尔诺与伊丽莎白就离异了。1905年，匈牙利小提琴大师约阿希姆邀请埃尔诺去柏林高等音乐学校任教，已从家庭纠葛中摆脱出来的埃尔诺慨然允诺，于是便带着3岁的儿子汉斯到了柏林。从1905年到1915年，在柏林足足教了10年书之后，他意识到游子离家这么久，该是要像他的同学巴托克和柯达伊那样为祖国的音乐事业做些什么了。于是，埃尔诺返回布达佩斯，继续作为钢琴家活跃在匈牙利的音乐舞台上。每年都要举行一百多场音乐会。在每场音乐会上他都要安排一定数量的匈牙利作曲家作品，其中主要是李斯特和巴托克的钢琴曲。除钢琴演奏外，埃尔诺也是一位造诣颇深的指挥家，他的指挥功力也得之于他的老师柯斯勒。1919年，埃尔诺被任命为母校布达佩斯音乐学院的院长。然而上任未久，他就与主管部门在招收学生的标准上发生了冲突，当局罢免了他的院长之职，改由另一位匈牙利音乐家雅诺·胡拜伊（Jeno Hubay）取而代之。毫不妥协的埃尔诺离开了音乐学院，旋即被聘为布达佩斯爱乐乐团的音乐总监兼首席指挥。他在这个职位上一干就是15年，勤勤恳恳、兢兢业业地致力于发展祖国的交响乐事业。在此期间，他指挥乐团上演了大量的匈牙利作曲家作品，像巴托克、柯达伊的许多作品就是通过埃尔诺上演的，其中就包括1928年首演于首都的舞剧《神奇的满大人》组曲。

然而，真正使埃尔诺·多纳伊的指挥艺术载入史册的是1923年的那场伟大的音乐会。是年，为庆祝多瑙河两岸的布达、佩斯两座城市合并为匈牙利首都50周年，匈牙利政府请"匈牙利三杰"各创作一部新作在庆祝音乐会上上演。于是，在11月19日的这场隆重盛大的音乐会上，埃尔诺指挥匈牙利爱乐乐团演奏了巴托克的《舞蹈组曲》、柯达伊的《匈牙利诗篇》以及埃尔诺本人创作的《庄严的序曲》。此举极大地激发了匈牙利人民的民族激情，并一举奠定了巴托克和柯达伊作为世界知名作曲家的大师地位。1928年，他重返学院任教，1934年又再度被任命为学院的院长。这一次，他把这一职务一直干到1944年。在长达16年的教学

多纳伊与他的学生爱德华·基伦伊

期间,他像自己当年的老师柯斯勒一样,又精心培育出了一批日后在 20 世纪乐坛上名声赫赫的乐坛精英,他们是:乔治·索尔蒂、安妮·菲舍尔(Annie Fischer)杰扎·安达(Geza Anda)、爱德华·基伦伊(Edward Kilenyi)以及弗兰克·库伯(Frank Cooper)等。

在积极从事乐团指挥和钢琴教学的同时,埃尔诺仍没有放弃演奏家的职责,在 20 世纪 20 年代,他在音乐舞台上几乎演全了贝多芬的所有钢琴作品;而在 30 年代,他又分别在国内外演奏了莫扎特所有的 27 首钢琴协奏曲,埃尔诺的整个音乐人生至此达到了一个辉煌璀璨的鼎盛时期。

在众多的书籍和网页资料上,埃尔诺·多纳伊又被写成恩斯特·冯·多纳伊(Ernst von Dohnanyi),其实后者是他名字的德语化拼音,因为他的音乐活动有相当一部分是在德国开展的,而他作品的乐谱又大都由德国的出版商予以出版,因而在他音乐会的节目单上和大部分的乐谱上署的都是恩斯特·冯·多纳伊的名字。之所以在德文名字中出现了带有贵族特征的“冯”,是由于埃尔诺的祖上原本就是匈牙利贵族,因为德国人可不像英国人那般慷慨好施,他们是断不会为一个外国人赐封贵族头衔的。尽管如此,在公开场合,埃尔诺还是避免使用这个贵族化的“冯”,他似乎倾向于这样一种观点:即自己没有权利或资格去炫耀名字中的这个“冯”,无论它是由他的祖先继承得来,还是获得功勋后的皇室授封,都是如此。作为一名音乐家,他始终未敢忘却匈牙利人的民族自尊与责任感,在国内的任何场合,他都坚持使用埃尔诺这个本名。当 1939 年第二次世界大战爆发后,他在从事音乐活动的同时也积极地关注着国内、国际上的反法西斯事业。由于他反对开除匈牙利爱乐乐团中的犹太裔演奏家,在 1941 年他被亲纳粹的霍尔蒂政府当局勒令离开乐团。而当 1944 年德军占领匈牙利全境后,他被迫离开祖国到奥地利与英国去作巡回演出。

然而,令他始料未及的是:二战结束后,执政的工人党政权认为埃尔诺在法西斯专制统治下的匈牙利并未公开表示出明确的政治立场,而是长期留在国内进行演出活动,这实际上是与法西斯政权在合作。他们丝毫无视在此期间埃尔诺运用他的影响、精力以及经济上的财力保护了相当一部分犹太裔音乐家的事实,而纵容社会上对他的指责。这样的人身攻击和莫须有的罪名搅得埃尔诺心烦意乱,他不得不几次取消自己的演奏会。在此情形之下,埃尔诺不得不再次出走,这一次他选择了远渡重洋去美洲。他先到阿根廷,任图库曼音乐学院的钢琴系主任,嗣后又于 1949 年 9 月去了美国。因为在那儿他曾获得过巨大的声誉,而且他的老朋友巴托克也早于 1940 年就已在美国定居了。

在美国,埃尔诺接受了佛罗里达州立大学的邀请,出任该校的钢琴教授和常驻作曲家。这时的埃尔诺已经 72 岁了,他无法再像全盛时期在琴坛上恣肆纵横,挥斥方遒了,然而却仍然没有放下维系其一身的演奏与创作。1956 年,他在爱丁堡艺术节上举行独奏音乐会,盛况仍不减当年。在创作方面,他对美国的民间音乐产生了浓厚的兴趣。1953 年,他生前创作的最后一部乐队作品《美国狂想曲》(American Rhapsody)问世了,在该曲中他就运用了 3 首美国民歌的音乐素材。如今,在佛罗里达州立大学的塔拉哈希音乐图书馆里,仍保存着埃尔诺当年的大量手稿、笔记以及相关的创作素材,2002 年在那里举办了以他名字命名的艺术节。埃尔诺生前最后一次出现在音乐舞台

多纳伊晚年在佛罗里达的家,后排为他的三个孙辈:克里斯托弗、芭芭拉、克劳斯(从左至右)

上是 1960 年 1 月 30 日,在这一天,他指挥佛罗里达州立大学的管弦乐团演奏了贝多芬的《第四钢琴协奏曲》,这也是他一生中最喜爱、经常演奏的一部协奏曲,只是这一次担任钢琴独奏的不再是他本人,而是他指导的钢琴博士生爱德华·R.塔顿。演出结束后,他不顾自己年迈体弱,又前往纽约去录制贝多芬的钢琴奏鸣曲,终在录制过程中不慎染上了急性肺炎,于 10 天后病逝于纽约,享年 83 岁。

尽管埃尔诺·多纳伊的音乐创作数量不多,但在像管弦乐曲《匈牙利田园曲》(Ruralia Hungarica)、《B 小调第二钢琴协奏曲》《六首音乐会练习曲》等作品中仍然可以清晰地感受到匈牙利民族民间音乐对他的影响。他的终生朋友,匈牙利民族乐派巨擘巴托克曾对他说过这样一句话:"多纳伊,你能将匈牙利音乐的特点和元素一言以蔽之地加以概括与运用",这无疑是对他音乐生涯的最高褒奖。

2002 年 6 月,埃尔诺的遗孀——他的第三任妻子依奥娜出版了她丈夫的传记《一首生命之歌》A Song of Life),集中记叙了埃尔诺 1949 年至 1960 年的 11 年间,背负着巨大压力,在美国继续从事音乐活动并取得杰出成就的晚年经历,此书的问世填补了自二战后埃尔诺消失在欧洲听众的视野中的空白,从而为世人完整地勾勒并还原了这位杰出音乐家不平凡的一生。

汉斯·冯·多纳伊(Hans von Dohnanyi)

汉斯·冯·多纳伊作为多纳伊家族中第二代的唯一代表,为整个家族的荣誉增添了一道非同寻常的炫丽光辉。

汉斯 1902 年 1 月 1 日出生于奥地利首都维也纳,这位与新年第一道阳光同时来到这个世界上的孩子却不会料到自己长大后的人生之路会走得如此艰辛而沉

汉斯·冯·多纳伊

重；而身为音乐家的父母也决不曾料到他们的孩子竟会成长为一位在反抗暴政的运动中受人尊敬的勇士和领袖。

在汉斯 3 岁时，他的父亲埃尔诺与母亲伊丽莎白就离婚了，父母的离异给幼小的汉斯心灵上造成了不小的阴影。父亲带着他离开祖国来到柏林。埃尔诺在就任柏林高等音乐学院校长的同时也亲自教汉斯学习钢琴。由于有父母遗传的天赋，汉斯的学习进步得非常快。在 18 岁以前他一直是以一位青少年钢琴家的头衔而为人知晓的。以后，由于父亲经常要去各地举行演出，而他也到了成年的年龄，于是他来到了格鲁内瓦尔德就读大学的预科。在那里，他遇到了日后对他的一生产生重大影响的迪特里希·邦霍费尔（又译为邦厚福或潘霍华 Dietrich Bonhoeffer, 1906-1945）和他的哥哥克劳斯（Klaus Bonhoeffer, 1901-1945）两兄弟。在与邦霍费尔兄弟交往的日子里不仅使汉斯对自己学习的目标产生了重大的转变，更使他今后的人生命运产生了重大的转折。邦霍费尔兄弟出生于德国上层知识分子家庭，他们的父亲是著名的精神科医生，还是柏林大学的医学教授，而母亲则是教会里宗教史学家的孙女。受母亲影响，迪特里希从小就立志要成为一名新教的神学家，以宗教的仁爱去拯救社会；而他的哥哥克劳斯则想当一位律师，用法律来维持社会的平等。在大学预科学习时，他们就经常与汉斯一起探讨社会问题，并畅谈各自的人生抱负。受他们的鼓舞和感染，汉斯最终决定舍弃自己已经学习了多年的钢琴，于 1920 年与邦霍费尔兄弟一起进入柏林大学。迪特里希学习神学，而汉斯和克劳斯专攻法律。1924 年汉斯学成毕业，继而又在两年之后获得了法学博士学位。

在学校的校园里，汉斯与邦霍费尔还是经常在一起探讨彼此感兴趣的话题，并且非常关注在第一次世界大战战败后德国政治局势的演变。他们之间的友谊越来越深厚，汉斯在通过了法律资质考试，当上了律师后便迎娶了邦霍费尔兄弟的二姐克里斯蒂娜为妻。自此，两家的关系变得更为密切了。

汉斯的父亲埃尔诺虽然是匈牙利人，但汉斯却从小在德国长大，因而在他的潜意识里早已把自己视为是一个德国人了。婚后，为了更好地融入德国社会，他有意识地突出自己名字中的德国化特征，除沿用了名字中的"冯"外，还将自己的姓氏"多纳伊"的读音加重了第二个音节"纳"的读音，这与传统的匈牙利习俗迥然有异，因为匈牙利人总是把重音落在自己姓氏的头一个音节上的。汉斯迈入社会后他的仕途似乎颇为顺利，他先在汉堡的议会里工作了很短一段时间，从 1929 年起他开始进入德国司法部，以律师的身份担任司法部几位部长的私人顾问和助手。30 岁那年，他成为帝国首席大法官埃尔温·布姆克的助理，两年后的 1934 年，32 岁的汉斯就以其对法律条文的精到理解和娴熟运用坐上了司法部办公室主任的要职。然而，正当他在仕途上大有步步高升的势头时，德国的政治局势却朝着越来越令人担忧的方向发展。自 1929 年起，乘国内因经济危机而引发的社会动荡和民心不满，以希特勒为首的纳粹主义势力迅速崛起。1933 年 1 月，希特勒如愿攫取了总理的宝座，德国进入了法西斯专制统治的最黑暗年代。作为一位正直的法律界人士，汉斯反对希特勒一伙所提出的消灭犹太人，用专制替代民主，用武力去征服世界，重建昔日德意志帝国的狂妄计划；而作为一名政府高级官员，他又能比较容易接触到统治高层的内部机密。他曾经试图采取合法的形式，用已遭强行解散的由社会民主党执政的普鲁士政府的法律条文体系去影响正在制定中的彻头彻尾专制独裁的第三帝国法律，但没有成功。于是，他转而寻求另一种反抗形式。他多次只身进入司法部的机要档案室，调阅并记录下了大量有关法西斯罪行的秘密档案，准备用掌握的这些证据，待纳粹政权灭亡后在审判他们时派上用场，以事实来控诉他们的倒行逆施。

随着纳粹法西斯的日益猖獗，汉斯的反抗形式也在升级。他与邦霍费尔兄弟都加入了由德国国防军将领威廉·卡纳里斯和汉斯·奥斯特领导的抵抗组织并成为组织中的重要成员。汉斯本人还在公开场合对纳粹所实施的种族灭绝政策进行了抨击。他的言论一经见报，顿时使自己成为当时敢于仗义执言的公众人物。他在社会上的知名度急剧上升，此举自然惹怒了法西斯当局。于是他被调离了首都的司法部，被发配到莱比锡的地方法院去当一名普通的法律顾问。然而，汉斯的行动没有停止。1942 年，他通过自己的努力，使两名遭受迫害的德籍犹太律师弗

德国为纪念汉斯·冯·多纳伊诞辰 100 周年发行的纪念邮票

里德里希·阿诺尔德和裘里斯·弗利斯成功地逃离德国，安全到达瑞士。在此期间他总共为 13 位犹太知名人士筹划安排，使他们摆脱了纳粹的魔爪。在一次秘密地访问瑞士后他又为试图将炸弹带上希特勒专机的当事人汉宁·冯·特雷斯契科夫作无罪辩护，在法庭上与纳粹分子展开面对面的斗争。

凡此种种，希特勒当局早已视汉斯·冯·多纳伊为眼中钉，肉中刺，必欲除之

而后快。于是,在这一年的 4 月 5 日,他们以汉斯涉嫌"用金钱买通法律、破坏社会秩序"的罪名将他逮捕。同一天被捕的还有他的妻子克里斯蒂娜和他的妻弟、杰出的神学家迪特里希·邦霍费尔。1944 年他被移送到萨克森豪森集中营关押。同年 7 月 20 日,德国首都柏林又传出了震惊政坛的消息:为拯救德国,以陆军上校施道芬伯格伯爵为首的一批青年军官发动了一次刺杀希特勒的行动,行动失败后,希特勒对参与行动的成员实行了血腥的镇压。通过层层追查,卡纳里斯海军上将领导的抵抗组织也被查获,所有成员无一幸免。10 月 4 日,迪特里希的哥哥,著名律师克劳斯·邦霍费尔以及他的大姐夫,法学专家鲁迪格·施莱舍尔也被捕了。他们都被重新定罪,被法庭宣判死刑。1945 年 4 月 9 日,有着姻亲关系的四位仁人志士汉斯·冯·多纳伊、迪特里希·邦霍费尔、克劳斯·邦霍费尔和鲁迪格·施莱舍尔,还有抵抗组织的领导人威廉·卡纳里斯、汉斯·奥斯特和卡尔·萨克等人在不同的关押地点同时走上绞刑架,而这距离盟军攻克柏林,希特勒政权的彻底垮台不到 1 个月时间。汉斯遇难时年仅 42 岁,而迪特里希·邦霍费尔更年轻,就义时才 38 岁,尚未结婚。

战后,汉斯·冯·多纳伊与邦霍费尔兄弟一直被德国人民视为是反抗法西斯暴政而英勇就义的烈士而广受推崇。2002 年,德国政府为汉斯诞辰一百周年举行了隆重的纪念仪式,在纪念仪式上德国总统约翰内斯·劳发表讲话,高度赞扬了他在极端黑暗的岁月里所展现出的正直和大无畏的献身精神。德国邮政局还于当年 1 月 10 日发行由克里斯特·加斯纳设计的纪念邮票一枚,将他作为德国的历史名人加以纪念。由于汉斯当年冒着自己的生命危险成功地营救了犹太律师阿诺尔德和弗利斯两家人,因而以色列政府也给予他很高的荣誉。他的名字被以色列政府篆刻在耶路撒冷霍洛考斯特纪念中心的纪念墙上,供后人去凭吊缅怀。

汉斯·冯·多纳伊的妻子克里斯蒂娜和 3 个孩子有幸躲过了那场劫难,并亲眼见证了希特勒的覆灭以及战后祖国的重建与新生。

芭芭拉与克劳斯
(Barbara von Dohnanyi, Klaus von Dohnanyi)

芭芭拉·冯·多纳伊－拜厄是汉斯的长女,她 1926 年出生于柏林,今年已经 82 岁高龄了。受父亲以及舅舅一家英雄事迹的影响,战后她一直从事着倡导民主、揭露暴政并追查纳粹余孽的社会工作。晚年的她生活在慕尼黑,有一子一女。

克劳斯·冯·多纳伊是汉斯的大儿子,1928 年 6 月 23 日出生于汉堡。父亲被捕那年他年仅 15 岁,从那一刻起少年克劳斯就立志长大后继承父亲的事业,用法律来维护社会的正义。他在慕尼黑大学学习法律,毕业后因祖父埃尔诺的关系又先后到美国的哥伦比亚大学、斯坦福大学和耶鲁大学等一流名校继续深造,获法学博士学位。学成后他进入美国的马克斯·普朗克研究所从事民法研究，嗣后转到福特汽车公司，负责公司底特律总部与在德国的科隆分公司的法律协调工作。1960 年，32 岁的克劳斯返回德国发展，他成了慕尼黑市场研究与管理咨询研究所的合伙人，对市场经济的运作与管理造诣颇深。

1969 年，克劳斯开始进入政坛，当选为原联邦德国议会议员。他代表的是北威州选区选民，在议会中主要联系经济、教育与科学部门，以其平实谦逊的工作作风和高效专业的工作业绩赢得了选民们的爱戴。1981 年，53 岁的克劳斯担任了德国第二大城市，最大港口和外贸中心的汉堡市的市长，汉堡也正好是他的出生地。他在汉堡市长这个重要职位上连任了两个任期，前后 8 年。在此期间，1986 年 5 月 29 日，他与时任上海市市长的江泽民在汉堡市政府大厦共同签署了《上海·汉堡建立友好合作关系声明》，使上海与汉堡两个结为友好城市，为中德两国人民的友谊与友好交往作出了重要的贡献。1988 年，他从汉堡市长任上卸职。1989 年当柏林墙倒塌后，他又被联邦政

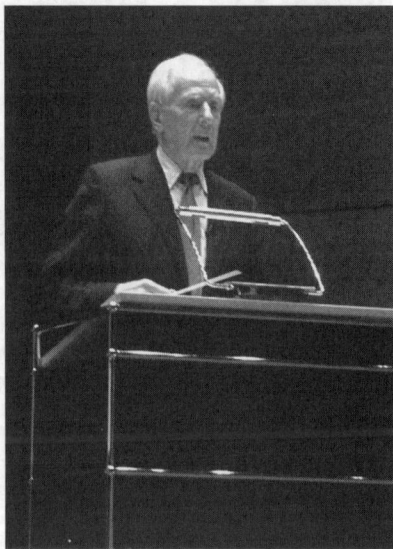

克劳斯·冯·多纳伊

府委派参与原东德地区的经济重建工作。作为社会民主党人，1993 年至 1996 年他出任党内关于市场经济问题的特别顾问以及信托基金会的主席。当以凯格哈德·施罗德领导的社会民主党于 1998 年上台主政后，克劳斯以原西德成功的私营企业作为范例，在大力推进东德地区的市场经济转型进程中起到了重要的作用。即便是在如今的默克尔担任领袖的社会民主党内，作为资深的党内元老，克劳斯仍发挥着其无可替代的咨政和顾问影响，他不愧是当今德国政坛上的一个重量级人物。

那难道当年的"匈牙利三杰"之一——埃尔诺·多纳伊的子孙中就没有人继承了他的音乐衣钵并将之发扬光大了吗？当然有！他，就是埃尔诺的小儿子克里斯托弗·冯·多纳伊。

克里斯托弗·冯·多纳伊
（Christoph von Dohnanyi）

克里斯托弗·冯·多纳伊是反法西斯战士汉斯·冯·多纳伊的小儿子，在他的身上，祖父埃尔诺·多纳伊所开创的音乐基业得以传承，而由父辈所谱写的英雄诗篇得以延续。在多纳伊家族的第三代里，如果说他的哥哥克劳斯继承的是父亲的衣

克里斯托弗·冯·多纳伊

钵,从政并建树多多的话,那么克里斯托弗则践行的是祖父的心愿,从艺亦声誉卓然。

克里斯托弗 1929 年 9 月 8 日出生于柏林,13 岁以前他一直与家人生活在这个德国的首都。然而在 1943 年 4 月 6 日这一天,他的父亲汉斯和舅舅,杰出的神学家迪特里希·邦霍费尔被纳粹逮捕了,从此便再也没有回来过,而少年克里斯托弗也过早地感受到了失去父亲给自己带来的影响和痛苦。尽管当时他还不能很清楚地了解父亲和舅舅所从事的反抗运动的具体含义,然而父亲英勇无畏的形象已经深深地印刻在他幼小的心灵中。克里斯托弗曾说:"人们总是谈及可怕的灾难是如何折磨,困扰那些精神饱受创伤的孩子们的,然而,你也要看到这样一个事实:那就是孩子们对生存有着非常巨大的适应能力。因为对成年人来说,他们认为自己有能力去改变他们的外部环境;而对于一个孩子,他知道自己无力去改变任何东西,要想生存下去唯有学会坚强。"

说克里斯托弗学音乐是大器晚成也许毫不过分,因为他最先树立的志向是长大后像父亲一样当一名律师而不是音乐家,而父亲,舅舅的英勇牺牲也一度更增强了他学习法律学业的决心。战后的 1947 年,18 岁的克里斯托弗进入慕尼黑大学法律系学习,然而,也许是潜意识里遗传因素的激变,在读期间的他突然对音乐产生了难以遏制的冲动和渴望,于是他最终决定听从自己内心的召唤,在第二年毅然转学,进入慕尼黑国立高等音乐学校,同时学习钢琴、作曲和指挥。其实,他早年还是在祖父埃尔诺的亲自指导下学过一些音乐技能。只不过他的学习先后由于祖父的出走,父亲的蒙难而数度中断;战争所带来的灾难与家庭所遭受的悲剧反而更加激发了他发奋学习的动力。他的各科成绩都很优异,尤其是作曲和指挥,更是名列前茅。除在学校里刻苦学习外,在校期间他还到慕尼黑歌剧院去实习,不仅担任了合唱团临时的歌唱辅导,同时也充当他们的钢琴伴奏。就在他毕业的那一年(1951 年)他荣获由学院颁发的理查·施特劳斯指挥奖。

从慕尼黑高等音乐学校毕业后,他并不急于踏上社会去寻找一份职业,而是在寻觅着继续深造的机会。就在这时,他想起了远在大洋彼岸的祖父埃尔诺。于是,他只身赴美,祖孙二人在时隔 10 年后在美国重逢了。他旋即进入祖父执教的佛罗里达州立大学。尽管此时老埃尔诺早已另组家庭,但对于这位继承自己事业并颇有禀赋的嫡孙的到来还是喜不自胜。不过,说是到祖父身边耳提面命,这其实只是克里斯托弗到美国求学的初衷,及至到了那里,方始发现祖孙俩的共同语言少得可怜。祖父很早就离开了克里斯托弗一家，常年在异国他乡漂泊，他不仅游离于政治之外，甚至在家庭遭遇到惨痛浩劫之际都未能有实际的，哪怕是名义上的声援之举，这在克里斯托弗的情感上永远是一道绕不过去的坎；就艺术而言，埃尔诺一生追慕19世纪的德奥浪漫乐派，无论是音乐风格或审美情趣在克里斯托弗看来都显得过时和保守，他却对当代作曲家，尤其是新维也纳乐派的作品情有独钟。因而从实际效果来看，祖父所能传授给他的真正学识委实不多，受益良多的倒是半年后在坦格伍德艺术节期间，他参加了由指挥大师伯恩斯坦举办的指挥大师班。他深为伯恩斯坦那热情洋溢，富于现代气息却又不失纯朴真挚的指挥艺术所折服。在向大师学习的同时，他也结识了班上一批来自世界各地的同行，其中一位比自己小1岁，在法国出生却在美国成长的青年指挥成了他的好朋友，他就是洛林·马泽尔。只是当时他俩都不曾想到日后两人竟会先后执掌同一支著名的交响乐团。

　　带着从坦格伍德所获得的收获，克里斯托弗回到了德国，开始了其作为指挥家的职业生涯。没有多少音乐大师拥有像他那样显赫的家族身世和厚重的音乐底蕴，多纳伊家族在德国的人脉是相当深厚的。他的第一个指挥职位就是他祖父当年的得意弟子索尔蒂为他提供的。他被任命为法兰克福歌剧院的助理指挥，担任索尔蒂的助手。5年后的1957年，28岁的克里斯托弗终于独当一面，成为吕贝克歌剧院的音乐总监，他也是当时德国所有歌剧院中最年轻的一位音乐总监。1964年，他又开始涉足交响乐指挥，担任了西德意志广播交响乐团（即科隆广播交响乐团）的首席指挥。4年之后，已积累了相当丰富的曲目和剧目的克里斯托弗还是得到了索尔蒂的提携和关照。是年，索尔蒂离开法兰克福去英国伦敦的科文特花园歌剧院履新，临行前他向法兰克福郑重推荐了克里斯托弗。于是，克里斯托弗又重归这座德国中部的歌剧重镇。接替索尔蒂所留下的职位，并且此次他担当的是歌剧院的首席指挥兼业务经理。他在法兰克福一干就是10年。之后他又应邀于1978年到德国北部的汉堡歌剧院，登上了音乐总指导（general music director）的宝座。3年以后，他的哥哥克劳斯·冯·多纳伊当选为汉堡市市长。多纳伊家族第三代两兄弟，一个从政，一个从艺，双双在汉堡比翼齐飞，一时成为当地的美谈。

　　如若说自学成后在德国的一系列指挥经历算是克里斯托弗艺术生涯的开篇的话，那么他的辉煌中篇就从他1984年再度赴美，出任克里夫兰管弦乐团掌门为始。说起他与克里夫兰的这段"两岸情缘"，其实肇始于1981年底的那次演出。当时，正在欧洲乐坛上颇有声名的克里斯托弗应邀赴美举行他的访美处子秀音乐会，与他合作的就是克里夫兰管弦乐团。那场音乐会极其成功，给听众和乐团成员都留下了极为深刻的印象。克里夫兰管弦乐团是20世纪美国战后的"老五大"（即波士顿、芝加哥、克里夫兰、纽约和费城美国五大交响乐团）之一，它的鼎盛时期也是由一位匈牙利裔的指挥大师乔治·塞尔缔造的。只是塞尔在创造出了举世闻名的"克里夫兰之声"的同时却疏忽了对其接班人的锻炼和培养，以致于在老大师1970

年去世后,乐团一度陷入了"群龙无首"的尴尬境地,客座指挥你来我往,难图大计。一直到 1972 年洛林·马泽尔走马上任后,乐团的演奏水平方始稳定并有所回升。马泽尔倒是兢兢业业,在克里夫兰奋斗了十个年头,他曾先后十次率领乐团去国外巡回演出,拓展了乐团的国际声誉。但马泽尔与塞尔一样,同样没有解决好接班人的问题,因而当他于 1982 年去职转赴维也纳国家歌剧院时乐团又重新陷入了混沌状况,演奏水平与乐团声誉急剧下滑。这时乐团想起了一年前与乐团举行过成功合作的、来自德国的指挥家克里斯托弗·冯·多纳伊,他们认定这位现年 53 岁,艺术上正值炉火纯青又与美国音乐界有着深厚渊源的指挥家是一个合适的人选。

克里斯托弗·冯·多纳伊在指挥

事实证明:克里夫兰管弦乐团当初的抉择是明智的。在此后与乐团合作的 18 年里,多纳伊再次重塑了乐团的昔日辉煌,他以高明的艺术造诣和管理手段很快就使乐团纳入到自己所设定的艺术抱负中去。他有充足的时间和足够的权力去将他的艺术理想付诸实施,正如他所说的那样:"关键是要找到它的命脉所在","当我来到这里时,它已经是一支伟大的乐团了,不过,我的理想是要在传统的基础上,将它打造成一种大型化的室内乐团。在这样的乐团里,演奏员之间能彼此习惯倾听其他人的声音,由此激发的本能和灵感就能够产生某种化学反应,而这正是演奏中最具闪光点的东西。"

把大型交响乐团当作室内乐团来训练,这正是克里斯托弗改革的第一步,通过这样的训练和引导,不仅使乐团成员之间的沟通途径大为顺畅,人际关系变得更加和睦,而且一种新颖、有别于以往的音乐风格也就顺其自然地形成了。之所以想到这种改革方式,克里斯托弗将之归功于克里夫兰管弦乐团是一支位于中等城市里的乐团,它与组建在大都市里的交响乐团迥然不同,这里的演奏家们都居住得相对集中,他们没有交通方面的麻烦,上班只需十分钟路程。因而对于他们来说,乐团无疑具有一种凝聚力的作用,是一个亲切,私密的小社会。芝加哥抒情剧院 2005 年曾邀克里斯托弗去指挥该剧院上演的贝多芬歌剧《费德里奥》,剧院乐队的大提琴家劳拉·德明从她与克里斯托弗难得的几次合作中就切身体会到这位指挥独特的艺术功力,她说:"我发现多纳伊关注歌剧中的每一个细节,甚至到了事无巨细的程度。他的准备工作做得非常鼓舞人心。我已经了解这部歌剧对他意味着什么,以及为何贝多芬的音乐和歌剧的主题是那样深深地感染着他。他能赋予音乐以强烈的感染力,他有一种方式能够带领乐队表现出最好的演奏状态,这有些像我们是在演奏着一首超大编制的室内乐曲似的。"

在克里斯托弗领导乐团的 18 个年头里,也难免会对乐团成员的构成做一番重组。在这方面,他的手腕则堪称"铁血"无情。他接手时的乐团百余位团员在他的任期内先后有 74 人另谋高就,所占总人数之比竟高达百分之七十。他挑选演奏员的标准极其严格,曾声称:"如果有必要的话,就准备一下子听 32 个低音提琴竞争者的演奏以便从中选出最合适的那一个。"他的一位亲密好友戴尔·鲁米斯在评价他的为人处世时这样说:"他本质上是一个极其严肃的德国人,全神贯注于他所从事的事业,并对所做的事非常具有决断力……一旦你无法达到他的要求时,他就会变得六亲不认,冷若冰霜。在某些场合他的这种态度非常管用;但对某些演奏员而言,他们也许就会把他当作是一个傲慢自大的人。"其实,那些对克里斯托弗·冯·多纳伊相知很深的人都认为:他个性中宁折不弯,有时甚至是认死理的个性是他追求完美的体现,他之所以这样做完全是为了艺术,"在他的体内没有一根傲慢自大的骨头",他们这样强调道。

经过克里斯托弗对乐团长达 18 年的细心"打磨",克里夫兰管弦乐团终于又重新赢回了它昔日的光彩和荣耀。他领导下的"克里夫兰之声"比当年引以为荣的音色更奔放流畅,更具柔韧灵活性。在保留曲目的开拓上,他也为乐团引进了大量他所擅长的现当代作曲家的作品,以满足不同听众的需要。在其任期之内,他先后十次率团举行了大规模的巡演,其中就包括 1998 年 5 月实现了对中国的首次访问演出,使中国的听众亲眼目睹了他在舞台上的艺术风采和精湛的指挥造诣。

在执掌克里夫兰的同时,克里斯托弗又受命于 1994 年出任英国的爱乐管弦乐团的首席客座指挥,3 年后的 1997 年又正式从意大利人西诺波利手中接过了指挥棒,成为该团的首席指挥并一直延续至今。克里斯托弗承认自己是一个富有追求精神的乐团领导人,当他在克里夫兰感到自己的艺术理想已经达到了极致之后,他于 2002 年毅然辞别乐团;而乐团也将桂冠指挥的荣誉呈献给这位为乐团中兴做出杰出贡献的大师。评论家们指出:克里斯托弗·冯·多纳伊为克里夫兰管弦乐团留下的遗产多多,而其中最重要的莫过于他为继任者,年轻的奥地利指挥家弗朗兹·韦尔泽-莫斯特(Franz Welser-Most, 1960-　　　)留下了远比当年他从马泽尔手中接过来的那支心理素质更棒,艺术水准更稳定的乐团了。

回到欧洲后的克里斯托弗一心一意的经营着爱乐管弦乐团,成绩同样斐然。从 2004 年起他又同时兼任汉堡广播交响乐团的首席指挥。他对汉堡一直充满着深厚的感情,在那里他始终保留着一处住房。在 2007 年 4 月,他成为过去 10 年里由英国公众投票评选出的英国各支交响乐团中最受欢迎的八位非英国籍指挥家之一。人们对他的评价是:"凭借其杰出的艺术才能,使他领导的乐团在 21 世纪里仍然无愧于世界一流之列。"

在克里斯托弗的人生里,音乐固然占据着最基本的"主旋律",然而,他也是一位对现代生活中诸多领域感兴趣的艺术家。或许是由于其父兄的原因,他关心政治,对当前发生的一切重大事件都保持着高度敏感。比如他关注近年来欧洲极右翼势力的抬头和蔓延,表示"我们所有人都必须与极右势力作斗争"。不少音乐家往往以超然者的姿态自居,他们羞于在大庭广众面前谈论政治和社会事物。然而,克里斯托弗却正好相反,他会以一种渴求的心情去"拥抱"这样的话题,这是因为"在我成长的那个地方,音乐永远是生活的一部分,可是政治也总是生活的组成部分。我17岁时就要求投身政治,而不是音乐。我确信,对身边正在发生着的事物感兴趣是我的一种本能。"

也许出于大多数人的预料,从事音乐指挥、长于形象思维的克里斯托弗还对语言和医学抱有浓厚的兴趣。他的那位密友鲁米斯就是美国芝加哥罗约拉医学院著名的教授和精神病医生。鲁米斯解释道:正是由于这个原因,他才与克里斯托弗成了莫逆之交。因为鲁米斯本人也迷恋音乐,他俩有着太多的共同语言。他说:"我非常沉湎于音乐,经常幻想着自己是一个音乐家,这会驱使我去告诉多纳伊自己正在从事着一个错误的职业;而另一方面,多纳伊也幻想他自己是一个精神咨询医生,所以他也常对我说一些有关精神治疗方面的事。不过,我全然不理睬他的意见,正如他也把我谈论的音乐当作耳旁风那样。"

更有甚者,在20世纪90年代中期,克里斯托弗·冯·多纳伊居然与鲁米斯在威斯康星州的南山县共同建造了一栋房子,作为他们两个家庭共同的度假休闲别墅。只是多纳伊在那里居住的日子屈指可数,因为他实在太忙了,一年里有大半时间是在英国的伦敦和德国的汉堡。不过,在南山县那些有限的休闲时日里他还是显得非常享受这种生活,因为这里是远离尘嚣的"心灵孤岛"。他乐于忍受这种闲散与孤寂,这样他便有充足的时间去阅读总谱,思考问题,还可以骑着自行车按每天22英里的标准健身计划去完成任务。

说到克里斯托弗的家庭,就不能不提到他的前后三次婚姻。他的第一位妻

克里斯托弗·冯·多纳伊的第二任妻子、
女高音歌唱家安娅·西尔娅(左)

子是德国女演员蕾纳特·齐勒森(Renate Zillessen),他们共有两个孩子,即女儿卡蒂娅和儿子裘斯图斯。在20世纪80年代,他又与女高音歌唱家安娅·西尔娅(Anja Silja,1940-)结合。不过,这对众人眼中令人艳羡的明星夫妻却在生了3个孩子之后,又于90年代宣告仳离。在度过了将近10年的独身生活后,2005年,时年已75岁的克里斯托弗竟上演了"帽子戏法",他第

三度当上了新郎，而这一次他的新娘是比他小35岁的奥地利小提琴家兼艺术经纪人芭芭拉·柯勒尔（Barbara Koller）。曾几何时，前两次婚姻的失败使他发出这样的感叹，称自己不适合被婚姻所束缚。然而话音刚落不到一年，他就遇上了芭芭拉。他俩相识于1992年的维也纳艺术节期间，当时芭芭拉是他的《尼伯龙根的指环》指挥助理。然在该剧成功上演后两人彼此在心里却谁也离不开谁了。如今的克里斯托弗有理由成为一位快乐，幸福的老男人，因为他对自己的第三段婚姻非常满意。他告诉记者："芭芭拉接受了我的过去。她来自一个维也纳的音乐家庭，她的祖父和叔叔都曾是维也纳爱乐乐团的演奏家，她本人也对音乐充满热情，因而她也许能比我的前两位妻子更能理解一个指挥家的工作和生活……要与一个比她大35岁的老男人生活在一起对于她肯定是一件困难的事，可是我们彼此倾心相爱。到目前为止，一切都相当完满！"

两个小多纳伊

　　克里斯托弗·冯·多纳伊前两次婚姻共为他带来了5个子女，其中他与第一任妻子所生的长子后来成了一位电影演员。裘斯图斯·冯·多纳伊（Justus von Dohnanyi）1960年12月2日出生于德国的吕贝克。他从小对音乐似乎兴趣不大，倒是对艺术表演爱好浓郁。成年后的裘斯图斯就学于慕尼黑戏剧艺术高等学校，毕业后主要从事舞台话剧和电影表演。2004年由德国摄制的影片《帝国的毁灭》（Der Untergang）以一种全新的视角生动地再现了当年希特勒及其同伙最终覆亡的下场，它问世后曾引起了影坛广泛的关注和争议，且荣获了第77届奥斯卡最佳外语片奖的提名。裘斯图斯在该片中饰演威廉·布格道夫将军，这也是他近年来创造的银幕形象中一个较受人关注的角色。

　　另一位小字辈的多纳伊则不是我们这篇文章中多纳伊家族的直系，他来自仍留在当地的多纳伊大族中。在1918年奥匈帝国垮台前，现今的斯洛伐克原是匈牙利疆界的一部分，而老埃尔诺的出生地普雷斯堡就是今天的斯洛伐克共和国首都布拉迪斯拉发。奥利弗·冯·多纳伊（Oliver von Dohnanyi）1955年5月2日出生在原捷克斯洛伐克的特莱辛，他曾师从捷克最著名的指挥大师纽曼（Vaclav Neumann, 1920-　　），在布拉格学习指挥，后又赴奥地利维也纳深造。学成后他

捷克指挥家奥利弗·冯·多纳伊

相继指挥过布拉迪斯拉发广播交响乐团,斯洛伐克爱乐乐团。从 1986 年起,他出任斯洛伐克国家歌剧院的首席指挥,1993 年又被任命为布拉格国家剧院的音乐总监成为祖国本土指挥家中的佼佼者。此外,他也曾担任过英国室内乐团和萨尔茨堡艺术节上的客座指挥。

　　瞧!多纳伊家族的音乐传统总会在令人意想不到的后代手中得到传承——当年老埃尔诺的儿子汉斯为了自己的政治理想,舍弃了音乐而选择了法律;可他的孙子克里斯托弗却又把家族光荣的音乐传统重拾起来并发扬光大。克里斯托弗自己的子女中并没有直承家学者,可在家族的支脉旁系的后代里找到了他的同行。音乐的薪火相传,生生不息。

多纳伊演奏自己的作品集

多纳伊演奏莫扎特钢琴协奏曲
和他自己的代表作《小星星变奏曲》

由安娅·西尔娅主演
的雅纳切克歌剧《耶奴发》

克里斯托弗·冯·多纳伊指挥
的马勒唱片

十一、音乐史上的奇葩
——英国的哈里森四姐妹

1934年,随着两位在乐坛享有崇高威望的作曲家的逝世,使得原本音乐根基就不甚牢固的英国复有大厦将倾之虑。这两位作曲家就是埃尔加(1857-1934)和戴留斯(1862-1934.)。算起来是年倒是英国音乐史上的一个大年。若要论述他俩在20世纪英国乐坛上的丰功伟绩恐非这篇小文所能承载,本文要介绍的乃是与这两位大家的创作都有着千丝万缕联系的一个家族——20世纪罕见的一门四英的哈里森四姐妹。

在20世纪的前半叶,哈里森四姐妹绝对堪称是乐坛上一道令人艳羡的亮丽风景线。她们自小均有音乐天赋,在父母的呵护关爱下,成年后将这种天赋转化成为才华,在各自从事的领域内都扮演了一个无可替代的重要角色。她们的家庭因之誉满全国,王公贵胄、贵妇淑媛都乐于围绕在她们身边,甚至连高高在上的国王也要恭维她们。英国乔治五世就曾在某个重要的场合告诉她们之中的贝娅特丽丝·哈里森:"你已经通过你的大提琴,使帝国正朝着它昔日的全盛时代靠拢呢。"其尊贵如此。哈里森四姐妹声名直追英国文坛上素负盛誉的勃朗特三姐妹以及弗吉妮娅·伍尔芙姐弟四人。英伦的名门何其多耶?

梅·哈里森(May Harrison)

梅·哈里森是四姐妹中的老大。她们的父亲约翰·哈里森是英国皇家海军的上校,皇家工程院圣托马斯坑道与雷管学院的主要负责人。约翰的妻子安妮年轻时曾随英国著名的男中音亨谢尔(George Henschel,1850-1934)和加西亚(Gustave Garcia)学习过声乐,具有良好的专业素质。安妮在婚后选择了相夫教女而放弃了自己的专业。不过,当初她曾立下誓言:只要她的孩子们哪怕显示出一丁点儿的音乐才能,她就将不惜一切代价将她们培养成材。这一发誓结果却使20世纪的英

梅·哈里森

国腾飞出了四只金凤凰。

梅·哈里森 1890 年 8 月 23 日出生于印度西北毗邻喜马拉雅山的罗尔基（Roorkee）省，这是由于当时约翰正被派驻在这个殖民地，自然她的孩提时代也是在那里度过的。据说在梅学会说话之前已能和着曲调唱歌了。她 3 岁开始学钢琴，5 岁改学小提琴。10 岁那年，在一次由当地主办的无级别音乐比赛上她从 3000 名竞争者中脱颖而出，获得了比赛金奖，这在当时的印度不啻是一条创纪录的新闻。第二年，梅即凭着这份来之不易的奖学金前往英国伦敦，就学于皇家音乐学院。她师从来自西班牙的小提琴教育家阿沃斯（Enrique Arbos，1863-1939）——维厄唐和约阿希姆的高足，梅的另一位老师是维尼亚夫斯基和丹克拉的学生阿契勒·里瓦尔德（Achille Rivarde）。据此可以推断梅在皇家音乐学院接受的基本上是正宗的法—比提琴学派的教育，其中里瓦尔德甚至有更为古老的德国提琴学派的背景。13 岁那年，梅在伦敦的圣詹姆斯大厅举行了她的独奏处女秀，在指挥大师亨利·伍德指挥下演奏了小提琴协奏曲，顿时，"才女"的美名在首都不胫而走。

1908 年，从皇家音乐学院毕业的梅又负笈来到俄国，转投另一位伟大的提琴教师——圣彼得堡音乐学院的奥尔，为的是向这位俄罗斯提琴学派的掌门人学习更新的观念和演奏技巧。她随奥尔学习了 3 个月，为时不长却足以使她对新派的演奏技法了然于胸，尽管终其一生她使用的仍是最为得心应手的法—比学派。次年，梅在德国首都柏林举行了她在国外的首场演出。同年，在赫尔辛夫斯基举行的门德尔松艺术节上，由于小提琴大师克莱斯勒因故无法如约前来，于是组委会立刻想到了刚在柏林取得成功的 18 岁的梅，让她临时救场。梅不负众望，在音乐会上完美地演奏了门德尔松的《E 小调小提琴协奏曲》。

或许是梅与克莱斯勒有缘，10 年之后，她又一次成为了克莱斯勒的"替身"，只不过此番她的演奏曲目难度更高，是她此前尚未练习过的埃尔加的《B 小调小提琴协奏曲》。梅硬是在两个星期之内练成了这部作品并顺利地登台献艺，此举又赢得了听众的激赏和称颂。自打其演奏生涯开始，她演奏的巴赫就受到人们的关注和好评。而她与作曲家戴留斯的交往也正是因巴赫的作品而结缘的。

以创作幻想序曲《翻山远去》著称于世的戴留斯自己便时常"翻山远去"，他甚少居住在自己的祖国，却曾在美国、德国和法国消磨了大半辈子。21 世纪初，戴留斯在位于法德边境的格雷茨——洛英地区的寓所里欣赏了由梅·哈里森演奏的巴赫的无伴奏奏鸣曲后,对她的才艺大表赞赏,遂起意为这位世交的千金度身定制小提琴作品。他先是完成了《第一小提琴奏鸣曲》;1914 年戴留斯在曼彻斯特又聆赏了由梅与她的妹妹,大提琴家贝娅特丽丝合作的勃拉姆斯的《A 小调小提琴、大提琴双重协奏曲》,更是激情难耐,一曲甫毕,他当即告诉这对姐妹自己将效仿前贤,专门为她俩创作一首类似的双重协奏曲。结果此曲果然于第二年完稿,戴留斯更亲自携总谱到伦敦登门拜访哈里森姐妹,要求她们试奏给他听。试奏后,戴留斯还听取了两位演奏者对作品的修改意见,并在 1920 年 2 月 21 日正式交由哈里森姐妹首演于伦敦的皇后音乐厅。10 年之后,当时已双目失明,生活失于自理的戴留斯在极为艰难的状态下又为梅写下了他的《第三小提琴奏鸣曲》,并亲嘱务必由后者予以首演,可见其对梅的一片呵护提携之心。而梅也在她演奏事业的黄金年代,将宣传推广戴留斯的音乐作品为己任,为后人留下了她录音作品中最具艺术个性、也最具权威性和说服力的部分。

由于戴留斯本人也学过小提琴,且技巧娴熟,这使他创作起小提琴作品来相当得心应手。在现存的由梅·哈里森演奏的戴留斯作品录音中,最重要的当数她与伯恩茅斯小交响乐团录制于 1937 年的《小提琴协奏曲》以及她与作曲家兼钢琴家阿诺德·巴克斯爵士(Arnold Bax, 1883-1953)合作的两首小提琴奏鸣曲(第一和第三)了。笔者恰有《第一小提琴奏鸣曲》的录音,它被收录于由 Pearl 唱片公司发行的《小提琴历史遗珍》(The Recorded Violin)的第一卷中。这首由两个乐章构成的奏鸣曲分别录制于 1929 年 6 月 1 日和 26 日。梅的演释再现了作品中那独一无二的音乐个性,表达得既意趣盎然又细腻传神。第一乐章那抒情又具歌唱性的主题本就是梅的强项,小提琴准确地捕捉到了旋律所描绘的海水的流淌和波光粼粼的音色,并赋予其浪漫主义的芬芳;而在舞曲般的第二乐章,梅的用弓洒脱利落,几乎听不出一丝的优柔寡断。当然,如此精妙的诠释也有赖于她的那把约瑟夫·瓜尔内里琴。此琴音色雄润激越,赋有男子气。难怪戴留斯本人在听了录音后尚嫌巴克斯的钢琴声"太强烈了",但对梅的演奏却表示尽善尽美、无懈可击。

除了戴留斯的作品,梅也是巴克斯本人的《第三小提琴协奏曲》和莫伦(Ernest Moeran,1894-1950)的《小提琴协奏曲》的受赠者和首演者,这都足以表明她在 20 世纪上半叶英国乐坛的重要地位。在被提及的梅的演奏录音中,应当还有她演奏的亨德尔、门德尔松、格里格、格拉祖诺夫等的作品,以及她与妹妹贝娅特丽丝曾在欧洲连演 60 余场,从而引发轰动的勃拉姆斯的《A 小调双重协奏曲》。然而,这些录音要么没被转成 CD,要么已遗失或毁损了,时至今日尚未见其踪迹。在二次世界大战爆发之前,梅还经常为 BBC 广播电台录制节目,并且在逍遥音乐会上频频亮相。战争期间,她把更多的时间花在教学上,受命出任皇家音乐学院的小提琴教授,间或举行音乐会。她直到 1959 年 6 月 8 日去世前不久方才放下手中的琴。

在哈里森四姐妹中,梅的寿命最短,只活了 69 岁。她被葬于萨里郡的利普斯菲尔德,之所以落葬于此,很大原因是戴留斯于 1934 年病逝于格雷茨-洛英的一年后,他的墓地被迁移至此。能与生前所景仰的作曲大家为邻,梅当可死而无憾了。

贝娅特丽丝·哈里森(Beatrice Harrison)

贝娅特丽丝·哈里森

贝娅特丽丝·哈里森是四姐妹中的老二,也是姐妹花中最负世界声誉者。她 1892 年 12 月 9 日出生于印度的罗尔基,不过她在印度呆的时间极短,因为出生 3 个月后就全家返回英国。当时其父约翰任职的皇家工程院有一支由院内人士组成的业余管弦乐队,他们亦定期举办音乐会。贝娅特丽丝 18 个月的时候被父母抱着参加了平生的第一场音乐会,孰料才 1 岁半的孩子竟被乐团中的大家伙——大提琴所吸引。当然家里首先让她学的还是钢琴和小提琴,直到她 8 岁时方始允许她接触心仪已久的大提琴。小贝娅特丽丝仿佛天生就是为大提琴而生的,乐器一经上手便摆弄得有模有样。习琴不久,长辈们就让她到工程院的乐队中参与演奏,因而她从小就获得了相当丰富的实践经验。

在 10 岁那年,像姐姐梅一样,贝娅特丽丝也赢取了由联合委员会主办的音乐比赛金奖。不过那次她的竞争对手是 4000 名。凭着这份奖学金,第二年贝娅特丽丝进入皇家音乐学院,师从怀特豪斯(William E.Whitehouse,1859-1935)。怀特豪斯在当时的英国可谓权倾琴坛,身兼皇家音乐学院、三一学院、剑桥大学和曼彻斯特大学数所院校的教职于一身,门下弟子无数。尽管如此,贝娅特丽丝却是他招收的第一名女学生。1907 年在与由亨利·伍德指挥的伦敦交响乐团的合作下,14 岁的贝娅特丽丝在皇后大厅举行了她的演出处女秀。在音乐会上她技艺娴熟而又充满自信地演奏了圣-桑的《A 小调大提琴协奏曲》。第二天出版的《泰晤士报》将她捧为"一个彻彻底底的音乐家"。

1908 年,贝娅特丽丝随全家又迁至德国柏林。在旅居柏林的两年里,她拜德国大提琴名师雨果·贝克尔(Hugo Becker,1863-1949)为师继续深造,成为贝克尔在柏林高等音乐学校的第一名大提琴女弟子。柏林高等音乐学校设有"门德尔松奖",此奖专为在德国音乐院校学习的非德籍学生而设。1910年,18岁的贝娅特丽丝以其优异成绩成为该奖历史上最年轻的获奖者。她的获奖作品是舒曼的《A小调大提琴协奏曲》。据说当她获奖后,不可一世的德国皇帝威廉二世还自欺欺人地说道:"一个英国少女获奖?这不可能!也许她在高尔夫比赛中能够得奖,但在音乐比赛里这简直是太令人难以置信了。"

然而,贝娅特丽丝不仅得了奖,并且还以德国作为其职业演奏生涯的起点,开始了她的欧洲巡演。在一系列成功的巡演中既有她的大提琴独奏,也有她与自己的姐妹梅和玛格丽特的弦乐三重奏,在当时的乐坛上着实刮起了一股不小的"哈里森旋风"。

贝娅特丽丝的一生中保持着不少堪称"吉尼斯纪录"的第一。除了前述她分别是怀特豪斯和贝克尔的第一位女学生外,1913年,她又成为进入纽约卡内基大厅的第一位女大提琴独奏家。在卡内基她分别与美国著名的波士顿交响乐团和芝加哥交响乐团举行了两场协奏曲音乐会,这又正是两支交响乐团建团历史上首次与一位女性独奏家进行合作。此外,贝娅特丽丝也是将柯达伊的《无伴奏奏鸣曲》介绍到英国和美国,并分别在这两个国家予以首演的第一人。在美国期间,她与不少世界顶尖的艺术大师合作,他们之中有小提琴泰斗克莱斯勒、伟大的作曲家兼钢琴家拉赫玛尼诺夫、杰出的澳大利亚女高音梅尔芭等。

就演技而言,贝娅特丽丝可以随心所欲地驾驭主要的大提琴经典曲目,然而无论是在欧洲还是北美,她在音乐会上总是有意识地把英国作曲家的作品作为自己的保留曲目,通过自己的声望和影响,向世人传扬祖国的音乐文化。尽管戴留斯为这位"哈里森家族的老二"同样馈赠了自己为其度身定做的《大提琴协奏曲》《大提琴奏鸣曲》以及《双重协奏曲》,然而在贝娅特丽丝一生的演奏艺术中这些都比不上她对埃尔加的《E小调大提琴协奏曲》所做出的巨大贡献和影响。甚至可以说,如若没有贝娅特丽丝,这部日后成为每一位大提琴家奉为圭臬的经典之作很有可能甫一问世就遭夭折。1919年10月,埃尔加的这部晚年力作首演于皇后大厅,当时出任大提琴首演的是贝娅特丽丝在皇家音乐学院的同门学兄萨蒙德(Felix Salmond,1888-1952),然而令作曲家始料未及的却是首演以失败而告终。埃

作曲家埃尔加(左)与贝娅特丽丝·哈里森

尔加自然不服气,他在听了贝娅特丽丝的演奏后决定在这位 27 岁的姑娘身上试试运气。他极力推荐由贝娅特丽丝来为他的大提琴协奏曲录音。于是在 HMV 的录音室里就留下了两个版本的录音:第一个录音于 1919 年,实际上是作曲家的一个删节版;而 1928 年的录音才是完整版,两次录音均由埃尔加亲自指挥交响乐团协奏。1928 年版的《E 小调大提琴协奏曲》堪称是历史录音中最为重要且具收藏价值的经典,由于在演奏时贝娅特丽丝严格地遵照了作曲家所有标明在乐谱上的提示,尤其是力度和速度方面的要求,因而它成为日后每一位后来者演奏此曲必备的参照楷模。

当贝娅特丽丝完成了录音之后,埃尔加又向她提出了进一步的要求,请她与自己在皇后大厅再次联袂合作演出这部作品,因为他急于想挽回因首演失利而造成的负面影响。贝娅特丽丝深知此次演出的意义非同一般,她非常慎重其事。在当晚的音乐会上她特意挑选了一袭“饰有天堂般的绿松石图案”的蓝色雪纺绸晚礼服,因为她认为这种图案和颜色与作品所要表现的情绪色彩最为契合。果然,演出获得了巨大的成功,自此,这部作品经由贝娅特丽丝的诠释而拨云见日、熠熠生辉,成为她音乐会上的保留曲目。

贝娅特丽丝在自家花园里拉大提琴

在二次世界大战期间,贝娅特丽丝也没有放下手中的琴,她经常出现在由维多莉娅公主举办的慈善音乐会上,为前线将士义演。维多莉娅公主是英王乔治五世的妹妹,她本人也是一位狂热的音乐爱好者,与哈里森姐妹交往甚厚。其时哈里森一家虽然居住在伦敦郊外的萨里郡,然自从出了闻名遐迩的乐坛四姐妹后,这里已没有了往日的安静清闲,俨然成为一个高朋满座的文化沙龙。哈里森家的座上宾除英国的王室成员和一流音乐家外,还有大文豪萧伯纳、美国第一夫人埃莉诺·罗斯福,同时这里也接纳来自世界各地的慕名访客。每当华灯初上,在哈里森家的“夜莺花园”里总要举行形式多样的家庭音乐会。乐音袅袅伴随着谈笑风生,遂成萨里郡一处引以为豪的文化盛景。

当人们在事业或生活中有着失意和困顿时,常喜欢以“上帝总是公平的”来聊以自慰,意即上帝在这里关上了一道门,却又在别处开启了一扇窗,总有让人活下去的理由。然而,当我们将这句名言套用在某些名人身上时仍会感受到它的残酷性。名噪英国文坛的勃朗特三姐妹竟均未能活过 40 岁。而同样在英国乐坛活色生香的哈里森四姐妹尽管个个风姿绰约、身怀绝技,但她们四人的情感生活却是不约而同地一片空白,四姐妹中没有一个成婚的,令人唏嘘。就以贝娅特丽丝来说,在她的生活中就没有为任何一个男性留下过位置。早年在德国期间曾多次担任过她钢琴伴奏的钢琴家兼作曲家达尔贝特(Eugene d'albert,1864-1932),尽管有过五次失败的婚姻,却仍难以抵御贝娅特丽丝的丽质和才华,他试图向后者求婚却被婉言谢绝了。在以后的日子里,又有西里尔·斯科特(Cyril Scott,1879-1970,多才多艺的英国作曲家、钢琴家、诗人和哲学家)等几位相当出色的男士向她示爱,但同样无功而返。在贝娅特丽丝看来,大提琴简直是她生命中的一切。就连无法推托的社交活动和正式聚会,她也总是在勉强的敷衍客套过后就躲进房间里去练琴。她最后一次出现在公众场合是在1958年,当时她参加了一个有电视转播的音乐会,这是为建造一座新的考文垂大教堂而举办的慈善募捐义演。自那以后,她的身影便从舞台上消失了。

贝娅特丽丝·哈里森和她的爱犬

贝娅特丽丝的晚年是在萨里郡家族的乡间别墅里度过的。她隐身于此,每天与夜莺对歌抒情,修身养性。一天黄昏时分,她躲在森林里演奏了里姆斯基-柯萨科夫的《印度客人之歌》。照料其日常起居的6个护卫发现不见了她的踪迹,正当他们手足无措之际,这边厢贝娅特丽丝却身心大悦地回到了家,她说:"当我对着森林拉琴时,突然间我感到在我周围升腾起一种荣耀般的回声。我在琴上奏着颤音,它引来了林中夜莺的唱和啁啾,在此之前我从没听过夜莺这么动听的歌唱。对我而言这简直是一个奇迹。"后来,她建议BBC交响乐团的指挥家约翰·雷恩(John Reith)与她合作,将她与夜莺的"对话二重奏"以自然的方式录制下来,为此她甚至让一支小型乐队专门驻扎在家中。这个神奇而独一无二的录音——贝娅特丽丝与夜莺的二重奏《印度客人之歌》通过HMV的录音传向了整个西欧。经过这件事贝娅特丽丝的名字更为家喻户晓,来自世界各地的问候语有如雪片般地飞往这个素来宁静的小镇。20世纪60年代以后,当她的两个姐妹相继退出舞台之后,她们也搬来这里与姐姐一同居住。老年的三姐妹过着悠闲恬淡的生活。1965年3月10日,贝娅特丽斯·哈里森辞世,享年73岁。

贝娅特丽丝的一生既未曾大红大紫、惊天动地,却也未见大起大落、顿挫失意。对于她的成就,《斯特拉德》的评论写道:"她音乐会生涯的巅峰时期联结着英国乐坛20世纪前30年的振兴。对于贝娅特丽丝而言,大提琴和它的音乐无疑就是她生命全部的'意义和目的'(Meaning and purpose)。"

莫妮卡·哈里森（Monica Harrison）

哈里森三姐妹

莫妮卡·哈里森是四姐妹中的老三，也是她们之中最名不见经传的一位。譬如有 10 本音乐家人名辞典，那么收录贝娅特丽丝名字的十有八九；梅的名字可能十之有半；而莫妮卡的名字如能在其中的一本中寻见就已相当幸运了。她 1897 年出生于伦敦，学过钢琴，后来选择了声乐作为其艺术发展的方向。她的老师是维克托·拜格尔（Victor Beigel）。尽管拜格尔的名声不怎么出众，却也教出了像梅尔基奥尔（Lauritz Melchior, 1890-1973）这样的优秀弟子。梅尔基奥尔是著名的丹麦裔美国男高音歌唱家，在 20 世纪 30、40 年代成为瓦格纳歌剧的演唱权威。莫妮卡是次女高音，论音乐天赋她一点儿也不输给她的三位姐妹，但她自幼体弱多病，因而作为歌唱家其所受的局限就相当大，以她的体质和音量只适合饰演一些戏份较轻的歌剧角色，却永远也无法成为女主角。

莫妮卡于 1924 年首次登台亮相，反响甚佳。然而她赢弱的身体终究成为她艺术发展的最大累赘。她根本无法像一位职业演唱家那样随时等待着歌剧角色的降临。她更多的是与姐妹们一起出现在音乐会的舞台上，唱几首歌剧咏叹调或艺术歌曲。除了音乐，莫妮卡最喜爱的就是文学了。她经常手不释卷，间或也能看到她在舞台上声情并茂地朗读诗歌，嗓音甜美、感人至深。总体而言她的人生是四姐妹中最平淡无奇的。不过，也许连她自己都没有想到的是，一辈子病病歪歪的她竟是四姐妹中的最长寿者，她于 1983 年去世，享年 86 岁。

玛格丽特·哈里森（Margaret Harrison）

玛格丽特·哈里森是哈里森四女杰中的小妹，1899 年 4 月 20 日出生于伦敦。她从小禀赋过人，即便在四姐妹中也数她天资最高。1904 年，就在她 5 岁生日的前一天，她收到了皇家音乐学院的录取通知书，成为该院少年班年纪最小的一名学生。受大姐梅的影响，玛格丽特学的主课也是小提琴，连她在皇家音乐学院的授

业老师也还是曾教过梅的里瓦尔德，故而梅
和玛格丽特既是同胞手足，又成同门师姐妹。
1908 年，当梅前往圣彼得堡拜奥尔为师时，年
仅 9 岁的玛格丽特也一同前往俄罗斯，结果
她成了奥尔的助教纳尔班迪安（Nalbandrian）
的学生。

玛格丽特·哈里森

后来她重回皇家音乐学院完成其学业。
1918 年，19 岁的玛格丽特在伦敦的温格莫尔
音乐厅举行了她的首场独奏处女秀。1925 年
她在逍遥音乐节上演奏了巴赫的《A 小调小
提琴协奏曲》，此后便成为逍遥音乐节上的常
客。由于年龄的关系，当她的两个姐姐在英
国的音乐界备受青睐之际，她却常常被有意
无意地疏忽了。在世人眼中，她仅仅是明星
姐姐身旁的小女孩儿。比如当梅和贝娅特丽丝与戴留斯一同探讨后者的双重协奏
曲中演奏的细节问题时，同时在座的玛格丽特便充当起助手，将她们涂抹在乐谱上
的记号、标示仔细地整理、誊写出来。后来玛格丽特本人也多次在自己的独奏音乐
会上演奏过戴留斯的小提琴协奏曲和小提琴奏鸣曲。

玛格丽特的演奏应该也有录音传世，其中有两张唱片记录下了她与梅和贝娅
特丽丝合作演奏室内乐的现场实况。但在 20 世纪 40 年代她却展露出了之前甚少
示人的另一技能，当她与贝娅特丽丝一起在欧洲巡演时担任了姐姐的钢琴伴奏。
在四姐妹中，当以她与贝娅特丽丝的关系最亲密，因而当 1958 年贝娅特丽丝告别
舞台之际，玛格丽特也几乎是同时在人们的视线中消失了。从 1965 年贝娅特丽丝
去世后，她便再也没有在公众场合演出过。

此外，玛格丽特自幼便对动物抱有极浓厚的兴趣，即便是在日后演出繁多的音
乐生涯里她也几乎与她的那些小宠物们形影不离。她豢养动物的历史长达 50 年，
是爱尔兰猎犬的高级"保姆"，更是多个名犬评选活动中的评委。她对动物的迷恋
和对音乐的热爱同样深厚。然而她却未因玩物而丧志。1985 年，在贝娅特丽丝去
世 20 周年之后她的自传出版面世。该书的问世似乎一下子又唤醒了玛格丽特的
音乐情愫。作为四姐妹中的唯一幸存者，她接受媒体作了多个访谈，回忆记叙了当
年四姐妹的音乐纪事。她还发起组建了"哈里森姐妹基金会"，用心保存、收集她
们家庭的珍贵史料（包括音乐总谱、演出剧照以及乐器、家具等等）。如今这些珍藏
正静静地躺在皇家音乐学院的陈列馆以及在苏塞克斯郡锤状木屋的纪念馆里，供
人观赏和凭吊，它们仿佛正在无言地诉说着 20 世纪英国音乐史上那一段令人追忆
和感怀的历史。

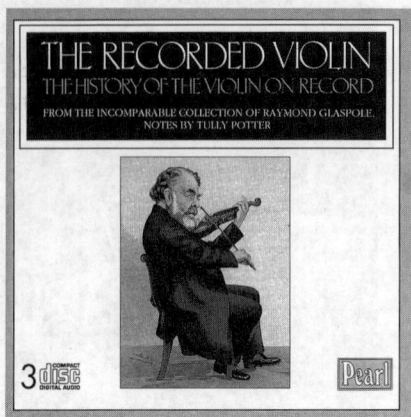

《小提琴历史遗珍》第一卷（3CD）
中有梅·哈里森的珍贵录音

在哈里森花园里录制的贝娅特
丽丝演奏的舒伯特《夜莺》,由玛格
丽特钢琴伴奏

贝娅特丽丝演奏的埃尔加大提
琴协奏曲不朽唱片

十二、劫后余生成世家
——奥斯维辛集中营幸存者，
女大提琴家阿妮塔的一家

  2002 年一部由世界著名电影导演罗曼·波兰斯基执导的影片《钢琴家》(The Pianist)一举夺得戛纳电影节的金棕榈大奖。这部根据波兰犹太裔钢琴家斯皮尔曼(Wladyslaw Szpilman, 1911-2000)真人真事创作的影片编、导、演俱佳，故事情节曲折感人，获奖可谓实至名归。斯皮尔曼这个名字尽管在辞典上不易找到，其生前也只是波兰广播电台的音乐指导，却因影片的流传知名度大增，一时风光无限。

  其实，在影片《钢琴家》问世之前的 1996 年，在英国也出版过一本类似题材的书，并同样引起了轰动和关注。这本名为《传承事实真相》(Inherit The Truth 1939-1945)的书是一位曾亲身经历过奥斯维辛纳粹集中营非人折磨的女大提琴家的回忆录，书中历数她早年的习艺生涯，在二战期间所遭受的劫难以及凭借着音乐的力量将自己从死亡边缘拯救过来的人间奇迹。窃以为如有大师级的电影名家能据此拍出一部类似《辛德勒的名单》《钢琴家》这样反思二战题材的影片，其成功的系数一定不会小于前两者。在这部"影片"尚未诞生之前，在此将主人公与她家庭的故事先予奉上，也同样地感人和令人唏嘘不已。

阿妮塔与彼得
(Anita Lasker–Wallfisch and Peter Wallfisch)

  在国际乐坛上，尽管阿妮塔 拉斯克–沃尔费什是著名的英国室内乐团的创始人之一，一位造诣高深的大提琴家，但她的知名度不及她丈夫彼得和他们的儿子拉斐尔，假若没有她那本回忆录的问世，向来保持低调的阿妮塔与她那富于戏剧性和传奇色彩的人生经历，决不会重回世人的视线之中。

  阿妮塔 1925 年出生于德国布雷斯劳（今属波兰）一个中产阶级的犹太家庭。她的父亲阿尔方斯·拉斯克尔是当地一位知名的律师，美丽动人的母亲是一位小提琴家。阿妮塔是家中三姐妹中最小的一个,从小学习音乐,13岁那年她被送往柏林音乐学院师从莱奥·罗斯陶(Leo Rostal)学习大提琴。起先的一切都很顺当,然而自希特勒上台后形势陡变。1938年柏林的纳粹份子开始驱赶犹太人,她被迫中断了学业回到家中。辍学之痛尚未愈合,家破人亡的惨剧又接踵而至。1942年,纳粹的排犹活动甚嚣尘上,大批犹太人被赶出他们的家园,阿妮塔的父母也在其列。三姐妹们的父母便从此杳无音信,生死不明。为了达到将犹太人赶尽杀绝的罪恶目的,纳粹法西斯连无依无靠的三姐妹也不肯放过。同年,年仅17岁的阿妮塔被无端地扣上了"伪造文件"、"试图逃跑"和"资助敌人"的罪名与她的二姐雷娜塔一同遭到逮捕,次年即被送往魔窟奥斯维辛集中营。

阿妮塔与她的自传《传承事实真相》

在集中营里,阿妮塔与其他关在这里的囚犯一样被剃了光头,身上被烙上了令人羞辱的编号:69388。原本阿妮塔抱着必死的想法,以为一旦被投入这个纳粹用来进行人体化学试验的魔窟就再也别想有朝生还。后来一位狱友得知她是一位大提琴手,便告诉她这里有一支女子乐队。因为集中营里的纳粹头目喜欢音乐,为此允许"犯人们"组织一支女子乐队以供他们欣赏取乐。恰巧,该女子乐队的指挥,作曲家马勒的外甥女阿尔玛·罗塞(Alma Rose,1906-1944,马勒之妹与奥地利小提琴家阿诺尔德·罗塞之女)与阿妮塔同囚一室,阿妮塔加入了乐队,这才使她少受许多令人屈辱的体罚和折磨。在她的书中写到,每当集中营有一批新的"囚犯"到来时,她们就要站在集中营的大门口奏《拉德茨基进行曲》;每个星期六晚上她们还要为那些纳粹头目们举行专场音乐会,以满足他们喜爱古典音乐的"嗜好"。阿妮塔本人还曾被迫为臭名昭著的刽子手门格尔独奏过大提琴。尽管如此,在阿尔玛·罗塞的领导下,女子乐队的成员们还是想方设法利用晚上的时间演奏自己改编的一些能够鼓舞、激励自己的乐曲,比如将贝多芬的《悲怆奏鸣曲》改编成弦乐四重奏。就这样阿妮塔与她们的狱友们在集中营里过着"强颜欢笑"的岁月。在那度日如年的日子里,阿妮塔每天不止一千次地望着挂在墙上的钟,在内心默默祈求着生存的希望。

重见天日的时刻终于来到了!1944年11月苏联红军的到来,才将阿妮塔从苦海中解救出来。她被转移到比较安全的贝尔根—贝尔森,以后又被英国军队送往英国。而她是那一支女子乐队中唯一幸存的大提琴手,而那位富有才气的女小提琴家、女子乐队指挥、38 岁的阿尔玛·罗塞却未能躲过此劫,死于罪恶的奥斯维辛集中营。

劫后余生的阿妮塔倍加珍惜自己的艺术和生命,从 1946 年起她定居于英国,并与同为德籍犹太血统的钢琴家彼得·沃尔费什结为连理。她参与了英国室内乐团的创建,并且一直以一名大提琴演奏家的身份在乐坛上做着自己的贡献。本来,阿妮塔决定将自己那段不堪回首的往事彻底埋藏于心灵深处,直到 1985 年即反法西斯战争胜利四十周年之际,她才改变初衷,决心把它写出来,以告慰集中营里那无数屈死的亡灵,警示后人。她的子孙们在得知此事后均大为震惊,因为此前阿妮塔在家中不曾对他们提及只言片语。不仅如此,在 1996 年已 71 岁高龄的阿妮塔还在女儿的陪伴下重新造访了昔日的奥斯维辛,不胜感慨。正是由于这次重访最终促成了《传承事实真相》这本回忆录的问世。该书于 1996 年出版,2000 年被先后转译成法、德、日等多种语言版本,它激起了全世界的广泛瞩目。书中反复强调的中心思想是:"音乐拯救了我的生命,音乐是我的庇护神。"(Music Saved My Life. It Was A Refuge.)

阿妮塔的丈夫彼得·沃尔费什 1924 年也出生于布雷斯劳,他是一位钢琴家,年轻时曾在以色列的耶路撒冷音乐学院求学,后到巴黎音乐学院师从著名钢琴家玛格丽特·隆(Marguerite Long, 1874-1966)深造。他在纳粹统治期间出走美国,战后以独奏家身份在世界各国巡回演出,曾出任英国皇家音乐学院的教授。他于 1952 年与阿妮塔结婚,婚后有两个孩子:女儿玛娅·雅各布斯和儿子拉斐尔·沃尔费什。玛娅是一位视觉艺术家,如今在以色列驻纽约总领事馆任文化专员,并主持"以色列热线",为全世界的以色列人提供服务和帮助。而拉斐尔则继承了家族的音乐职业,像他的母亲一样成为一位大提琴家。

拉斐尔与伊丽莎白
(Raphael Wallfisch and Elizabeth Wallfisch)

音乐圈内常把那些精力过人、常年忙碌奔走于世界各地、每年要开一二百场音乐会,又同时在录音棚内屡创高产的音乐家称为"全天候演奏家"或"全能演奏家"。在当今的大提琴领域,这种健将级的演奏家似乎非拉斐尔·沃尔费什莫属了。举凡他演奏的大提琴曲目数量之多、范围之广、风格之杂,即便在比过往涌现出更多优异大提琴家的今天,他也堪称是一佼佼者。拉斐尔 1953 年出生于伦敦,成长于音乐之家的他自小学过钢琴和小提琴,8 岁起由母亲开始教他学大提琴。起先拉斐尔由于兴趣过于广泛,对于学大提琴还显得有些心猿意马,但在他 14 岁那年欣赏了杰出的女大提琴家内尔索娃(Zara Nelsova, 1919-2002)的演奏,心灵受到

拉斐尔·沃尔费什

极大的震撼，从此便心无旁骛，决心终身以演奏大提琴为业。

拉斐尔在皇家音乐学院学习时的老师是他母亲的好友、著名女大提琴家弗莱明（Amaryllis Fleming，1925-　），她是提琴泰斗卡萨尔斯和福尼埃的学生，也是拉斐尔的父亲彼得在音乐会上的合作伙伴。对于一贯主张教、演并举的弗莱明来说，拉斐尔实在是不可多得的好苗子。除了严厉地授课外，她还经常地带他一起出席在伦敦举行的每一场大提琴演奏会，让他多方面地了解和鉴别不同的演奏风格。在弗莱明的悉心调教下，拉斐尔成长很快。从音乐学院毕业后拉斐尔又专程赴罗马，师从意大利的著名教授巴尔多维诺（Amadeo Baldovino，1916-　）。然而，在拉斐尔的求艺之路上使他获益最多的当数伟大的皮亚蒂戈尔斯基。20 世纪 60 年代，皮氏在美国南加州大学举办的大师班闻名遐迩，令每一位学琴者神往。拉斐尔也不例外，他在欧洲学成之后来到美国，拜在皮氏门下继续深造，并成为其得意弟子。由于皮氏与当代小提琴名宿海菲茨不仅是音乐会上的黄金拍档，更是南加州大学的同事，故彼此常互相串门欢晤。某次，皮氏在自己家中举行派对，特意让拉斐尔与来府造访的海菲兹一起演奏室内乐重奏。其时拉斐尔不过 24 岁，尚是一籍籍无名的学琴后生；而海菲兹已 65 岁，却仍可谓是技艺登峰造极的暮年老骥。结果这一老一少合作得极为成功，惹得平素一贯冷若冰霜、从不轻易赞许人的海菲兹也笑逐颜开。消息传开后自然令拉斐尔的名声大振，而他也确实从皮雅蒂戈尔斯基那里学到了更多的艺术真谛。

名声在外、踌躇满志的拉斐尔自然急切地想在国际舞台上证明自己的实力。1977 年，他报名参加了两年一度的"第五届卡萨多国际大提琴比赛"，果然以其不凡的艺术功底和出色的临场发挥技压群雄，一举拔得头筹，成为这次重要的大提琴专项赛事的第四位冠军得主（因 1971 年的第二届比赛无第一名）。自那时起，拉斐尔便以一位令人生畏的新生代大提琴高手活跃于世界乐坛上。20 多年来拉斐尔一直是演奏舞台上的弄潮儿，与他合作过的交响乐团包括英国所有的一流交响乐团，此外还有莱比锡的格万特豪斯管弦乐团、柏林交响乐团、美国的洛杉矶爱乐、印第安纳波利斯交响乐团以及东欧的捷克爱乐和华沙爱乐等。他被定期邀请参加英国的逍遥音乐会、爱丁堡艺术节、普拉德音乐节以及奥斯陆现代音乐节等，所到之处皆受到听众热烈的欢迎。作为一位当代演奏艺术家赖以立足的两翼,除音乐会外,在唱片的录制方面,拉斐尔对此的热衷也可以说近乎于狂热。他的过人之处在于人们总能从他的录音中去重新发现和认识那些长期遭冷落、鲜为人知的生僻曲目的价值。英国的《留声机》杂志就这样评价拉斐尔演奏的布利斯《大提琴协奏曲》:"听着拉斐尔·沃尔费什的演奏,我不禁在心理朝着自己喊,为什么我们以前一直不听听这样的作品呢?"

作为 Chandos 唱片公司旗下的首席干将,近年来,拉斐尔也先后将多少年来鲜有人问津的多南伊、雷斯皮基、亨德米特、马蒂努以及英国当代作曲家麦克米兰(James Macmillan)、芬齐(Gerald Finzi)、巴克斯、布利斯、莫伦(Ernest Moeran)、莱顿(Kenneth Leighton)和塔文纳(John Tavener)等人的大提琴作品一一从尘封已久的纸堆里搬了出来。当然,这其中的部分作品原本就是由作曲家为拉斐尔度身定制的;这也从一个侧面证实了他在今日乐坛的地位和影响所在。

对于传统、经典的曲目,拉斐尔的演释同样可圈可点。对于布里顿那首令人望而生畏的《大提琴交响曲》,他是在罗斯特罗波维奇的权威版出现后第一位敢于在唱片公司录音的大提琴家。《企鹅 CD 指南》曾评述:"这是令人惊诧的! 沃尔费什多么准确地把握了作曲家的创作意图。又一个事实,那就是不少欣赏者更略为偏爱沃尔费什的诠释,这比直接逼近音调崎岖、片断性的第一乐章来得更……(原文如此。此处欲言又止,耐人寻味——笔者注)他与指挥家贝德福德为我们传递了一种更具前后统一的感觉。"同样是有罗氏珠玉在前的普罗科菲耶夫的《大提琴交响协奏曲》,《留声机》的评论家又写道:"这个辉煌的新版本是多少年来听到的第一个,它足以在唱片目录上占据一个重要的位置。在这个杰出的录音中沃尔费什为我们提供了一个完全能被首肯的理由,而指挥家尼米·雅维则在每一个细节上都给予他支持。"他与著名指挥家马克拉斯合作的德沃夏克《B 小调协奏曲》被誉为是"有别于其他当代版本的深刻而毫不夸张、极富表现力和给人带来愉悦的震颤的新经典"。而他为 Naxos 唱片公司录制的四张维瓦尔弟的《大提琴协奏曲全集》则是迄今为止收录最为齐备的该作品的演奏版本,被 BBC 称为是"10 年来最具传奇色彩的一项录音工程"。当然,在他庞大的唱片目录里,他与钢琴家父亲合作的勃拉姆斯、布里奇和戴留斯的《大提琴奏鸣曲》、舒曼的《五首基于民歌曲调的练习曲》等录音又是让世人探寻父子亲情、相向而歌的音乐妙品。

拉斐尔不仅是一位活跃于国际乐坛的杰出大提琴家,也是一位声誉卓著的提琴教育家。他如今是英国伦敦市政音乐戏剧学校,皇家北方音乐学院(在曼彻斯特)和瑞士苏黎世温特图尔音乐学院的大提琴教授。

伊丽莎白是拉斐尔的妻子,她 1954 年出生于澳大利亚的墨尔本,原籍捷克。她是一位小提琴家。

伊莉莎白·沃尔费什

伊丽莎白的父亲是一位钢琴家兼作曲家，而她的外祖父则更知名些，乃是英国指挥家阿尔伯特·柯茨（Albert Coates，1882-1953）。伊丽莎白从小学习小提琴，12岁时就能在公开场合演奏协奏曲了。她曾在澳大利亚广播委员会（ABC）主办的"协奏曲比赛"中夺冠，16岁考入英国皇家学院师从格林克（Frederick Grinke）教授。在学期间她一直名列前茅，获得过由学院颁发的"总统奖"以及其他奖项。学成后又赴意大利，在以教授弦乐艺术著称于世的锡耶纳契吉亚娜音乐学院进修，荣获了弗兰科·古利高级演奏奖。1974年，刚满20岁的伊丽莎白在英国参加了"卡尔·弗莱什国际小提琴比赛"。由于极其出色地诠释了巴赫的小提琴作品而获得了"巴赫作品最佳演奏奖"。自此，她立足于对巴洛克时期小提琴作品的演奏与研究，历经30余年的探索与实践，已成为这一演奏领域内的佼佼者。

在20世纪70年代中期，伊丽莎白的演奏以室内乐作品为主，与此同时她也接受英国和澳大利亚各主要交响乐团的邀请与他们合作演奏协奏曲。论气质与个性，伊丽莎白倒与她那位终日忙碌的丈夫绝对般配，也是一位工作狂，她集独奏家、重奏家和乐队指挥于一身。1989年，她与管风琴家保罗·尼科尔森（Paul Nicholson）、大提琴家理查德·图尼克利夫（Richard Tunnicliffe）成立了专事演奏巴洛克时期作品的"洛卡泰利三重奏组"。同时，她也是一个名为"启蒙时代管弦乐团"的领导者和指挥。事实上，伊丽莎白本人最值得关注的唱片录音都来自于她与这个乐团的合作。她与乐团已为专门出版文艺复兴和巴洛克时期作品的英国Hyperion唱片公司完成了巴赫父子和海顿的小提琴协奏曲全集的录制工作。她的演奏兼具艺术性和学术性，由于她对这一时期的乐器沿革和版本流变均具有人所不及的独特造诣，因而这些唱片同时又具备了相当的权威性。

此外，伊丽莎白与丈夫拉斐尔也时常是伉俪同台、琴瑟相和。目前她是澳洲墨尔本大学的"驻校艺术家"，还是荷兰海牙皇家音乐学院的小提琴教授。在近期伊丽莎白最令人关注的音乐会当数2004年9月，她与自己的胞姐，大提琴家塔妮娅·普罗哈兹卡（Tayna Procházka，1952-   ）在祖国联袂上演了勃拉姆斯的《A小调小提琴、大提琴双重协奏曲》。

本杰明与赛蒙
（Benjamin Wallfisch and Simon Wallfisch）

本杰明和赛蒙是拉斐尔与伊丽莎白的一双宝贝儿子，诞生在这样家庭的兄弟俩同样义无反顾地走上了家族的音乐之路。

本杰明·沃尔费什今年才三十出头，却已是英国乐坛上一位小有名气的作曲家和指挥家了。他 1979 年出生于伦敦，自幼禀赋过人。5 岁开始学习钢琴，6 岁已经上作曲课了。1993 年，14 岁的本杰明进入伦敦市政音乐戏剧学校学习指挥，四年后他以优异的成绩考上了由皇家北方音乐学院和曼彻斯特大学共同开设的颇具权威性的"联合课程班"，师从安东尼·吉尔伯特（Anthony Gilbert）专攻作曲。就在入学的第一年里他就创作了一部管弦乐作品《金刚砂狂想曲》（Silicon Rhapsody），并在水桥大厅上演。2000 年，当他从这两所大学毕业时手里已攥着头等荣誉证书和为优秀作曲系学生颁发的"普罗克特——格雷格"奖了。第二年他又凭借着由演奏基金会提供的

本杰明·沃尔费什

奖学金入皇家音乐学院，师从迈克尔·芬尼锡（Michael Finnissy）教授继续深造作曲，获作曲硕士学位。在校期间，他照例屡次获奖，又以著名轻音乐作曲家埃里克·柯茨（与他的太外公阿尔伯特·柯茨并无任何血缘关系）名字命名的奖、莫恩科·卡纳尔奖以及令众多学子垂涎三尺的西奥多·霍兰奖。霍兰奖是一项为所有在英国四所以"皇家"冠名的音乐学院学习作曲的学生而设立的奖项，对获奖者的要求极高，竞争亦殊为激烈。

本杰明的出众才华在读书期间就已崭露头角，从 1998 年起他曾先后接受著名的哈勒管弦乐团、曼彻斯特室内乐团、"寇尔"四重奏组、巴赫国际音乐节和莱明顿音乐节的邀约为他们创作乐曲。这些作品后来都在巴比肯音乐厅、皇家节日大厅、普塞尔音乐室和温格穆尔厅得以上演，且反响良好。2001 年，他又被瑞典哥德堡当代音乐节任命为"驻（音乐）节作曲家"。他的创作体裁多样、手法新颖，不少作品充满了前卫性和实验性，如《棱镜》（Prism）是由一个钢琴三重奏与录音磁带来完成的，作于 2001 年。而创作于 2002 年的《反射状态》（Echo Tense）的"乐队编制"则为长笛、四轨音响发射仪和影像播放器。

本杰明的指挥生涯则始于 2002 年 9 月。他的第一个职位是由其祖母创立的"英国室内乐团"的助理指挥。同年他赢得了"利兹指挥比赛"的金奖，这无疑进一步巩固了他在指挥领域的地位。2003 年他率英国室内乐团在温莎堡举行了"皇家庆典音乐会"，王储查尔斯王子亲临观摩了这场演出。尽管他在指挥界尚属新手，然其表现出的巨大艺术潜质已使英伦的圈内人为之沾沾自喜。英国室内乐团的音乐指导昆汀·巴拉尔迪认为："本杰明是英国近年音乐生活中涌现出的最令人兴奋的年轻音乐家之一。作为指挥家、作曲家和钢琴家，他的能力都是令人鼓舞的，我们都期待着能与这样一位朝气蓬勃的艺术家合作。"而《约克郡邮报》的记者大卫·邓腾更是预言本杰明终将成为这个国家新的西蒙·莱托——现柏林爱乐乐团的首席指挥！

阿妮塔一家的三位大提琴家拉斐尔、阿妮塔和赛蒙（从左至右）

本杰明的弟弟赛蒙·沃尔费什 1982 年出生。他秉承了其祖母——当然也是其父的衣钵，是一位大提琴家。他 5 岁习琴，后来进入伦敦市政音乐戏剧学校师从前苏联大师沙夫兰的高足列昂尼德·戈罗霍夫（Leonid Gorokhov）。良师的传授再加之祖、父两代的熏陶，自然使他琴艺大长。赛蒙 16 岁在伦敦首次公开亮相，赢得舆论的一致好评。不过，令许多人始料未及的倒是赛蒙乃一器乐、声乐两栖全才。他是一位男中音，还在学校就读时就曾获过歌唱奖，不过那时他只能算是非专业的歌唱爱好者。2000 年，18 岁的赛蒙进入皇家音乐学院学习，他报考了大提琴和声乐两个专业，竟被同时录取。他的声乐教师是拉塞尔·斯米瑟（Russell Smythe）。

与他的哥哥一样，赛蒙尽管出身于优渥的音乐世家，然而他在整个学习阶段也几乎没让家里花费多少钱，在学习的每一阶段都会由丰厚的奖学金提供给他不断深造的机会。就在今年，他还没从皇家音乐学院毕业，就已然获得了由蒙斯顿伯爵夫人提供的奖学金以资助他继续学习毕业后的课程（Post-graduate）。

作为一位音乐世家子弟、皇家音乐学院的高材生，赛蒙虽然还未离开学校却早已踏上了社会，他曾经出现在 BBC 广播第三台的音乐节目中，也出现在切尔滕汉姆音乐节上。他是英国室内乐团一位不在编制的成员，参加了乐团赴南非、德国、意大利、西班牙和日本等国的访问演出，出任大提琴副首席。作为一名歌唱家，他首次献声于 2003 年 3 月，此前从未以歌声示人的赛蒙果然一出场就技惊四座，头一次出演歌剧《亚特兰蒂斯的凯撒》就担纲了主角凯撒。他的首次亮相博得了听众的热烈喝彩。在今年6月,他又在莫扎特的歌剧《女人心》中饰演阿尔方索一角。不过,就赛蒙本人而言他倒更倾心于演唱艺术歌曲。眼下,他正在积极着手筹划一台自己的个人音乐会,曲目包括贝多芬、勃拉姆斯、戴留斯、福列和德彪西的艺术歌曲以及他们的大提琴奏鸣曲,他一身兼两任焉,其为人的志向不可谓不高。

　　与多才多艺的哥哥本杰明相比,赛蒙也毫不逊色,除大提琴、声乐之外,他还是一位爵士钢琴家,乐于为残疾人演奏,并且决定将来还要学习音乐治疗为更多的残疾人服务,减轻他们身心的痛苦。

　　本杰明和赛蒙还有一个妹妹,名乔安娜(Joanna Wallfisch),她是一位女高音歌手,只是她的生平传略未能见诸文字,在此只能遗憾地略去。

*　　　　*　　　　*

　　最后值得一提的是:阿妮塔－拉斯克尔·沃尔费什的回忆录《传承事实真相》已经有了CD版,它由Testament唱片公司于2002年9月推出。该专辑中除了由拉斐尔、本杰明和赛蒙父子三人演奏布鲁赫、巴赫、拉威尔、梅西安等作曲家的作品外,还穿插了十一段语言音轨,其中既有演员朗诵《传承事实真相》的片断,又有阿妮塔与采访者萨拉·纳辛怀特的谈话录音,而这些语言音轨的背景配乐则全由阿妮塔本人创作,这无疑是这位饱经沧桑的传奇老人留给这个世界的又一份珍贵的精神遗产。

彼得与拉斐尔父子合作的勃拉姆斯大提琴奏鸣曲唱片

拉斐尔演奏的巴伯、肖斯塔科维奇大提琴协奏曲唱片

拉斐尔与苏联小提琴家莫尔德科维奇合作的勃拉姆斯双重协奏曲唱片

十三、三代古森斯,六个音乐家

　　我国与西方在交往日益发达的今天,人们的习俗风尚也变得越来越接轨,但毕竟由于各自深厚的发展历史和社会背景使然,彼此之间有些差异还是根深蒂固的。就以作为生命符号的姓名来说,中国人的取名理念与原则就与西方人截然相左。在中国的传统文化中,人取名是讲究为尊者讳的。封建社会里百姓庶民不得与皇帝重名,甚至在著述中凡提及皇帝的名讳也要以意思相近的字替代之。近现代皇帝没有了,但仍不能与自己的长辈重名,否则就是不敬和欺祖。然而西方人的取名习俗则不然,他们非但不避家讳,可以取与长辈同一个名字,甚至也不避圣讳,连耶稣的名字也可作为自己名字的一部分以示敬仰。这在我们看来着实是有些匪夷所思了。就以音乐史上的人物而言,在伟大的巴赫家族中,与 J.S. 巴赫的两个儿子约翰·克里斯托弗·巴赫(Johann Christoph Bach, 1732-1795)、约翰·克里斯蒂安·巴赫(Johann Christian Bach, 1735-1782)同名的家族成员就各有 10 位和 4 位。其中名为约翰·克里斯托弗的既有 J.S. 巴赫的亲哥哥,又有他的 3 位堂兄和 1 个堂弟;更有他父亲约翰·安布罗修斯的双胞胎弟弟以及他的堂伯父等等。而圆舞曲之王约翰·施特劳斯也因与其父同姓同名而不得不在其姓名前冠以 "小" 字。但即便如此,在此介绍的这个音乐家族还是稍嫌出格和另类,因为这个家族竟然祖孙三代同姓同名,一以贯之,并且他们还都是指挥家,他就是 20 世纪音乐史上罕见的古森斯家族。

古森斯一世与古森斯二世

　　古森斯家族早在 15、16 世纪就在复调音乐甚为发达的佛兰德斯地区发迹。作为家族音乐掌门人的欧根·古森斯一世(Eugene Goossens Ⅰ)1845 年 2 月 25 日出生于比利时的布鲁日。他家是虔诚的天主教徒,故而古森斯一世 6 岁起成为

布鲁日圣母院教堂的唱诗班歌童，就此喜欢
上了能够给他心灵带来愉悦的音乐。他9岁
起开始学习小提琴，起初是在家乡的布鲁日
音乐学院学习，5年后技艺渐长的他又考入
首都的布鲁塞尔皇家音乐学院，在那里他不
仅继续深造琴艺，还开始学习。他学习勤奋，
成绩优异，在学期间曾获得学院颁发的奖项。
毕业后在法国和意大利相继指挥了几处歌剧
院之后，1873年，28岁的古森斯一世来到了
英国的伦敦，开始了他新的音乐生涯。当时
的欧洲，轻歌剧经法国作曲家奥芬巴赫的大
力倡导和妥善经营，业已成为既为观众喜闻
乐见，在商业上又颇有盈利成效的一种时髦
风行的歌剧体裁，因而在欧洲大陆上大行其
道。在19世纪下半叶的英国也不例外。当

古森斯一世

时轻歌剧的演出公司纷纷应运而生，大有与
传统歌剧一争演出市场的势头。古森斯一世敏感地抓住这个机遇，以指挥轻歌
剧打开了他在音乐界的先声。在他早期比较成功的经历是指挥一家名为"塞里
纳·多拉罗"的歌剧演出公司在英国王室宫廷内的球形大厅里上演轻歌剧《公爵
的女儿》。他也曾于1878年在伦敦喜歌剧院指挥《男巫》。然而，最终改变他命
运的还是在1882年他加入了著名的卡尔·罗萨歌剧演出公司（Carl Rosa Opera
Company）之后。

　　卡尔·罗萨歌剧演出公司注定要与古森斯祖孙三代都产生割舍不断的情缘。
公司的创始人卡尔·罗萨原是一位德国的小提琴家，曾先后就读于莱比锡音乐学
院和巴黎音乐学院，21岁时被任命为汉堡交响乐团的乐团首席。3年后他应邀访
问英国，在水晶宫举行了他的小提琴独奏音乐会。他对英国良好的音乐环境留下
了深刻的印象，因而当他日后娶了一个美国歌唱家作为自己的妻子之后，就决意
要借助妻子在歌剧事业上的成功组建一个歌剧演出公司，在英国开展演出事业。
1873年，卡尔·罗萨歌剧演出公司首次亮相于伦敦的"王子剧院"，他制作和指挥
的歌剧赢得了听众的喜爱和掌声。首轮演出季持续了6个星期，前来观剧的听众
络绎不绝。在以后的日子里，他又相继把在欧洲大陆上早已耳熟能详，但在英伦之
岛上尚属孤陋寡闻的瓦格纳歌剧《罗恩格林》《黎恩济》《漂泊的荷兰人》，比才的
《卡门》，托玛的《迷娘》以及威尔第的《阿依达》等名剧统统引进到英国，将之译为
英语版本演出。此举果然大得人心，百姓观剧热情空前高涨，公司的热情也如日中
天。在19世纪末的英国歌剧界，卡尔·罗萨歌剧演出公司着实是一个膀大气粗的

"大腕"。古森斯一世加入公司之后,算是找到了一个可以尽施平生所学的表现平台,他被聘为歌剧演出公司的第二指挥,具体负责歌剧的排练演出。7 年后当公司创始人卡尔·罗萨去世后,他理所当然地成为了首席指挥。

古森斯一世以其扎实的指挥功底和过人的艺术阅历在英国舞台上续写着卡尔·罗萨歌剧演出公司的辉煌。1892 年 11 月,他在巴尔莫拉尔城堡为当时的维多利亚女王演出唐尼采蒂的歌剧《军中女郎》,受到女王和其爱好艺术的夫婿阿尔伯特亲王的当面褒奖。在此期间他的另一大手笔是在利物浦指挥上演了瓦格纳的《汤豪瑟》,这也是该剧在英国的首次上演。不过,在 1893 年他却辞别了卡尔·罗萨歌剧演出公司,到利物浦定居下来。其实,他的真实想法是想在利物浦组建一支常设的交响乐团。可是,他的这个设想却由于种种原因而未能得以实现。于是在一年后的 1894 年,他更弦易辙,组建了一支男声合唱团,命名为"古森斯男声合唱团"。这个合唱团在他的训练和指导下声誉鹊起,很受英国听众的欢迎。他们集中介绍自己文艺复兴以来优秀的多声部复调作品,其中当然也包括英国的伯德、塔利斯和普赛尔等人的作品。在以后的十几年里,古森斯一世一直专注于他的这项合唱指挥事业,直到 1906 年 12 月 30 日去世为止。晚年的他还曾在利物浦担任过圣安妮罗马天主教堂的管风琴师和教堂合唱团的指挥。可以说经过了在英国 30 多年的洗礼,这个家族在很多方面已经日益融入到这个以新教为主的国度里了。

古森斯一世的儿子也叫欧根·古森斯,为古森斯二世(Eugene Goossens Ⅱ)。他 1867 年 1 月 28 日出生于法国的波尔多。古森斯二世早年在家乡布鲁日接受音乐教育,16 岁进布鲁塞尔皇家音乐学院学习小提琴专业,毕业后追随父亲来到英国,在父亲就职的卡尔·罗萨歌剧演出公司担任乐队的小提琴手。老古森斯倒是"举贤不避亲",让儿子在很短的时间里由乐队演奏家升到乐队首席,进而成为助理指挥。不过,他在歌剧演出公司的工作由于 1891-1892 年期间去伦敦皇家音乐学院深造一年而中断。等他完成学业后,老古森斯已经离开了卡尔·罗萨,于是古森斯二世又先后就任于其他几家巡演的歌剧演出公司,但最终他还是于 1899 年回到了卡尔·罗萨歌剧演出公司,继其父之后出任乐队的首席指挥,这一年他只有 32 岁,古森斯二世在卡尔·罗萨歌剧演出公司一直待到 1915 年,他的指挥才能也得到了音乐界同行以及舆论界的首肯。1917 年,他应著名指挥家比彻姆之邀在后者领导的"陛下剧院"(His Majesty's Theatre)的歌剧演出季里担任部分剧目的指挥。在 20 世纪 20 年代,英国政府开始将各家独立的剧院演出公司组织起来合并成立英国国家歌剧公司(British National Opera Company),古森斯二世以其对歌剧指挥的优异造诣于 1926 年被委任为该公司的首席指挥。他于 1958 年 7 月 31 日在伦敦去世,享年 91 岁。

俗话说:三代造就一个贵族。其实,一位真正的艺术家的造就大概也需要三代人的努力才行。古森斯二世论创基立业,功不及其父;论在指挥艺术上的成就似乎也比其父稍逊一筹。然而他却为家族音乐事业的延续和繁荣起到了一个承前启后的关键作用。他的5个子女后来都成为在各自领域内具有影响的音乐演奏家，这，才是古森斯二世对家族的最大贡献。

毁誉参半的家族奇才欧根·古森斯三世

古森斯二世的长子名字还是欧根·古森斯（Eugene Goossens Ⅲ），他是家族中的第三位欧根，也是整个家族中声望最高，成就最大的一位音乐家。古森斯三世1893年5月26日出生于伦敦。古森斯家族向来有一个顽固的传统，就是无论父辈在哪里工作任职，孩子一旦出生就必须要在自己的故乡接受最初的教育。小古森斯自然也不例外，他刚到上学的年龄就被送回布鲁日，10岁时进入布鲁日音乐学院。1906年，13岁的他才又回到父母身边，随即入利物浦音乐学院。一年之后他获得了奖学金转往伦敦皇家音乐学院继续学习。他师从里瓦尔德学习小提琴，随爱尔兰作曲家查尔斯·伍德学习和声，从1910年起又随本世纪初英国杰出的作曲家兼指挥家斯坦福（Sir.charles V.Stanford，1852-1924）学习

古森斯三世

作曲。斯坦福是剑桥大学音乐协会的创始人和指挥。在他的悉心指导下，小古森斯在校期间完成了他的处女作《中国变奏曲》（Chinese Variations）。1912年首演那天由小古森斯亲自担任指挥演于皇家音乐学院的演奏大厅。他的作曲才华和指挥才能就此一同被展现在公众面前。

从音乐学院毕业后，古森斯三世起先是作为小提琴家出现在乐坛上的。在相当长的时期内他都在"干草市场剧院"（Haymarket Theatre）乐队中出任小提琴手，同时又成为由女大提琴家穆克尔（May Mukle，1880-1963）领导的弦乐四重奏组中的第二小提琴。出于对室内乐演奏的热爱，当穆克尔四重奏组解散后他又自行另组了一个名为"爱乐"的弦乐四重奏组，仍然担任第二小提琴。后来他还担任过"皇后大厅"管弦乐队的小提琴手。第一次世界大战爆发后，已成为英国人的古森斯三世本想上前线报效祖国，不过在体检时却因身体条件不符而被军方拒绝了。也正是从这时起他将自己的音乐生涯由演奏转向了指挥领域。1915年，他在皇后大厅举行的逍遥音乐会上第一次由一名演奏员变成了指挥，成功地指挥了乐团的音

乐会。

欧根·古森斯祖孙三代的老本行是歌剧指挥。古森斯三世指挥的第一部歌剧恰好正是他的老师斯坦福所作的《批评家》(The Critic),该剧于 1916 年 1 月首演。这个美差是他父亲的老朋友比彻姆成全他的,因为当时他已作为比彻姆的助手在歌剧院任职。此举也使古森斯三世一举成名。在指挥该剧前他还几乎对此作一无所知,可是他就具备这种天赋,即便是一部完全陌生的新作或是技术上相当困难的生涩之作,他也能在最短的时间里将它排练下来并完整地呈献在听众面前。古森斯三世的这种超常的视谱能力和解读能力得到了指挥前辈和乐评家的一致首肯。正是由于《批评家》的首演成功,古森斯三世博得了比彻姆的青睐,并在以后的岁月里,比彻姆将他置于自己的"艺术保护"之下。

俄罗斯芭蕾舞团领导人谢尔盖·迪亚季列夫

1921 年 6 月,古森斯三世第一次在英国公众面前展现了他指挥交响音乐的才干。他指挥伦敦交响乐团演奏了斯特拉文斯基的《春之祭》。演出那天嘉宾云集,出席者中既有作曲家本人,更有与《春之祭》有密切关系的俄罗斯芭蕾舞团领导人谢尔盖·迪亚季列夫(Sergei Diaghilev, 1872-1929)和舞剧编导列奥尼德·马辛(Leonide Massine, 1895-1979)。他们使当晚的音乐会盛况空前,这也成为古森斯三世音乐履历中一个最炫人耳目的闪光点。在此后的两个星期内关于这场音乐会的报道连篇累牍地见诸报端,使古森斯三世狠狠地火了一把。同年,他被任命为英国亨德尔学会的指挥,以接替此前任职的作曲家兼指挥家沃恩—威廉斯。第二年他又受邀指挥其祖、父两代亲领的卡尔·罗萨歌剧演出公司在科文特花园歌剧院上演歌剧《沉睡的公主》(The Sleeping Princess),该剧与由迪亚季列夫领导的俄罗斯芭蕾舞团的表演隔天交替演出,全伦敦市民争相睹之。

1923 年,古森斯三世受美国照相业巨头——柯达公司创始人乔治·依斯曼之邀,赴美出任由乔治·依斯曼出资组建的罗彻斯特爱乐乐团的指挥。在该团的第一个演出季里他与另一位英国指挥家阿尔伯特·柯茨(Albert Coates, 1882-1953)共同承担指挥工作,从第二个演出季开始古森斯三世即独挑大梁,担任乐团的首席指挥,直至 1931 年。由于在英国和美国他都有任职,故而在此后的 20 余年里每逢欧洲天寒地冻,他就在美国工作;而在春夏季节他又返回欧洲履职。除了指挥的职责外,古森斯三世还继续以作曲家活跃于乐坛,他的两部重要歌剧《尤迪特》和《曼纳拉的唐璜》就是在此期间完成的。1931 年,古森斯辞别罗彻斯特爱乐乐团,接替指挥大师弗里兹·赖纳出任辛辛纳提交响乐团的首席指挥。在辛辛纳提他一待就是15 年,直至 1946 年二战结束后到任时为止。作为一名业已在欧洲、北美确立起声誉的指挥家,古森斯三世以其开拓性的音乐会曲目,在舞台上风度翩翩的优雅举止以及在公众场合口若悬河的雄辩口才而为听众所激赏。他的声名传播到了澳洲,1947 年他被同时任命为澳大利亚新南威尔士音乐学院的院长兼悉尼交响乐团的首席指挥。踌躇满志的古森斯三世就此踏上了日后令其荣辱兼具的澳洲之行。

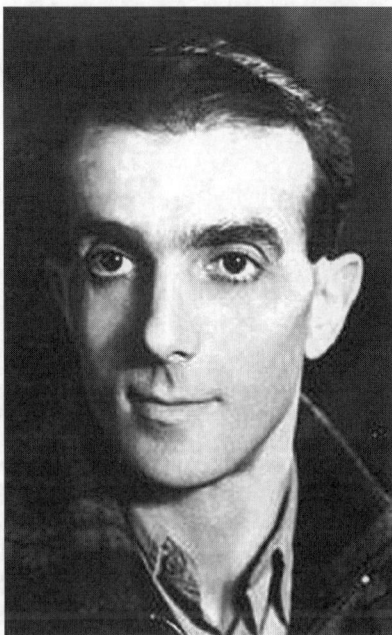

杰出的舞剧编导列奥尼德·马辛

　　古森斯三世是戴着欧洲知名指挥家兼作曲家的巨大光环抵达澳大利亚的。从指挥方面而言,除了他卓越的指挥才能和对不同作品兼收并蓄的博识宽容精神以外,最令澳大利亚这个前英属殖民地的音乐听众看重的就是他对于英国作曲家作品的精致诠释和大力弘扬。而他个人擅长的现代派作品在这个音乐传统相对薄弱的国度里也有着相当的市场。在作曲方面,二战期间他作为作曲家的声誉至少是可以与巴克斯、布里奇和沃尔顿等人等量齐观的。他善于吸纳不同风格的音乐语言和创作手法,并将它们融入到自己的作品元素中去。使他最终无法与前述英国作曲家并驾齐驱的原因也许主要有两点:一是他作为指挥家的名望盖过了他的作曲家头衔;其二是他作品中缺乏旋律性创造和内在说服力的弱点也限制了他的作品的进一步传播,特别是在他的大型作品中这个缺陷尤为明显。而在那些相对小型的作品如《第一小提琴奏鸣曲》《第二弦乐四重奏》和《小协奏曲》中,他的作曲技巧倒是得到了相当充分的展示。总而言之,以古森斯三世的丰富阅历和深厚功力,同时执掌音乐学院院长和交响乐团首席指挥应是驾轻就熟的。而他在到达澳大利亚的头几年里也确实是春风得意、人气飙升。创建于 1934 年的悉尼交响乐团经过他 10 年的苦心经营,演奏水平显著提高,一举成为全国最具影响力的交响乐团。1955 年,经澳洲总督提名,英国王室册封他为"名誉爵士"。然而,正所谓福祸相依,正当他在事业上如日中天之际,1956 年,一桩震动全国的公共丑闻却使古森斯三世从顶峰跌落下来,一时成为报刊媒体和市井百姓所津津乐道的新闻人物。

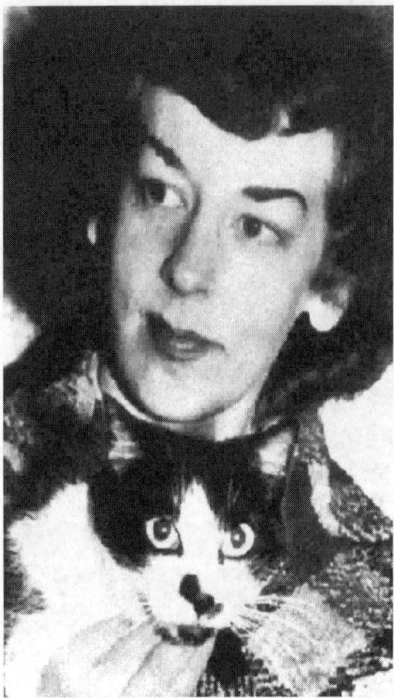

将古森斯三世拖入深渊的罗莎琳·诺顿

那位将古森斯三世拖入万劫不复深渊的女子叫罗莎琳·诺顿（Rosaleen Norton）。她是一位出生于新西兰却在澳大利亚从事艺术创作的女画家，以设计极具神秘怪诞的作品而著称。罗莎琳不仅在其作品中表现玄妙神秘的题材和耽于性感的主题，并且她本人的行为举止也令常人侧目，常在宗教仪式上宣扬吸毒和纵欲。她鼓吹一种"波西米亚式"的生活方式，反对传统道德对人性的压抑。古森斯三世是到欧洲之后结识这位疯狂的女画家的。说来也怪，这位从事古典音乐创作和指挥，并已结过三次婚，有了5个女儿的音乐家竟然对这位有"国王十字街的白巫婆"之称的罗莎琳的艺术一见倾心，进而又被她美丽妖艳的容貌和狂放不羁的艺术个性所吸引，接着他俩共同演绎了一场激烈得忘乎一切世俗礼节的热恋。

古森斯三世向罗萨琳写了许多热情如炽的情书。虽然他曾经要求罗莎琳不要将这些情书公之于众，最好将它们付之一炬，但罗莎琳并没有这样做。她将这些信件包扎起来藏匿在自己客厅的一个沙发里层。在1956年早些时候，古森斯三世访问了一次欧洲，那时他还并不知道他与罗莎琳的交往已经给他带来了大麻烦。《悉尼太阳报》一个名叫莫里斯的记者通过打入罗莎琳参与的神秘宗教聚会取得了她的信任。后来莫里斯从不设防的罗莎琳家里窃得了古森斯写给她的情书以及他俩一同参加神秘聚会的照片等物件向警方举报。悉尼警方当即采取行动，查抄了罗莎琳·诺顿的住所，并带走了她的大量画作。同年3月，当古森斯三世返回澳洲途中，在阿曼的马斯喀特机场被海关人员盘查，他们在他的随身行李中发现了大量的色情物品——包括照片、印刷品、书籍、电影胶片，还有一些用于神秘聚会仪式的橡胶面具和几捆熏香。尽管古森斯三世并未立即

罗莎琳·诺顿的画作

被捕，但他还是在几天后的警方传讯中承认自己犯了对色情物品管理不当，并被处一百英镑罚款。区区一百英镑事小，但这个事件本身却足以使报刊媒体发狂。于是，惊心动魄的大篇标题，连篇累牍的八卦文章，传言加上谣言，已使他昔日的名誉和声望丧失殆尽。回到澳大利亚后，迫于舆论的压力，古森斯三世被迫辞去了新南威尔士音乐学院院长和悉尼交响乐团首席指挥的职务，带着一肚子郁闷回到了英国。遭此打击，古森斯三世便一蹶不振，6 年后于 1962 年 6 月 13 日在英国的希林顿郁郁而终，年仅 59 岁。

即便如此，好事的人们仍然不肯放过他，就在事发的当年，一部以描写古森斯三世与罗莎琳情事的剧作《恶魔是一个女人》（The Devil Is A Woman）就由剧作家路易斯·诺夫拉（Louis Nowra）写就并在澳大利亚上演。此后同一题材又被作曲家德鲁·克劳福德（Drew Crawford）写成了歌剧《欧根与罗伊》（Eugene And Roie）。更有甚者，电影制片人杰弗里·伯顿（Geoffrey Burton）还据此拍成了一部电影，影片干脆就叫做《家族的覆灭》（The Fall Of The House）。的确，古森斯三世的"59 岁现象"使他晚节不保，牵累了这个已延续近百年积淀下来的家族声誉和事业，使它蒙上了不应有的阴影，但同时也看到西方舆论传媒的杀害力之大，伤害人之深，所谓"人言可畏"是也。

不过，客观说来，古森斯三世对澳大利亚的音乐发展所做出的贡献也是有目共睹的。作为一位有影响力的指挥家，他积极地鼓励当地的本土作曲家进行音乐创作，并许诺在自己的音乐会上演奏这些新作，如澳大利亚作曲家安蒂尔（John Antill, 1904-1986）最著名的代表作，根据澳洲土著民间歌舞创作的芭蕾舞音乐《澳洲土著狂欢节》（Corroboree）就是在他的提议下创作出来并由他指挥悉尼交

古森斯三世与澳大利亚作曲家安蒂尔（左）

响乐团予以首演的。古森斯三世与他的祖父一样，一生梦想拥有一支属于自己的交响乐团。这个梦想他在英国没能实现，到了澳大利亚它还是没能实现，但却成为他下一个计划的基础。正是古森斯三世首先想到要在悉尼这个澳洲最大的城市建造一座堪与其国际大都市身份相符、规模豪华的歌剧院。他设想这个歌剧院要具备交响乐演出和歌剧演出的双重功能，更要有令世人眼睛一亮的超凡魅力。在 20 世纪 60 年代初，古森斯三世的这项宏伟计划不可谓不超前，只可惜由于丑闻他提前离开了澳洲，未能将他的宏伟蓝图在生前成为现实。1973 年 10 月，也就是在古

森斯三世辞世 11 年后，一座贝壳型的建筑终于在悉尼港畔矗立起来了，它就是举世闻名的悉尼歌剧院。古森斯三世去世后，也许是澳大利亚政府感到当年对这位澳洲音乐发展的有功之臣的处置有些过分，作为弥补，他们将坐落于悉尼哈里斯大街上的隶属澳大利亚广播公司的一个小型演奏录音厅命名为"欧根·古森斯厅"以示对他的纪念。而澳大利亚的 ABC 唱片公司也于近年出版发行了一套三张的古森斯创作的管弦乐作品集。

古森斯三世富于传奇性的毁誉人生就此落下帷幕，然而古森斯家族的音乐传奇还将继续。

欧根·古森斯共有 5 个子女，三子二女都投身音乐，日后各自成为身怀绝技的表演艺术人才。除了大哥欧根·古森斯三世那跌宕奇诡的经历已在上文中表述之外，第三代古森斯还有他的两个弟弟和两个妹妹，分别是圆号演奏家阿道尔夫·古森斯（Adolphe Goossens，1896-1916）、双簧管演奏家莱昂·古森斯，以及竖琴演奏家玛丽·古森斯和西朵妮·古森斯。其中阿道尔夫在第一次世界大战中不幸罹难，年仅 20 岁，成为古森斯家族中唯一灵光一现的流星。

"双簧管领域的海菲兹"
莱昂·古森斯（Leon Goossens）

莱昂·古森斯与他的大哥欧根一样从小在英国长大。他 1897 年 6 月 12 日出生于利物浦，早年曾学过钢琴，8 岁起开始学习双簧管，师从查尔斯·雷诺尔兹（Charles Reynolds）。小莱昂的悟性很高，两年后 10 岁的他已能够做专业性的演出了，一年后进入皇家音乐专科学校师从威廉·马尔什（William Malsch）。毕业后以其优异的成绩和良好的演奏技艺为 20 世纪英国最伟大的指挥家之一——亨利·伍德（Henry Wood，1869-1944）慧眼相中，当即录用为由他领导的"皇后大厅管弦乐团"的首席双簧管，其时莱昂年仅 17 岁。除了佩服伍德大师不拘一格选人才的高瞻远瞩外，也令人不得不对莱昂艺高胆大的过硬底气叹为观止。

不久，第一次世界大战爆发了，莱昂与他的哥哥阿道尔夫一样应征入伍。在战场上受

莱昂·古森斯

伤后，他被送回家中。一待伤愈他又重返"皇后大厅管弦乐团"。在20世纪上半叶，英国乐坛最能呼风唤雨的风云人物当数托马斯·比彻姆。由于有一位工业巨子的老爸撑腰，从26岁起比彻姆就立志要组建自己的交响乐团。他是如今伦敦爱乐乐团和皇家爱乐乐团的缔造者。在1915年比彻姆还创建了"比彻姆歌剧演出公司"。后来该公司并入科文特花园歌剧院之后，他也就顺理成章地成了歌剧院的首席指挥和音乐总监。比彻姆与古森斯家族有通家之好。当年莱昂的父亲和大哥都曾与比彻姆共过事。于是在1924年，莱昂也接受了比彻姆的盛邀，转投科文特花园歌剧院乐队，他不仅是乐队的首席双簧管，还担当比彻姆的助手，协助比彻姆负责管理乐队的一应排练事务。

　　1924年是莱昂艺术人生中的关键之年，在这一年里他三喜临门。除转投柯文特花园歌剧院之外，他又荣幸地被他的母校聘为双簧管教授——一位27岁的教授，还在大哥欧根的指挥下在伦敦举行了个人的首次独奏音乐会。他的这场音乐会极为成功，似乎已预示着莱昂日后成为职业独奏家的发展方向。精明而睿智的比彻姆在自己指挥的音乐会上总会有意识地给这位世侄提供展示其个人才华的机会，故而20年代后期的音乐听众已能从戴留斯的《布里格集市》这样的作品中欣赏到莱昂那优雅温馨、甜美如歌的美妙音色了。1932年，比彻姆一手缔造的伦敦爱乐乐团正式登台亮相，莱昂再次"转会"，又是乐团当仁不让的双簧管首席。此时的他已经过10多年的舞台历练，其演奏技艺越发成熟完善，各类作品已烂熟于胸。比彻姆通常总会安排不同时代、不同风格的双簧管作品上演，以便让莱昂的演奏能够满足更多听众的欣赏需求，从马切罗、亨德尔的双簧管协奏曲到莫扎特为木管乐器所作的《交响协奏曲》；从巴赫的双簧管协奏曲到莱昂大哥欧根·古森斯三世为他度身定制的双簧管协奏曲，都莫不令听者为之心旷神怡。正是在这种情形下，被乐坛誉为"古森斯之声"（The Goossens Sound）的美名不胫而走。"古森斯之声"是准确的分句、细微的神韵、高度个性化音质有机而精妙的融合，是莱昂·古森斯双簧管演奏艺术的象征。莱昂的声誉更是扶摇直上，作曲家们开始为这位广受瞩目和好评的演奏家谱写作品，而这又与莱昂本人一直致力拓展和丰富双簧管演奏曲目不谋而合。至二战前，莱昂·古森斯已是举世公认的乐坛最杰出的双簧管演奏名家了。

　　二战的硝烟使莱昂这位一战老兵又一次被卷进了战争的漩涡之中。不过这一次他没有出现在战斗的第一线，而是与一批一流演奏好手组成了一支编制残缺的演奏小组，在前线为参战的英国士兵演奏助威。这支演奏小组的活动相当具有影响和成效，以致他们后来由BBC广播公司出面加以扩容，成了一支在战时专为广播录制音乐节目的沙龙乐队。受BBC委托负责具体组建乐队的仍是莱昂·古森斯。在这支乐队中还有着不少当时英国第一流的演奏高手，如单簧管演奏家里金纳德·凯尔（Reginald Kell, 1906-1981）就是一位在室内乐演奏领域与莱昂旗鼓相当的合作伙伴和亲密朋友。战争期间，莱昂还在他大哥欧根的指挥家录制了不少录音，这些当年的78转粗纹唱片如今已陆续被转刻成CD呈献在当代听众的面前。

战后，莱昂走上了职业独奏家之路。作为一名优秀的独奏家，他几乎与当今世界一流的交响乐团都有过成功的合作，许多指挥大师也以能与他合作为荣；而作曲家们更是热情高涨，题赠首演之作纷至沓来。其中，英国作曲家们不遑多让，像巴克斯、布利斯、阿诺尔德、豪厄尔斯（Herbert Howells，1892-1983）和鲍文（York Bowen，1884-1961）等都为他创作过双簧管作品。当然，比他们名声更胜一筹的则是那几位大师：沃恩－威廉斯为其创作了《A小调双簧管协奏曲》；而埃尔加则在去世前花了5年时间要为莱昂构思创作一部双簧管作品，结果只留得一尚未完成的乐章。据统计，为莱昂·古森斯所创作的题献首演之作竟达百部之多，由此不难掂量出莱昂在20世纪乐坛上德高望重、受人尊敬爱戴的程度。

莱昂·古森斯与小提琴家梅纽因（中）在录音室

本人有一张Testament唱片公司于1998年出版发行的莱昂·古森斯演奏专辑（Testament SBT 1130），尽管这在他长逾60余年的演奏、录音生涯中是沧海一粟，但足可体味到他演奏艺术的精深与隽永。在1962年4月，莱昂与小提琴家兼指挥家梅纽因指挥的巴斯节日乐团合作，用两天时间录制完成了巴赫的《D小调双簧管协奏曲》和亨德尔的3首双簧管协奏曲。这次录音创造了管乐史上的一个奇迹。在两年前，莱昂遭遇到一次严重的车祸，他的牙齿和嘴唇都受到了相当严重的损伤。可以想见对管乐演奏家而言，这无疑是致命的。然而，事实却是他凭借巨大的勇气和毅力，慢慢摸索琢磨出一套适合自己的新的吹奏方法，从这张唱片的录音中感觉到他的功底非但没因此被"废"，反而以一种没有任何衰退痕迹的姿态重现了当年的"古森斯之声"。巴赫的《D小调协奏曲》实质上是一首由双簧管和小提琴担任独奏的双重协奏曲。担任独奏的莱昂和梅纽因当年的年龄分别是65岁和46岁，他俩在对乐曲的诠释中各自充分展示了自己的精湛才艺。尽管在乐器的性能、音色上小提琴永远处于强势，然而莱昂在演奏时的淡定沉着、舒展流畅在与梅纽因对话中却能以柔克刚，较之梅纽因那略嫌发紧的提琴音色更胜一筹。尤其是协奏曲的第二乐章慢板，在弦乐的轻微拨奏衬托下，双簧管的演奏有如冬日午后的阳光柔和而滋润，旋律的分句交待得清晰无比，起承转合之处衔接得天衣无缝。难怪梅纽因在这张 CD 的封套扉页上留下了这样一段文字："古森斯家族是由神奇的微小族群（micro-species——意指古森斯们都个头矮小）的人们所组成的，他们极其适于音乐的创造工作：从辛辛那提到悉尼、再到伦敦，古森斯们确保了音乐理念和演奏的高品质。他们总能使与我们的合作变成一个绝对愉快的结果。我至今仍能回忆起 35 年前与莱昂·古森斯在伦敦的修道院路录音室里合作的那些时刻。在那里，他与我的巴斯节日乐团一道录下了巴赫这首受人喜爱的协奏曲。一种亲切的，事半功倍的交流在我们之间滋生。这种融洽、和谐的交流我想在 35 年之后对于欣赏者而言仍在录音中清晰可辨。"

这张 CD 的另一重头戏是莫扎特的《C 大调双簧管协奏曲》，这个录音是 1960 年 3 月他与当时年仅 33 岁的英国指挥家柯林·戴维斯指挥的伦敦交响乐团合作的。莱昂的演奏可以说将他的演奏艺术发挥到了极致。他的诠释还原了莫扎特个性中的纯真、浪漫气质以及前大工业时代所特有的田园牧歌氛围，有如甘饴清泉，沁人心脾。或许他的演奏手法在今天看来有些传统老套，但笔者以为如此却赋予欣赏者以更大的想象空间，令人聆听后久久不能释怀。而 CD 的压卷之作是莱昂与列纳弦乐四重奏组（Lener String Quartet）于 1933 年录制的莫扎特《F 大调双簧管四重奏》，展示了乐团首席时期莱昂的演奏风采。

1967 年，莱昂迈入他人生的第 70 个年头。在这一年他要求作曲家戈登·雅各布（Gordon Jacob，1895-1984）为他完成埃尔加专门为他创作的那个双簧管乐章的管弦乐配器。5 年之后，在他 75 诞辰的纪念音乐会上莱昂又一次登台演奏了莫扎特的双簧管协奏曲，而那一天正是著名的逍遥音乐会的开幕之日。在大师 80 大寿的那一年，一张名为"棒糖音乐"（lollipops）的唱片由 Chandos 唱片公司发行问世了（Chan7132）。这是一张颇具纪念意义的唱片。在唱片中莱昂与他两位演奏竖琴的姐妹（83 岁的玛丽和 78 岁的西朵妮）一起演奏了迈克尔·克莱恩（Michael Krein）专为他们三兄妹创作的双簧管和两架竖琴的《小夜曲》；摩根·尼古拉斯（Morgan Nicholas）的《旋律》。莱昂与费兹威廉弦乐四重奏组（Fitzwilliam String Quartet）合作演奏了巴赫的《复活节清唱剧》中的序曲以及马克斯·桑德斯（Max Saunders）的《柯茨沃尔田园曲》。唱片中最引人注目的无疑是由诺曼·德尔·玛尔指挥朴茨茅斯小交响乐团为莱昂协奏的《双簧管独白》（Solilogue For Oboe），这正是戈登·雅各布为之配器完成的埃尔加遗作。三位年龄总和为 241 岁的古森斯老人的合集唱片却起了一个"棒糖音乐"的片名，可见在人们的心目中他们的艺术还与年轻黄金时代一样地棒。只是到了 70 年代莱昂才依依不舍地放下了相伴他一生的双簧管，退归山林。在整个 50 年代他都在自己的乡间别墅里非常悠闲而充实地生活着，直到 1988 年 2 月 13 日以 91 岁高龄去世为止。

评论家们认为，莱昂·古森斯的主要功绩在于通过他在 20 世纪音乐舞台上的艺术实践,使双簧管精致典雅、甜美悦耳的音乐特征发挥得更加淋漓尽致,他为双簧管作为一种独特乐器制定了新的高规范的演奏标准。正是基于这种高规范的审美标准,今天才涌现出像柯赫(Lothar Koch,1935-　　)、霍利格尔(Heinz Holliger,1939-　　)这样闻名遐迩的双簧管演奏名家,而经由他首演的双簧管作品又极大地丰富了曲目的文献宝库。单簧管演奏家,并在收藏界以收藏双簧管音乐唱片闻名的马尔科姆·麦克米兰,在被问及今天人们从他所收集的那些老唱片中能获取多少价值时说:"怀旧也许是体现人一生的某种情结,对于年轻一代来说他们听老唱片的目的也许是好奇。今天的音乐家和音乐爱好者可能认为在他们这个时代再对老的演奏版本说 OK 是很难的事,因为欣赏的观念、情趣都已发生了很大的变化。我要说的是,年轻人的观念无可厚非,因为就演奏技术层面而言确乎如此,但是人们从唱片中可以真实地反映当年莱昂·古森斯的音乐多么受人喜爱,就像他的合作伙伴里金纳德·凯尔在单簧管领域的地位,更像海菲兹和霍罗维兹在小提琴和钢琴领域的主宰地位是不可动摇的一样。这些伟大的演奏都是人类遗产的一部分,他们的录音值得被纪念、被珍视,因为他给我们带来了欢乐和享受。"

伦敦交响乐团的竖琴首席
玛丽·古森斯(Marie Goossens)

　　玛丽·古森斯是欧根·古森斯二世的长女,她 1894 年 8 月 11 日出生于伦敦。相比她的弟弟莱昂和妹妹西朵妮,她的经历相对更为简单,可资查考的史料文字不多,大致可知道她就读于伦敦的皇家音乐学院,以竖琴演奏为专业。1910 年当她16 岁时就在利物浦的爱乐大厅举行了她的竖琴独奏处女秀,获得极大成功,随即成为一位知名的乐团竖琴演奏家,先后加盟科文特花园歌剧院乐队、皇后大厅管弦乐团。比彻姆的伦敦爱乐乐团成立后她与弟弟莱昂一起转投这支新生的乐团,成为该团元老之一。1940 年,她又成为伦敦交响乐团的首席竖琴演奏家,一干就是20 年。20 世纪 50 年代她应邀出任母校的竖琴教授直至 1967 年。此后,73 岁的玛丽的艺术活动主要是为乐团担任客串演奏并从事录音,1991 年她以 97 岁高龄去世。

BBC 交响乐团的竖琴首席
西朵妮·古森斯(Sidonie Goossens)

　　西朵妮·古森斯是古森斯家族第三代中最年幼的一位,但是家族中最成功的女性,她是 20 世纪最杰出的竖琴演奏家之一,也是一位无论自然生命还是艺术生命都超越常人的艺术常青树。论及她在英国社会生活中所具有的影响,有一件

事足以显示她的举足轻重。英国
王室每年照例要为那些为英国作
为杰出贡献的人士授勋，册封他们
荣誉爵士称号。1980 年西朵妮与
政治铁娘子、当时的首相玛格丽
特·撒切尔在同一份受封的名单
之内。然而当西朵妮得知自己名
列撒切尔夫人之后，便断然拒绝出
席女王的授封仪式。而该年她是
名单中唯一的一位器乐演奏家。

西朵妮·古森斯与作曲家斯特拉文斯基

西朵妮 1899 年 10 月 19 日出
生于利斯卡德。由于她的四位兄
姐都学习音乐，因而她没有丝毫理由成为家族中的例外。尽管小时候她的梦想是
成为一名歌剧演唱家，但是她的父亲还是希望她能像姐姐玛丽一样去学习竖琴，
"以后我的经历证明了父亲的选择是具有远见的，他的建议给予我整整一个世纪的
艺术人生。"西朵妮日后回忆道。

西朵妮年少聪颖，悟性很强。她进入皇家音乐学院师从米里亚姆·提摩西教
授（Miriam Timothy）学习竖琴演奏仅一年，第二年就已能在公开场合演奏了，当时
她芳龄 17。此后西朵妮便再也没有回过音乐学院继续学习，而是直接以演奏家的
身份立足于舞台。少女时代的西朵妮是伦敦音乐舞台上一道亮丽的风景线，她一
头金黄色的头发，身材高挑，容貌秀美，加之着装优雅，自有一种仪态万方、大家闺
秀的动人之美。相传当她走上舞台的 3 年后，在某次独奏音乐会上她那出众的演
技和风采令席间的一位阿拉伯国家的国王为之惊艳。为了表示对佳人的仰慕，这
位国王当即大笔一挥，在法国巴黎为她专门订购了一架价值 130 英镑的竖琴相赠，
130 英镑在 1920 年的英国可绝对不是一个小数目。对于西朵妮而言，类似的传奇
只是她多姿多彩人生中的一个小插曲，她注定是一位要在英国 20 世纪的音乐史上
留下重要艺术印记的艺术女性。

1921 年 6 月 7 日，是西朵妮首次作为乐团演奏家登台献艺的日子，这一天也
是第三代古森斯们集体华丽亮相的日子。在大哥欧根的指挥下，玛丽和西朵妮作
为竖琴演奏家，莱昂作为双簧管演奏家与伦敦交响乐团的其他乐师们一起演奏了
斯特拉文斯基的《春之祭》。当年她还与胞姐玛丽在逍遥音乐会上表演了竖琴二
重奏，博得了听众的热烈欢迎。1923 年她加入了英国广播公司所属的无线电管弦
乐团，成为第一位在广播电台中录制音乐节目的竖琴女演奏家。1936 年她又成为
第一位出现在电视荧屏上的竖琴女演奏家。在 20 世纪 20 年代，西朵妮曾先后在
由比彻姆和布鲁诺·瓦尔特执掌的科文特花园歌剧院乐队任竖琴女演奏家。基于她

特殊的家学渊源,她与英国第一流的音乐名士们都有所交往。

　　谈起西朵妮对英国音乐生活的贡献,就不得不提到在 1930 年她参与创建了 BBC 交响乐团。在 BBC 交响乐团成立以前,英国广播公司所属的无线电管弦乐团人数少得可怜,根本没有标准的乐队编制。经历了 1929 年的经济大萧条,乐团更是早已名存实亡。西朵妮最早是"无线电四重奏"(Wireless Quartet)的成员,这个四重奏是以非常独特的小提琴、大提琴、竖琴和风琴四种乐器组合而成的。在它基础上发展而成的无线电管弦乐团即成为后来 BBC 交响乐团的前身。1930 年,英国广播公司决心组建一支编制齐全的正规交响乐团,由电台提供乐团的运作资金,当时负责组阁的就是著名指挥家阿德里安·博尔特(Adrian Boult, 1889-1983)。博尔特以皇后大厅管弦乐团、无线电管弦乐团为基础加以筛选归并,最终组成了拥有 114 名演奏家的 BBC 交响乐团,并于当年的伦敦"逍遥音乐会"上首次公开亮相。作为乐团的创始成员,西朵妮从 BBC 交响乐团建团伊始就担任乐团的首席竖琴,她在这个位置上一干就是半个世纪,一直到 1981 年从乐团光荣退休时为止,她将自己的全部心血和艺术才华都贡献给了她所热爱的 BBC 交响乐团。作为一名资深演奏家,她在 20 世纪最伟大的指挥大师像托斯卡尼尼、魏因加特纳、库塞维茨基、门格尔伯格、布鲁诺·瓦尔特以及勋伯格等客席指挥的指挥棒下都演奏过,也随团访问过欧洲的大部分国家。每到一处,BBC 的舞台阵容中最夺人眼球的除了指挥家而外就数身为竖琴演奏家的西朵妮了。她精湛而美妙的音色总能为乐团演奏增色添彩。1966 年她随团出访美国,次年又去了苏联,1975 年又到了亚洲的日本。这几次率团出访的指挥都是法国的皮埃尔·布列兹。布列兹是这样评价西朵妮的:"她的出场总使人心安,她的职业操守是无可挑剔的。她的每一次演奏都堪称完美无缺。她热爱她的专长,热爱她手中的乐器,归根结底她热爱所演奏的音乐。所有这些的确是她个性的反映。为此我不仅要对她致以最崇高的敬意,同时也致以难以言表的感激之情。"另一位著名的指挥家托斯卡尼尼的得意弟子坎泰利(Guido Cantelli, 1920-1956)的评价甚至更加直言不讳:"西朵妮·古森斯是一位竖琴艺术家,与她相比其他人充其量只不过是竖琴演奏者而已!"

　　整整半个世纪,西朵妮与 BBC 交响乐团休戚与共,既分享它的荣耀,也分担过它的忧愁。1939 年二战爆发后,她跟随乐团一起离开伦敦转移到布里斯托尔。在战争中她失去了她的第一位丈夫,小提琴家兼作曲家海亚姆·格林鲍姆(Hyam Greenbaum)战后她又嫁给了诺曼·米拉尔(Norman Millar),他正是西朵妮大哥欧根·古森斯三世第一位妻子多萝西·米拉尔的弟弟。当时诺曼·米拉尔只是苏格兰军队中的一名军士,但自从与西朵妮联姻后他也很快投身于音乐圈中,学习乐团的经营管理,后来他成为比彻姆新组建的皇家爱乐乐团的经理人。成家后夫妇俩把家安在萨里郡的一个农庄,在那里过着远离尘嚣的田园牧歌生活。他们养了不少荷兰种的蓝鸡,这些鸡产下的蛋除自己食用外西朵妮会将它们送给乐团里的同事们。每逢圣诞，她家更是成了为同事们供应火鸡的货源地。他们的日常起居通常是这样安排的：每天早上黎明即起，起床后先忙着给鸡喂食，然后带着他们的狗绕农庄蹓跶一圈，大约在9点左右他们便搭上去伦敦的火车赶往乐团参加排练。周而复始，乐此不疲。

西朵妮一生演奏过的音乐作品无数，相对而言，那些困难艰涩的现代派和前卫性作品更能激发起她的兴趣，因为她"喜欢那种带一点智慧的挑战"去考验一下自己的演技。她会在自己的纪念音乐会上宁可挑选勋伯格、贝格和威伯恩的十二音体系作品也不愿演奏马勒的交响曲。别人借问其故，答曰："我只是不想与死亡作伴耳。"其幽默如此。1980年10月12日，BBC交响乐团为时年81岁高龄的西朵妮举行了祝贺音乐会，在首席指挥罗日捷斯特文斯基的指挥下西朵妮·古森斯作为乐团开创时期唯一仍在从事演奏的艺术家与她的同事们一起用音乐庆祝了乐团建团50周年。

1981年，西朵妮带着一身的荣耀从BBC交响乐团退休了，不过她的身影并没有从喜爱她的听众视线中消失，在1991年的逍遥音乐会上，92岁的她还亲自执琴为女歌唱家格温尼斯·琼斯（Gwyneth Jones，1936-　　　）演唱的爱尔兰民歌《夏日最后一支玫瑰》作伴奏呢。而在她百岁诞辰之际，在伦敦温格摩尔音乐厅，6位竖琴演奏家（多数是她的学生）演奏了一台竖琴专场音乐会，除经典曲目外他们也演奏了由西朵妮的大哥欧根、她的前夫格林鲍姆为她创作的竖琴曲。百岁后的西朵妮仍然反应敏锐、耳清目朗，其乐观风趣、美丽开朗一如往日。人们将之誉为"一位最谦和的完人"（a modest paragon）。她于2004年12月14日逝于雷迦特，享年105岁，堪称乐坛人瑞。

古森斯家族的第四代如何？这至少是部分读者所关心的话题。第四代古森斯中除上文所述欧根·古森斯三世有5个女儿外，莱昂·古森斯也有3个女儿，然而她们都没能延续家族的传统成为音乐家。最后，让我们以莱昂的女儿，女演员詹妮·古森斯的话作为故事的结尾："如今我自己也已作了祖母，我渴望着能从新一代的身上寻找到我祖、父辈在音乐才能方面的某种迹象，然而他们的兴趣所在与我的前辈们是完全不同的，这使我感到古森斯作为一个音乐王朝已经走到了尽头。我父亲的那个时代——无论是音乐演奏还是参军上前线，他对每一件事都充满着热情和兴趣。他留给我们最珍贵的礼物就是——作为后人对音乐的热爱！"

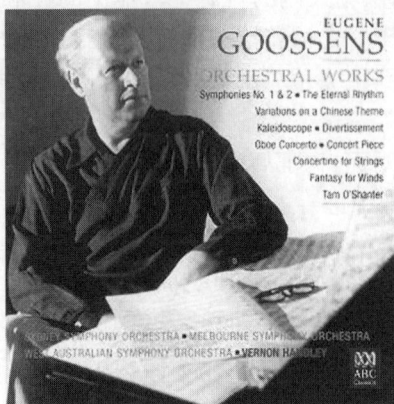

古森斯三世的管弦乐作品集

收录有古森斯家族成员作品的唱片

莱昂·古森斯与梅纽因演奏的唱片

莱昂·古森斯录制的早期哥伦
比亚公司唱片

十四、波罗的海音乐第一家
——尼梅·雅尔维与他的子女们

爱沙尼亚是波罗的海沿岸三国(另两个国家是拉脱维亚和立陶宛)中地域面积最小、人口不过 150 万的一个小国。它在 20 世纪初被纳入苏联版图成为它的一个加盟共和国。直到 20 世纪 80 年代,波罗的海三国的音乐之声才逐渐为世人所了解、熟悉,一批埋没已久的优秀作曲家、指挥家和表演艺术家开始在国际音乐舞台上亮相。在指挥领域,爱沙尼亚人尼梅·雅尔维和拉脱维亚人马里斯·扬松斯堪称是波罗的海的双子星座,而雅尔维更因家族成员中涌现的多位音乐人才而被誉为"波罗的海音乐第一家"。

尼梅·雅尔维(Neeme Jarvi)

1937 年 6 月 7 日,尼梅·雅尔维出生于爱沙尼亚首府塔林,他的父母虽不是职业的音乐家,却也喜欢在业余时间操琴弄弦。尼梅从小就喜爱音乐,立志要成为专业的音乐演奏家。少年时代他进入塔林音乐学校,学习打击乐演奏和指挥。18 岁时,他以优异的成绩考入列宁格勒音乐学院。在那里,他有幸遇上了杰出的指挥家兼教育家拉宾诺维奇和穆拉文斯基。

尼古拉·拉宾诺维奇(Nicolai Rabinovich,1908-1972)是苏联指挥学派的开创者之一,他从 1938 年起就出任列宁格勒爱乐乐团的指挥,是布里顿的《战争安魂曲》在苏联的首

尼梅·雅尔维

演者,也曾担任早期电影配乐的指挥。1939 年以后,他兼列宁格勒音乐学院的教授,培养了一批日后在国内和国际指挥比赛上获奖的年轻指挥家。而穆拉文斯基自从在全苏指挥比赛中荣获一等奖之后,早已被奉为是苏联的王牌指挥家,由他担任首席指挥的列宁格勒爱乐乐团更是苏联乃至整个东欧地区最负盛誉的交响乐团。1957 年,大学二年级的尼梅参加了全国青年指挥家比赛,一举夺魁。1960 年,他毕业后回到爱沙尼亚,从此在故乡的音乐生活中扮演了重要的领导者的角色。

在音乐学院学习的日子里,尼梅感受到在同一个国家里,自己家乡与莫斯科、列宁格勒等大城市音乐发展水平之间所存在的巨大差距,他决心要以自己所学来振兴爱沙尼亚的音乐事业。3 年后,26 岁的尼梅被任命为爱沙尼亚广播电视管弦乐团的首席指挥。这也是他指挥生涯中第一个重要的职位。之后,他又出任爱沙尼亚国家歌剧院的音乐总监,并自组了塔林室内乐团。1965 年,爱沙尼亚加盟共和国政府授予他"功勋艺术家"称号。

在爱沙尼亚,尼梅积累了相当丰富的演奏曲目和舞台经验。1971 年,他报名参加了在意大利罗马举行的第六届圣塞契莉娅国际指挥比赛,获得金牌。像爱沙尼亚这样的一个"国中之国",一夜之间诞生了位世界比赛的冠军,家乡人民的兴奋和疯狂是可以想见的。由此,尼梅俨然成了爱沙尼亚的民族英雄,他被授予"爱沙尼亚人民艺术家"的称号,政府并决定由他担任国家级乐团——爱沙尼亚国家交响乐团的首席指挥兼音乐总监。在 20 世纪 70 年代后期,全苏最顶尖的几家交响乐团如列宁格勒爱乐、莫斯科爱乐和莫斯科广播交响等都邀他去担任客席指挥;他还将德国作曲家理查·施特劳斯的歌剧《玫瑰骑士》和美国作曲家格什温的歌剧《波吉与贝丝》首度搬上苏联的舞台。

1979 年,尼梅·雅尔维指挥爱沙尼亚国家交响乐团首演了本民族最重要的当代作曲家阿尔沃·帕特(Arvo Part, 1935-   )的《信经》(Credo),这触犯了当局的大忌。全苏作曲家联盟以这部作品的首演未经正常渠道上报并得到批准为由,在报刊上对帕特和雅尔维展开了口诛笔伐,这种无形的"封杀"事实上已经剥夺了雅尔维在国内的指挥权利,这迫使他最终做出决定,移居国外。1980 年,雅尔维一家的移民申请获得了批准,但却被要求必须在一个月内离境。仓促之下,雅尔维一家五口每人怀揣着一百美元,登上了去美国的飞机。选择美国绝非偶然,此前尼梅曾在纽约的大都会歌剧院成功地指挥了柴科夫斯基的歌剧《叶甫根尼·奥涅金》,感受到这里的听众对他的欢迎。抵达美国不久,尼梅即与波士顿交响乐团、费城管弦乐团和纽约爱乐乐团成功地合作了几场音乐会,这让他在最短时间内在西方音乐世界里站稳了脚跟,迅速收到好几份签约合同。这其中又以他与哥德堡交响乐团合作的时间最长久(持续至今),所取得的成就也最大。他率哥德堡交响乐团演奏的肖斯塔科维奇后期交响曲(第十一至十五交响曲, DG 发行)和西贝柳斯交响曲全集(BIS 发行)更是堪称集中体现尼梅·雅尔维指挥艺术特色的双璧。

尼梅指挥录制了肖斯塔科维
奇的全部交响曲(前十部由皇家苏
格兰国家管弦乐团演奏),他无疑
承袭了穆拉文斯基对肖氏作品精
到独特的理解和处理,但又体现出
自己鲜明的艺术个性。而他之所
以致力于西贝柳斯作品则出自他
的民族情愫。爱沙尼亚与芬兰在
地图上隔芬兰湾而居,两国的首都
塔林和赫尔辛基更是彼此隔海相

尼梅·雅尔维在指挥中

望。在历史上,两国在语言和文化
上有着相当深厚的渊源。由尼梅指挥的西贝柳斯交响曲全集、《芬兰颂》《卡列瓦
拉四传奇》乃至西贝柳斯的合唱曲,无一例外地被"史蒂文森唱片指南"搬上了推
荐光荣榜,足见其诠释之传神、演释之精湛。

1990年,尼梅接受了底特律交响乐团的盛邀,出任该团的首席指挥兼音乐总
监,掀开了人生新的一页。乐团之所以选择了尼梅正是看中了这位体格强健、精
力旺盛的爱沙尼亚人对工作高度投入和敢于开拓的个性气质。尼梅也果真没有
令乐团管理层失望,自接手底特律交响乐团之后,他就马不停蹄地率团出访巡演
和录制唱片,当年度就荣获《留声机》杂志评选的"年度艺术家"称号。到1992年
为止,他已经为英国的Chandos唱片公司录满了一百张唱片,为此他的第一百张
唱片还被唱片公司特地制作成"金唱片"以资纪念和奖励。除Chandos外,他也为
瑞典的Bis、德国的DG和Orfeo唱片公司录制唱片,均反响不俗。在演奏曲目方
面,他为乐团引进了一大批此前少有人问津的北欧作曲家的作品,其中有帕特、杜
宾(Eduard Tubin,1905-1982)、萨默拉(Lepo Sumera,1950-　　　)、图尔(Ekki-Sven
Tuur,1959-　　　)、贝瓦尔德(Franz Berwald,1796-1868)等。尼梅为它们演奏、录
音,有不少还拿了大奖。他指挥的贝瓦尔德的《第四交响曲》(DG发行)就荣获了
1988年度的法国唱片大奖;而杜宾的《第三交响曲》《第八交响曲》则分别获《留
声机》杂志评选的1985年"最佳管弦乐作品奖"和1989年"最佳录音与制作奖"。

在乐团经营方面,尼梅·雅尔维也可谓是一位长袖善舞的高手。他接手底特
律交响乐团之际留给他的是账面上一千万英镑的巨额亏空数字,而他通过打开思
路,吸引著名的品牌企业赞助和向听众募集录音基金等方式,使乐团逐步摆脱了昔
日的困境,走上了良性循环的发展之路。尼梅热衷录制唱片,数量之多据说"几乎
可以填满整个大西洋"。在2004年,年近七十的尼梅宣布在2004-2005演出季结
束后,将告别与他合作了长达15年之久的底特律交响乐团,而转任新泽西交响乐
团的首席指挥兼音乐总监。其实,早在2001年他已作为该团的客座首席参与了乐

团的一系列演出活动。他不愧为是当今国际指挥界最忙碌,也最具有活力和号召力的指挥大师之一。

帕沃·雅尔维(Paavo Jarvi)

帕沃·雅尔维

尼梅与妻子莉莉娅共有3个孩子,他们无一例外地都成了职业音乐家,其中两个儿子继承了他的衣钵,由此成就了"一门三个指挥家"的乐坛佳话。

帕沃。雅尔维是家中的长子,于1962年出生于塔林。他从小学习钢琴,后来入塔林音乐学院先后学习打击乐演奏和指挥。全家移居美国后,帕沃进入费城的柯蒂斯音乐学院,师从缪勒(Otto-Werner Mueller,1926-   )和马克斯·鲁道尔夫(Max Rudolf,1902-1994)继续深造指挥艺术。学成之后,父亲又将他介绍到洛杉矶爱乐学院,接受指挥大师伯恩斯坦的教导。由于帕沃师出多门,博采众长、兼收并蓄的优势显露无遗。

从20世纪90年代起,帕沃·雅尔维先后被任命为瑞典斯德哥尔摩爱乐乐团和英国伯明翰市立交响乐团的常任指挥。在他的领导下,这两个乐团先后签约于英国的"维珍"(Virgin)唱片公司,推出了西贝柳斯的《列敏凯宁组曲》、伯恩斯坦的交响曲,还有爱沙尼亚作曲家帕特、萨默拉的管弦乐作品集等,甚至还录制了西贝柳斯独一无二的歌剧,此前鲜有人问津的《塔中少女》(The Maiden In The Tower)。这些唱片问世后都获得了识家的好评和赞誉。此外,帕沃还曾应邀指挥过英国的爱乐管弦、美国的费城管弦、法国的广播爱乐、意大利的米兰斯卡拉歌剧院、奥地利的维也纳交响以及日本的东京交响等世界一流乐团。进入21世纪后,帕沃又迎来了他人生一个新的起点。2001年9月,他接替西班牙指挥家洛佩斯-柯波斯(Jesus Lopez-Cobos,1940-   )出任美国辛辛纳提交响乐团的第十二代掌门人。辛辛纳提交响与底特律交响一样,在美国算不上是超一流的交响乐团,他们在乐坛上的地位大致相当。帕沃上任伊始就与美国的唱片品牌Telarc续约,指挥乐团录制了第一张唱片——柏辽兹的《幻想交响曲》以及《罗密欧与朱丽叶》中的爱情场面,甫一问世,即大受追捧。

　　家中有三位名声都不小的指挥家,像是拉斐尔笔下的《雅典学院》一样,他们往往就音乐上的处理和见解提出发问,不时进入论战状态。自由撰稿人马克·斯特莱克尔形容"当三位指挥家雅尔维聚在一起时,他们争论的程度可以达到暴风骤雨的级别"。他问道:"每当这个时候,这家的女主人莉莉娅她作为一个妻子和母亲正在干什么呢?是使自己保持平静还是在坐山观虎斗呢?"帕沃答道:"不,她知道我们争的都是些什么。不过,只要她开始准备食物了,我们之间的一切谈话和争执也就戛然而止了。"

　　在指挥舞台上不断进取的同时,帕沃也未曾忘却自己的爱沙尼亚之根。他像父亲一样是当代爱沙尼亚音乐的坚定捍卫者。基于他对于传扬爱沙尼亚音乐文化所做出的贡献,2002 年帕沃获爱沙尼亚文化部授予的"首都文化奖"。2003 年他指挥由爱沙尼亚国家男声合唱团、埃勒海因少女合唱团和爱沙尼亚国家交响乐团演出的西贝柳斯《康塔塔》(Virgin 发行)荣获当年度的格莱美"最佳合唱作品奖",而 2004 年他与辛辛纳提交响乐团为 Telarc 录制的拉威尔专辑又荣膺法国"金音叉"唱片大奖。

　　帕沃与辛辛纳提交响乐团当初一下子签了两个任期(8 年)的长期合约,这样他一直可以指挥该团至 2008 年 -2009 年演出季。如此长期的合约显然有助于他完全施展自己的理想抱负,便于他有步骤、按计划地去精心打造一流乐团,同时也表明乐团管理层所给予他的高度器重和信赖。如今的辛辛纳提交响乐团被誉为具有"精致典雅的音色和敏锐鲜明的合奏能力",权威的《留声机》杂志 2003 年 2 月将帕沃作为该期的封面人物。在封面照片的下方,印有一行醒目的文字:"帕沃·雅尔维正在把辛辛纳提交响乐团放上(世界乐坛的)地图!"而在 2010 年 9 月他又从德国指挥家克里斯托弗·艾森巴赫手中接过了指挥棒,成为巴黎管弦乐团这支法国最顶尖的交响乐团历史上的第七任音乐总监。

玛丽卡·雅尔维(Maarika Jarvi)

　　玛丽卡·雅尔维是尼梅唯一的女儿,1964 年出生,像哥哥帕沃一样,她也从小就学于塔林音乐学校,选择的专业是长笛演奏。在读期间,她参加了爱沙尼亚的长笛比赛,获得第一名。移民美国后,她进入波士顿的新英格兰音乐学院继续学习,师从波士顿交响乐团的长笛演奏家德怀厄(Doriot A. Dwyer)和长笛教育家沙弗尔(Lois Schaefer)。毕业后她又入由美国钢铁大王卡内基捐资兴建的梅隆大学攻读研究生。在梅隆大学,她的导师是美国第一流的长笛演奏家贝克尔。

　　玛丽卡的演奏功力早在学生时代就已显露端倪。1984 年,年方二十的她在加拿大多伦多举行的青年艺术家音乐比赛上夺得长笛金牌,同年又在波士顿举行的

玛丽卡与克里斯蒂安

由帕波特萨基斯纪念基金会主办的音乐比赛上再度折桂。1989 年,在美国的新泽西州,玛丽卡以精湛、娴熟的技艺荣获"雅马哈"青年艺术家比赛长笛演奏的冠军,更巩固了她作为青年长笛演奏家在乐坛上的地位。此后,她便开始了自己的职业演奏生涯。

玛丽卡的丈夫是一位西班牙音乐家。婚后,玛丽卡便随夫迁居西班牙。从 20 世纪 90 年代起,她曾先后就任多支西班牙交响乐团的首席长笛。此外,她还参加了加泰罗尼亚地区的巴塞罗纳国家交响乐团的访美巡演。近年来,她更多地以长笛独奏家和室内乐演奏家的身份频频亮相于欧美各国的音乐舞台以及夏季音乐节上。与她合作的乐团包括新泽西交响、日本爱乐、爱沙尼亚国家交响、土耳其安卡拉"总统"交响乐团以及莫斯科和塔林的室内乐团等。

作为一位在西方乐坛崭露头角的爱沙尼亚女艺术家,她的故乡同胞自然对她也倍加呵护。有不少爱沙尼亚作曲家都为她度身定制长笛作品题献给她。至今为止,玛丽卡已经录制了 6 首爱沙尼亚作曲家创作的长笛协奏曲,其中有彼得·瓦依(Peeter Vahi, 1955-　　　)的《天鹅之歌》(Chant of The Celestial Lake)、乌尔马斯·希撒斯克(Urmas Sisask, 1960-　　　)的《列昂尼德》(Leonides)以及雷内·伊斯佩雷(Rene Eespere, 1953-　　　)的《弗拉托协奏曲》等。在室内乐演奏方面,最有影响的当数她与爱沙尼亚的大管演奏家马丁·库茨克曼(Martin Kuuskmann)组成的长笛、大管二重奏组合。他们为这支二重奏组取名为"玛蒂尼卡"(Martinika),里面包含了两位成员姓氏的所有字母。这种乐坛不常见的木管二重奏新组合自然也探索出了不少新的演奏曲目。当然,如果玛丽卡的父亲、哥哥或者弟弟担任指挥的音乐会上有长笛演奏曲目,玛丽卡则是当仁不让的第一候选人,在这种"家庭式"的音乐会上她自可尽情地感受到浓浓的温馨气氛和深深的情感交流。

克里斯蒂安·雅尔维(Kristjan Jarvi)

尼梅的小儿子克里斯蒂安·雅尔维 1972 年出生,当他们全家移民美国时还不足 8 周岁,因而他可以说是典型的在美国文化氛围中成长起来的。他的英语与还带着浓厚家乡口音的哥哥相比要纯正娴熟得多,而爱沙尼亚人所固有的传统习性和观念在他身上却相应的更少。

对于这个小儿子,父亲尼梅在很长一段时间里无法看透他究竟喜欢什么。而当他最终也成为一位指挥家之后,在回忆自己童年时的心境时克里斯蒂安坦承自己当年看到父亲在舞台上指挥着百人的乐队时,虽然心中也很激动,但却感到"这不是我所感兴趣的"。

克里斯蒂安像他的哥哥、姐姐一样,从小就学习钢琴。到美国后他还进入曼哈顿音乐学院继续深造,并在奥地利萨尔茨堡随苏联女钢琴家尼古拉耶娃(Tatiana Nikolayeva, 1924-1994)上大师班。不过,克里斯蒂安内心更痴迷的对象还是美国的爵士乐大师"埃林顿公爵"和瑞典的流行乐队"ABBA"。他对流行音乐有着极其敏锐的感觉,比如他就当面向自己父亲指出后者在苏联期间第一次指挥格什温的歌剧《波吉与贝丝》时的理解和处理有多么糟糕。

1993 年,克里斯蒂安在纽约成立了一支名为"绝对合奏团"(Absolute Ensemble)

克里斯蒂安·雅尔维

的跨界演奏团,由 18 位音乐家组成,乐团的宗旨是"从巴洛克到摇滚"(From Baroque To Rock)。"我感到在那个领域里我身上所有的创造细胞都被激活了,这便是'绝对合奏团'的种子如何萌发的原因所在。"克里斯蒂安这样说道。该团致力于拆除原先在古典、流行音乐分类上的樊篱,并大力宣传、推广当代音乐作品。他们既演奏古典音乐作品的改编曲,如德彪西的《牧神午后前奏曲》、马勒的《第四交响曲》,也演奏吉米·亨德里克斯(Jim Hendrix)的《紫雾》、查尔斯·明戈斯(Charles Mingus)的抒情爵士"圣歌"《再见,猪肉馅饼帽》。在当代作品中,约翰·亚当斯、迈克尔·多赫蒂(Michael Daugherty)、约翰·佐恩(John Zorn)以及爱沙尼亚作曲家图尔的作品都是它们的保留曲目。在"绝对合奏团"的演奏中,美国当代作曲家查尔斯·科尔曼(Charles Coleman)的作品可以与斯特拉文斯基的成功地嫁接在一起,同样能为听众带来欢乐和享受。克里斯蒂安作为乐团的创始人和指挥,宣称"我们是在创造我们自己的声音,它是基于更广泛的音乐种类基础之上的,不同于那些原声的、单纯的爵士或摇滚乐队。"乐团以其稳健而不狂热的个性风格、丰富而不炫耀的乐队色彩征服了观众。《纽约时报》将克里斯蒂安描绘成一位指挥台上的明星:"他高高在上,长长的金发,波浪起伏的头发被梳理得整洁有致,能动性极强的舞台风度使他看起来分外迷人。"

克里斯蒂安·雅尔维在指挥中

为了深造指挥艺术,克里斯蒂安又到密歇根大学去进修指挥课程。眼看儿子在跨界音乐领域取得了成功,尼梅向克里斯蒂安建言:"为什么你们不演奏好听的莫扎特呢?"这使克里斯蒂安重新审视自己的音乐之路。他决定要"重返古典"。在 1998-2000 的两年里,他去洛杉矶爱乐乐团出任助理指挥。2001 年,正当哥哥帕沃在辛辛纳提交响乐团走马上任的同时,克里斯蒂安也成为瑞典的诺尔兰交响乐团(Norrland Symphony Orchestra)的首席指挥兼音乐总监。不过,对于"绝对合奏团"他也未曾放弃,他同时担任了该团的客席指挥。该团在他的领导下曾多次荣获格莱美奖提名,并获得了德国唱片"评论家奖"。同时他也是瑞士巴塞尔室内乐团的艺术顾问。经过数年的磨练,他的指挥艺术已日臻成熟并展现出鲜明的个性风格。《纽约时报》的评论更将他在指挥时的那种精力充沛,活力四射的风姿比喻为"如同伯恩斯坦又重新回到了美国的音乐舞台上",对其予以了高度的评价。

*　　　*　　　*

尤其值得一提的是:雅尔维这一门三位指挥家近年来均来华演出,向中国的音乐听众展示过自己的艺术才华。更使人影响深刻的则是在 2010 年。在中国的世博年里,尼梅·雅尔维 5 月 16 日指挥上海交响乐团并联袂我国青年小提琴家黄蒙拉献演了鲍罗丁的《伊戈尔王》序曲,肖斯塔科维奇的《第五交响曲》和圣 - 桑的《B 小调第三小提琴协奏曲》;10 天之后的 5 月 26 日,帕沃·雅尔维率领的德国法兰克福广播交响乐团又莅临申城,在"庆世博交响月"里又为我们带来了一台纯正的德奥经典音乐会。又过了 100 多天,克里斯蒂安·雅尔维指挥的"伦敦交响之声"又在世博英国馆日的当天在申城上空响起,他们演奏了布里顿、巴托克、拉赫玛尼诺夫和伯恩斯坦的作品,并携手旅欧青年大提琴家王健演奏了肖斯塔科维奇的《第一大提琴协奏曲》。父子三人以指挥家的身份分别指挥三支不同国家的著名交响乐团在世博会期间"相会",成为了中国音乐演奏史,或许是世界音乐演奏史上也并不多见的乐坛佳话。雅尔维父子的"中国情结"可见一斑,他们在当今世界乐坛上的活跃程度更不言而喻!

尼梅·雅尔维指挥哥德堡交响
乐团演奏的米亚斯科夫斯基作品集

帕沃·雅尔维指挥的拉威尔管弦乐
作品集

帕沃·雅尔维指挥以色列爱
乐乐团的"和平音乐会"实况

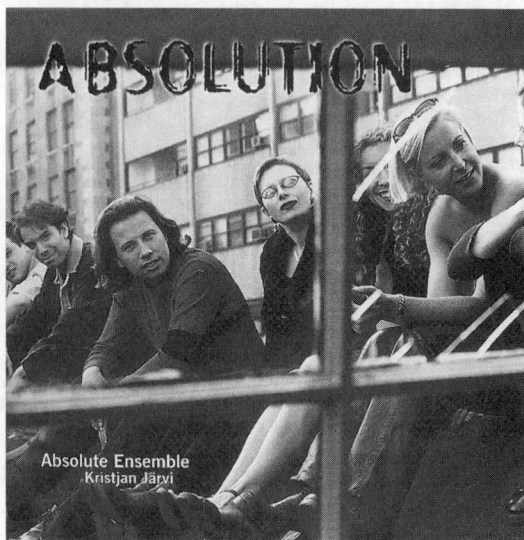

"绝对合奏团"演奏的作品集

十五、指挥家桑德林父子的俄罗斯情结

库尔特·桑德林

库尔特·桑德林（Kurt Sanderling），一个既陌生而又似熟悉的名字。之所以陌生，是由于现今大部分介绍世界著名指挥家的书籍里似乎没有他容身的一席之地，就连 EMI 唱片公司隆重推出的《20 世纪伟大指挥家》系列里也难觅其踪迹，可见对他的漠视和疏慢。而又似熟悉，或是因其德高望重，或是这位现尚存活的最年长的指挥老人毕竟在 20 世纪下半叶缤纷多彩的世界音乐舞台上也曾唱过大戏，在不少由列宁格勒爱乐乐团，德累斯顿国家管弦乐团和东柏林交响乐团演奏的名版唱片面前，又着实绕不开此人的名字，因之就形成了他在乐迷脑海中时隐时现，若有若无的境遇……

库尔特·桑德林 1912 年 9 月 19 日出生于东普鲁士的阿里斯。尽管这个地方二战后被划入波兰的版图，但他仍是一个具有犹太血统的德国人。不知是由于桑德林一贯为人的低调，还是为史者的有意忽略，总之有关他的家庭背景与早年经历人们知之甚少，只知道他曾在柯尼斯堡学过音乐，一次大战以后他于 1926 年移居柏林，入柏林音乐学院学习钢琴与指挥，1931 年，当时年仅 19 岁的桑德林就已经在柏林的室内乐音乐会上登场亮相了，不久他又被任命为柏林市立歌剧院的助理指挥。他在那儿工作了两年，正欲大展宏图之际，噩运却不期而至。1933 年，阿道夫·希特勒攫取了德国的政权。他一上台就对境内的犹太人实行种族清洗。身为犹太血统的桑德林自然也难逃此劫,他被赶下了歌剧院的舞台,并禁止他在任何正式的音乐团体指挥乐队。桑德林参加了柏林的犹太人文化联合会,进行一些民族自救的抵抗活动。然而,随着形势的日益严峻,到 1935 年底,国内已无他的容身之所。他没有像与他有相同背景的大部分同辈指挥家一样到西方去寻求生存,而是溯东一路前行,来到了一个当时对他还异常陌生的国度——苏联,由此衍生出他一家两代割舍不断的俄罗斯情结。

1936 年初,桑德林抵达苏联,他遇见的第一位同行,就是当今世界著名指挥家罗日杰斯特文斯基的父亲尼古拉·阿诺索夫(Nikolai Anosov, 1900-1962)。阿诺索夫与桑德林一见如故,交谈甚契,又欣赏他的艺术才华,于是把他引荐给莫斯科广播交响乐团,协助乐团首席指挥,匈牙利籍的乔治·塞巴斯蒂安(Georges Sebastian, 1903-1989)工作。不过,由于桑德林是一个初来乍到的异乡人,在塞巴斯蒂安这位柯达伊的高足手下终究没有多少崭露头角的机会。于是 3 年之后,桑德林离开首都,到了乌克兰第二大城市哈尔科夫,出任哈尔科夫爱乐乐团的指挥。桑德林对这个他首次得到的正式指挥职位十分珍惜,尽管是在异国他乡的音乐舞台上,他仍全力以赴投入工作。1941 年,幸运女神终于眷顾了这位年少成名,却一直难以一展抱负的德国人。在一次成功地客串指挥了苏联最负盛名的列宁格勒爱乐乐团之后,该团首席指挥,伟大的穆拉文斯基(Yevgeny Mravinsky, 1903-1988)慧眼识才,当即相中了这位外表朴实无华,胸中满腹经纶,戴着眼镜,神情略显拘谨的青年指挥。他向桑德林发出了邀请,让他来列宁格勒爱乐乐团工作。桑德林自然喜出望外,欣然领命。就这样,他成为了这位在苏联乐坛首屈一指的指挥家的助手兼同事。

应当说,苏联政府对于桑德林这位来自德国的指挥家还是给予了最大的信任,他到列宁格勒爱乐后,起先还是作为穆拉文斯基的助手,但不久就成了乐团的常任指挥,地位仅次于作为乐团掌门人的穆拉文斯基。两人共事 18 年,相得益彰。正是在这里,桑德林成就了他艺术生涯中的第一个黄金时代,与穆拉文斯基一起共同缔造了列宁格勒爱乐乐团的辉煌历史。

在桑德林的一生中,有两位俄罗斯人对他的艺术发展起着决定性作用,如果说穆拉文斯基是他正式确定起指挥权威的良师益友和亲密同事的话,那么他与伟大的作曲家肖斯塔科维奇的友谊则直接影响着艺术人生乃至音乐信仰。当桑德林刚踏上苏联大地之际,他对肖斯塔科维奇还知之甚少。尽管在当时苏联国内对肖等人所谓"音乐上的形式主义"批判已甚嚣尘上,但在德国是很少能听到肖氏作品的,至少在桑德林的头脑中肖还只是一位无名的作曲家。来到苏联最初的那段日子里,桑德林与阿诺索夫经常在一起练习四手联弹,他们以这样的方式演奏了肖的《第一交响曲》,这时他才被这位作曲家的作品所迷恋。自打那时起他开始对肖的作品和为人产生了浓厚的兴趣。他内心产生出一种强烈的冲动,想要指挥肖氏的交响曲。1938 年 1 月 29 日,桑德林指挥莫斯科广播交响乐团演奏了肖的《第五交响曲》,这是他一生中演奏上千次肖氏交响曲的开端。在当时"风雨知晦"的险恶环境让桑德林头一遭领教了这个国家迥然有异的音乐生活,在首都举行这样一场与当局意志唱反调的音乐会不啻不是一次职业上的博弈,桑德林回忆道:"从第一乐章开始,演奏员们便无法完全集中起精神,他们有意识地留神四处张望,我甚至怀疑在音乐会后我们这些演奏这部作品的人将会遭到逮捕……大多数听众显然也清醒地意识到了这一点,但他们可不管这些,他们对这部交响曲作品的良好反应深深地铭记在我的心头。"通过这场演出,桑德林深切地感受到肖氏作品在听众心目中受欢迎的程度,这更激发了他进一步去探究,诠释肖氏作品的欲望。其实,在这时候他与肖本人还根本没有见过面呢。

　　1939 年,桑德林在担任哈尔科夫爱乐乐团指挥之际,又指挥该团演奏了肖的《第六交响曲》,这也是该曲由穆拉文斯基在全苏音乐节上指挥首演之后的第二次出演,演出同样反响热烈。而当桑德林真正见到作曲家本人那已是二次世界大战期间了。战争期间列宁格勒爱乐乐团被疏散到西伯利亚,1943 年的一天,肖斯塔科维奇出现在诺沃西比尔斯克的乐团所在地,他来拜访自己的好友,乐团的艺术指导伊凡·索勒辛斯基。当时,桑德林正在指挥乐团排练他的《第八交响曲》。至于被问及这次期盼已久的第一次见面,桑德林似乎并未流露出任何的惊异之色:"我知道我将要与一位天才的作曲家见面了,但是你知道,任何天才他也是人,他们和常人并无什么特别的不同,他们也必须吃、喝、走路和睡觉。"

　　然而,事实却是:桑德林和肖斯塔科维奇的"第一次握手"日后被证明是具有历史意义的。桑德林不仅与肖一见如故,立即成为艺术上的知音诤友,而且这位被他称之为"苏维埃的穆索尔斯基"的伟大作曲家以后的每一部作品都成为桑德林用心去体会,出色地去诠释的保留曲目,他成了除苏联系指挥家之外演释肖氏交响作品成就最高的外国指挥家之一。肖斯塔科维奇不仅以其寓意深刻、富有哲理的音乐语言打动着桑德林,更

桑德林父子的俄罗斯情结一脉相承

以其高尚的情操和人格感化着这位德国指挥家。按理,作为一位作曲家,他完全有理由对指挥家,尤其是一位外籍指挥家对自己作品的演释提出建议,发表意见,然而,肖斯塔科维奇没有这样做,他给予指挥家们最大的再创作自由度和想象空间。桑德林指出:"在大多数场合,他限制自己对演奏提'听觉上的建议'(acoustic advice),无论是在公开场合还是私下里都是如此。在他看来,虽然他能够把音乐写出来,可是他并不愿意充当给作品作逐字逐句解读的角色。"有一次,桑德林正指挥乐团排练肖的《第五交响曲》,恰好那天作曲家与哈恰图良一起来到了排练现场,桑德林指挥的终曲乐章开始部分比其他大多数指挥家速度更快,也更好斗一些。排练结束后,两位作曲家来到后台,一坐下来,平素总是态度友善的哈恰图良却冲着桑德林发问:"终曲乐章的开头部分你指挥的是否过快了?"还未等桑德林声辩,肖氏打断了哈恰图良的指责:"不,不,还是让他照自己喜欢的方式去演吧。"

在长期交往与理解的基础上,桑德林甚至对肖的创作个性和思维表达方式也了如指掌。他表示他毫不怀疑肖去世后在西方问世的那本《证言》(Testimony)的真实性,因为肖本人曾告诉他的许多重大事件在此书中都有所反映。桑德林认为肖斯塔科维奇一生都生活在一种他自己无力自拔的矛盾和痛苦之中。音乐学家们都注意到肖氏的交响曲往往具有"双重的含义",要准确地表达音乐中这种所谓的"双重的含义",对一位对肖氏的为人习性和作品产生的背景不甚了了的指挥家来说是一道难以逾越的难题,然而对于桑德林,这绝不是一件困难的事,因为他本人几乎就是那一段历史的目击者。"要准确地描述肖斯塔科维奇这样一个人是不可能的,他沉默寡言,内心充满着矛盾。这种矛盾的产生是由于他必须过一种双重生活:一种是活给公众的眼睛看的,而另一种才是自己私人的。即便到了国外,他也只能不断地以这种方式来评判自己:即他必须循规蹈矩。这种人似乎天生就活在大众之中;而他内心的思想唯有通过他的音乐才能传递和表达出来。"正因如此,桑德林对肖氏交响曲往往有着异于他人的独特解读和诠释:"《第五交响曲》的尾声通常被理解为象征着胜利——我们能够理解作曲家在那里想要表达的是什么。其实,那不是'强权的胜利'(triumph of the mighty),而是'力量的胜利'(triumph in power)。在他的《第十一》和《第十二》交响曲中,作曲家又将自己放到了一个历史叙述者的角色地位。对我而言,这些都是无需做更进一步的解释的。"双重的生活,分裂的人格,表现在日常生活中必然是大庭广众中的言不由衷,桑德林注意到在肖氏的音乐会结束后,假如他到后台来对演奏员们说"非常美妙,这太棒了!"诸如此类的话,那表明他对这场演出其实并不真正满意;而当他说"好样的,对于你们的演奏在这点上我喜欢,在那点上如何如何"时,你能感受到这才是他真正感兴趣并享受愉悦的演奏。

众所周知,在世界范围内,穆拉文斯基是演释肖氏交响曲的绝对权威。事实上从肖的《第五交响曲》起直至两人在1962年关系交恶时为止,肖每一部新创作的交响曲都是由穆拉文斯基指挥列宁格勒爱乐乐团予以首演的。但即便如此,同样是指挥列宁格勒爱乐,桑德林仍然坚持着自己艺术见解的独立性,他丝毫不盲目地"服从权威",人云亦云。他以为自己的艺术处理与穆拉文斯基的完全不同,这是十分正常的,没有任何不相容的东西。桑德林的指挥风格秉承德奥传统,讲究乐队音色的平衡和思维的理性化。评论家们认为:同样是演奏肖氏的交响曲,桑德林的处理不像纯俄罗斯化的穆拉文斯基和另一位名指挥康德拉辛(Kiril Kondrashin 1914-1981)那样表现出咄咄逼人的攻击性,而是更着力发掘音乐中的阴郁含义和纪念意义。他以一种对作品情感深度的刻画和富于哲学洞察力的表述有效地抑制了通常演释它们时所表现出的速度,力度的过分扩张。在这一点上,以后罗斯特罗波维奇指挥美国华盛顿国家交响乐团,甚至是肖氏之子马克西姆(Maxim Shostakovich, 1938-   )指挥伦敦交响乐团演释的版本也都或多或少地受到了桑德林指挥风格的影响。

1962年,穆拉文斯基在政治压力下作出了拒绝首演肖斯塔科维奇的《第十三交响曲》的决定(当然,主要是出于保护他的乐团和团员的考虑),致使这对历经30年友谊的黄金组合不复存在,然而,桑德林——一位外籍指挥家都始终与肖保持着最真挚坦诚的友谊,即便是60年代桑德林返回德国后也仍然如此。桑德林还曾担当过一个为肖氏恢复名誉的重要角色。那是在1948年,由苏共主管意识形态领域的负责人日丹诺夫的一纸指令,肖斯塔科维奇等人再次遭到批判。然而这一次,由于党内有不同声音,于是不久,上层就考虑要为他"恢复名誉"。而"恢复名誉"最有效的方法莫过于让他的作品重现于音乐舞台。但接下来的问题是:他的作品在哪儿演奏,又由谁来担纲"平反代言人"这个角色呢?当局显然不想在首都莫斯科。由一位国内公认的指挥大师去出任这个角色,这会给过去的无情打击者下不来台。于是大家想到了桑德林:他既是一位外国人,又是列宁格勒爱乐乐团名正言顺的指挥,并且还是肖的好友,简直是充当此任的不二人选。于是,当时对这一切茫然不知的桑德林就被命运又一次推上前台,成为宣告肖氏作品解禁的第一场音乐会的指挥家。肖氏本人并没有出席在列宁格勒举行的这场含有"平反"意味的音乐会,他在莫斯科通过收音机又一次听到了由桑德林指挥乐团演奏他的《第五交响曲》不久,在莫斯科,康德拉辛指挥莫斯科爱乐乐团又首演了他的《第十三交响曲》。这两场音乐会向世人宣告了肖氏的"第三次出山"。

在列宁格勒爱乐乐团渡过了难忘的18年指挥生涯之后,1960年由苏联与东德政府共同协商安排,桑德林重新踏上了他阔别已久的故乡的土地,他返回东柏林,出任东柏林交响乐团的首席指挥。东柏林交响乐团成立于二战后的1952年,成立之初无甚令人瞩目的演出活动,乐团的指挥人选既无名望,也不固定。当时的东德政府出于与西德全面竞争的考虑,让在苏联几乎已红透半边天的桑德林回国主持团政,希望以他的资历和名望与1955年起出任柏林爱乐乐团首席指挥的卡拉扬一较高下。桑德林走马上任后,尽心尽职地建设这支年轻的乐团。在他的悉心操持和不懈努力下,乐团的实力和水平有了长足的进步,确立起了它在听众心目中的地位。从 1964 年起,德高望重的他又兼任东德境内另一支乐团——全世界历史最悠久的德累斯顿国家管弦乐团的首席指挥。两个东德最著名的交响乐团一肩挑,桑德林在"知天命之年"又迎来了他艺术上第二个"辉煌时期"。

　　20 世纪 70 年代后期,随着东西方关系的日益改善,长期偏安东欧一隅的桑德林开始频频出访,他的艺术才华赢得了西方乐团、听众和评论家的高度赞誉。1989年柏林墙倒塌之后他在世界各地从事指挥活动更为自由,他与英国的爱乐管弦乐团建立起密切的合作关系,定期指挥该乐团的音乐季演出。1996 年,爱乐管弦乐团授予他荣誉团员的称号,其后他又成为该团的荣誉指挥。即便是在他 80 多岁时,他还远赴美国指挥洛杉矶爱乐乐团,在舞台上他敏锐的判断力和充沛的激情丝毫不亚于他的青年时代。在漫长的指挥生涯中,桑德林以其睿智卓越的艺术想象力,对作品内涵鞭辟入里的深刻挖掘和对细节精准无误的分析诠释使得他对范围广泛的经典曲目都驾驭的得心应手,他那独树一帜的将理性的清晰透彻与感性的微妙变化融于一体所产生的戏剧性效果使他在演释德奥古典、浪漫派以及俄罗斯作品是尤其游刃有余。他指挥东柏林交响乐团录制的勃拉姆斯交响曲全集(也是他一生中唯一正式发行的一套交响曲全集)堪称是他指挥艺术的巅峰之作,而他录制的马勒、普罗科菲耶夫和西贝柳斯等人的交响作品也是有口皆碑。至于那套著名的火花版柴科夫斯基的《第四、五、六交响曲》(DG447 423-2)一般人以为都是出自穆拉文斯基指挥的列宁格勒爱乐乐团之手,其实,其中的《第四交响曲》唱片公司偏偏选用的是桑德林指挥的版本,仅此足以说明他的柴科夫斯基也不容小觑,而他指挥的肖斯塔科维奇,其权威性更是毋庸置疑。他是指挥肖氏最后一部交响曲《第十五交响曲》次数最多的指挥家,在全世界范围内,这部被他称为"关于孤独和死亡的令人恐怖的"交响曲他总共指挥了八十次以上!

　　2011 年 9 月 17 日,年迈的指挥大师在退休多年后辞世,这一天距离自己的 99岁生日仅差两天!

　　库尔特·桑德林一生割舍不断的俄罗斯情结不可避免地遗传给了他唯一的儿子托玛斯。

　　托玛斯·桑德林(Thomas Sanderling)1942 年出生于列宁格勒,他从小"根红苗正",在社会主义体制下接受了严格的音乐教育,并在异国的土地上成长起来。一路拾级而上,从列宁格勒音乐学院毕业之后,1960 年,18 岁的托玛斯方始随全家第一次回到自己的祖国。他又进入东柏林音乐学院继续深造指挥艺术,20 岁初登台,24 岁就已成为东德哈雷歌剧院的音乐总监,可谓年少得志,春风得意。在他指挥生涯的初期,托玛斯还曾指挥过昔日其父曾执掌过的德累斯顿国家管弦乐团和莱比锡的格万德豪斯管弦乐团。他还曾因在柯尼许歌剧院的精彩演出而荣获"柏

托玛斯·桑德林

林评论家奖"。

按理说,尽管托玛斯在苏联度过了他的青少年时期,然毕竟他的世界观尚未定型,观察社会的目光尚未锐利,本不该拥有像他父亲那样深入骨髓、化之不去的俄罗斯情愫和肖斯塔科维奇情结。然而,事实却是托玛斯的这两种情结较之其父一点也不逊色。昔日,曾有记者问库尔特·桑德林:"你既然与肖氏如此相识相知,为何不录全他的交响曲呢?"对此,库尔特直言相告:"理由很简单,因为我有一个指挥家儿子,他生活在德国,他是肖氏《第十三交响曲》《第十四交响曲》在德国的首演者。作为老爸,我可不想与自己的儿子去抢这份功劳!"

1969 年,肖斯塔科维奇在莫斯科欣赏了由来访的托玛斯指挥苏联国家交响乐团演出的音乐会后,大为感动,当即将自己《第十三交响曲》和《第十四交响曲》的总谱亲手赠予这位故友之子,他授权由托玛斯在柏林指挥这两部交响曲的德国首演。由此可见肖氏对这位青年才俊的器重之厚,故此连其老爸也不敢掠美于前。自此,肖氏与托玛斯这对忘年之交的友谊日甚一日。肖氏生前最后一部管弦乐作品《米凯朗琪罗组曲》就是经由托玛斯的首演而公诸于世的,这个录音的问世甚至惊动了此前对它毫无所知的指挥巨擘伯恩斯坦和卡拉扬,他们正是凭借着托玛斯的录音才开始着手研究、指挥这部作品的。当然,年轻的托玛斯对肖氏也充满着高山仰止的崇敬,他为肖氏作品在德国的传播做了大量的工作。他肩负的一项重大使命就是负责将肖氏的所有交响合唱作品翻译成德语版本,由他在德国予以首演。这项工作几乎囊括了肖氏所有最重要的作品,如清唱剧、康塔塔、歌剧以及那几部带声乐的交响曲等,这样一来,肖氏作品的曲目库无形之中又增量扩容了许多。托玛斯继其父之后成为肖氏在德国乐坛代言人的地位也不言而喻。

成名以后的托玛斯不断地在世界各地延伸自己的艺术舞台,在北美他先后与美国的匹兹堡、华盛顿、达拉斯、底特律、巴尔的摩,加拿大的蒙特利尔和温哥华的交响乐团合作过;在欧洲,他的合作伙伴则是皇家斯德哥尔摩、捷克爱乐、奥斯陆爱乐、赫尔辛基爱乐以及英国的几大交响乐团。同时,他也是英国、德国、意大利和荷兰多家广播交响乐团的客席指挥,在亚洲,托玛斯在 3 年之中两获日本的"大阪评论家大奖",由此,1999 年他成为大阪交响乐团的音乐总监进入 21 世纪,该团授予他"终身荣誉音乐总监"的称号。除了交响音乐,托玛斯指挥的歌剧作品也颇受好评。从 1978 年起,他出任当时在西德管辖区内的柏林德意志国家歌剧院的常任

客席指挥。在那儿他安排上演了莫扎特、贝
多芬、韦伯、瓦格纳、威尔第、斯美塔纳、德沃
夏克、普契尼、柴科夫斯基和理查·斯特劳斯
等人的经典歌剧。在他指挥维也纳国家歌剧
院演出《魔笛》之后,《维也纳信使报》的评论
指出:"从柏林来的一个新指挥带给我们一
个充满神奇和令人惊讶的莫扎特。"托玛斯也
是继指挥大师卡尔·伯姆去世后第一位在维
也纳国家歌剧院上演《费加罗的婚礼》的指
挥。

托玛斯·桑德林在指挥中

　　与父亲擅演经典作品不同的是,托玛斯
对一些生僻冷门的曲目也倾注了极大的兴趣
和热情。1999 年,北欧唱片品牌 BIS 发行了
一套由托玛斯指挥瑞典马尔默交响乐团演奏
的法国作曲家马尼亚尔的四部交响曲。马
尼 亚 尔(Alberic Magnard 1865-1914)是 马
斯涅的学生,后又师从丹弟。这位巴黎音乐学院的高材生在一次世界大战期间,
因在入侵德军侵犯其家室时挺身而出而惨遭杀害,死时年仅 49 岁,其作品历来甚
少为人所识,被人演。但托玛斯的演释却受到了评论界的高度赞赏,并在 2001 年
1 月获得了戛纳古典音乐奖。此外,他为 Chandos 唱片公司录制了美国当代作曲
家斯蒂文·葛尔伯(Stere Gerber,1948-　　　)和托比亚斯·皮克尔(Tobias Picker
1954-　　　)的作品,为 ASV 唱片公司录制了巴伯和梅诺蒂的小提琴协奏曲。
　　托玛斯与圣彼得堡爱乐乐团(即原列宁格勒爱乐乐团)的关系也非同一般。
他们之间如有一条无形的纽带紧紧地维系在一起。托玛斯总会定期指挥该团的音
乐会,一如他的父亲。因为父子俩都是指挥家,人们总不免将他俩的艺术作了比
较。就在托玛斯与该团合作录制可马勒的《第六交响曲》,(这也是他的第一部马
勒交响曲录音)之后,评论家鲍勃·赞德勒写道:"作为杰出的库尔特的儿子,托
玛斯·桑德林诠释的马勒在每一个细节上都显示出他父亲身上的那种马勒式风格
(Mahlerian)的印迹。尽管乐团是俄罗斯的乐团,托玛斯和他的父亲是德国人,但
伟大的中欧音乐传统却有助于使他们成为杰出的马勒作品诠释者。他俩共同分享
了这份弥足珍贵的音乐遗产,虽然儿子生活在苏联的岁月远比他父亲少得多……
我不可避免地要将托玛斯的这个录音与伯恩斯坦指挥维也纳爱乐的那个著名版本
(DG 发行)以及由本杰明·赞德尔(Benjamin Zander,1939-　　　)指挥波士顿爱乐
乐团的版本(Carlton Classics 发行)进行比较……由于托玛斯版诠释的敏锐细微,
而在价格上又比后两者占有不少优势,这就形成了一个最简单的无法抗拒的诱惑

因素:它值得每一位马勒迷们将之收藏。"托玛斯的这个马勒《第六交响曲》也荣获了戛纳古典音乐奖。

托玛斯·桑德林与俄罗斯的音乐之缘还远远没有完。2004年1月他被任命为新成立的俄罗斯国家爱乐乐团(National Philharmonic Orchestra)的首席客座指挥。这个乐团是由俄罗斯总统普京亲自发起倡立的,与此同时,他又受肖斯塔科维奇遗孀之邀,在肖斯塔科维奇艺术节上指挥肖氏两部未出版作品的首演。而在今年,托玛斯莫斯科之行的一项重要议程便是在重新开张的斯坦尼斯拉夫斯基剧院的庆典演出中登台亮相。2005年下半年,他又赶赴英国伦敦首演了肖氏的《英——美歌曲集》(Anglo-American Songs)。近年来他还为NAXOS唱片公司录制了塔涅耶夫的交响曲,管弦乐作品全集(4CD),并为德国的DG首次录制了肖斯塔科维奇的作品,均受到了舆论的好评和认可。在今日的德国乐坛上,他仍是一位诠释俄罗斯交响经典的不二人选,一如当年他的父亲——库尔特·桑德林!

哦! 桑德林父子两代人的俄罗斯之恋,怎一个"情"字了得!

库尔特指挥的肖斯塔科维奇交响曲

库尔特·桑德林指挥的柴科夫斯基交响曲唱片

托玛斯指挥圣彼得堡爱乐乐团演奏的马勒交响曲

托玛斯·桑德林指挥的俄罗斯交响作品唱片曲全集

十六、马里纳父子与圣马丁室内乐团

　　指挥皇帝卡拉扬一生律人甚严,轻易不肯开口赞许他人,然也有例外,如他就这样评价过意大利小提琴家阿卡尔多:"假如让我举出几位当代最好的小提琴家的话,那么阿尔卡多一定是在我左手的某个手指上。"让我们姑且也当回卡拉扬!如若让您列举出 20 世纪 10 位最著名、最令您心仪的指挥家的话,那么哪几位能够排得进您手指之中呢? 尽管各人的选择千差万别,然而有一点几乎是可以肯定的,即便将选择范围只限于目前还在世的指挥家,尼维尔·马里纳能够入选甚至是获得提名的几率也可能是相当低的。这一方面固然是由于他为人处世的一贯淡泊低调,另一方面恐怕也是因为他所领导的那支圣马丁室内管弦乐团(以下简称圣马丁乐团)在当今乐团阵容赫赫的那些顶级交响乐团面前只能是人微言轻,分量明显不在一个档次上。可是,当我们换个角度,以一支室内乐团的标准和水平来衡量它的知名度和声誉度的话,那么我敢说当今乐坛上还真找不出第二支室内乐团堪与圣马丁相提并论,也真找不出第二位像尼维尔·马里纳那样几十年如一日专注于操持和提升一支室内乐团事业发展的世界著名指挥大师。马里纳父子与圣马丁乐团所形成的血肉联系在乐团发展历史上也是罕见的。

　　尼维尔·马里纳(Neville Marriner)1924年 4 月 15 日出生于英国的林肯郡,早年就学于伦敦皇家音乐学院,攻读小提琴演奏专业,然而由于二战的爆发,他的学习被迫中断,学生时代的尼维尔为了保家卫国投琴从戎上了前线,直到 1945 年方始重返皇家音乐学院继

尼维尔·马里纳

续学习。当他以优异成绩毕业后,为了追慕他心仪已久的法国小提琴大师蒂博那种温馨甜美如天鹅绒般的美妙音色,尼维尔来到了巴黎,进入巴黎音乐学院深造。当年的巴黎音乐学院可谓是群星璀璨,仅以小提琴教授为例,就有蒂博、艾涅斯库等琴坛名宿,如果再算上曾在那里学习、任教过的维尼亚夫斯基、萨拉萨蒂和克莱斯勒,在这片大地上小提琴艺术的传承堪称根深蒂固、支脉繁盛。尼维尔·马里纳的老师本尼德蒂(Rene Benedetti)虽然在名气上远不及上述诸位,然而也是一位教学有方、桃李满园的名教授,他的门下弟子除马里纳外,日后在琴坛扬名的还有华裔小提琴家兼指挥家林克昌(1928-)、法国小提琴家费拉(Christian Ferras,1933-1982)以及俄裔法籍小提琴家康托罗夫(Jean-Jaques Kantorow,1945-)等。随本尼德蒂学习了一年之后,尼维尔自认对小提琴的演技和理解有了显著的改善,于是在1947年23岁的他回到了英国,先是在世界上最知名的贵族私人学校伊顿公学担任音乐教师,而后又发起并组建了"马丁弦乐四重奏"(Martin String Quartet),成为其第二小提琴手。

可以说尼维尔·马里纳的室内乐演奏的独特情感是指导他今后一生艺术道路的核心情结。作为一名皇家音乐学院和巴黎音乐学院的双料高材生,他似乎从未想过要成为一名独当一面、威风八面的小提琴独奏家,恰恰对室内乐重奏和合奏表现出了最大的喜好和热情,1949年,25岁的尼维尔又组建了"名家弦乐三重奏组"(Virtuoso String Trio),这次他的角色是第一小提琴手,在同年他结识了以演奏巴洛克时期键盘乐曲而享誉英国的钢琴家瑟尔斯顿·达尔特(Thurston Dart,1921-1971),这两位不同演奏领域的艺术家的交流迸发出了火花,达尔特的音乐理念深深影响了比自己小3岁的尼维尔。达尔特既是英伦杰出的钢琴家,同时也是指挥家和音乐学家。他的音乐学识非常广博,从1947年起就在剑桥大学担任讲师、教授,1964年又成为伦敦金氏学院的教授。作为一名优秀的管风琴和古键盘演奏家,达尔特在倡导巴洛克音乐复兴领域成绩斐然,曾编订了英国巴洛克时期的代表作曲家莫雷、普塞尔和布尔等人的作品。尼维尔与达尔特相见恨晚,他们决定要成立一支室内性质的合奏团,取名为"雅各比恩合奏团"(Jacobean Ensemble),专门致力于17、18世纪的作品演奏。

20世纪50年代是尼维尔·马里纳一生中艺术活动最活跃的时期,他几乎全方位地介入了音乐的一切领域。除在以上三支音乐团体中任职和演奏以外,他还在1949年被自己的母校聘为小提琴教授,从此开始了为期10年的教学生涯。与此同时,他对指挥也发生了浓厚的兴趣,为此他参加了法国指挥家皮埃尔·蒙都在美国缅因州举办的夏季指挥大师班课程,并由此与蒙都大师结下了深厚的友谊。尽管他回来之后没有立即投入指挥工作中,但很明显从那时起他已将自己的人生目标定格在了一个更高的艺术起点上。而对于像他这样一位琴艺高超的小提琴家,也是英国各大交响乐团的"猎头"对象,于是从1952年尼维尔成了伦敦爱乐乐团的小提琴家，4 年之后，他转投伦敦交响乐团，出任乐团的第二小提琴声部首席。

在尼维尔·马里纳坐稳了著名的伦敦交响乐团二提首席位子的同时，他在"马丁弦乐四重奏"、"名家三重奏组"和"雅各比恩合奏团"的演奏活动并没有停止。以当代人的眼光来看，或许以为尼维尔是舍不得这几份"灰色兼职"，然而他的初衷绝非如此。在 2000 年的一次采访中，当他谈起这段经历时心情颇为复杂："我想当时我这样做难免会干扰自己的日常演奏工作，但就我而言，伦敦交响乐团也许是最糟的。在约瑟夫·克里普斯（Joseph Krips，1902-1974）任首席指挥的年代，它只要求我发挥一半的工夫和水平，因为克里普斯填平了乐团演奏所出现的所有裂痕，所以你根本听不到有待你改进和完善的音色，我以为这对于一位演奏家来说是一种责任的缺失，虽然我领导的是第二小提琴声部，可我发现我几乎无法去影响乐团的音色，于是我开始思考：也许我们应当像一个协会性的组织那样走到一起，通过给自己施压，来增强我们的责任感。只有这样，才能使我们的演奏能力和水平切切实实地有所提高。"尼维尔的这个艺术理想日后只有到他亲手组建圣马丁乐团后才真正得以实现，而在当时，他还是感到更能从那几支小型演奏团体中才真正感受到演奏所带来的愉悦和欢欣。尽管如此，长达 16 年的交响乐团演奏生涯给他的收获仍是富庶和有益的，在大量的演奏实践中他不仅接触、熟悉了无数的演奏曲目，更有幸亲眼目睹世界一流指挥大师的卓越风范，他们之中有托斯卡尼尼、福特文格勒、卡拉扬和奎多·坎泰利（Quido Cantelli，1920-1956）等，这为他即将到来的指挥生涯积累了丰富而感性的认识理解。

提到尼维尔·马里纳，就不能不提到圣马丁乐团。圣马丁乐团有着一个也许是世界乐团上最冗长、最古怪的名称，它的全称是 Academy of St. Martin-in-the-Fields。对于这个乐团名称，有各种或根据字面望文生义、或根据主观想象臆断的解释，这里仅提供一种新的说法，也许更有助于对它们的理解。首先，"圣马丁"源自伦敦市内那座带有意大利古典主义风格的尖帽形建筑——圣马丁教堂。圣马丁教堂堪称是伦敦市内一个突出的地标，位于市中心的特拉法尔加广场附近，与著名的国家美术馆毗邻而立。然而，最初圣马丁教堂并不在此。圣马丁教堂建于何时没有任何官方的典籍可考，但一般认为它建立于 13 世纪初，

圣马丁室内乐团

公元 1222 年在关于教堂的管辖权问题上发生了一场激烈的争执。威斯敏斯特主教威廉与伦敦主教尤斯泰斯都声称圣马丁教堂在自己管辖范围之内。拥有最终仲裁权的坎特伯雷大主教支持了威廉的主张，于是规定圣马丁教堂连同环绕教堂四周的田野作为一个区域都归威斯敏斯特教堂的修士们使用。从那时起，"圣马丁教堂连同它四周的野地"便成为了一个不可分割的整体名称被使用，这也就是 St. Martin-in-the-Fields 的来历，在残暴的亨利八世年代，教堂先后两次被扩建，但到了18 世纪乔治一世时代，原先的教堂被拆毁。1726 年由杰出的建筑师詹姆斯·吉布斯（James Gibbs）主持建造的新圣马丁教堂才在如今的位置矗立起来，成为英国教堂建筑的典范，但原先 St. Martin-in-the-Fields 的名称则沿袭至今。至于乐团名称中的 "Academy" 则就是尼维尔·马里纳上述谈话中提到的"协会性组织"。由于这支乐团在创办之初是由圣马丁教堂予以资助的，而它的初衷仅是为志同道合的演奏家提供一个像协会那样的松散组织互相切磋、交流、共同提高，故此才有了现今这个颇费人思量的古怪名称，而为乐团名称命名的正式尼维尔·马里纳。

1958 年，矢志于室内乐演奏理想的尼维尔开始筹集乐团，到 1959 年 11 月 13 日乐团在圣马丁教堂内作首次音乐演出，其间花费了差不多两年的时间。乐团成之初只有 13 名演奏员，他们都是与尼维尔有着相同理想和追求的艺术家，而决非今日乐坛上常见的所"精英乐团"或"名家乐团"。"从一开始我们所寻求的就是演奏员——他应该是真正具有团队精神，能用同一种声音来发音的人（Who really fit together, who sounded in tune）。"法国的琴鸟唱片公司（L'oiseau Lyere）从一开始就介入了圣马丁乐团的音乐会，并录制发行了乐团所演奏的库普兰、曼弗雷迪尼和科雷利等巴洛克时期作曲家的作品唱片。"因而，我们几乎是立即就由一个纯粹友谊交流性质的社团演变成为一支差不多完全专业的乐团了。"尼维尔·马里纳回忆起当年的一幕，言辞中充满了自豪和欣慰。乐团成立伊始并不设立专门的指挥之职，尼维尔作为乐团的缔造者起先只担任乐队长。随着事业不断地发展，乐团成员的不断增加，他才顺理成章地成了乐团的首席指挥。尼维尔昔日的老师皮埃尔·蒙都此时成为他的良师益友，在初创时期曾给予他许多建设性的建议和帮助。

马里纳在指挥圣马丁室内乐团

建团之初，尽管乐团事务头绪众多，但尼维尔还是坚持"两线作战"，直至 10 年后由于实在分身乏术，他才彻底放弃了在伦敦交响乐团的首席职位，将全部精力和心血都倾注到圣马丁乐团的发展中去。

这 10 年间乐团的规模越来越大,演奏的曲目也越积越广,尼维尔还率领乐团举行了许多次大规模的巡演,将乐团的形象在欧洲乃至世界乐坛上牢固地树立起来。然而,队伍的壮大、声望的提升丝毫没有动摇尼维尔建团的宗旨和标准,作为艺术总监和行政首脑,每逢乐团招收新的成员,他事必躬亲,亲自主持考试筛选。它需要的是那些心无旁骛、能为乐团作持续奉献的音乐家。

　　圣马丁乐团在英国的诸多乐团里是相当独特和另类的,由于创建时的教堂背景和协会性质,它从一开始就没有获得政府一分钱的财政补贴,是一支在经济上完全独立、自主的乐团。而这也恰恰符合尼维尔·马里纳的创团初衷,即摆脱乐团对他人的依附,维护自身的艺术完整性和独立性。"如果政府的艺术委员会向我们拨款的话,那么他们势必要同时告诫你该如何去用那笔钱。我们可不想让其他人来插手干涉我们的艺术事务。当然这样的后果也导致乐团老是在财政的边缘打转!"尼维尔如是说。说来你也许不会相信,这个最典范完美的英国乐团居然在伦敦没有演出季,而是凭借在商业运作来不断维持和完善他们的生存状况。他们总是定期在不同的欧洲国家举行巡演,音乐会的票价卖得很高,但听众照样趋之若鹜。他们曾经创造过一个晚上收入六万四千美元的票房纪录。此外,乐团还通过发行彩票和设立专项基金来募集资金,支持乐团的经营运作,由此形成一个良性的循环。

　　殚精竭虑,风雨十载。圣马丁乐团在取得世界性声誉的同时,尼维尔·马里纳作为一位调教出第一流室内乐团的指挥高手也越来越赢得乐坛的举世瞩目。1969年,一纸聘书从大洋彼岸飞来,他受邀出任美国洛杉矶室内乐团的音乐总监,而他也颇想在异国乐坛上试试身手,于是欣然领命前往美国展开自己的艺术生涯。他对洛杉矶室内乐团富有成效的领导和管理再一次向世人证明了自己的艺术造诣和领导才干,进而更博得了美国一流交响乐团管理层的青睐。从 1979 年起他又接替波兰裔指挥家斯克洛瓦切夫斯基(Stanislaw Skrowaczewski,1923-　　　)出任明尼苏达管弦乐团的首席指挥家兼音乐总监。由于明尼苏达管弦乐团是一支标准的大型交响乐团,于是尼维尔又一次告别了"一手托两家"的局面,将圣马丁乐团的指挥工作交由自己长年合作伙伴,乐团首席小提琴家依奥娜·布朗(Iona Brown,1941-　　　)。布朗是原籍罗马尼亚的女小提琴家,圣马丁乐团的初创元老。她幼年习琴,曾先后在伦敦和罗马学习。还曾在巴黎和尼斯拜著名提琴大师亨利克·谢林(Henryk Szeryng,1918-1988)为师。在她执掌圣马丁乐团期间继续维持了乐团的高标准高水平,成为尼维尔·马里纳艺术路线的忠实执行者和坚定捍卫者。而尼维尔在成功领导了明尼苏达管弦乐团 6 年之后又转战德国,就任斯图加特广播交响乐团首席指挥。这一次他接的是切利比达克的班。他上任后,继续了大师对乐团的改造和完善事业,励精图治,将乐团的演奏水平又带向了一个新的高度。

　　出国一晃整整 20 年,尼维尔·马里纳已由一位当初意气风发的少壮派新锐变成了一位年过花甲、声誉卓著的指挥名家。尽管蜚声海外,然而他内心对自己亲手缔造的圣马丁乐团始终有一种难以割舍的思念情结。更重要的是,他的儿子也已长大成人了,他是多么盼望着能与儿子一起携手为圣马丁乐团再作贡献呵。该是倦鸟知返的时候了!

尼维尔·马里纳早年忙于事业,直到 24 岁才结婚。他与妻子伊丽莎白·希姆斯共育有一子一女。儿子安德鲁(Andrew Marriner)继承了父亲的衣钵。

安德鲁·马里纳

安德鲁·马里纳 1959 年出生于伦敦,他从小就是在父亲的音乐熏陶下成长起来的。他自幼学过钢琴,也跟随父亲学过小提琴。然而这个胖乎乎的孩子后来选择了单簧管作为他赖以安身立命的演奏乐器倒颇出乎父亲的意料。家族的亲戚中有一位是吹单簧管的。在一次圣诞节的家族聚会上当这个亲戚拿起单簧管吹奏时,那柔和质朴、悦耳动听的音色竟使小安德鲁吃惊地睁大了双眼,他还是头一次感受到单簧管的音色对他是如此亲切,如此诱人。于是他便再也不肯继续学习小提琴了,执意要随那位亲戚学吹单簧管。当然,那位亲戚毕竟只能起到一个启蒙教师的作用,长大后的安德鲁进入皇家音乐学院学习。由于他天生乐感强,基础好,更加之学习刻苦勤奋,还有一付结实壮硕的体魄,因而待到他学成毕业时他已完全具备了成为一名优秀演奏员所需要的一切技能和学识了。

从音乐学院毕业后,安德鲁起先加入了"英格兰合奏团"(Albion Ensemble),当了 10 年的乐团演奏员,与该团一起到全国各地和欧洲各国作访问演出。其后他又加盟伦敦交响乐团,成了他父亲当年那些同事们中的一员。在作为乐团演奏家的同时,安德鲁也像他的父亲尼维尔一样对室内乐怀有特殊浓厚的兴趣,经常以室内乐重奏者的身份亮相于舞台。他与一批非常优秀的弦乐四重奏组都开展过合作,它们之中有希林吉里安四重奏(Chilingirian)、林赛四重奏(Lindsay)、恩德里昂四重奏(Endellion)、奥兰多四重奏(Orlando)、莫斯科四重奏和华沙四重奏等。与他合作过的当代一流的独奏艺术家则包括钢琴家阿尔弗雷德·布伦德尔、安德拉斯·席夫、安德烈·普列文,小提琴家马努·帕里基安(Manoug Parikian)、大提琴家林恩·哈莱尔和斯蒂文·伊瑟利斯等,甚至包括年龄长他 59 岁的老一代钢琴家佩尔穆特(Vlado Perlemuter, 1904-2002)和小提琴兼指挥家桑多尔·韦格(Sandor Vegh, 1912-1997)。在与这些名重一时的演奏家的合作中安德鲁不仅迅速提升了自己的演奏造诣,并且从中更深刻地领悟出音乐的内涵。

　　渐渐地,安德鲁成长为一位优秀的单簧管演奏家,在乐坛声名日隆。1990 年尼维尔·马里纳回国重掌圣马丁乐团帅印后,其时已是伦敦交响乐团首席单簧管演奏家的安德鲁立即呼应,加盟圣马丁乐团助老爸一臂之力。于是乎,在时隔 30 年之后,儿子又演绎起父亲的当年故事,安德鲁身兼伦敦交响乐团和圣马丁乐团两支乐团的单簧管首席,将两份工作安排得妥帖合理,并行不悖。他在这两个首席位置上干得同样出色,更主要的是通过圣马丁乐团的这个"神经枢纽",将马里纳父子两代的音乐血脉凝聚到了一处。

　　安德鲁·马里纳是当今乐坛中生代单簧管演奏家中的佼佼者。英国《卫报》的评论写道:"在如今这代演奏家中很少有像安德鲁·马里纳那样具有如此柔和温暖,前后统一的流畅音色……他在莫扎特协奏曲慢板乐章中以悦耳的旋律和甘醇的音色不断地爱抚着人们的耳朵。"在本人的收藏中正好有安德鲁的两张唱片,分别是

安德鲁在演奏中

他担任独奏的莫扎特《A 大调单簧管协奏曲》和《A 大调单簧管五重奏》(EMI 7243 5 74883 2 7)和韦伯的《第一、第二单簧管协奏曲》和《降 E 大调单簧管小协奏曲》(Philips 432 146-2)。这些正是单簧管独奏作品的核心曲目。以个人欣赏感受而言深感《卫报》所赞不谬。安德鲁的演奏乐风稳重醇厚,音色柔若暖曦,但又不失饱满的力度和坚挺的音质。在乐曲的慢板乐章中,他往往能将单簧管长于抒发"内心独白"的音色特征发挥到极致,运用高超娴熟的唇舌技巧将乐器的原木质感表达得几可伸手触摸。安德鲁演奏的莫扎特有两个版本,除此处提及的 EMI 版是与伦敦莫扎特演奏家(London Mozart Players)和希林吉里安四重奏合作的之外,尚有 2004 年尼维尔·马里纳 80 岁寿辰纪念版,由安德鲁与尼维尔指挥的圣马丁乐团合作(Pentatone PTC5186 048)的豪华 SACD。而那张韦伯的协奏曲专辑也是马里纳父子和圣马丁乐团"三位一体"的完美体现,演释时那种会心的唱和、默契的呼应其状态之理想更是凌驾于其他的演奏版本之上,闻之令人怦然心动,听后更觉回味无穷。

　　作为一位活跃的单簧管演奏家,安德鲁演奏或录制过几乎所有经典的单簧管独奏、重奏、协奏曲。在近几个演出季中,他又先后为三部当代的单簧管协奏曲作了世界首演,这三部作品无一例外都是为他度身定做的,分别是约翰·塔文纳尔的《懊悔的小偷》;罗宾·霍洛韦为坎特伯雷"金氏学院"成立 1400 周年创作的献

礼之作及由多米尼克·穆尔多为"牛津当代艺术节"而创作的协奏曲。而在 2001 年,他又在英国作曲家杰拉尔德·芬奇(Gerald Finzi,1901-1956)一百周年诞辰的纪念音乐会上与柯林·戴维斯指挥的伦敦交响乐团合作演奏了芬奇的单簧管协奏曲。如今,已功成名就的安德鲁是母校皇家音乐学院的客席教授,他还经常被邀请去担任其他音乐院校或大师班的讲学,并在世界范围内的各种管乐比赛上担任国际评委。

前不久的某日,偶然看到了凤凰卫视制作的一档纪念莫扎特诞辰 250 周年的专题节目。节目一开始,伴随着典雅古朴的萨尔茨堡景色传来了那个令人百听不厌的《A 大调单簧管协奏曲》第二乐章的主题。它的演奏者正是安德鲁·马里纳。马里纳父子、圣马丁乐团与莫扎特的音乐可真是缘分匪浅。在尼维尔指挥圣马丁乐团录制的三百多张唱片中,他们诠释的莫扎特为他们带来了诸多荣誉,其中莫扎特的交响曲得以入选 1991 年 PHILIPS 唱片公司隆重推出的莫扎特全集中的交响曲卷;而与钢琴家布伦德尔合作的钢琴协奏曲、与小提琴家穆特合作的小提琴协奏曲以及《弦乐小夜曲》分别获得过包括爱迪生奖、法国唱片大奖、加拿大唱片大奖和日本 CD 等多个奖项以及金唱片奖。然而,这些都还无法与他们在 1984 年为捷克裔电影导演米洛斯·福尔曼(Milos Forman)执导的影片《莫扎特》所作的影片配乐赢得的巨大荣誉相比拟。影片《莫扎特》不仅在次年举行的第 57 届奥斯卡颁奖典礼上一举囊括包括最佳影片、最佳导演、最佳男主角、最佳改编剧本等八项大奖,成为该届奥斯卡的最大赢家,而且电影配乐制成唱片问世后又单独收获了 13 个唱片大奖。对此,尼维尔颇感自豪又不无得意地说道:"在彼得·谢弗原来的电影剧本中他只打算用 6 分钟完整的音乐,然而一旦上了银幕,我们却用音乐紧紧地抓住了观众整整一个半小时。"值得一提的是,影片中除莫扎特的音乐外,莫扎特的对手——意大利作曲家萨利埃里和佩戈莱西的音乐作品也都是由尼维尔·马里纳本人负责选择、改编或重新配器的。基于他为影片音乐所作出的杰出诠释尼维尔·马里纳还荣获了由奥地利政府颁发的"格迈德"奖。

尼维尔·马里纳对英国的音乐文化生活做出了突出贡献,1979 年他作为第一位指挥室内乐团而被授予勋位的名誉爵士;1995 年又被法国文化部授予艺术通讯院院士的荣誉。岁月荏苒,尽管荣誉和喝彩接踵而至,但尼维尔和他的圣马丁乐团还是一如他们成立伊始那样低调和从容。他们几十年如一日,每逢星期六上午仍在圣马丁教堂内为做早祷后的信徒们举行音乐会;他们仍然不停地行走在世界各国的音乐舞台上。2004 年当尼维尔·马里纳 80 岁诞辰之际,PHILIPS 唱片公司和 HANSSLER 唱片公司分别为他制作了纪念专辑以祝贺这位德高望重的当代指挥大师。对于今后的人生,大师承认他早已想到了退休的问题:"我不是不朽的,我正在将我承担的职责逐步地移交给依奥娜·布朗和其他人。我希望圣马丁乐团能像一个不断革新的机构那样能够持续地辉煌下去。我喜欢具有新观众的年轻人加入我们的团队,并改变它,尽管这会出现更多关于演奏曲目或诸如此类的问题。"
至于谈到他本人的最终归宿,他扮着老顽童式的鬼脸轻松地说道:"像乔治·索尔
蒂那样,我将很可能一直指挥下去直至我在指挥台上倒下。对于指挥而言还有什
么比这样一个结局更称心如意的呢? 我希望到了那一刻能对自己说我在 30 岁时
就已订下的人生目标已然全部实现了。那样的话我将死而无憾! "

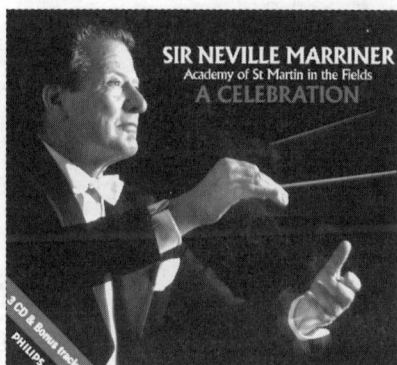

马里纳 80 大寿发行的纪念版
专辑唱片,3CD+DVD

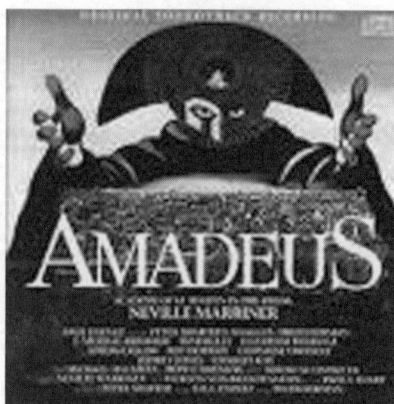

圣马丁室内乐团为奥斯卡获奖
影片《莫扎特》所作的配乐唱片

马里纳父子合作的莫扎特单簧
管协奏曲唱片

马里纳父子合作的韦伯单簧管
协奏曲唱片

十七、当代名歌手
——菲舍尔·迪斯考的艺术与生活

德奥艺术歌曲之王菲舍尔－迪斯考

在距今60年前的1949年,对于迪特里希·菲舍尔－迪斯考来说是一个具有不同寻常意义的年份。在这一年里,24岁的他完成了自己人生中的两件大事:成家,立业。就事业而言,他与DG唱片公司开始了长达半个多世纪的合作,录制了他在DG的处女作——勃拉姆斯的《四首庄严的歌》。在这一年里,他还首次在柏林的音乐舞台上完整地演唱了舒伯特的《美丽的磨坊女》,并在柏林的德意志歌剧院饰演了瓦格纳歌剧《汤豪瑟》中的沃尔夫伦。在个人生活上,他与美丽的女大提琴手依姆加德·波鹏的恋情也瓜熟蒂落,终于在这一年里喜结连理。自此以后,这位在当时还名气未彰的青年歌唱家便如一飞冲天的鲲鹏般遨游在世界声乐艺术的上空,纵横几十载,成为一位出类拔萃的歌唱艺术大师。无可否认,在声乐领域,总是那些音色如黄金小号般高亢嘹亮,似银铃般晶莹动人的高音歌唱家们更能吸引人们的耳朵,更能迷倒一大片听众,故而类似"十大男高音","十大女高音"和"三大歌王"的炫目头衔流行于世,屡屡不绝。其实,就艺术家选才的基础面和成才的成功率而言,反倒是中、低音声部的优秀歌唱家更稀缺,也更珍贵。一位杰出的中、低音歌唱家的艺术含金量绝不比那些高音歌王来得少,甚或成色更足。环顾当今,能够在世界乐坛男中音歌唱领域稳坐第一把交椅,举世公认的艺术大师,舍菲舍尔－迪斯考其谁哉?

民族、家族使命的背负者

迪特里希·菲舍尔－迪斯考（Dietrich Fischer-Dieskau）出生于德国一个富庶的中产阶级家庭,他的父亲阿尔伯特·菲舍尔是一位研究德国古典哲学的学者。不过,此翁虽致力于学术,却并非是一个古板迂腐的学究,他对诸多其他领域都怀有异乎寻常的兴趣。比如他倡导教育改革,为了身体力行,他曾在柏林创办了三所高级中学,自任校长或校董,贯彻实施他的教学理念。同时,他还是一位业余的音乐爱好者,不但会弹琴、唱歌,甚至还会一些"三脚猫"的作曲技法。本来以他的资质与学识,是完全可能朝着专业方面有更大的迈进余地的,然而他的这种音乐梦却被菲舍尔－迪斯考的祖父———一位在赞美诗学领域卓有建树的基督教牧师兼宗教作家无情地阻断了。年轻的阿尔伯特到底拗不过倔强、固执的父亲,只能将自己的理想寄托到他的下一代身上。

阿尔伯特的第一位妻子没能使他美梦成真,因为他们压根就没有孩子。发妻因病去世后,也许是为了繁衍下一代的考虑,他选中了一位比他年轻20多岁的女教师西奥多拉(通常也简称多拉)为续弦。果然,这位年轻的妻子连着为丈夫生了3个儿子,他们分别是克劳斯、马丁和迪特里希。

长子克劳斯生于1921年,当时,几乎已经可以算作"老来得子"（56岁）的阿尔伯特想着总算能有人可以为他传承昔日的音乐理想了。可是,在克劳斯的早年,这个孩子并未让心急的父亲看出其具备足够的音乐天分,老阿尔伯特未免心灰意冷;然而,使他更受打击的是:1923年出生的次子马丁从出生之日起就患有先天性的智障,无论是身体还是智力都发育不全。眼看又指望不上了,于是,1925年来到这个世界的幼子迪特里希几乎还在娘胎里就注定要成为父亲"最后的希望",他担负着使父亲拳拳之心释怀宽慰的"重任"。这一年老阿尔伯特已然进入花甲之年,垂垂老矣。果然,这个儿子没有让他再失望。尽管迪特里希远算不上是一位音乐神童,不过与他的大哥克劳斯不同,还在孩提时代,他对于音乐的兴趣和天赋便已展露端倪了。大约从5岁起,小迪特里希就跟随母亲学习钢琴,同时他还表现出歌唱表演的强烈欲望。他经常在家里模仿大人开独唱音乐会,演唱着从学校里或是唱片上学来的歌曲。尽管这种音乐会的听众通常只有一位,那就是与他同居一室的残障二哥马丁,但却仍乐此不疲。他后来说:"从小我就与马丁朝夕相处,我能切身感受到他所遭受到的磨难。由于他的智力和身体都不健全,因而每天在我的眼前显现的是他天性一遍又一遍地真实流露,令人印象深刻。当我在唱歌时他静静地看着我的神情使我深深感动。"

当然,伟大的迪特里希注定是要为全世界热爱音乐的人们而歌唱的。只是他的老父亲未能亲眼目睹儿子的成功。1937年,72岁的老人去世,其时迪特里希才只有 12 岁。但仅就认定这个孩子是一块可造之才这一点,就足以使老阿尔伯特可以安息了。不过,令他始料未及的倒是:原本不被他看好的大儿子克劳斯后来居然也开了窍,成长为职业音乐家。他不仅作曲,还是柏林雨果·迪斯特勒合唱团(Hugo Distler Chor Berlin)的创建者兼指挥。尽管其艺术成就终无法与日后的弟弟相提并论,但也算是"一门双杰,光宗耀祖"了。说到光宗耀祖,在阿尔伯特生前,他还主导了家族中的一件大事,那就是将家族姓氏菲舍尔的后面添加上他母亲娘家的姓氏—迪斯考。因为据他考证,他的外祖母可是门第显赫的普鲁士贵族冯·迪斯考家族中的一员。更有甚者,冯·迪斯考的祖先又与伟大的巴赫扯上了关系。老阿尔伯特生前就曾言之凿凿地宣称:巴赫于 1742 年创作的不朽名作《农民康塔塔》就是应一位被称为凯默海尔·冯·迪斯考的人委约而写的,而他正是冯·迪斯考这一支家族的祖先。正因如此,自阿尔伯特始,这个家族的姓氏就变成了菲舍尔 – 迪斯考的双姓。

诠释艺术歌曲的歌神

菲舍尔 – 迪斯考与他的长期搭档钢琴家杰拉尔德·莫尔

少年丧父的迪特里希并没有因家庭的变故而改变他的志向和目标。从 16 岁起他方始跟随著名的声乐艺术家格奥尔格·瓦尔特(Georg A. Walter, 1875-1952)开始其专业的声乐训练。瓦尔特是出生在美国的德裔男高音,曾先后在意大利的米兰,德国的德累斯顿、柏林以及英国的伦敦接受声乐教育。大约在 20 世纪初起在柏林从事其职业演唱生涯,尤以演绎巴赫、亨德尔的声乐作品而备受推崇。有不少人认为巴赫流传至今的不少康塔塔就是经由他的编订才成为定本。尤为难能可贵的是:瓦尔特是当时那个时代演唱德奥艺术歌曲(Lied)的杰出代表,他在德国以及国外都举办了许多艺术歌曲的独唱音乐会,蜚声乐坛。除了舞台生涯而外,从 1925 年起他还先后在斯图加特和柏林开科授徒。迪特里希正是他们门下最得意的弟子。瓦尔特不仅将自己的演唱技艺传授给了爱徒,更重要的是将他对于艺术歌曲的热爱和弘扬精神直接感染、影响了学生。在这一时期,迪特里希·菲舍尔 – 迪斯考完成了中学阶段的学习,1942年,这位稚气未脱的小伙子第一次在柏林举行公开的演唱会,演唱舒伯特的《冬之旅》。但音乐会在进行过程中却因遭空袭警报而被迫中断。1943年,18岁的菲舍尔-迪斯考进入柏林音乐学院,但在这所他梦寐以求的高等学府里他只学了一个学期,就被应征送上了二战前线。两年后,他在意大利米兰南方被盟军俘虏,在美军的监狱里度过了他人生中最黑暗的两年。在当俘虏的日子里,尽管他对自己的人生和前途不免忧心忡忡,但却并不想在那里虚度光阴。他在牢房里设法继续自学,并积极寻找每一个歌唱的机会。他对那些被关在一起的士兵们唱舒伯特、舒曼的歌曲,以排解他们的思乡之苦。后来,他的演唱得到了看管当局的赏识,还果真让他在战俘营里举行了一场音乐会。1947年,他被释放重获自由。回到祖国的菲舍尔-迪斯考重返柏林音乐学院,继续跟随他战前的声乐老师赫尔曼·威森堡(Hermann Weissenborn)学习声乐,并以优异的成绩毕业。

　　尽管从音乐学院学到了扎实、系统知识的菲舍尔-迪斯考可谓是"学识满腹",然而,他的舞台处子秀却是以一种颇为戏剧性的方式实现的。1947年在巴登韦勒,他在毫无思想准备的情形下,几乎在演出的最后一分钟被作为救场队员推上了音乐厅的舞台,出任勃拉姆斯《德意志安魂曲》的男中音独唱。须知这样一部重量级的作品在正式演出前他根本就未与乐团、合唱团进行过任何排练呵。但凭借着他的艺术功力和对作品的准确把握,菲舍尔-迪斯考居然成功地完成了演出任务。此举令他名声大振。同年秋天,他作为艺术歌曲诠释者的处子秀也在莱比锡举行。其后,便是在柏林的蒂坦尼亚宫举行的第二场个人独唱音乐会。自此,他以业师瓦尔特传承者的身份正式登上了德国的乐坛。第二年,他又推开了歌剧院的大门,与柏林市立歌剧院签约,成为歌剧院的首席抒情男中音,并在弗里恰伊的指挥下成功地饰演了威尔第《唐·卡洛斯》中德波萨侯爵。于是,他的身影又开始频频出现在从维也纳到慕尼黑的德奥各大歌剧院的舞台上。在20世纪下半叶伊始,就有评论家在《留声机》上作了如是预言:"如果菲舍尔-迪斯考能够保持目前的实力,毫无疑问他将会成为当今艺术歌曲最优秀的男性歌唱家。"

舞台上与舞台下的菲舍尔-迪斯考

　　这个预言的实现并没有让人们等待太久,在10年之内变成了现实。在此期间,菲舍尔-迪斯考已完成了对拜罗伊特、萨尔茨堡和爱丁堡等重要艺术节的巡礼;从英国、瑞士、荷兰到法国、意大利的列国巡演;他也已留下了人生中对舒伯特三部声乐套曲《美丽的磨坊女》《冬之旅》和《天鹅之歌》的第一版录音。进入中年之后,这位"神奇的菲舍尔－迪斯考"在继续制造着一个又一个的声乐传奇:他演唱和录制的艺术歌曲已从舒伯特、舒曼延伸到贝多芬、勃拉姆斯、马勒、沃尔夫、理查·施特劳斯直至 20 世纪的勋伯格、尼采和亨策,几乎涵盖了所有德奥古典、浪漫、现代作曲家的纯音乐会声乐作品;而他的歌剧表演领域则延伸到了德奥以外的西欧、南欧,甚至饰演了东欧的巴托克、柴科夫斯基歌剧,其涉猎之广,在同期的歌唱家乃至前辈歌唱家中也是极为罕见的。1964 年,他登上了纽约卡内基音乐大厅,成功地举办了他在美国的第一场艺术歌曲专场音乐会;其实,这也是卡内基大厅历史上的第一场艺术歌曲专场。而代表着他声乐艺术巅峰的标志与丰碑的无疑是在他 75 岁生日之际,由 DG 唱片公司推出的洋洋大观的舒伯特艺术歌曲全集(21CD),基于此,他当之无愧地成为了全世界乐迷心目中德"歌神"。

菲舍尔－迪斯考到底录制过多少唱片?从来没有人能精确地计算出来过。然而,下这样一个结论是断不会有疑义的,那就是迄今为止,在歌唱史上还从没有一位歌唱家录制过像菲舍尔－迪斯考这么多艺术歌曲的唱片。因而,自身也因演唱德奥艺术歌曲而蜚声乐坛的著名女高音歌唱家伊丽莎白·施瓦茨科普芙把他称为是"天生拥有一切的神"。然而,正像即便是神也会受到世人的怀疑和背弃那样,菲舍尔－迪斯考也难免会招致某些人的质疑。比如他演唱、录制了那么多艺术歌曲,就被人冠以"艺术歌曲机器"(Lieder machine)的绰号。究竟应该如何去评价他的这一艺术成就?相信我们之中的绝大多数人还是对此充满着敬意和赞美,就如同《留声机》杂志资深评论家斯蒂恩(J.B.Sreane,1928-,《留声机》声乐部分评论主笔,著有《记录在唱片上的七十年歌声》等著述)评价的那样:菲舍尔－迪斯考的唱片"是上帝给与世人的慷慨赐予",他指出:"也许舒伯特艺术歌曲最伟大的诠释者是两个德国人:施瓦茨科普芙与菲舍尔－迪斯考……这位伟大的男中音比任何其他的歌唱家都录制了更多的艺术歌曲。这些录音业已成为所有男性歌唱家必须要与之过招的一块试金石。要想逾越他的历史重要性或艺术上的高超质量是困难的。他与施瓦茨科普芙都是舒伯特歌曲演释的伟大楷模。他俩都拥有一种无可企及的为音乐的乐句增添恰如其分的色彩的才能,并以无可复制的神韵使歌唱的声线富于变化的个性。"当然,也有人认为他的演唱过于理智而显得冷漠,他的音色过于晦暗而缺乏亮度。至于他饰演的歌剧人物则更被诟病为形象与角色相距甚远,难以服众,等等。对此,斯蒂恩却在其所著《世纪的歌唱家》中写道:"在他的演唱中没有二分法(dichotomy),才智与情感在他的艺术里有机地融为一体。他的演唱堪称是文明的欧洲文化的独特标志。他通过其长期的艺术生涯将这种文化再鲜明不过地呈现出来。"

关于菲舍尔－迪斯考的演唱事业和艺术成就、世上评价,论析的专著和文章何止千百种,就连他本人也撰写了 9 本著作,以文字的形式阐释了自己的美学观点和演唱心得。但即便如此,评论家约翰·艾姆斯仍感到要为这位男中音写一篇评论困难重重,无从下笔,因为"尽管已经使用了最高级的赞誉之辞,也没有办法得以完整、全面地刻画出他漫长的艺术生涯与卓越的艺术成就。我们所能做的唯有感谢这些人类的巨星们,使我们有幸在人间能够听到他们的歌声而已。"然而,誉也罢,毁也罢,1992 年,已度过 67 岁生日的菲舍尔 - 迪斯考终于决定告别舞台,退出职业演唱生涯。在这一年,他相继在柏林、巴黎、杜塞尔多夫、东京举行了告别演唱会。在这一年的最后一天——12 月 31 日,他在慕尼黑的巴伐利亚国立歌剧院最后一次登台,演唱了《费加罗的婚礼》《女人心》《法斯塔夫》等歌剧咏叹调以及舒伯特、

菲舍尔－迪斯考的晚年也与金秋一样令人向往

舒曼、勃拉姆斯的艺术歌曲,用他的歌声向热爱他的听众们作别。此时此刻,对于无数乐迷来说,是一种难以言表的离愁别绪。德国剧作家、评论家伊凡·纳格尔在其所著《纪念迪特里希·菲舍尔-迪斯考》一书中就集中抒发了人们的这种心绪:"我们中的许多人耗费了半辈子人生与迪特里希在一起。一旦失去他,我们就会减少许多知识,我们将失去许多经历和感受,甚至我们生活的意义也会因之而失去良多。"可是,菲舍尔－迪斯考毕竟是"天生拥有一切的神",告别了 45 年面对着聚光灯和鲜花掌声的舞台之后,他的人生依然过得有滋有味,精彩纷呈。他将自己的全副精力都投入到作为一名声乐教师,一位朗诵者,一位作家,一位指挥家和一位画家的全新角色中去。囿于篇幅所限,本文仅就他的后两项角色作一简要的叙述。

作为指挥家的菲舍尔－迪斯考

说到歌唱家改行当指挥,也许人们首先想到的就是普拉西多·多明戈了,似乎他既是世界三大男高音歌王之一,又能指挥偌大的交响乐团很了不起。其实,菲舍尔-迪斯考指挥交响乐团与多明戈竟开始于同一年。说来也巧,就像他第一次登台演唱是作为救场队员被推上舞台那样,他的第一次指挥经历也是缘于演出"救火"。那是 1973 年,时年 48 岁的菲舍尔－迪斯考在毫无思想准备的情况下,受邀替代名重一时的大指挥家奥托·克莱佩雷指挥新爱乐乐团为 EMI 唱片公司录音。尽管就指挥水平而言,当时的菲舍尔－迪斯考几乎完全就是一个"菜鸟",然而他

却没有让唱片公司失望,顺利地完成了这次录音工作。

其实,菲舍尔－迪斯考对指挥的兴趣之早出于所有人的意料,竟始于他的孩提时代,只不过他学习唱歌是正式拜师,众所周知的;而他练习指挥则是无师自通,在家里偷偷练就的。长期以来,他一直没有机会能在公开场合去展示一下自己的这种才华,指挥处女秀的成功第一次让世人领略了他在这个领域的才能,也使他对自己指挥能力的信心大增。同年,他又作为指挥与奥地利萨尔茨堡室内乐团在音乐会上公开亮相,从而,"指挥家菲舍尔-迪斯考"的誉称便在乐坛传开。在其后的几年里,他曾先后与德国、以色列、英国和美国的不少知名乐团进行过合作,只是这段指挥经历到1976年9月戛然而止。在此期间他已录制了几张唱片。待到他重启自己的指挥生涯已是17年后的1993年了。退休之后,菲舍尔－迪斯考将指挥工作排到了人生的第一位。他对前去采访的美国记者说:他喜欢拿起指挥棒是"基于一种以最广博的情怀去创造音乐的渴望"。许多评论家已经注意到菲舍尔－迪斯考指挥交响乐绝不是出于"玩票"性质,去图个新鲜、刺激、而是出于热爱,这与他对歌唱的热爱是如出一辙的。他对乐队的引领和诠释有如对艺术歌曲的表达一样,在工作中体现出真诚、敏锐、细致和准确。他的处理忠实于原作,在指挥时为了不炫耀自己而避免作那些幅度过大的夸张手势。自然,他的专业水准与一位优秀的职业指挥家还有不少差距,但无论从他70年代录制的舒伯特交响曲,柏辽兹的《哈罗尔德在意大利》,勃拉姆斯的《第四交响曲》,还是他退休之后指挥演出的舒伯特的清唱剧《拉撒路》,马勒的《大地之歌》都获得了评论界和乐迷们的首肯。总的说来,人们对这位以"严肃认真"态度见长的指挥家都给予了略有保留的正面评价。

EMI唱片公司的萨维·拉伊·格鲁伯就是为菲舍尔－迪斯考平生第一次指挥录音的录音师,他为我们讲了发生在他与这位指挥家之间的故事。"我难得会感到有比与菲舍尔－迪斯考第一次商谈录音的那个上午更使我焦灼不安的心情了。对于他是否能很好地完成他的工作我并不担心,因为我知道他是决不会接受一份他没有把握的合同的。我对他的要求是不仅要完成这项工作,制作好一张唱片,我还要求由他指挥的这两部作品(即舒伯特的《第五交响曲》和《未完成交响曲》)具有令人难忘的精彩诠释。因为在当今乐坛上还几乎没有人能像他这样如此长久,如此亲密地浸淫于作曲家的艺术歌曲之中。于是我要求他指挥的舒伯特交响曲也要向他演唱的艺术歌曲那样富于鲜明的个性特征。我确信我的这种焦灼心情任何人都可以在我的脸上轻而易举的察觉出来。我和菲舍尔-迪斯考在录音室的门口相遇了。他对我盯着看了几秒钟后突然微笑地对我说:'不用为录音而担心,萨维!如果我们的头一天合作是一场灾难的话,那么我会连夜就飞回柏林去。'这时我向他表示我并不为此而担忧,因为合约已经开始履行,再忧心忡忡也无济于事。当我把他介绍给即将与他合作的新爱乐乐团时,乐手们以加长的热烈欢呼向他致意……在一个小时又一刻钟的时间里,我意识到一位有着乐团支持的指挥意味着什么。菲舍尔－迪斯考的指挥技巧只能说刚刚胜任。直到正式录音之前他还没有在乐团面前站定,并作出'预备'的手势。也许此前他已经练过无数遍了,但仅仅是限于私人范围,又或许是对着一面镜子练得。他的手势有时显得意图含糊不清,对于乐团的这个或那个乐器声部的指令也并不总是很准确。可是这又有什么关系呢? 乐团感受到的是他对于《未完成交响曲》有一种清晰的整体构想和见解,并且他能在与他们的合作中将之传导给乐团的每一个成员。当他提出要求时,乐团的每一个成员都会心领神会地予以响应……此时,停顿出现了——我知道一个极为特殊的《未完成交响曲》的版本将诞生了!"

作为画家的菲舍尔－迪斯考

音乐家中具有绘画才能者不乏其人,像门德尔松就是一位水彩画高手,伴随着他丰富游历而创作的风景画不仅成了他具象的游记,更成为他日后创作交响曲的源泉和素材。勋伯格也是一位很有造诣的画家,他与好友,德国现代画家康定斯基(Vassily Kandinsky, 1866-1944)交往过程中两人互换角色,体验对方专业的创作,从而激发各自艺术灵感的故事也被传为佳话。迪特里希·菲舍尔－迪斯考则成了今日音乐与美术联姻中卓有建树的一员。

绘画是菲舍尔－迪斯考诸多业余爱好中又一展现自己艺术才华的领域。他的绘画水平要远比一般的业余爱好者更专业,已经能

菲舍尔－迪斯考的自画像

够达到公开展出或正式发表的级别。打童年时代起他就对绘画充满了强烈的兴趣。据他自己回忆:"从我的孩提时代起,我就已经收藏了带有插图的艺术史的完整图谱。我就照着这些插图一张一张地画起来,这可以算得上是我无师自通的美术启蒙。"以后,即便是他将歌唱作为自己艺术主业的年代里,他也没有停止过对绘画的不断研探,到 16 岁时他所绘的人物肖像画和自画像已具备了相当的水平。

普通公众第一次目睹菲舍尔－迪斯考美术才能是在 20 世纪 60 年代。1967 年,EMI 唱片公司为与菲舍尔－迪斯考有着亲密合作的钢琴家杰拉尔德·摩尔(Gerald Moore, 1899-1987)发行的《告别音乐会》唱片里面刊载了由菲舍尔－迪斯考所绘的摩尔肖像画。这次的发现令世人大感意外,于是他的绘画特长才初为人识。到

了 1980 年,在朋友们的热心劝说下,菲舍尔－迪斯考的一批画作被集中展示在汉堡举行的一次展览会上。在这些画作中,既有钢笔画、水彩画,也有色粉画、油画和丙烯画。他的绘画题材主要有两大类:即自然风景和人物肖像画。而采用的技法则既有具象性的写实主义,又有非具象性的抽象主义。在展览会现场,风格多姿多彩的画作令观者惊叹不已。人们注意到:他创作的肖像画往往能给人以十分强烈的震撼,这固然是由于他的这些绘画对象要么是自己的骨肉至亲,要么是与自己有着长期合作的好友:前者如他的母亲多拉,他的妻子朱丽娅·瓦拉迪;后者如钢琴家李赫特、布伦德尔、德穆斯、作曲家亨德米特等。在刻画这些人物形象时无不体现着具有鲜明德国表现主义风格的艺术特征,人物的脸部表情大都庄重冷峻,线条的笔触相当清晰,神情中流露出难以掩饰的忧郁之情。这固然是如汉斯·A.纽恩齐格在为菲舍尔-迪斯考所写的传记里提到的那样:"将自己的理念直接转变成象征的形态是不可抗拒的。菲舍尔－迪斯考决定重拾幼时的绘画爱好是在他 1960 年在柏林参观了瑞士画家保罗·克利(Paul Klee,1879-1940)的画展以后。在这个画展上,克利对'色彩的游戏'(play of colors)的运用对他产生了重大的意义。于是,他也开始学着尝试'从观察中去学习'(learn by looking),这似乎是值得注意的。"

然而,还有更重要的原因!同样令人不可忽视的是作者的画风源于潜藏在他心灵深处的那份隐隐的伤痛。正如肯尼思·H.怀顿在《迪特里希·菲舍尔－迪斯考:歌唱大师》一书里分析的那样:"菲舍尔－迪斯考是一个非常自强的男人和艺术家,但我同时也相信:他亲人死亡的经历也着实使他处于痛苦挣扎的边缘。他的二哥马丁死于 1944 年,他本人在二战中被俘所遭受的折磨和创伤,接着是他年轻的妻子依姆加德·波鹏的遽然离世,所有这些遭受打击的经历都必然在他舞台和音乐会上所塑造的艺术形象中留下深深的烙印。这些艺术形象之所以如此成功源于诠释者发自灵魂深处的良知拷问。"同样,这种伤痛与拷问也必然会体现在他所创作的绘画作品里。因为"他想在作为一位歌唱家的专业与作为一位美术家的专业之间构架起一座连接这两种艺术的桥梁。"

自 1980 年汉堡的展览会后,菲舍尔－迪斯考的画作被不断地介绍到全德国,邻近的奥地利、法国甚至日本也予以展出,而距今最近的一次展出则是在 2000 年 6 月在波茨坦的迪耶兹画廊举行的。那些参观过他画展的人们大都为他的绘画才华所折服、赞叹,当然也会有人不喜欢他的画作或风格。不过,任何一个看过他绘画作品的人却都会被他为这种艺术全情投入的认真态度而心悦诚服。唱片收藏者们则敏感地注意到了在 DG 唱片公司 1985 年为庆贺大师 60 周年诞辰而发行的一批纪念版唱片专辑中,唱片的封套图案无不取自这位歌唱大师亲手绘制的水彩画作。而这批唱片的内容则全部是大师最擅长的德奥艺术歌曲,有舒伯特、舒曼、勃拉姆斯、马勒和沃尔夫……

退休之后的菲舍尔 - 迪斯考自然会花更多的时间在他喜爱的绘画艺术上。对于他是否将绘画作为歌唱的替代物，他进行了否认。他如此阐释他的观点："在绘画时我可以真正决定某种事物，不再是个处于屈从地位的诠释者，而是在创造。拿着画笔与画布进行交流让我非常兴奋，但有时也会非常痛苦，因为我不是在闲暇消磨时光，而是在进行一种真实的交流！"至于菲舍尔 - 迪斯考在美术领域能走多远，德国历史学家维尔纳·斯派斯大概说出了大多数人的心声："尽管他只是一位'星期日画家'，然而，谁又能预料到在这个神奇的人身上不会有奇迹发生呢？"

菲舍尔 - 迪斯考的妻子们

菲舍尔 - 迪斯考与其发妻伊姆加德·波鹏共有 3 个儿子，两人情深意笃，甚为恩爱。但伊姆加德却在 1963 年生他们的第三个孩子时因难产去世，离开了自己的丈夫和 3 个孩子。此后，菲舍尔 - 迪斯考一直在试图寻觅另一位生活伴侣，同时也为他的 3 个孩子寻找一位母亲。然而，这种寻觅却并不如意。1965 年，他与德国电影女演员鲁特·露薇里克（Ruth Leuwerik）在瑞士结婚。其后他又娶了另一位女演员克里斯蒂娜·布盖尔 - 舒尔（Christina Pugel-Schule），但这两段婚姻都很短暂，这份情感的缺失为菲舍尔 - 迪斯考的家庭生活蒙上了一层厚厚的阴影。

不过，一切都随着 1973 年的到来发生了改变。在这一年年末，一位女性的出现不仅给菲舍尔 - 迪斯考的生活重新燃起了希望，更成为他后半生艺术生涯的精神支柱。她，就是朱丽娅·瓦拉迪。

朱丽娅·瓦拉迪（Julia Varady）是一位匈牙利裔的女高音歌唱家，她 1941 年 9 月 1 日出生于家乡的纳吉瓦拉德（现在罗马尼亚境内），原名朱丽娅·托策尔。瓦拉迪 6 岁起开始学习小提琴，到 14 岁那年，她突然意识到自己的嗓音经变声后变得更清脆亮丽了。于是，她决定改学声乐。她拜艾米莉亚·波普为师，后来也曾随罗马尼亚著名的声乐教师阿尔塔·弗洛雷斯库进一步深造。她的学习非常勤奋

菲舍尔 - 迪斯考与朱丽娅·瓦拉迪

刻苦，因为她的人生目标就是有朝一日要像卡拉斯唱得一样棒。她坚信自己会取得成功。1962 年，21 岁的瓦拉迪初出茅庐，在罗马尼亚的克鲁日歌剧院首次登台亮相。她的第一个舞台角色是格鲁克歌剧《奥菲欧与优丽狄茜》中的配角，后来才

是主角优丽狄茜以及莫扎特《人皆如此》里的菲奥蒂丽姬。在不温不火地演了几年之后,1970年获得了一个给同为匈牙利出身的著名指挥家克里斯托弗·冯·多南伊试唱的机会。多南伊时任科隆广播交响乐团与法兰克福歌剧院的双料指挥,在德国乐坛上拥有很大的发言权。他对瓦拉迪的演唱予以高度的肯定。于是,她当即被法兰克福歌剧院聘为主要演员,从此走上了歌唱事业的顺畅之途。

1971年,三十而立的瓦拉迪出现在慕尼黑的歌剧艺术节上,她以莫扎特的《蒂托的仁慈》中的维塔莉亚一角的出色演绎赢得了舆论的强烈反响,这使她意识到在慕尼黑有着更有利于自身发展的艺术空间。于是,在1973年她转投到慕尼黑的巴伐利亚国立歌剧院。果如她当初所料,这次"转会"不仅为她的艺术事业带来了重大的转机,更为她的个人生活带来了一段美满的姻缘。来到巴伐利亚歌剧院后,她随即参加了当年的慕尼黑歌剧艺术节。在艺术节上她被安排与菲舍尔－迪斯考一起主演普契尼的歌剧《外套》,这也是瓦拉迪头一次遇见她心目中的偶像——曾被美国《时代周刊》列为世界上十位最杰出男性之一的菲舍尔－迪斯考。对于她来说早在学艺时代菲舍尔－迪斯考的大名就如雷贯耳,"甚至当我第一天开始学唱的时候,他的歌声就已成为给我做示范的范本了。一天,我的老师递给我一盒菲舍尔－迪斯考的录音带,对我说:'好好听听这些录音,白天晚上都要听。那时你就会了解唱歌是怎么回事了。'"尽管如此,当伟岸魁梧,身高6英尺4英寸的菲舍尔－迪斯考来到这位娇小纤柔,身高仅5英尺3英寸的优雅女高音面前时还是把她吓了一跳。瓦拉迪对这位即将与自己演对手戏的大师的第一印象是"这是一个多么伟岸英俊的巨人啊!"在《外套》中,菲舍尔－迪斯考饰演剧中的驳船主,而瓦拉迪则饰演他的太太。由于船主为人粗鲁,不解风情,他的妻子便背着丈夫与船上的年轻搬运工鲁奇私下幽会。后来东窗事发,嫉妒的丈夫杀死了鲁奇,也击碎了妻子向往幸福人生的最后希望。尽管歌剧本身是一幕悲剧,可男女主演在戏外却将它演化成一出令人艳羡的喜剧。在与菲舍尔－迪斯考的合作过程中,瓦拉迪被大师那精湛的艺术,真诚的为人以及对一名新手诲人不倦的呵护和关爱所折服。两人由此结下的友谊和情愫在以后的岁月里慢慢滋长。菲舍尔－迪斯考也从瓦拉迪对艺术孜孜以求的挚爱和痴迷中寻觅到了他精神生活的情感归宿。在1977年,52岁的菲舍尔－迪斯考又一次成为了新郎,迎娶了比他小16岁的新娘瓦拉迪。同年,这对新婚夫妇就在理查·施特劳斯的歌剧《阿拉贝拉》中联袂献演。从此,夫唱妇随就成了他们这对恩爱伉俪艺术生活的真实写照。

自从与菲舍尔－迪斯考结婚之后,瓦拉迪为了求得歌唱艺术的更高境界,她往往自觉地把自己当作丈夫的学生。她说:"自那以后,我从没有在缺少他监督的情况下(贸然)饰演过一个角色。我请求他听我的演唱……他总是以一位局外人的客观角度给我提供解决那些富于技巧的段落的线索。他对作品的感受通常要比我来得更敏锐、更准确。如果说有一位我可以绝对信任的指导者的话,那么很幸运,这个人就是我的大个子丈夫。"其实,瓦拉迪本人就是一位语言天才,她通晓德语、匈牙利、罗马尼亚、英、法、意、俄等多种语言,只是她从小在匈牙利长大的缘故,在她说话的时候还会不由自主地流露出匈牙利语中常有的声腔重音。当然,如若这种语音出现在歌剧演唱里,便会成为声乐艺术的大忌。于是乎,在1998年由著名艺术专题片导演布鲁诺·蒙桑贡(Bruno Monsaingeon)执导的《瓦拉迪:热情之歌》(Varady:Song Of Passion)中,人们可以看到菲舍尔-迪斯考端坐在钢琴前,一边弹琴,一边指导瓦拉迪演唱的动人场面。在影片的正片里,菲舍尔-迪斯考指导妻子演唱了两段《人皆如此》中菲奥蒂丽姬的咏叹调,随后他又亲自在柏林指挥乐队与瓦拉迪进行了彩排。而在影片的附赠片里,则相当完整地记录下了夫妇俩1996年在柏

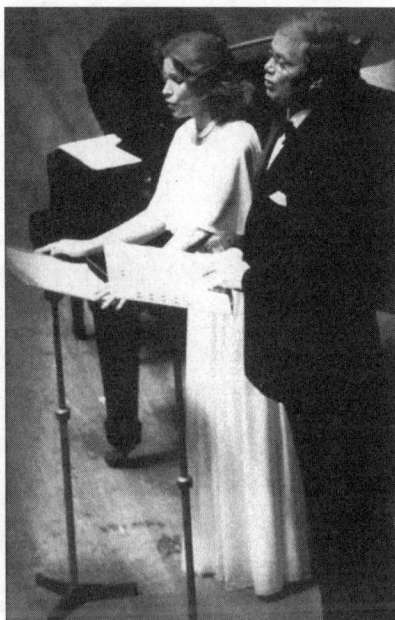
妇唱夫随的菲舍尔-迪斯考夫妇

林的家中排练舒伯特艺术歌曲《死神与少女》时的真实情景。作为这首歌曲权威的诠释者,菲舍尔-迪斯考从歌词的发音到歌曲的速度,从演唱的气息到声量的增减,几乎是在逐字逐句地帮助瓦拉迪抠一个个的表现细节。望着这两位年过半百,戴着老花眼镜,已是蜚声乐坛的歌唱大师兼生活眷侣,却还是那么一丝不苟,相亲相爱地在一起切磋艺术,着实使人体味到"只羡鸳鸯不羡仙"的美好人生意境。

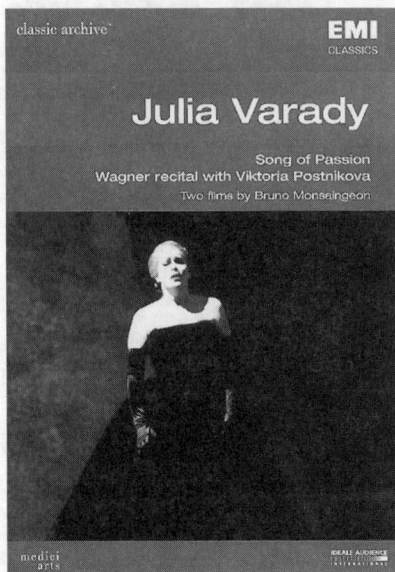
朱丽娅·瓦拉迪的"热情之歌"

1996年,55岁的瓦拉迪宣布从歌剧舞台上退休,然而对于终身为之奉献的歌唱事业她却永远不会放弃。比如在2001年6月,她还在一个小型的音乐沙龙里演唱了理查·施特劳斯的《拿索斯岛上的阿里阿德涅》中她最擅长的咏叹调"Es gibt ein Reich",功力不减,魅力犹存。此外,她还应邀担任柏林汉斯·埃斯勒音乐学院的客座教授。除了音乐,已双双安享退休生活的菲舍尔-迪斯考夫妇不是在柏林的家中,就是在位于斯塔恩伯格

的乡间别墅里享受着闲情逸趣所带来的快乐。说来也许令人不信，尽管菲舍尔－迪斯考是当代首屈一指的歌唱大师，艺术全盛时期的出场费昂贵得惊人，他还录制了数以百计的唱片，然而，为了购买那座令他心仪，景色优美的乡村别墅，夫妇俩经几乎掏空了他们积蓄里的最后一块钱。在这里，他们继续分享着他们的职业所带来的"彼此震撼"，和"从对方那里所获取的教益"，他们在一起阅读哲学著作，聆听唱片——菲舍尔－迪斯考是一位唱片发烧友，总共收藏了超过三千张以上的唱片。在别墅的墙上，到处都张挂着大师得意的画作，而另有 50 幅作品则布置在他位于地下的工作室里。菲舍尔－迪斯考喜欢以妻子作为模特儿，家庭里的不少画作都是他专为瓦拉迪所绘。他们还一起在自家的花园里劳作，从中感受大自然的乐趣。瓦拉迪是一位相当不错的园艺师，她还喜欢收藏古玩和研究烹饪。在傍晚，夫妇俩还会手挽着手出外去听一场音乐会。瓦拉迪对前去采访的记者说："如今我所有的时间都是与这位世界上最温柔，最谨慎害羞的男人一起度过的。"执子之手，与子偕老，他们还将这样相扶相持地走下去！

菲舍尔－迪斯考的孩子们

长子马蒂亚斯

马蒂亚斯为歌剧所作的舞台设计

菲舍尔－迪斯考尽管结过四次婚，但后 3 位妻子都没有给他生育过孩子。他的 3 个儿子的母亲就是发妻伊姆加德·波鹏。3 个儿子后来都有所成，他们既为菲舍尔－迪斯考增了光，也为这个具有悠久传统的家族添了彩。

长子马蒂亚斯(Mathias Fischer-Dieskau)1951 年出生于柏林，他从小就对建筑和美术感兴趣，后来成了一位国内知名的戏剧舞台设计艺术家。马蒂亚斯 1972

年至 1974 年担任瑞士巴塞尔剧院和萨尔茨堡艺术节的舞台设计助理,开始初露锋芒。从 20 世纪 80 年代起,他开始广泛地涉猎于戏剧、歌剧、音乐剧的舞台置景和设计,迄今为止他已在世界各地的各大剧院设计了一百多套剧场舞台设计,其中有大约一半是世界首演的剧作。他为瑞士巴塞尔剧院设计的莫扎特歌剧《唐璜》,为首尔歌剧院设计的理查·施特劳斯歌剧《玫瑰骑士》,为巴黎歌剧院设计的布里顿歌剧《彼得·格里姆斯》以及为音乐剧《悲惨世界》《棋局》等所作的设计均在业内享有很高的声誉。此外,他似乎也承袭了其曾祖父的遗传基因,在建筑、德国文学和历史学等诸领域也都有着相当不凡的造诣。

次子马丁

马丁(Martin Fischer-Dieskau)是菲舍尔–迪斯考的次子,出生于 1954 年。他承袭的是其父母的事业,成了一名指挥家,并且他还与我们中国非常有缘,现任台北交响乐团的音乐总监。

与哥哥不同,马丁从小就深受家庭氛围的熏陶,对音乐有着强烈的兴趣。小时候在父母的教习下学过钢琴、小提琴,不过他想成为一名指挥的愿望也同样萌发得很早。7 岁那年,马丁在哥哥马蒂亚斯的带领下到柏林的德意志歌剧院去"探班",其时他父亲正在那儿排演歌剧《唐璜》。小马丁到得剧场里,给他感受最强烈的倒并非是由他父亲饰演的那位油嘴滑舌的伯爵仆人莱波列洛,而是在乐池中的乐队指挥。哇! 如此美妙的音乐竟然是由那位挥舞着一根小棍的人带动整个乐队奏出来的,当一名指挥真是太神气,太帅气了。于是成年后他进入维也纳音乐学院攻读指挥专业,同时又辅修钢琴和小提琴。从维也纳音乐学院毕业后,马丁又相继去柏林艺术大学和意大利锡耶纳的契吉亚纳音乐学院深造。求学期间他还先后参加过由国际著名指挥大师费拉拉(Franco Ferrara, 1911-1985)、小泽征尔和伯恩斯坦主持的指挥大师班。1976 年他称为德国音乐联盟选拔推荐的国内青年艺术家奖的获奖者。1978 年和 1988 年,他又两度被授予奖学金,赴美国坦格伍德参加伯恩斯坦大师的进修计划课程。

在 1978 年至 1979 演出季里,年仅 24 岁的马丁担任美国底特律交响乐团的指挥助理,成为乐团首席指挥多拉蒂的得力助手。嗣后,他返回欧洲,先后在奥格斯堡、亚琛和哈根等歌剧院出任一系列的指挥之职,开始独当一面地进行指挥活动。

经过 10 多年的舞台历练，1991 年，37 岁的马丁得到了他人生中第一个重要的职位，受聘担任瑞士伯尔尼歌剧院的首席指挥，同时也担任芬兰赫尔辛基艺术节和格林纳达艺术节的客座指挥。两年后，他的艺术才华又受到了瓦格纳家族的青睐，他们邀请他出任拜罗伊特青年艺术节的艺术指导。作为一位名门之后，马丁的出身几乎永远是人们感兴趣的话题。可是马丁在求艺的道路上却丝毫也不想沾父亲名气的光，为自己谋取便利和好处。他深知出身名门是一柄双刃剑，如果自己没有真才实学，而只是希图依仗沾名钓誉到乐坛上求得一席之地，不仅是害了自己，更损害了家族的荣誉。他说："我以为：世上只有一位伟大的菲舍尔-迪斯考就已足够了。我不谋求与我父亲一样伟大，但希望将来能与他一样出色。为了证明这一点我不得不用 25 年的时间去做到。"

从 2001 年起，马丁就任加拿大安大略省滑铁卢交响乐团的首席指挥兼音乐总监。这是一支多伦多地区非常年轻的乐团，但在马丁上任后，它在很短的时间内演奏水平就有了质的飞跃。此时的马丁在欧美乐坛已是风生水起，声誉日增，他的足迹已遍布欧洲和北美，他相继在法国、比利时、以色列、荷兰和美国指挥过一系列交响乐团，甚至还曾受邀指挥过柏林爱乐乐团、英国皇家爱乐乐团、莫斯科国立管弦乐团和日本 NHK 交响乐团等世界一流交响乐团。正式凭借着他的这种丰富的艺术经历，在 2008 年新年伊始，中国台北交响乐团宣布任命他为乐团新任的首席指挥兼音乐总监。

在谈到与父亲的关系时，马丁坦陈与父亲见面的机会极少，"但我们保持着一种非常牢固的联系，每一个精神分析学家都能告诉我那是为什么。我们之间没有必要以物质呈现的形式来维系这一切。在我的心中，我父亲的地位足够的重要。我还有两个兄弟，他们和我有着同样的生活理念。我们都已结婚，但却都不想要自己的孩子，因而我们自己永远是父亲的孩子们。有人说只有拥有了自己的孩子才能算是一个家庭，而我却认为我非常享受指挥这种职业所带给我的快乐。试想：一个人无论走到哪里，都有一个家在那里等着你，这该是一种多么富于神话般的生活啊！"

这些"孩子们"的母亲是在生育他们最小的弟弟曼努埃尔时去世的，因而，从某种角度而言，曼努埃尔的降生就注定要接替他母亲的未竟事业，而事实也正是如此。1963 年出生的曼努埃尔（Manuel Fischer-Dieskau）自幼即学习大提琴，他的第一位老师李塞

幼子曼努埃尔

洛特·品施是伟大的福厄曼的弟子。曼努埃尔后来进入柏林艺术大学学习,师从沃尔夫冈·波特谢尔教授。毕业后获奖学金赴美国印第安纳大学深造,这一次他的受业导师是大名鼎鼎的亚诺什·斯塔克。后来他还先后得到杜·普蕾的老师威廉·普利斯(William Pleeth,1916-1999)和当代名家阿特·诺拉斯(Arto Novas, 1942-　　　)的指点教诲,技艺了得。1987年,24岁的他参与组建了国际知名的"凯鲁比尼弦乐四重奏组",担任大提琴家,为EMI唱片公司录制了几张唱片专辑。从1998年起迄今,作为一位独奏大提琴家,曼努埃尔一直与萨尔布吕肯广播交响乐团(即前不久来沪访问演出的德国广播爱乐乐团的前身)保持着长期的合作关系,那是由于该团的首席指挥克里斯托弗·波鹏(Christoph Poppen,1956-　　　)不仅是他的表兄(即曼努埃尔母亲伊姆加德·波鹏娘家的侄子),而且还是曼努埃尔在"凯鲁比尼弦乐四重奏组"里志同道合的小提琴家。作曲家梅西安的弦乐四重奏《时间末日》的一个著名的版本就是由"凯鲁比尼弦乐四重奏组"所演释的(EMI,1992版)。在2010年,曼努埃尔还与巴伐利亚广播交响乐团一起合作,录制了一张海顿、里盖蒂、帕斯卡尔·舒马赫的大提琴独奏专辑。近年来,曼努埃尔也尝试从事指挥工作,并于2007年起受聘担任约翰内斯·古滕堡音乐学院的大提琴和室内乐教授。

＊　　　　＊　　　　＊

眼见自己的3个儿子都事业有成,他们的老爸自然喜不自胜。这位歌唱大师说:"我所有3个孩子在艺术上取得的成功是我心灵上莫大的快慰。"最后,让我以菲舍尔–迪斯考传记作家汉斯·A.纽恩齐格的一段话来作为本文的结束:"无论是从孩子们自己的回忆里,还是从其他人所叙述的故事和猜测里,都可以得知他们的父亲总是在他们的孩提生活中长期缺席;而另一方面,作为父亲却总是非常清晰地记得当他在家时所发生的事,诸如他为孩子们建造的木偶剧院;他给他们讲自己艺术事业起步的往事;他为孩子们上的第一堂音乐课;与他们第一次钢琴合练,等等。毫无疑问,在所有这些受父亲的影响所及的范围内,他的一言一行足以对他的儿子们起到示范和楷模作用,尤其是当他们在舞台上看见自己的父亲时,就如同他们经常做的那样,父亲的形象就会对他们产生强烈的感染作用。每当这个时候,他看上去和孩子们的距离非常遥远,其实,他的内心和他们却贴得那么近,那么近。"高尚家风的传承,音乐精神的薪火就在这种传递中延续……

2005 年八十大寿的纪念专辑《致音乐》2CD+DVD

菲舍尔－迪斯考指挥的海顿作品唱片

菲舍尔－迪斯考独唱专辑

菲舍尔－迪斯考的画作被作为自己唱片的封套

十八、师出同门的两个小提琴之家
——奥依斯特拉赫家族和马尔科夫家族

俄罗斯小提琴学派的开山鼻祖是奥尔，他麾下的圣贤弟子游走遍播于欧美，掀起了小提琴演奏史上的"第三次高潮"。苏联十月革命后，除奥尔本人以及他那几位早早就在西方立足并扬名立万的弟子埃尔曼、津巴利斯特、海菲兹和皮亚斯特罗等之外，留在苏联国内的小提琴家群体就被称为新俄罗斯学派或苏联小提琴学派。多少年来，这一约定俗成的称谓沿用至今。然而，细究之下发现此称谓并不确切，所谓的新俄罗斯学派或苏联小提琴学派似乎倒更应称之为乌克兰学派，或至少是乌克兰系才是，因为该学派的大部分优秀代表如大卫·奥依斯特拉赫、柯冈、波利亚金（Milon Poliakin, 1895-1941）、西特科维茨基（Julian Sitkovetsky, 1925-1958）和瓦伊曼（Mikhail Waimann, 1926-　　　）等莫不出自当年的乌克兰境内。追根溯源起来，以圣彼得堡音乐学院为大本营的奥尔学派之所以能在偏远的乌克兰繁衍出提琴大师的种子，不能不提及斯托利亚尔斯基（Petro Stolyarsky, 1871-1944）——一位不能与他那些声名显赫的师兄相比的奥尔弟子。斯托利亚尔斯基一手栽培出了大卫·奥依斯特拉赫和纳辛·米尔斯坦这两位名震琴坛的双子星座。而今天要说的这两个提琴之家也都是与这位"乌克兰提琴之父"有着直接的渊源师承关系，他们就是伊戈尔·奥依斯特拉赫家庭与阿尔伯特·马尔科夫家庭。

伊戈尔·奥依斯特拉赫和瓦列里·奥依斯特拉赫
（Igor Oistrakh and Valery Oistrakh）

众所周知，伊戈尔·奥依斯特拉赫是大卫·奥依斯特拉赫的儿子，他又怎么会与斯托利亚尔斯基扯上干系呢？

当年大卫·奥依斯特拉赫赢得了乌克兰小提琴比赛的第一名，在初步确立起自己的名声之际，22岁的大卫即与一位名叫塔玛拉的女钢琴家结成眷属。次年

伊戈尔·奥伊斯特拉赫

他们的独生子便来到了这个世界上。伊戈尔1931年4月27日出生于敖德萨,与人们通常的认识不同,小奥依斯特拉赫的第一个老师并不是他的父亲,而是一位名叫瓦莱丽娅·梅伦布罗姆(Valeria Merenbloom)的女教师。为何大卫一开始不亲自教儿子拉琴?很可能当时的大卫虽然琴艺已显卓越,但还未能在重大的国际赛事上得奖,演奏的足迹也还未能踏出乌克兰以外的区域,他还需要更多的时间来修炼琴艺。那位瓦莱丽娅尽管称得上是位优秀的提琴教师,但年幼的伊戈尔性格中充满着叛逆:"我得承认从早年起我就是一个非常独立的孩子,在拉琴时喜欢按我自己的方式去展现自我。"可以想见,这师徒俩的关系相处得并不融洽。到了上学得年龄,伊戈尔进了莫斯科的中央音乐学校,一开始也还是由瓦莱丽娅教。"她教我的头一节课就是学习维厄唐的《热情幻想曲》。当我刚开始拉时她似乎被震着了。很显然她认为在我的那个年龄是不应该有自己的个性的。"这样的结果只能是改换门庭。于是在伊戈尔12岁那年,一位新的老师出现在他的面前,他就是斯托利亚尔斯基。

在这位自己父亲的老师面前,伊戈尔纵使叛逆成性也不能不有所忌惮,更何况他还是那样一位德高望重又技艺精湛的老师呢。伊戈尔折服于斯氏的琴艺和人品,潜心攻读。这个阶段的学习对他获益匪浅,他自谓每次到斯氏那里上完课后都会生发出无穷无尽的练琴欲望和激情。只是到18岁左右伊戈尔才成为父亲大卫在莫斯科音乐学院的正式学生。不久,在匈牙利布达佩斯举行的"世界青年联欢节"小提琴比赛中,伊戈尔脱颖而出夺得了比赛的第一名。伊戈尔曾说:"父亲对我的教学非常细心,一丝不苟。尽管有无数的学生和音乐会在等着他,然而他还总是抽出空来每天为我做一点小小的示范,这对于成长中的我来说是至关重要的。"这样的学习持续了几年,直到有一次大卫经过了一个长时期的旅行演出归来,他还未来得及坐稳歇息,伊戈尔就对着风尘仆仆的父亲拉了一首波兰小提琴家兼作曲家列宾斯基所作的《军队协奏曲》,他演奏之成熟流畅令大卫立刻意识到自己的儿子已然是一位专业级的小提琴家了,伊戈尔的学琴生涯至此画上了一个句号。

伊戈尔在乐坛上真正成熟起来是在1952年。是年,21岁的伊戈尔参加了在波兰卢布林举行的第二届维尼亚夫斯基国际小提琴比赛,他以其扎实的基本功和娴熟过人的技艺力压同胞尤利安·西特科维茨基和东道主选手波兰女小提琴家维尔科米斯卡(Wanda Wilkomilska,1931-   )而勇夺桂冠。伊戈尔的夺冠不仅向世人证明了自己的实力，从某种意义上说也为父亲出了一口气。因为在战前1935年的第一届比赛上大卫·奥依斯特拉赫正是在决赛中以微弱的劣势败在了比自己小11岁的法国琴坛才女内弗（Ginette Neveu）的手下而痛失金牌的。在赢得了金奖之后，以后的艺术之路就走得相对顺当了。

然而，在当时的苏联，甚至东欧乐坛伊戈尔要想完全彻底地摆脱父亲的巨大光环毕竟还是不现实的。事实上，大卫也在尽自己的一切可能提携着儿子，使他在艺术的舞台上能够走得更远。于是，父子俩的关系由师徒演变成合作者，他们时常举行二重奏音乐会，而当儿子演奏小提琴协奏曲时，父亲就担任乐队的指挥，这便有了今日传世的那几张唱片。除父亲以外，伊戈尔也与另一位提琴大师、父亲的好友梅纽因合作过巴赫的《D小调双重协奏曲》，他还曾与大提琴泰斗卡萨尔斯一起表演过三重奏。与那些道行高深的大师合作都使他的艺术日趋完美。1999年伊戈尔到中国访问演出，音乐会上为他伴奏的是他的夫人。或许在我的心目中早已将大卫·奥依斯特拉赫的琴声奉为胜境天籁、超迈绝伦，所以伊戈尔的演出最多只能算是不过不失而已，其父宽宏壮美的音色难觅其踪；大卫琴声中最感人心扉的温馨高雅的美感在这里几成奢望，更主要的是伊戈尔缺乏其父在舞台上那种立地生根、舍我其谁的王者之气。此时伊戈尔应该还未到技艺大衰退的年龄，由此推论，也许他一生就从未达到过父亲的艺术高度。伊戈尔对人们总把他们父子俩的演奏归为一谈而大喊冤枉，说实在的两者的演奏风格是相当不同的。举例来说，同样是演奏哈恰图良的协奏曲，伊戈尔的处理就更自由和更具狂想色彩，以区别于父亲经典式的高贵端秀。西方的评论家也总喜欢把他的演奏与其父作比较，也许当一个评论家在评价他父亲更古典些而他更浪漫些时，另一位评论家则在作着观点截然相反的论述。"也许我年轻时更偏重于技巧，现在我的演奏更沉稳些了。但是我有一点要告诉你们，那就是我从来没有想过要演奏得像我父亲一样，我不想成为一个父亲的拷贝。"伊戈尔对采访他的记者如此说。

伊戈尔的妻子也像他的母亲一样是位钢琴家。不过，如同他母亲塔玛拉那样只留得一个名字，纳塔丽娅·泽萨洛娃（Natalia Zertsalova）的生平传略也在相关的典籍和网络世界里遍寻不着。他们也有一个独子，他就是奥依斯特拉赫的第三代传人——瓦列里·奥依斯特拉赫。

由伊戈尔、纳塔丽娅、瓦列里一家三口组成的弦乐三重奏

瓦列里·奥依斯特拉赫1961年出生于首都莫斯科，他少年习琴，启蒙老师即是大名鼎

瓦列里·奥依斯特拉赫

鼎的祖父。也许隔代亲情是人类社会一种普遍的现象,大卫对这个孙子格外宠爱。在瓦列里刚懂事起就耐心地并满怀喜悦地手把手教他练琴。上学时瓦列里进的是莫斯科中央音乐学校。毕业后他进入格温辛音乐学院,这时大卫已经去世,瓦列里便投入名师布朗教授(Zakhar Bron)门下继续深造。布朗教授也是伊戈尔在莫斯科音乐学院的同事,自然倾力为之。继承祖、父两代音乐基因的瓦列里14岁即登台亮相,举行了他的首次独奏音乐会。

从音乐学院毕业以后,仿佛是当年景象的再现,瓦列里与他的父亲又共同站在了首都的音乐舞台上。在以后的岁月里父子两积累起了数量可观的小提琴二重奏曲目,他们的足迹也遍及东、西欧、北美和澳洲。作为独奏家瓦列里曾与包括马祖尔、罗杰斯特文斯基、费多谢耶夫等在内的著名指挥家和一流的交响乐团合作举行协奏曲音乐会。1999年,38岁的瓦列里成为奥地利萨尔茨堡莫扎特管弦乐团的指挥,同时他也是著名的弦乐四重奏组——阿马迪乌斯四重奏的首席小提琴和梅纽因音乐学校的小提琴教授。

瓦列里的外貌长相也刻着奥氏家族的深深烙印,鼻大口方,天庭饱满,年纪轻轻却早已谢顶。他的演奏姿势也极像他那位伟大的祖父。颇有意思的是在一款由Doron Music唱片公司发行的小提琴二重奏唱片封套上,伊戈尔与瓦列里各执一把小提琴,相视莞尔,乍看活脱脱是一对"哥俩好"而非父子档。不过,瓦列里有感于奶奶塔玛拉的湮没无闻,他可不想让自己的妈妈"重蹈覆辙",因而发起组织了以他父亲名字命名的"伊戈尔·奥依斯特拉赫钢琴三重奏组"和"奥依斯特拉赫室内乐团"。由他们全家演奏的一张含有巴赫、普罗科菲耶夫、伊萨依和莫斯科夫斯基作品在内的唱片,即印证着这个音乐世家的薪火相传,也抒发了他们对艺术孜孜以求的共同心声。

阿尔伯特·马尔科夫和亚历山大·马尔科夫
(Albert Markov and Alexander Markov)

尽管斯托利亚尔斯基的杰出教学"制造"出了一个又一个提琴神话,然而这位老爷子本人倒淡泊功名,心如止水,几十年如一日地安于一隅默默耕耘。当年在他的手下还成就了一位小提琴家,他比伊戈尔·奥依斯特拉赫小2岁,应算是同门的弟子,不过此人的遭遇较之伊戈尔更富于戏剧性。

　　阿尔伯特·马尔科夫也是一位来自乌克兰的犹太裔小提琴家。他 1933 年 5 月 8 日出生于卡尔基夫(Kharkiv)。由于斯托利亚尔斯基的提琴教学在乌克兰境内已有口皆碑,因而阿尔伯特从小就被送到这位名师门下学琴。当时的斯氏已年届古稀,纵然满腹经纶,但毕竟比不得年富力强的年头,有些心有余而力不足了。虽然如此,阿尔伯特到底还是在这位名师的教诲之下从学琴伊始就打下了科学的,系统的基础功底。此后,阿尔伯特又转投斯维尔德洛夫斯克音乐学校的梅克辛教授(J.Meksin)的班上继续学业。二战期间,阿尔伯特回到故乡卡尔基夫音乐学校师从列辛斯基(A.Lescinsky),战后进入莫斯科音乐学院师从著名小提琴教育家杨凯列维奇

阿尔伯特·马尔科夫

(Yuri Yangkelevitch, 1909-1973)完成了他的最终学业。与此同时,他也随著名作曲家哈恰图良学习作曲。应该说在小提琴演奏技艺上,阿尔伯特·马尔科夫的成就一点都不输给大卫·奥依斯特拉赫在莫斯科音乐学院所教出的那几名金牌学生——瓦莱里·克里莫夫(Valery Klimov 1931-　　)和维克多·皮凯伊曾(Victor Pikaisen 1933-　　)。1958 年,23 岁的马尔科夫首次与莫斯科爱乐乐团合作演奏了布鲁赫的《G 小调第一小提琴协奏曲》。第二年他参加了在比利时布鲁塞尔举行的第三届伊丽莎白王后国际音乐比赛。在这项最负盛誉的顶级赛事中,马尔科夫不负众望与来自玻利维亚的小提琴家拉雷多并列第一,一举奠定了他在乐坛上的地位,伊丽莎白王后亲自为这位来自苏联的少年才俊颁发奖章并与他合影留念。

　　凯旋归国后的马尔科夫加入了莫斯科爱乐乐团,成为乐团里的独奏音乐家。他频繁地出现在国内和东欧国家的音乐舞台上,

阿尔伯特·马尔科夫在演奏中

并且与当时已名噪全欧的大卫·奥依斯特拉赫、柯冈、李赫特和罗斯特罗波维奇等大师一起举行音乐会。他的演奏继承了俄罗斯提琴学派的优秀传统,技术扎实精准,音色甜美丰饶。20世纪60年代后期,他又成功地取代了老师杨凯列维奇成为母校的小提琴教授。正当世人翘首以盼期待着这位后劲十足的年轻演奏家能在乐坛进一步施展才情之际,却忽然发现他出现在舞台上的次数却越来越少了。马尔科夫自20世纪60年代后期也有意效仿其前辈艺术家,希望移居国外。当他将自己的意愿变成行动时立即就为自己带来了麻烦。当局有意无意地对他予以封杀,并严禁他出国访问演出。只是到了1975年,冷战气氛回暖,他这才如愿以偿地带着妻儿一起前往美国,去大洋彼岸开创他的新生活。

凭藉着俄罗斯学派的深厚根基,自移民美国后的第二年,即1976年马尔科夫就又重新站在了异国的音乐舞台上,与休斯敦交响乐团合作举行了他的美国首演,演出取得了极大的成功。随后他又先后登堂入室,在卡内基大厅、林肯艺术中心举行独奏音乐会,被美国舆论誉为是"俄罗斯提琴学派的最后一位优秀代表"。

当然,阿尔伯特·马尔科夫带给美国听众的又岂止是俄罗斯提琴学派深厚的艺术积淀,他还向美国人民展现了典型的音乐之家成员的共同辉煌。阿尔伯特的妻子玛琳娜·马尔科娃(Marina Markova)也是一位优秀的小提琴家,现任职于纽约市立歌剧院的管弦乐队,而他们的儿子则更是青出于蓝而胜于蓝,如今已一路成为琴坛的天之骄子。

亚历山大·马尔科夫1963年1月24日出生于莫斯科,凑巧的是他也正好比瓦列里·奥依斯特拉赫小2岁。亚历山大虽先后曾在莫斯科中央音乐学校、格涅辛音乐学院以及纽约的曼哈顿音乐学院学习深造过,然而他自己认可的老师只有一位,那就是他的父亲。老马尔科夫说:"我们从来没有逼过他拉琴,完全是他自己决定要投身于音乐的。"亚历山大8岁那年已能在音乐会上与父亲一起演奏巴赫的《D小调双重协奏曲》了。他属于那种艺术天赋想掩饰也掩饰不了的孩子,对演奏的悟性极高,因而在学琴过程中各种高难度的技巧在他面前都只是小菜一碟,轻松而过。

阿尔伯特、玛琳娜和亚历山大

再好的天才也须有贵人相助。

对于亚历山大来说,他命运的转折出现在移居美国之后。1975 年他随父母来到美国,进入曼哈顿音乐学院继续中断的学业。孰料这个新移民的功夫着实了得,不久他的名字竟传到了海菲兹的耳中。在 14 岁那年,亚历山大匪夷所思地接到了海菲兹的私人邀请让亚历山大跟自己上课。此时的琴坛巨擘已是壮士暮年,淡出演奏舞台。由于个性使然,能够有幸成为他学生的真是寥寥无几。而如今他却主动向一位在琴坛立足未稳 的无名小辈发出邀请,正说明亚历山大泼辣凌厉的琴风与他的口味极为相契。虽然缺乏进一步的资料来了解亚历山大究竟在大师那儿学了多久,但有一点却是毋庸置疑的,那就是经过海菲兹的耳提面命亚力山大的琴艺更是突飞猛进。两年后,16 岁的亚历山大进入卡内基大厅举行了音乐会。1982 年,在第 29 届帕格尼尼国际小提琴比赛上,亚历山大以摧枯拉朽之势冲入决赛,最后在第一名付之阙如的情况下获得第二名,照样拿到了金牌并获得了使用帕格尼尼生前使用过的名琴演奏的荣誉。挟得胜之威,1983 年亚历山大再度在卡内基音乐厅举行获奖者独奏音乐会,从此声誉鹊起,成为美国乐坛上最年轻有为的小提琴新锐。

　　1989 年,26 岁的亚历山大·马尔科夫又在国际乐坛上投下了一枚重磅炸弹。他录制的唱片处女作——帕格尼尼的《24 首随想曲》由法国 Erato 唱片公司推向市场。录过这组曲目的当代提琴大师决不在少数。亚历山大的惊世骇俗在于他的这张唱片乃是一场音乐会的现场实况。能将《24 首随想曲》作为整台音乐会演奏曲目的小提琴家在当代乐坛恐怕是寥若晨星,而敢于允诺将其实况不加剪辑地原貌奉献亚历山大当是绝无仅有的一位。要在长达 76 分钟的时间里将帕格尼尼那些考验演奏者技巧的随想曲一气呵成又一音不差地连续演奏下来谈何容易? 毕竟是初生之犊,艺高胆大,亚历山大居然有如玩耍般地气定神闲地拉下来了。著名音乐节目制作人蒙赛贡(Bruno Monsaingeon)不仅是该张唱片的艺术监制,而且还用摄影机将这场史无前例的独奏音乐会制作成影片,将这位咄咄逼人的小提琴新秀在演奏中的每个细小的瞬间和激动人心的风采都如实地记录下来。亚历山大·马尔科夫那种在琴弦上捭阖纵横,如入无人之境的勃勃英气在此音画合一地表述中展现得淋漓尽致。亚历山大的演奏虽略有粗糙率性之感,但技巧上的无懈可击应是毋庸置疑的。不仅如此他的演奏还极具个性色彩。如《第九随想曲》尾声中的主题再现他竟会想到故意制造出粗砺毛糙的声响与轻柔圆润的音色的交替,构成一问一答、一谐一庄的对比,此种处理虽极富争议,但毕竟令听者感到新鲜有趣。

　　继《24 首随想曲》之后,亚历山大又推出了帕格尼尼的《第一、第二小提琴协奏曲》,在诠释风格上一如前作,自然引起骚动一片。至今为此他已录制了 5 张个人专辑,风格路线似乎已由早先的大刀阔斧逐渐走向纯熟内敛,就如同由“偶像派”转型成了“演技派”。他 1996 年录制的维厄唐的三首协奏曲就颇值得收入藏。在本人的印象中,亚历山大演奏的维厄唐《第二小提琴协奏曲》应是独一无二的 CD 版本。对于亚历山大的才华,梅纽因赞曰:“他无疑是小提琴家中最才华横溢

阿尔伯特与亚历山大的提琴二重奏

和最具音乐知性的一位……他肯定将会把他的印迹留在世界音乐爱好者的心中，留在我们时代小提琴大师的编年史之中。"

如今，马尔科夫一家在美国已赢得了极高的声誉。老马尔科夫不仅创建了自己的"回旋"室内乐团（Rondo）和阿尔伯特·马尔科夫音乐艺术节，还于1981年被任命为曼哈顿音乐学院的教授；他的妻子玛琳娜既是他的贤内助，更是他弦乐重奏的黄金搭档。小马尔科夫则继续着在世界范围内的"提琴旋风之旅"。2003年4月19日，马尔科夫一家三口在林肯艺术中心举行了一场别开生面的家庭音乐会。在整台音乐会上，每个成员时而独领风骚，时而又珠联璧合，为在场的听众献上了一场艺术含金量极高又颇富观赏娱乐价值的盛会。《纽约时报》评论家伯纳德·霍兰第二天文章的标题是："一个可以改变美国小提琴演奏的家庭"，文中写道："当前，俄罗斯学派的演奏音乐方式已不可能再像它当年曾经做到的那样来支配、控制美国人的弦乐演奏风格了，然而在今天，一个移民而来的马尔科夫家庭却以他们自己的方式做到了。他们以音色宏亮的发音和显而易见的浪漫主义表达方式使得久违了的斯拉夫传统在美国的舞台上复兴起来。"

大卫与伊戈尔的提琴二重奏唱片

获莫扎特协会颁发的"金哨奖"的伊戈尔与纳塔丽娅二重奏唱片

伊戈尔与瓦列里的提琴二重奏唱片

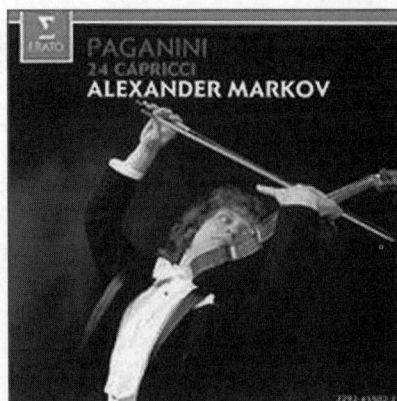

亚历山大·马尔科夫演奏的帕
格尼尼《24 首随想曲》唱片

十九、壮志未酬,后继有人
—— 柯冈与他的后人们

　　造就时代需要英雄,人类文明同样离不开英雄。英雄者,或集风云际会于一身,登高一呼万众麇聚,或又双雄并起,双峰相峙,各领风骚,互为争奇。凡属后者的两人,必定是思维理念、个性举止均对比极其鲜明,反差异常强烈,音乐上如巴洛克时期的巴赫、亨德尔;歌剧全盛期的瓦格纳、威尔第;指挥台上的托斯卡尼尼、富特文格勒和钢琴界的阿劳,霍罗维茨等皆属之。在苏联的小提琴领域正好也有这样的两位大师,可以说正是他们的四只手,在 20 世纪后半叶共同撑起了世界小提琴艺术的半壁江山,捍卫了苏联小提琴学派的荣誉和地位。大卫·奥依斯特拉赫和列昂尼德·柯冈的名字并不因他们的去世、时事的变迁而销声匿迹;相反,随着岁月的流淌,新生代的不断涌现,知道、倾慕他们的人将会越来越多。

列昂尼德和伊莉莎贝塔

列昂尼德·柯冈

　　列昂尼德·柯冈(Leonid Kogan)与大卫·奥依斯特拉赫一样也来自乌克兰,只不过由于柯冈比后者的年龄小 16 岁,因而可以说至少在柯冈崛起之前,大卫在苏联乐坛上的地位还是一言九鼎、无人撼动的。但自从柯冈一鸣惊人后,一切显得不同了,在乐坛上涌现出了双雄并立,交相辉映的辉煌局面。

　　1924 年 11 月 14 日柯冈出生于乌克兰中部的第聂伯罗彼得罗

夫斯克。他的父母都是摄影师，父亲还是位业余提琴手，这造就了日后全苏小提琴
大师那双感受音乐的耳朵。从 5 岁起柯冈就拿着童琴学习，以后历经两任教师辛
勤栽培终于成材。他的这两位老师都姓杨波尔斯基（Yampolsky），前一位叫菲利
普，后一位叫阿拉姆，还都是奥尔的学生，但彼此之间没有一丁点儿的血缘关系。
如果说家乡的菲利普·杨波尔斯基培养他确立了对小提琴演奏的热爱和坚固的
基础功底的话，那么从 10 岁迁往首都起，莫斯科的阿拉姆·杨波尔斯基则一手缔
造了他通向成功之路的坦途。从天才少年班到中央音乐学校（即莫斯科音乐学院
附中），从大学再到研究生，柯冈师从杨波尔斯基长达 17 年，两人之间的情谊绝非
一般的师生所能比拟。想当年，16 岁的大卫·奥依斯特拉赫以一曲《魔鬼的颤音》
掀开了他艺术人生的第一页，而柯冈恰恰也是在 16 岁那年在莫斯科爱乐乐团的烘
托下上演了他的处子作：勃拉姆斯的《D 大调协奏曲》，立刻轰动乐坛。以柯冈的
精湛琴艺和与其年龄极不相称的成熟素养，这次成功原在人们的意料之中，须知此
时的柯冈还仅是一位附中的学生呢。4 年后，作为音乐学院二年级学生的柯冈已
经以莫斯科爱乐乐团特邀独奏家的身份随团去国内外巡回演出，他那令人印象深
刻的演技和鲜明艺术个性令听众们惊叹不已。然而，真正让世界感受到柯冈存在
的是 1951 年在比利时布鲁塞尔举行的"第一届伊丽莎白王后国际音乐比赛"上，
柯冈以一曲帕格尼尼的《D 大调第一协奏曲》技惊四座，一举夺得大赛金奖。载誉
而归的柯冈旋即被任命为母校的小提琴教授。所谓好事成双，不久，28 岁的柯冈
又当上了新郎，他的新嫁娘正是比他大 5 岁的女小提琴家伊莉莎贝塔·吉列尔斯
（Elizaveta Gilels）。

　　33 岁的伊莉莎贝塔是苏联乐坛上最负
盛名的钢琴大师埃米尔·吉列尔斯的胞妹。
说起来柯冈与伊莉莎贝塔的这段姻缘还亏
得这位大舅在无形之中牵线搭桥呢。原来，
在 1949 年，爱好室内乐的柯冈就与钢琴家吉
列尔斯以及大提琴家罗斯特罗波维奇组成了
一支钢琴三重奏组，经常在音乐会上演奏贝
多芬、柴科夫斯基、肖斯塔科维奇和拉赫玛尼
诺夫的三重奏作品。久而久之，吉列尔斯那
同是小提琴专业的妹妹自然与柯冈也熟识起
来。伊莉莎贝塔非等闲之辈，她早年曾拜斯
托利亚尔斯基为师在敖德萨音乐学校学琴，
后来在莫斯科音乐学院又师从阿拉姆·杨波
尔斯基，乃柯冈的正牌师姐。1937 年，当"伊
丽莎白王后国际音乐比赛"的前身"伊萨依

柯冈之妻伊莉莎贝塔

国际小提琴比赛"创办伊始,如日中天的大卫·奥依斯特拉赫以 29 岁的"高龄"力拔头筹时,同时参赛的 18 岁少女伊莉莎贝塔却也以不俗的琴艺取得了第三名的优异成绩。此后的她虽未能大紫大红,却也一直活跃于音乐舞台上。伊莉莎贝塔倾慕柯冈的年轻有为,而柯冈也从这位师姐那里感受到更多的成熟和温情。两人喜结连理,不仅是彼此艺术上情感上心心相印的升华,也是苏联两个最知名音乐家庭的联姻。几年后随着儿女的相继出世,更使柯冈夫妇的生活中充满了喜悦,柯冈的事业也突飞猛进。1955 年,他应邀前往法国巴黎举行独奏音乐会,这也是他首次在西方的音乐舞台上亮相。在首场演出中他一口气演奏了莫扎特、勃拉姆斯和帕格尼尼三部时代、风格皆大相径庭的协奏曲,使原本对东欧演奏艺术执有偏见的听众们立马只有心悦诚服的份。第二天法国的报纸上这样评论道:"柯冈的演奏之出神入化使听众们闭上眼睛就能体会到站在你面前拉琴的原来是位真正的魔法师。"

　　作为苏联小提琴学派共同的旗帜,大卫·奥依斯特拉赫与柯冈之间的关系一向鲜见于国内转述的各类文章之中。就一般而言,总是同行相轻,而具有不同个性、风格的学派领袖尤甚。柯冈与大卫·奥依斯特拉赫的演奏风格是迥然有异的。柯冈以擅长表现音乐的戏剧性取胜,他与奥氏最本质的区别也许在于他的演奏追求雄奇险峻、声势豪迈的气质,这与情感温馨儒雅和音色细致入微的奥氏招牌形成泾渭分明的巨大反差。然而这种性格上、气质上的区别并没有影响到他们彼此之间的友谊。1951 年当柯冈参加伊丽莎白王后比赛时,评委当中就端坐着奥依斯特拉赫。当柯冈在决赛中演奏完后,大卫对着同是评委的法国提琴大师蒂博不无得意地说:"你当然了解我们的培养方法是优秀的。我们的年轻人演奏得非常出色,他们完全成了听众注视的焦点。列昂尼德和米沙(指米哈伊尔·瓦伊曼,他也是扬波尔斯基的学生,当年比赛的亚军得主)根本找不到激烈的竞争对手,我预言他俩将获得比赛的头两名。"比赛的结果一如奥氏所料,26 岁的柯冈和 24 岁的瓦伊曼昂头挺胸站上了领奖台。柯冈成名后,作为一名后来者,他还经常出席大卫的演奏音乐会以及他晚上在音乐学院的授课。大卫尽管比柯冈大 16 岁,但却始终把柯冈视作一个平等同行而绝非是竞争的对手。当然,在通常情况下大卫总是作为苏联小提琴学派的惟一代言人在各种场合频频亮相,而柯冈则由于天性内敛孤僻,总是尽可能地避免在公众场合抛头露面。至于谈到柯冈心目中的偶像,则非海菲兹莫属。每当回顾起海菲兹 1934 年的访苏之行,柯冈总是由衷地说:"我去听了他的每一场音乐会,至今我仍能清晰地记忆起他演奏的每一个音符……"其实,只要留意柯冈唱片封套上的演奏肖像和实况录像的神态,就可发现他与海菲兹在演奏时都是神色冷峻凝重,毫无一丝快意,双眼都直直地逼视着琴上的弓和弦,何其相似乃尔!就连柯冈演奏的琴也大有讲究。据他的儿子帕维尔回忆,父亲在其早年的演奏生涯中使用的是音色更为柔和亮丽的斯特拉迪瓦里,后来他认为瓜内利那深邃沉郁的音色更符合自己的个性，于是就改用了一把制于1726年的瓜内利"杰苏"琴。此外，柯冈还收藏了一把1733年的瓜内利名琴，而这把琴还是大卫·奥依斯特拉赫于60年代为他觅得的。俗话说琴为心声，两人的相敬相知由此可见一斑。不过，对于琴弓柯冈倒是更喜欢选用法国的弓，他几乎从不使用德国弓，这一点他又与海菲兹和大卫·奥依斯特拉赫有着截然不同的审美观。

柯冈与伊莉莎贝塔结婚后两人相得益彰，经常在一起演奏二重奏。在近年EMI陆续推出的"古典档案"系列（Classic Archive）的柯冈专辑中收录了柯冈夫妇于1963年在巴黎录制的勒克莱尔的《C大调小提琴二重奏》，这对琴坛伉俪的演奏风采跃然于眼前。不过，这个家庭的二重奏以后又演变成三重奏，因为他们的儿子帕维尔已经茁壮成长起来了。

帕　维　尔

帕维尔·柯冈（Pavel Kogan）是柯冈的长子，1952年6月6日出生于莫斯科。他几乎是照着父亲成材的道路亦步亦趋地成长起来的：6岁入莫斯科中央音乐学校，而后又升入莫斯科音乐学院，他的业师是阿拉姆·杨波尔斯基的传人尤里·扬凯列维奇。1970年，18岁的帕维尔意气风发地参加了在芬兰首都赫尔辛基举办的"第二届西贝柳斯国际小提琴比赛"，结果在决赛中一鸣惊人，与另一位苏联选手，来自格鲁吉亚的利纳·伊萨卡泽（Liana Isakadze，1946-　　）荣膺比赛的并列冠军。在举世惊呼"将门出虎子"的赞叹声中帕维尔挟金牌余威在欧洲、日本和美国举行了大规模的巡演，在表演舞台上游刃有余，进一步巩固了他作为小提琴新锐的地位。他

帕维尔·柯冈

曾与包括费城管弦乐团，洛杉矶爱乐乐团这样世界一流的西方交响乐团合作过。眼见柯冈家出了第三位小提琴家，意大利当代作曲家曼尼诺（Franco Mannino，1924-　　）特意创作了一首小提琴三重协奏曲题赠给这个提琴之家的三位成员（fiddlers three）。此作于1966年在莫斯科由三位受赠者举行了首演，其时作曲者曼尼诺还专程从意大利赶来躬逢其盛，一时传为乐坛佳话，可惜这部立意、形式皆十分独特的作品竟没有留下录音。

然而，正当世人期待着帕维尔能在琴艺上更大展宏图之际，他却出乎意料在出

柯冈父子的二重奏

尽风头的几年后更弦易辙，转向指挥方向发展了。对于这个事实，也许惟一比较合理的解释就是帕维尔始终难以走出父母均为世界著名提琴家的心理阴影，他自知即便自己再优秀也永远无法达到其父那样完美的艺术境界。帕维尔的起点甚高，然作为提琴艺术家的经历却甚短，为此他录下的演奏录音也少得可怜，与父亲合作的似乎仅有一首莫扎特的《降 E 大调交响协奏曲》，帕维尔拉的还是中提琴，他的小提琴独奏则有一张他演奏苏联当代作曲家德米特里也夫（Georgy Dmitriev，1942-　　）的小提琴协奏曲，那是他 1981 年的录音。

帕维尔的指挥生涯是从 1974 年他指挥列宁格勒爱乐乐团时开始的，众所周知，战后的列宁格勒爱乐乐团一向是穆拉文斯基大权独揽，不容他人染指。帕维尔以弱冠之身得以登上它的指挥台，很难说没有其父影响的成分。可是，不管怎样说能够跟随穆拉文斯基这样首屈一指的指挥大师学习，也实在是帕维尔的造化。他在其后的岁月里作为见习指挥随团在国内外广泛地举行演出，从中获取了丰富的实践经验。到 80 年代末他已能独当一面地领导一支交响乐团了。

1988 年，帕维尔被任命为著名的莫斯科大剧院（Bolshoi Theater）的指挥，他以威尔第的《茶花女》作为在大剧院亮相的处女作。第二年，这位 37 岁的年轻指挥又成为苏联最重要的乐团——莫斯科国家交响乐团的首席指挥兼艺术总监。他履任后的第一次现场音乐会就由美国 RCA 唱片公司录制成唱片予以发行。从那时起他一直担任该职长达 9 年。在领导莫斯科国家交响乐团期间他大力拓展该团的演奏曲目，不仅包括以前遭禁或被贬的俄罗斯作品，也包括以前相对较少涉足的西方当代作曲家的代表之作。1996 年，乐团在帕维尔的指挥下首次上演了马勒的全套交响曲。他也指挥乐团录制了柴科夫斯基的交响曲全集。作为苏联解体后新一代的指挥家，帕维尔显然更愿意到西方去经风雨见世面，他不光率领着他的乐团去国外举行范围广泛的巡演，还于 1998 年起欣然出任美国犹他交响乐团的首席客座指挥。

自从帕维尔转行当了指挥之后，他与父亲的合作就由同行变成了指挥与独奏家的关系，如柯冈晚年演奏的勃拉姆斯（1976 年）、贝多芬（1980 年）和巴伯（1982 年）的小提琴协奏曲就都是由帕维尔指挥莫斯科国家交响乐团协奏的；这倒又与大卫·奥依斯特拉赫晚年更乐意为其子伊戈尔独奏的协奏曲担任指挥之事相映成趣。

尼娜与维克多莉娅

尼娜·柯冈（Nina Kogan）是帕维尔的妹妹，1954年出生，对于这个女儿的将来柯冈夫妇在她刚诞生之初就未雨绸缪：家中已有了三把小提琴，自然缺少的是一件和声性乐器，于是小尼娜的未来就是像舅舅吉列尔斯那样成为一位成功的钢琴家。她6岁开始学习钢琴，随后进入莫斯科中央音乐学校的天才少年班师从萨姆巴蒂安（A.Sumbatian）。升入莫斯科音乐学院后尼娜遇上了一位优秀的钢琴教授，他就是弗里耶尔（Yakov Fliyer，1912-1977）。弗里耶尔是苏联人民艺术家，从1937年起就在莫斯科音乐学院任教，他的琴艺也十分了得。1938年，弗里耶尔与吉列尔斯一起参加了"第一届依萨伊国际钢琴比赛"，结果吉列尔斯独立鳌头，弗里耶尔也位居探花，皆凯旋而返。尼娜在弗里耶尔的指导下琴艺提高很快，本科毕业后又继续攻读了研究生，为日后的演奏事业打下了扎实的基础。

尼娜·柯冈

对于自己的小女儿，柯冈钟爱非常，视之如掌上明珠，溺爱程度远胜于乃兄。柯冈早年的钢琴伴奏都是苏联乐坛上的一流高手，但自60年代中期以后，尼娜成了他音乐会上惟一的钢琴伴奏，那时的尼娜还只是一个十二三岁的小姑娘呢，可见她的琴艺不凡。

从研究生毕业后，尼娜开始了作为职业钢琴家的演奏生涯。她几乎与全国一流的交响乐团都进行过合作，这其中自然包括由帕维尔领导的莫斯科国家交响乐团。在国外与她合作过的著名交响乐团有巴黎国立管弦乐团、安特卫普爱乐乐团、萨格勒布爱乐乐团、德累斯顿爱乐乐团、斯德哥尔摩交响乐团以及瑞士的鲁迦诺管弦乐团等，她的身影活跃于世界各国的音乐舞台上，1975年，尼娜在法国举行的"第14届玛格丽特·朗国际钢琴比赛"上获第四名。人到中年之后，尼娜将艺术的重点逐渐转移到钢琴教学上，出任母校莫斯科音乐学院的钢琴教授，在父母相继去世后尼娜已移居加拿大生活。

尼娜与父亲合作留下的录音有他俩于20世纪70、80年代录制的莫扎特的第十二小提琴奏鸣曲、贝多芬的第一、二、三、六、九小提琴奏鸣曲、格里格的第二小提琴奏鸣曲以及卡伦·哈恰图良（Karen Khachaturian，1920-　　，阿拉姆·哈恰图良

晚年的柯冈与为他伴奏的女儿尼娜

的侄女）的第一小提琴奏鸣曲,除此而外,她自己独奏的作品被录制成唱片的几乎与帕维尔演奏的小提琴一样稀少,也许她最具代表性的一张唱片要数 1998 年演奏美国当代作曲家佩里罗（Stephen Perillo,1955-　　）的《第一钢琴协奏曲》了。佩里罗是美国当今乐坛上一位怪才,他以学吉他起步进入音乐创作,毕业于波士顿大学音乐学院。他的音乐风格斑驳庞杂,这部三乐章的钢琴协奏曲就夹杂着普朗克、约翰·凯奇以及古典乐派的多重元素。尼娜对这部作品的诠释被评论家称为"既鲜活又丰富,如同丑角般戏谑的琴声呐喊着最终演变成一种更辉煌的音色。"

众所周知,柯冈所教授的学生不少,以后能如日中天的莫过于有琴坛冷艳美女之称的维克多莉娅·穆洛娃（Victoria Mullova,1959-　　）。也许正是基于对这位得意女弟子的喜爱,1978 年当柯冈的小外孙女呱呱诞世时,他便为这个家庭中的第三代取了维克多莉娅这个名字。

维克多莉娅·柯钦斯卡娃·柯冈（Victoria Korcinskaya Kogan）与她的母亲一样,也是一位钢琴家。作为柯冈家庭的第三代,她出生之日起就备受全家的宠爱。小维克多莉娅从小在家庭里耳濡目染,对音乐有着极其敏锐的感悟性。可惜柯冈还未能来得及为外孙女上启蒙的第一课,就于 1982 年在乘火车去巡演的途中猝然去世。维克多莉娅5 岁起在母亲的指导下学琴,7 岁进入中央音乐学校,8 岁那年就在莫斯科举行了她的首场处女秀。13 岁以后,一脸稚气的她俨然已成为首都舞台上忙忙碌碌的演奏队伍中的一份子了。当时的苏联已经解体,她经常活跃于独联体的各个城市以及去国外举行独奏音乐会。1991 年,13 岁的维克多莉娅在美国获得了"斯特拉文斯基国际音乐艺术家比赛"钢琴组的一等奖。次年她又杀回老家,摘得了"青年柴科夫斯基钢琴比赛"的金牌。两番参赛两度夺魁,她的出众演奏才华令人刮目相看。

维克多莉娅·柯冈

1998 年，这位年方二十莫斯科音乐学院学生的妙龄女参加了"第 11 届柴科夫斯基国际音乐比赛"，在强手如林的激烈竞争中她从容应对，发挥正常，顺利入围决赛。虽然最终未能跻身三甲（列第六名），然而她在比赛中所表现出来的娴熟演技和典雅气度已被舆论界一致看好。大赛结束后，西方各国纷纷向这位名门之后发出邀请，欢迎她前做问演出。维克多莉娅到了奥地利、意大利、加拿大，然后再回到祖国，受到凯旋般的热烈欢迎。在母校的演奏大厅她举行了汇报音乐会。在接下去的 1999-2000 年演出季，她再次出访德国、奥地利、意大利和埃及等国举行音乐会。

维克多莉娅成年后的访美首演是在 2001 年，她与由舅舅帕维尔指挥的犹他交响乐团合作，在盐湖城的阿布拉瓦内尔大厅向美国听众们献演了她的拿手曲目：柴科夫斯基的《第一钢琴协奏曲》。她的恢宏气势、精湛的技巧近乎完美地诠释了这部俄罗斯经典名作，她的演奏获得了听众和评论界的首肯。在 2002 年 6 月，她代表加拿大参加了在美国举行的"明尼阿波利斯国际钢琴比赛"，仍以老柴的"第一"作为决赛阶段的曲目，结果以微弱的差距屈居亚军，冠军被代表美国的华裔选手孙梅庭夺得。不过，对于大赛亚军的维克多莉娅，评委们可没有吝惜他们的赞誉之辞。大赛评委会主席、著名钢琴家布朗夫曼（Yefim Bronfman, 1958-   ）称她是一位"有着辉煌个性、令人惊异的天才少女"，与她曾有过合作的指挥家兼钢琴家普列特涅夫则把她抬举到"有着杰出钢琴技巧和出众音乐才能的毋庸置疑的天才钢琴家"的地位；而另一位苏联指挥大师特米尔卡诺夫也为她"强烈的个性、成熟而完备的专业素质"而赞叹不已。总之，现年 26 岁的维克多莉娅的前途无可限量，她将承载着柯冈这个光荣的姓氏和家庭的音乐理想在今后的音乐舞台上放射出更耀眼夺目的光芒。

柯冈的音乐遗产

柯冈墓碑上的雕像

柯冈一生远官场淡名利，讷于言敏于行，尽管其生前集功勋艺术家、人民艺术家、列宁奖章获得者等诸多荣誉于一身，然而他与他家人的演奏录音都并不好找，尤其在国内，几乎是唱片爱好者收藏上的一个盲点。为此，谨就个人收集到的资料将其流变略述于后，以备有心者日后寻觅。

柯冈的录音其实不少，但苏联国家级的"旋律唱片公司"

（Melodyia）发行的大都还止于 LP 的载体形态，于欣赏、收集都带来莫大的不便。与此同时西方世界对于柯冈艺术的价值似也远不如对大卫·奥依斯特拉赫那么看重，后者的唱片可谓俯拾皆是，可五大唱片公司发行的柯冈唱片却屈指可数。倒是几家名不见经传的小公司在这方面眼光独到，做出了值得嘉许的成绩。

意大利的"丑角"唱片公司（Arlecchino）推出的《柯冈的艺术遗产》（Leonid Kogan Legacy）为 30CD，虽未号称全集，却几乎涵盖了柯冈在各个重要时期演奏的不同风格、不同体裁的作品，有全集之实。而日本的三全音乐株式会社以"希神"（Triton）的品牌推出的《柯冈全集》也为 30CD，其编辑思路与曲目编排与"丑角"又有所不同，曲目也并不完全重叠。以上两种是欲收藏全集的理想目标，至于选集类的 CD，当首推英国 Testament 唱片公司的一套 6 张 CD（编号为 SBT1223-1228），这一套的重要性在于收录了柯冈所演奏的足以显示其鲜明个性和卓越琴艺的经典小提琴协奏曲，其中包括了贝多芬、勃拉姆斯，门德尔松和柴科夫斯基的所谓"四大协奏曲"，还有他与夫人伊莉莎贝塔合作的泰勒曼、列克莱尔和依萨伊的小提琴双重奏鸣曲等，实为收藏之圭臬。倘再退而求其次，只求一碟在握以闻其音者，EMI 唱片公司"名家档案系列"（Artist Profile）的柯冈专辑（2CD）无疑是首选（CD编号为 ZS 0777 76773223）。它遴选了柯冈演奏的贝多芬，勃拉姆斯和柴科夫斯基的 3 首 D 大调，外加一首拉罗的《西班牙交响曲》，由康德拉辛、西尔韦斯特里等名家指挥，为柯冈全盛时期的代表作。可惜该片已被 EMI 从目录上删除有年，不知今后会再版否？值得注意的还有韩国的"炎唐古典"唱片公司（Yedang Classics）发行的经由美国"干线音乐公司"（Pipeline Music）从苏联获得版权，并进行了模转数处理的一批珍贵音乐档案，其中就有柯冈演奏的数种，由于这批 CD 唱片自 2000年起才陆续问世，相比较而言，"炎唐"的唱片倒是柯冈爱好者们最易觅获的对象，至于柯冈的子女帕维尔，尼娜的唱片录音，前文已有述及，在此不另赘言。

《柯冈的艺术遗产》系列唱片（意大利丑角版）

由列昂尼德独奏，帕维尔指挥的柯冈专辑（日本希神版）

列昂尼德·柯冈的独奏专辑
（英国圣约版）

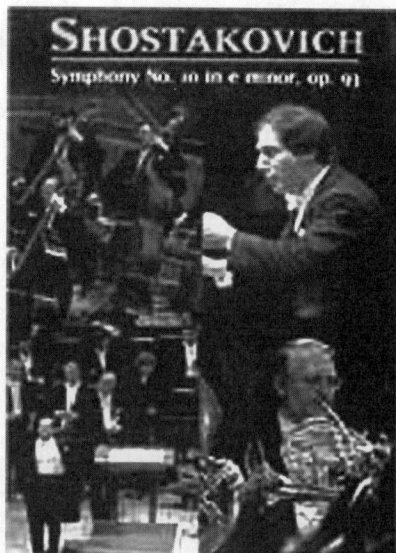

帕维尔指挥莫斯科国家交响
乐团音乐会 DVD

二十、两位钢琴大师和
他们的非钢琴家儿子

拉扎尔·贝尔曼

在 1956 年举行的第二届伊丽莎白国际钢琴比赛上,有两名苏联的青年钢琴选手闯入了最后的决赛。连同另两名来自波兰和匈牙利的选手,在决赛入围的前六名中竟是"社会主义"取得了压倒性的胜利。最终,时年仅 19 岁的阿什肯纳奇力压美国的布朗宁(John Browning, 1935-)一举拔得头筹,而他的同胞、26 岁的贝尔曼也获得了第五名的好成绩。不过,这对苏联钢琴家的关系似乎也仅此而已了,他们既非师出同门,艺术风格自然大相径庭,日后也坎坷不断,人们难见他们之间有同行间的切磋和朋友间的交流。这是两个个性、气质、喜好和风格截然不同的人,在此之所以将他们并为一文的理由,除了他俩都有着犹太血统而外,最主要就是他俩都有与他们自身演奏的乐器不同的音乐家儿子。

拉扎尔·贝尔曼和他的小提琴家儿子
帕维尔·贝尔曼(Lazar Berman and Pavel Berman)

以 26 岁的"高龄"方始参加国际性的音乐大赛,这在人才辈出的苏联乐坛上是不多见的。但这决不意味着拉扎尔·贝尔曼是一位大器晚成的钢琴家,恰恰相反,他接触钢琴可以说比其他人更早。1955 年,伟大的吉列尔斯作为战后第一位到美国演出的苏联钢琴家,以其无懈可击的精湛艺术征服了西方世界。在接踵而来的鲜花和掌声面前,他骄傲地对西方听众说在他的祖国还有一位他们从没听说过的比他更伟大的钢琴家。于是在 60 年代西方等来了李赫特,方知吉列尔斯所言不谬。但当人们准备对李赫特大唱赞歌时吉列尔斯又出惊人之语,说国内还有一位杰出的钢琴家尚“养在深闺无人识”,他才是他们三人中最好的。吉列尔斯的这个预言一直到贝尔曼 1976 年的美国之行时才得以应验。于是,吉列尔斯、李赫特和贝尔曼成了 20 世纪下半叶俄罗斯钢琴学派的三位标志性人物。吉列尔斯曾不无溢美地称贝尔曼是“即使李赫特加上我的四只手也敌不过的伟大钢琴家”。

　　拉扎尔·贝尔曼 1930 年 2 月 26 日出生于列宁格勒(今圣彼得堡),2 岁起即由其母安娜·玛克霍娃(Anna Makhover)手把手地教着习琴。贝尔曼的姓氏明白无误地昭示着这个家庭的希伯来血统。安娜是彼得堡钢琴教授伊丽莎白·温格勒的学生,也算师出名门,只是“十月革命”后温格勒去了美国遂使安娜学业中辍,于是她把自己当年的理想寄托在儿子身上。拉扎尔 7 岁时不仅已能公开登台表演,而且还录制了他的首张唱片:莫扎特的《C 小调幻想曲》外加一首由自己创作的玛祖卡,其才情之高由此可见一斑。1939 年,全家举迁至首都,拉扎尔入中央音乐学校的天才儿童班,成为钢琴名师戈登威泽(Alexander Goldenweiser, 1875-1961)门下的得意弟子。

　　戈登威泽非等闲之辈,他是俄罗斯钢琴学校中学院派的杰出代表,此君与拉赫玛尼诺夫为友,与大文豪托尔斯泰为邻,两度出任莫斯科音乐学院院长,门生遍播乐坛。当初,是他听了贝尔曼的演奏后认定孺子可教,遂答应无条件地收他为徒,更辅之以多种奖学金以解其后顾之忧。贝尔曼也不负乃师的知遇之恩,从少年班、附中、大学直至研究生一以贯之地追随戈登威泽习琴研艺,直至 1957 年方才诀师自立门户,凡 17 年。当然,以贝尔曼出众的才艺和天赋,舆论一致认为他在伊丽莎白大赛上的名次当绝不止于三甲之外,贝尔曼自己也不甘心。果然,同年(1956 年)稍后于布达佩斯举行的李斯特国际钢琴比赛中,贝尔曼的实力得到了真正的体现,他如愿以偿地摘走了寒窗苦练、梦寐以求的金质奖章。获奖后照例是一次由主办方提供的欧洲之旅。在此期间他在伦敦为 BBC 录制了李斯特的《降 E 大调第一协奏曲》和贝多芬的《热情奏鸣曲》,播出后反响热烈,并由此逐渐确立起他在 20 世纪乐坛上李斯特钢琴作品权威的坚固地位。

　　作为俄罗斯钢琴学派的一份子,贝尔曼在其中浸润经年,他不可能只有唯一的一位专业老师。事实上,除戈登威泽而外,他在成长的不同时期或短或长地还师从过尤迪娜(Maria Yudina, 1899-1970)、涅高兹(Heinrich Neuhaus, 1888-1964)和后人甚少提及的索夫隆尼茨基(Vladimir Sofronitsky, 1901-1961),其中尤以后者对他产生的影响更为深远。如果说戈登威泽使他掌握了演奏钢琴的一切完备技巧的话,那么索夫隆尼茨基则使他在演奏的乐音中注入了灵魂的精髓。

索夫隆尼茨基是作曲家斯克里亚宾的女婿，也是一位难逃早逝命运的天才。涅高兹，这位俄罗斯钢琴学派的教父就把这位比自己小 13 岁的钢琴家称为"上帝"——像上帝一般在弹琴，是他"生命中的一座里程碑"。贝尔曼随索夫隆尼茨基学琴应是在索氏的晚年时期了，那时的他已很少在公众场合演出，身体状况急剧衰退的他过着半隐居的生活，靠酒精来打发他对事业不顺和病魔缠身的惆怅和郁闷。然而对于贝尔曼来说，索氏对他短短几堂课的影响竟与戈登威泽 17 年的不倦教诲同等重要。他说："我从戈登威泽那里学会了如何根据德国'乌泰克斯'（Urtext）版琴谱来学习。他强调的是每一个手指的技巧，每一次触键都要行之有据，一个渐强或渐弱都不能被忽略，因为它是被作曲家写在乐谱上的。一个演奏者必须通过自己的演奏去论证作曲家为什么要给出这样或那样的提示符号，这就是戈登威泽教给我解决一切问题的方法。而索夫隆尼茨基则不同，他教会我如何去更接近音乐的灵魂，他是一位具有无与伦比的天性和审美力的音乐家。"贝尔曼对索夫隆尼茨基如此着迷，以致在此后一段相当长的时期内他的朋友们都认定他的演奏具有非常强烈的"索氏风格"。

然而这位学历高、功力深的天之骄子，却在事业辉煌起步后不久的 60 年代在乐坛上突然销声匿迹了。这其中固然有艺坛上常见的"心理＋技巧危机"困扰的因素，但另一个不容忽视的因素则在于当时社会文化活动中通行的对艺术家私生活的粗暴干预。由于贝尔曼是犹太人，当局原本就对他不甚放心，后来他娶了一位法国女子为妻，这无疑给他带来了更大的麻烦。于是，他不仅被大大缩减了在国内演出的场次，连出国访问的机会也被冠以各种借口予以褫夺了，由于他"消失"的时间过于长久，原本就对他印象不深的西方乐坛几乎忘记了他的存在。令人有些啼笑皆非的是当他与其法国妻子离婚后，在一夜之间他仿佛又成了可以顺利出入国境的自由人，这才有了时隔 10 年之后的头一次出访——1971 年参加意大利的贝加摩艺术节，才有了 1976 年那次轰动一时的美国之行。此后他又相继到了伦敦、巴黎以及其他的欧洲音乐中心举行音乐会，他的艺术生涯由此掀开了崭新的一页。

然而在 1980 年厄运又一次无端地向贝尔曼袭来。在一次从美国回国的边境检查中，海关人员从他的行李箱里发现了当时被禁止传阅的美国文学书籍，于是他被再次禁止出访。不过，为了安抚这位已具有国际声誉的大师，苏联文化部于 1988 年授予他"功勋艺术家"的称号以稳住极想加入蔚为壮观的犹太裔移民大军的贝尔曼。直到前苏联解体后的 1990 年，贝尔曼才得以正式获准移居国外。他首先到了挪威和意大利，在那里从事演奏和教学。1994 年以后他成了意大利公民，在圣马力诺的伊莫拉音乐学院担任钢琴教授，1995 年起又兼任德国魏玛音乐专科学校的教授。从那时起贝尔曼登台演奏的次数日见减少，不过在 1996 年和 1999 年他倒是先后两次来到中国举行独奏音乐会。向中国听众一展他技艺超卓的演奏风采。他还曾受邀担任了上海国际钢琴比赛的评委。如今的钢琴大师即使在舞台上也似乎更愿意与小提琴"唱"二重奏,那是由于他的独子帕维尔是一位小提琴家。

与法国籍的前妻离婚之后,贝尔曼于60年代后期又与莫斯科中央音乐学校的钢琴教师瓦伦蒂娜组成了新的家庭。1970 年 1 月13 日,在贝尔曼年届不惑之时他的独生子帕维尔来到了这个世界上。似乎从这个孩子诞生那一刻起,身为钢琴家的父母就没打算让他承继他们的衣钵。于是,小帕维尔从 5 岁起开始学习小提琴。7 岁那年他进入中央音乐学校学习,同年即在高尔基城爱乐乐团的协奏下在首都举行了他的处子秀,演奏维瓦尔第的小提琴协奏曲,被视为"神童"。此后他就一边学习一边演出,由此逐渐积累出室内乐和协奏曲的演奏曲目。

帕维尔·贝尔曼

1985 年,15 岁的翩翩少年迎来了他有生以来的第一次成功,他因出色地诠释了西贝柳斯的《D 小调协奏曲》而赢得了舆论界高度一致的好评,也由此入选当年 10 月在波兰卢希林举行的第八届维尼亚夫斯基国际小提琴比赛的参赛名单。在比赛中他不出所料地一举夺魁。两年后的 1987 年,第 34 届帕格尼尼国际小提琴比赛又在向他招手,帕维尔当仁不让,再战江湖。不过这一次他遇上了实力强劲的竞争对手,尤其是来自中国山东的少年才俊吕思清。在决赛阶段他俩的发挥都特别好。吕思清虽然是第一次参加这样大型的国际比赛,但却全无怯场之色,这位先后启蒙于中央音乐学院王振山教授,受教于英国梅纽因音乐学校的中国同龄人在与帕维尔·贝尔曼的终极较量中略胜一筹,以胜利者的姿态站上了神圣的领奖台,他也成了头一位在帕格尼尼大赛上摘得金牌的亚洲人,而帕维尔则屈居亚军。尽管如此,评论界对他在决赛阶段的表现仍是不吝赞美之辞。权威的弦乐杂志《斯特拉德》(Strad)写道:"天才和潜心巨大的帕维尔令听众和评委们都为他的气质和个性所倾倒。当然,同样迷人的还有他在演奏时自然流露出的少年的青春魅力和灿烂微笑。"

在帕维尔学琴早期,两位苏联的提琴女教师对他的悉心培育功不可没,她们是斯维尔德洛娃(Elena Sverdlova)和契娜达·吉列尔斯(Zinaida Gilels)。在莫斯科音乐学院,帕维尔则师从提琴大师柯冈的师兄弟别兹罗德内(Igor Bezrodny,

1930-　　　）。名师出高徒，再加之帕维尔的谦逊好学，他的脱颖而出本是应有之义。然而帕格尼尼大赛仅拿回一枚银牌，帕维尔毕竟有些不爽，于是他憋足了一股劲，继续探究琴艺的真谛。

　　由于自 1990 年以后贝尔曼已获准移居国外，帕维尔也随之到了西方。他进入朱丽亚音乐学院，拜多萝茜·迪蕾为师，演奏造诣自是更上了一层楼。1990 年 9 月在美国举行的印第安纳波利斯国际小提琴比赛上，他终于金榜题名，为他在当代乐坛上确立声誉和地位加上了一个重要的砝码。

帕维尔·贝尔曼

　　帕维尔的演奏个性鲜明，音色清澈纯正，技巧完备娴熟。更难得的是他对音乐理念的完美追求，主张在演奏中要坚决摈弃一切非音乐的哗众取宠因素，还作品本来的面貌。他的这种见地在他所演奏的作品中得到了完整的体现。笔者手头有一张帕维尔与其父合作的小提琴专辑，是 1992 年 6 月 30 日在比利时的奥尔内修道院演奏的实况录音。帕维尔在父亲的伴奏下演奏了莫扎特的"E 小调"、贝多芬的"克罗采"和普罗科菲耶夫的"D 大调第二" 3 首奏鸣曲，对这些时代、风格各不相同的作品帕维尔把握得恰如其分，游刃有余。我特地将他演奏的"克罗采"与大卫·奥依斯特拉赫的版本，"普二"与以色列小提琴家施洛莫·敏茨的版本做了比较，深感帕维尔在承袭俄罗斯学派的深厚基础上，又融入了当代小提琴演奏的美学理念之长，形成了自身个性化的艺术风格。当然，与前辈们相比，不足的也许只是他的"克罗采"欠缺了几分大卫的大气；而在与有相同背景的敏茨（都为犹太裔，都出生在莫斯科，又同为迪蕾弟子）的"竞争"中只是在演奏的余韵回味上还差那么一二分。不过，老辣的拉扎尔在钢琴上默契到位而又画龙点睛的烘托足以使父子俩的合作显得珠联璧合，相得益彰。帕维尔使用的是一把制作于 1736 年的瓜尔内里"杰苏"名琴，它由设在东京的日本音乐基金会出资提供。

　　自 90 年代以来，帕维尔频繁地与世界一流的交响乐团合作，从 1993 年起他出任国际室内艺术节的音乐指导，1997 年又受聘担任立陶宛"波罗的海大师室内乐团"的小提琴独奏家兼指挥（2003 年克莱默曾率该团来华访问演出）。总之，他艺术的上升空间还很大，值得世人更多的期待和关注。

弗拉基米尔·阿什肯纳奇和他的单簧管家儿子
德米特里·阿什肯纳奇
（Vladimir Ashkenazy and Dmitri Ashkenazy）

在中国的乐迷中，对弗拉基米尔·阿什肯纳奇的认知度肯定要比贝尔曼大得多，这不仅是由于前者在高规格的国际钢琴大赛上所获的名次更高，而且他所签约的 DECCA 唱片公司属唱片业界的主流大鳄。作为 DECCA 在钢琴界的"首席发言人"，公司为他录制唱片可谓不遗余力。更加之阿什肯纳奇是那种所谓的"全天候艺术家"，旅行演出从不惜体力，录起唱片来更是动辄全集。据不完全统计，在 20 世纪大师级的钢琴家中阿什肯纳奇已出版发行的唱片达 205 种之多（一套全集以一种计），仅次于 95 岁仙逝的阿瑟·鲁宾斯坦（302 种）。可我们的大师如今还未过古稀啊！难怪他有"键盘上的马拉松健将"的美誉。唱片的广泛流传自然极大地推动了他的

弗拉基米尔·阿什肯纳奇

知名度。关于阿什肯纳奇成材的故事想来大都耳熟能详，本人也无意在此聒噪，谨就他较少为人知的家庭和家事略表一二，以作大师英雄传奇的一个补遗。

　　1985 年，阿什肯纳奇曾与他长期的经纪人兼好友派洛特（Jasper Parrot）合著出版了他的自传《超越国境》（Beyond Frontiers），书中披露了不少鲜为人知的个人遭遇和家庭生活。严格地说起来阿什肯纳奇并不算是一位十足的犹太裔艺术家，尽管他的父亲大卫有犹太血统，但母亲埃芙斯托莉娅是纯正的俄罗斯人，况且他们家并未保留父族先辈的传统信仰，阿什肯纳奇出生后就是在东正教教堂里接受的洗礼。阿什肯纳奇的音乐天赋显然来自父亲的遗传因子，他是业余乐团里的钢琴手，专业技艺虽不甚精当，但即兴演奏的本领却绝对一流。不过，由于他常跑码头，几乎从不着家，因而幼时的阿什肯纳奇的音乐教育和学识教育是由母亲来实施的，这也是日后阿什肯纳奇认为自己的行为规范表现得更像是一个东正教徒的重要原因。他曾说过，母亲对他的教育使他受用终生。

　　以后当然就是拜师学艺，大赛扬名。当阿什肯纳奇 1956 年在伊丽莎白大赛上夺魁之后，他的成功引起了美国大都会嗅觉异常敏锐的艺术经纪人尤洛克的重

视。索尔·尤洛克(Sol Hurok,1888-1974)的大名在西方演艺界如雷贯耳,想当年俄罗斯的"男低音之王"夏里亚宾,芭蕾女皇巴甫洛娃和小提琴神童埃尔曼都是经由此公的妙手运作才得以登上美国舞台的。尤洛克邀请阿什肯纳奇去美国访问演出,苏联政府虽然批准了阿什肯纳奇的申请,但同时却由文化部指派一人与他结伴同行。在美期间此人与阿什肯纳奇形影不离。回国后,这名为文化部实则克格勃的官员便将阿什肯纳奇在美的一举一动都向上级做了汇报。更有甚者,有关部门还组织了对阿什肯纳奇所谓的"模拟测试",以了解这个年轻艺术家在国外受到的"资本主义思想毒害"究竟有多深。最后他们的结论当然是:此人不宜再出国。

诚所谓"福乃祸所倚",留在国内的阿什肯纳奇索性抛开一切发愤练琴,6年后再一次一鸣惊人,在1962年赢得了"第二届柴科夫斯基国际钢琴比赛"的一等奖(与奥格顿并列)。可是这仍然没给他带来好运。这次的麻烦来自于他的爱情。原来在1961年,24岁的阿什肯纳奇已与他在莫斯科音乐学院求学时的同班女同学,来自冰岛的多迪(原名瑟隆·约翰斯多蒂尔)喜结连理,这可能犯了当局的天条。在20世纪冷战正酣的年代,一个事业上很有前途的青年艺术家与一名外国女子(尤其是资本主义国家)通婚被认为是一件难以接受的事,更何况阿什肯纳奇事先已数度受到过警告。阿什肯纳奇顶着压力与心爱的人成为眷属令当局感到极为气恼,于是当他提出移民申请后,就得忍受一场当局与他玩的旷日持久的"猫捉老鼠"(Cat and mouse)的游戏。

1963年,阿什肯纳奇要到英国巡演,他请求怀着他们第二个孩子的妻子和年仅2岁的儿子与他同行,因为多迪的母亲正居住在伦敦。然而,不仅他的请求遭到拒绝,多迪还被诱骗要她放弃冰岛国籍,说如果不照他们的话去做阿什肯纳奇的前途堪忧。多迪不甘示弱,表示她将不惜将此事闹到冰岛驻苏大使馆去。眼看将引发一场外交上的纷争,当局的态度才软下来,多迪和孩子拿到了去伦敦的机票。

那次访英结束后,阿什肯纳奇携妻、子于5月返回莫斯科。然而当当局得知他们准备全家移居西方后,这次甚至连阿什肯纳奇的父母和亲朋好友也被动员来做说服工作,向他力陈"利害"。尽管如此,阿什肯纳奇一家还是于7月再赴伦敦。不过,他们到国外后并没有寻求政治避难,也未发表任何对政府公开批评的指责,他们怕这样做会株连到仍在国内的亲人。即使这样,阿什肯纳奇学钢琴的妹妹伊莲娜(Elena Ashkenazy)仍没有获准去国外参加国际比赛。1972年,阿什肯纳奇落籍冰岛,在以后的岁月里他经常往返于英国和冰岛从事音乐活动,并把自己的演出实践从钢琴演奏逐渐扩大到指挥领域。

阿什肯纳奇是一位家庭观念极重的艺术大师,尽管他的艺术活动使他忙得像"飞人"一样,然而他始终得到了家人的全力支持。多迪婚后为了支持丈夫的事业几乎放弃了自己心爱的钢琴演奏,但阿什肯纳奇的每一场音乐会之后他总能在第一时间获得来自妻子的坦率的评价和建议。派洛特在《超越国境》中写道:"多少年来多迪总是出席丈夫的各种演出、录音甚至是排练。她的可靠和直率使阿什肯纳奇在国内外取得一个又一个成功，是克服事业上、生活上困难挫折的坚固保证；家庭成为他抵御孤独和不安的伟大屏障。"阿什肯纳奇夫妇共生育了5个子女：沃夫卡（1961年）、纳迪娅（1963年）、德米特里（1969年）、索妮娅（1974年）和萨沙（1979年）。这5个孩子沿袭父母的事业都学音乐，但似乎只有长子沃夫卡和次子德米特里出了名成了"家"，其中尤以德米特里为甚。

沃夫卡·阿什肯纳奇（Vovka Ashkenazy）出生于莫斯科，他在苏联时的名字与其父一样也叫弗拉基米尔，只是移居冰岛后才改成更斯堪的纳维亚化的沃夫卡。他5岁开始随母习琴，16岁进入英国皇家北方音乐学院学习，曾师从过钢琴家里昂·弗莱什（Leon Fleisher, 1928-　　）彼得·弗朗克尔（Peter Frankl, 1935-　　），当然还有自己的父亲。沃夫卡的演奏风格有其父之风，以音乐的轻盈飘逸，触键的清澈柔和见长。尽管老爸是DECCA的当家琴手，可沃夫卡不想沾老爸的光，因而他大多为一些小公司录制唱片，其中比较值得称道的是他1995年为Arsis Audio录制的专辑《钢琴高手之歌》（Songs of The Master Pianist），收录了他演奏的肖邦、李斯特、拉赫玛尼诺夫、拉威尔和安东·鲁宾斯坦

德米特里·阿什肯纳奇

的15首作品。而他为Naxos录制的柴科夫斯基和阿伦斯基的钢琴三重奏（唱片编号为8.55046）足以显示他驾驭室内乐的功力。

生活在像沃夫卡这样的音乐家庭，家庭成员之间的合作是少不了的。2002年DECCA推出的《拉赫玛尼诺夫钢琴改编作品集》是一款难得一见的收藏佳品，它以阿什肯纳奇们的合作来见证这个音乐家庭中几十年如一日相濡以沫、令人赞羡的温馨和谐气氛。在这张曲目也很新鲜（本人敢保证：在此之前由拉氏改编的巴赫《E大调无伴奏小提琴组曲》中的前奏曲、加沃特舞曲和美国国歌《星条旗》是你闻所未闻的），演奏更令人耳目一新的唱片中，既有大师的独奏，也有他与爱妻多迪的四手联弹——6首《音乐的瞬间》；更有他俩与沃夫卡3人合作的圆舞曲和浪漫曲——实在想象不出在一架钢琴上3个成年人的六手联弹是如何做到的，可是说明书上就是这样明白无误地写明的。错落有致的琴音中分明感受到演奏时家庭成员间会心喜悦的幸福之情扑面而来。虽则这张唱片能够带给人们的意外和惊喜已经够多了，然而本人却仍心存一丝芥蒂，抱怨DECCA的制作人未免太过迂腐而

不识变通,因为那首旋律极像舒伯特《F 小调音乐的瞬间》的《意大利波尔卡》,拉氏是为钢琴四手联弹和一支小号而作,窃以为如此曲在录制时将小号换成单簧管则更属大妙,因为这样一来,阿什肯纳奇家的四位音乐家就能在此阖家团圆,同碟竞技了。何出此言? 这是由于阿什肯纳奇还有一位演奏单簧管的儿子。

阿什肯纳奇的次子德米特里·阿什肯纳奇(Dmitri Ashkenazy)又称迪姆卡(Dimka),他比哥哥小 6 岁,出生于纽约。起先他也是 6 岁开始学习钢琴,不过后来他终于没有成为家庭中的第四位钢琴家。每当被问及缘由时,这位颇具偶像明星气质,外表青春俊朗,甚至带着几分前卫和不羁的小阿什肯纳奇的回答是:"我们家的钢琴家已经太多了,我觉得不再在乎多我这么一个。于是在读书时我参加了学校里的管乐队,而在管乐器中又以单簧管的音色最吸引我,它最终成为了我的职业。"

德米特里师从意大利裔的单簧管名家西西尼(Giambattista Sisini),在瑞士卢塞恩音乐学院完成学业后他就在欧洲各国开始了其职业演奏生涯。他曾经与英国皇家爱乐乐团、柏林德意志交响乐团、赫尔辛基爱乐乐团、华沙爱乐乐团、冰岛爱乐乐团等欧洲乐团合作过,并且在波兰华沙举行的"秋季艺术节"上,首演了移植自当代作曲家潘德雷斯基《中提琴协奏曲》的《单簧管协奏曲》,此举使得这位出生于音乐名家的年轻人一鸣惊人,让人只有感叹"虎门无犬子"的份。对音乐史上的经典曲目,德米特里自是不在话下。除此之外他对 20 世纪的当代作品也情有独钟。在 2003 年,他在英国当代作曲家戴维斯(Peter Maxwell Davies, 1934-   )的亲自指挥下演奏了他的单簧管协奏曲,深得戴维斯的称许。在今年 7 月德米特里将与德国波恩贝多芬大厅管弦乐团在西班牙再度上演这部作品。而意大利当代作曲家图蒂诺(Marco Tutino, 1954-   )的单簧管协奏曲则是为德米特里度身定制的,自然他也是该曲的世界首演者。

时至今日,德米特里已是欧陆乐坛上一位人气骤升的单簧管演奏精英了,他录制的唱片比兄长沃夫卡来得多,然大多仍为小公司制作。德米特里也曾公开表示他不想靠沾父亲的光来为自己捞取好处,因为他最憎恨"裙带关系"(Nepotismus),他要凭自己的真才实学立足乐坛。他为 Pan 唱片公司录制的几张专辑就颇具见地,演奏的都是单簧管领域少有人问津的曲目,如直到 1987 年方才被发掘出的门德尔松的单簧管奏鸣曲,里姆斯基 – 科萨科夫鲜为人知的《降 E 大调单簧管与军乐队的协奏曲》,以及意大利当代作曲家罗塔、布索尼和卡斯特尔诺沃 – 特德斯科等人的奏鸣曲或组曲,均显示了他精湛娴熟的演技。虽然他未能挤进那张由他父母和哥哥一起合作的拉赫玛尼诺夫唱片的行列,但他也从没有放弃与家人合作的机会。他曾与由他父亲指挥的捷克爱乐乐团合作演奏过莫扎特的单簧管协奏曲,也与沃尔卡录制了一张包括勃拉姆斯、威伯、德彪西、列格、亨德米特和普朗克等人作品的单簧管与钢琴二重奏专辑(1991 年)。更有甚者,他还指挥柏林交响乐团并担任独奏演奏了出生于中国的俄裔德籍作曲家鲍里斯·布拉赫尔（Boris Blacher，1903-1975）的单簧管协奏曲，真不愧是阿什肯纳奇的儿子，既多才多艺，又精力充沛。小时候的德米特里兴趣很广泛，幻想过长大后当飞行员、足球明星或是网坛高手，直到16岁那年他才自觉地意识到在这个世界上，脱离了音乐自己便无法生存。

德米特里喜欢时髦前卫的服饰，他能说一口流利的瑞士德语，平时与家人一起生活在瑞士共享天伦之乐，因为他知道，尽管在乐坛上他已能赢得听众的赞誉，然而在这个"大师级"的音乐之家中他永远只是一个不需要过分张扬的家庭成员，而且还是唯一一位不演奏钢琴的"另类"。

拉扎尔·贝尔曼演奏的李斯特作品唱片

拉扎尔与帕维尔父子音乐会现场录音唱片

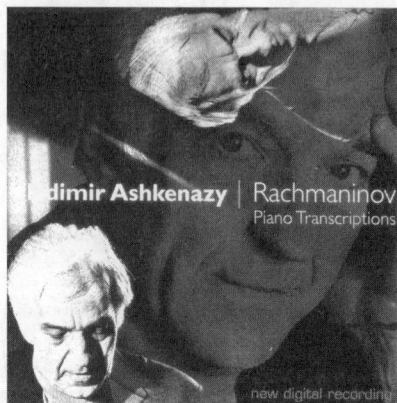

阿什肯纳奇演奏的拉赫玛尼诺夫唱片

德米特里·阿什肯纳奇演奏的单簧管独奏专辑

二十一、吉他王国的皇室家族——罗梅罗

塞列多尼奥·罗梅罗

声名赫赫的罗梅罗家族。

克莱斯勒曾说过："世界上真正伟大的弦乐器演奏家只有两位——卡萨尔斯和塞戈维亚。"的确,安德列斯·塞戈维亚是名副其实的 20 世纪现代吉他之父,他不仅将吉他这种历来在民间自娱自乐的乐器地位上升到可以在音乐会上登堂入室的欣赏性乐器,并且创造性地发展和丰富了它演奏的艺术含金量和指法技巧。只不过塞戈维亚的子嗣似乎未能继承他的光荣衣钵,将他的吉他艺术发扬光大。倒是比他年轻整整 20 岁的另一位西班牙吉他演奏家,却只手开创了吉他家族演奏史上的一个神话,缔造起一个被誉为"吉他王国的皇室家族"(The Royal Family of The Guitar)的王朝,这便是在吉他领域家喻户晓、

家族第一代:塞列多尼奥·罗梅罗与他的妻子安杰利塔

塞列多尼奥·罗梅罗(Celedonio Romero)是家族王朝的奠基者。他 1913 年 3 月 2 日出生在古巴的港口城市锡恩富戈斯。塞列多尼奥的父亲是一位来自西班牙南部城市马拉加的建筑师,他出生时其父正受命在古巴当地设计建造一座音乐厅。当音乐厅工程竣工后,父母即带着塞列多尼奥返回了故乡马拉加。

塞列多尼奥自小对音乐就有着极高的悟性。可以说他的吉他演奏基本上是无师自通，自学成才的。10岁那年，塞列多尼奥就在当地举行了首场演奏会，其艺术才华博得了听众的首肯。为了进一步系统地学习音乐理论知识，塞列多尼奥进了马拉加音乐学院，成为西班牙当代作曲家图里纳（Joaquin Turina, 1882-1949）的弟子。

离开音乐学院的塞列多尼奥年方20，自感演奏技艺已臻一流，加之又有丰富学识武装，不免踌躇满志、雄心万丈，立志要成为全国最优秀的吉他演奏家。他频繁地在国内各地举行独奏会，逐步确立起自己的名望。然而，20世纪40年代西班牙正值独裁者佛朗哥当道，由于塞列多尼奥同情民主运动，被禁止演奏除本国作品以外的任何乐曲，与此同时艺术活动的自由度也越来越小。政治局势的险恶以及对民族前途的担忧使塞列多尼奥陷入了彷徨和苦闷之中。而此时，家庭的温馨与妻子的慰藉给了塞列多尼奥极大的心灵抚慰。

安杰利塔（Angelita·Romero）1910年出生，少女时代曾是一位相当知名的歌唱和舞台剧演员，毕业于马拉加皇家艺术学院。当她与年轻瘦削的吉他手塞列多尼奥不期而遇时后者才18岁，安杰利塔比他年长3岁。安杰利塔的出众美貌和艺术才华立即俘获了当时还一文不名的塞列多尼奥的心，他不顾一切地向安杰利塔发起猛烈追求，终而两情相悦，结为眷属。婚后的安杰利塔立刻显示了她令人赞叹的另一面。她在生了3个孩子后承担起了家里的所有家务，并毅然放弃了自己颇有前途的演艺事业。孩子们出生后，父亲塞列多尼奥教他们学吉他，而他们的文化

塞列多尼奥与妻子安杰利塔

学习则由安杰利塔全权负责。安杰利塔爱好文学和哲学，为了培养孩子们的艺术修养，她每星期都要带着他们到艺术博物馆参观，并经常为他们朗诵《堂吉诃德》等文学名著中的对白，使他们的成长有一个良好的文化氛围。安杰利塔胆识过人，即便是在可怕的西班牙内战和佛朗哥独裁统治期间，对于家人来说她的立场和见解也是给予他们希望和光明的源泉。她不仅赢得了丈夫和孩子们的敬重，也获得了同时代许多其他艺术家、诗人和哲学家的钦佩。

二战以后，为了寻求更良好的发展空间，塞列多尼奥决定携全家移居美国。他们于1957年抵达美国加州的圣地亚哥，这时他的3个孩子塞林21岁、佩佩13岁、安杰尔11岁，都已是能够表演独奏的吉他好手了。踏上异国他乡的土地，塞列多尼奥感受到的是身心松弛和意愿的释放，他相信在这片吉他艺术相对贫瘠的土地

上更有大展宏图的机会。在抵美后的头两年里他仍以自己的独奏音乐会为主。1959 年，塞列多尼奥将父子四人组合起来，一支名为"罗梅罗们"（The Romeros）的吉他四重奏组便诞生了。在乐团成立伊始的音乐会上，四位罗梅罗先生模仿弦乐四重奏的架势一字排开，清一色的深色西服，白色领结，怀抱吉他，整齐划一。他们的演出受到听众的热烈欢迎，当时《纽约时报》的一篇评论这样写道："这样的组合是今天世界上货真价实的唯一一支古典吉他四重奏，罗梅罗成了开创这一演奏形式的始作俑者，它必将在古典乐坛掀起一股极大的旋风。"

在此后的几年里，罗梅罗四重奏的确如旋风一般席卷了整个美国。1961 年，他们首次在美国举行巡演，声名大振。随后他们又成了媒体关注的宠儿，《艾德·沙利文节目》《今晚》和《今日秀》等电视节目纷纷邀请他们作为自己的座上客，播放了对他们的采访和音乐会实况。从那时起，罗梅罗四重奏横扫全美各大音乐厅，并与世界一流的交响乐团合作，包括美国的克利夫兰、芝加哥、纽约、洛杉矶、休斯敦等地的交响乐团，英国的圣马丁室内乐团，奥地利的维也纳广播乐团，西班牙的国家管弦乐团等。当然，与他们合作的指挥也都是大师级的人物。此外，世界各地著名的音乐艺术节如好莱坞的碗形剧场、日本的大阪艺术节和西班牙的内尔雅音乐节等也是他们一露身手的好地方。

佩佩在父亲指导下练琴

罗梅罗们的演奏形式多种多样，或以二重奏、三重奏和四重奏的形式出现，或以与管弦乐团合作协奏曲的形式出现。由于演奏形式的灵活多变，现成吉他曲目便显得日益捉襟见肘了。事实上，正是由于"罗梅罗们"，吉他文献曲库中才平添不少后来成为经典的名曲妙品，为他们度身定作乐曲的作曲家有以《阿兰胡斯协奏曲》名噪天下的盲人作曲家罗德里戈，以编配和指挥爵士音乐著称世界的古尔德（Morton Gould，1913-1996），还有西班牙当代作曲家托罗瓦（Federico M.Torroba，1891-1982）和弗朗西斯科（Rev.Francisco）等。身为 20 世纪西班牙民族乐派的杰出代表，罗德里戈对塞列多尼奥所取得的艺术成就给予了高度的评价，他说："他（塞列多尼奥）通过他的艺术诠释，对古典吉他音乐做出了难以估量的贡献。他发展了吉他的演奏技巧，而这种发展是通过化繁复为简练，化学究为实用，化粗俗为高贵而形成的。更重要的在于他以自己的创作和演奏极大地丰富并拓展了 20 世纪的吉他音乐文献。"如果说塞列多尼奥漫长的艺术一生可以分作两个阶段的话，那么他在西班牙时期的成就无疑以他的独奏艺术为主；而到美国后，他最突出的成就就是亲身缔造了罗梅罗家族和吉他四重奏，并使他们的声誉迅速传遍世界乐坛。正如他的子孙们所说的那样："他是吉他四重奏的灵魂。从某种角度而言我们家所有的音乐会都是为他而开,为了纪念他。"

塞列多尼奥的演奏艺术不仅极大地提高了古典吉他在器乐演奏上的地位,同时也明显提升了西班牙传统音乐文化在世界上的地位。为此,他被战后的西班牙国王胡安·卡洛斯册封为皇家骑士,并荣获西班牙天主教会所授予的"伊萨贝尔大十字勋章"。教宗保罗二世也特赐塞列多尼奥"圣公墓骑士勋章"一枚。作为一名天主教徒,这该是至高无上的赏赐了。然而在塞列多尼奥本人看来,他最看重的倒是由美国圣地亚哥古典音乐广播电台 KFSP 颁给他的"贝多芬奖"。1993 年,在塞列多尼奥 80 大寿之际,圣地亚哥举行了隆重的庆典,以祝贺这位对美国的古典音乐推广普及工作做出突出贡献的艺术大师。与此同时,在他的故乡马拉加、塞维利亚、柏林和伦敦等地也举行了类似的纪念活动。马拉加市授予他"佩带黄金纪念章的最亲爱的儿子"(Hijo Predilecto con la Medalla de Oro)荣誉称号,并以他的名字成立了博物馆和基金会。1995 年,82 岁的高龄塞列多尼奥再添喜事,被英国维多利亚大学授予名誉博士头衔。

除了个人所获的诸多荣誉外,罗梅罗四重奏先后蒙两位美国总统之邀赴白宫举行专场演出,还曾在教宗保罗二世、西班牙国王胡安·卡洛斯和英国的查尔斯王子、黛安娜王妃御前献艺。作为一位作曲家,塞列多尼奥创作的作品逾百计,其中包括 12 首吉他协奏曲和各种体裁的吉他独奏曲。而他自创一格,并卓有成效的吉他演奏技法和理论也早已从家族的私传心授走向世界,为各音乐院校大师班里的莘莘学子所采纳。

塞列多尼奥较有代表性的独奏专辑是:一,巴赫《D 小调第二帕蒂塔》(BWV1004)、《C 大调第三组曲》(BWV1009)——分别由无伴奏小提琴曲和大提琴曲移植改编;西班牙 17 世纪作曲家桑兹(Gaspar Sanz, 1640-1710)的《西班牙组曲》(Delos 1005)。二,《吉他音乐之夜》,内中收录了索尔的吉他奏鸣曲、朱利亚尼的变奏曲和塔雷加著名的《阿尔罕布拉宫的回忆》等 8 首作品(Delos 1004);三,《塞列多尼奥·罗梅罗:吉他诗人》。这是塞列多尼奥去世当年录制的最后一张个人专辑,具有回顾总结的意味,其中包括了由塞列多尼奥演奏的他本人以及其他西班牙作曲家创作的吉他乐曲,还收录了他每一位儿子对自己父亲的颂扬,令人备感温馨(CPA Hollywood Records)。塞列多尼奥与 3 个儿子的两张合辑则由 Mercury 唱片公司发行,分别是:一,

塞列多尼奥与作曲家托罗瓦(左)

《吉他王国的皇室家族》，收录了格拉纳多斯、托罗瓦、阿尔贝尼兹、塔雷加以及塞列多尼奥创作的《马拉加之夜》（Noche en Malaga）和《三首前奏曲》等23首吉他小品（Philips 434 385-2）；二，《罗梅罗们》，收录了罗德里戈的《阿兰胡斯协奏曲》《为四把吉他所作的安达鲁西亚协奏曲》、维瓦尔蒂的《B小调小提琴四重协奏曲》（改编为四把吉他演奏）、《C大调曼陀林协奏曲》和《G大调曼陀林双重协奏曲》5首协奏曲作品（Philips 434 369-2）。

1996年5月8日，塞列多尼奥因肺癌在美国逝世，享年83岁。

塞列多尼奥去世后最为伤痛的人莫过于与他荣辱与共、生死相依的妻子安杰利塔了。自打罗梅罗四重奏成立以后，安杰利塔总是尽一切可能随同四重奏组一起四处奔波，很少错过丈夫和儿子们的音乐会。音乐会艺术家的生活是单调乏味的，别看他们在舞台上接受鼓掌喝彩，一旦走下舞台来到异国他乡的旅馆里，便会感到一种常人难以想象的孤寂落寞。而有安杰利塔在他们身边，她就能以其活泼开朗和充满女性魅力的个性去驱散笼罩罗梅罗们的疲惫孤独，将健康和谐的家庭生活带入令人厌烦的巡演之中。她的儿媳、佩佩·罗梅罗的妻子卡瑞萨说："有多少次我曾想缪斯应该是天堂里的女神，在现实生活中并不存在；或者它只存在于艺术家们的想象之中。然而，安杰利塔却是实实在在地存在着，她是现实生活中一位有血有肉、活生生的缪斯。她为了家族的利益和吉他事业可以变成最凶猛无畏的卫士；为使家人们的美梦成真又可以成为最温柔慈祥的天使。"在家族中她永远是所有人的中心，因而即便是在家中，塞列多尼奥和他的儿子们也乐意称呼她为"La Reina"（女王）。

安杰利塔还是一位相当有造诣的响板演奏家。通常，在吉他四重奏临近高潮时，她便会出现在舞台上，用她的响板加演节目为音乐会助兴。她那富于灵感的演奏和典雅自信的风度更将现场的气氛进一步推向极致。作曲家托罗瓦和他的儿子小托罗瓦以及弗朗西斯科都有感而发，专门为她创作了响板乐曲，罗德里戈称她为"最伟大的响板艺术大师之一"。对于安杰利塔而言，她最自豪的时刻就是在梵蒂冈教皇保罗二世御前表演响板，并获得了教皇的褒奖。在她80岁诞辰那天，罗马天主教会特授予她"耶路撒冷的圣公墓贵妇"称号。当她告别子孙满堂的家族于1999年3月10日辞世时，享年89岁。

那些在世人心目中享有崇高威望的艺术大师他们之所以能在芸芸众生之中鹤立鸡群，大部分人是由于他们始终使自己保持住持续向艺术巅峰攀援的良好状态；而对于少部分的天才来说他们的成功则是与生俱来，天赋神授的。就罗梅罗家族的成员们而言，他们都是这两者兼而有之的幸运儿。难怪有人戏言：科学家们知道如何克隆绵羊，而罗梅罗家族知道如何克隆吉他艺术家！

罗梅罗吉他家族的第二代由塞列多尼奥的3个儿子组成。他们是塞林、佩佩和安杰尔。

塞林·罗梅罗（Celin Romero）——长者型演奏家

似乎在多子女的家庭中,老大往往是忠厚憨实的代表,或许他没有以后的弟妹们伶俐乖巧,甚至也不如他们外表俊俏,讨人喜欢,然而他却总是以一种长者的姿态忠实地维护着弟妹们的利益,甚至不惜要忍受某种屈枉而甘愿代人受过。老大的这份苦心一般要等弟妹们长大懂事后方能体察得到,自然也增添了他们对他的尊重和感激。老大是以德服人,以身作则的典范,故而他也较容易成为日后一个事业团队中的首领。塞林·罗梅罗正是这样的一位长者型演奏

罗梅罗全家福
塞列多尼奥、塞林、安杰利塔(前排从左至右),安杰尔(后左)、佩佩(后右)

家。作为父亲塞列的长子,塞林在父亲创建罗梅罗四重奏中的重要作用是不言而喻的,他是父亲的得力助手,是弟弟们的榜样。四重奏组成立45年来,即便自塞列于1990年告老淡出,改由塞林执掌牛耳算起也已15年了。时至今日,他仍是这个驰誉世界的吉他四重奏组的舵手,在维护和光大家族事业上引领着家族成员们沿着正确的航线一路向前。

塞林1936年11月28日出生于马拉加,当他二三岁时就开始跟父亲学弹吉他。他7岁那年,西班牙国家广播电台录制了他的演奏,成为当地的小童星。21岁时塞林随全家来到美国,在四重奏成立后成为父亲所倚重的左膀右臂。在日后的岁月里,塞林几乎把自己的全部热情和精力都倾注到了"罗梅罗们"的开创和建设之中,可以说塞林的艺术成就是融合在四重奏组的声誉之中的。但这并不意味着他们演奏才能就比他的两个弟弟稍逊一筹。事实上,在多年舞台生涯中,塞林已经充分展示了自己的演奏风格,即便在重奏中这种风格也是显而易见的。《洛杉矶时报》的评论认为"他以令人眼花缭乱的技艺为听众编织着一张使人迷醉的魔力之网……"在2000年2月11日,西班牙国王胡安·卡洛斯同时向罗梅罗三兄弟授予"伊莎贝尔大十字勋章"。不过,这次正式的官方仪式却不是在西班牙王宫内举行的,而是国王陛下降贵纡尊驾到三兄弟所在的美国南加州大学举行。

塞林的独奏专辑《西班牙吉他音乐》（Contemporary Records CCD 14069-2）

录制于 1962 年,这还是整个罗梅罗家族录制的第一张唱片,在此之前甚至连他的老爸塞列也从没录过完整的专辑呢。这是一张现场音乐会录音,在这场音乐会上,上半场是父亲塞列演奏,下半场则是塞林,他演奏的 7 首乐曲被清晰地记录在这张唱片里。此外,他还与弟弟佩佩录制过一张两重奏专辑《著名的西班牙舞曲集》(PHILIPS 411432-2),也深受好评。

尽管塞林的演出计划忙碌不堪,但他在坚持舞台演奏的同时,仍出任了南加州大学的古典吉他教授,如今他的学生中已有不少在国际乐坛上崭露头角。他也是加州国际艺术天才评审委员会的委员。

塞林的妻子托恩舍弗(Claudia Tornsaüfer)是一位德国钢琴家,曾先后求学于杜塞多夫的舒曼音乐学院和萨尔茨堡莫扎特音乐学院,具有表演和教育双学位文凭。他们夫妇有一子一女,其中儿子塞林诺成长为吉他家族第三代的正宗传人。

佩佩·罗梅罗(Pepe Romero)——学者型演奏家

佩佩·罗梅罗

1880 年,伟大的捷克作曲家德沃夏克写出了《七首吉卜赛歌曲集》(作品 55 号),其中最著名的一首便是《母亲教我的歌》(Songs My Mother Taught Me),其朴实无华、情挚意深的旋律不知撩拨得多少人潸然泪下,心潮难平。不过,德翁当年大概做梦也没想到 118 年之后,居然有人写出了它的应和之作——《父亲教我的歌》(Songs My Father Taught Me),只是这不是一首歌曲,而是一张唱片专辑的标题。它的始作俑者倒并非是哪位作曲大家,而是塞林的弟弟佩佩·罗梅罗。

佩佩 1944 年 3 月 8 日出生于故乡马拉加。在三兄弟中他与父亲的感情尤其深厚。他自小就跟随父亲学习吉他。当塞列去世后,在父亲的葬礼上,佩佩饱含着深情回忆起他孩提时期的一件往事:"那时父亲非常推崇格拉纳达的一位吉他艺术家。有一次正巧这位艺术家来我家拜访,并与父亲彼此切磋琴艺。他走之后我对父亲说:'爸爸,这是我所听过的最糟糕的吉他艺术家了!'而父亲却对我说:'他演奏的时候你并没有用心去听,用心去体会,你没有留意他拇指轻柔琴弦的奇特效果。'"这件事对佩佩的触动很大,从此每一次出席音乐会,他都会全神贯注地倾听别人的琴声,从中汲取他人的长处,再融会贯通到自己的演奏中去。10 岁那年佩佩就与父亲一起在名城塞维利亚举办演奏会,从而声名渐起。15 岁时录制了个人的第一张专辑后,其才情更是博得了世人的称赞。同年他成为罗梅罗四重奏组的重要成员。

在罗梅罗家族成员中,唯有佩佩戴着一副眼镜,凸显出他的博学与睿智。事实也是如此,佩佩以其令人激越的诠释和完美无瑕的演技征服了世界上一切爱好古典吉他艺术的人们。在他最辉煌的 20 世纪 80、90 年代,他既参加四重奏的演出,又作为独奏音乐家在世界乐坛频频留下自己儒雅谦和、风度翩翩的身影。与他合作过的一流交响乐团林林总总,不胜枚举。在三兄弟中佩佩录制的唱片数量是最多的,计有 50 张以上,其中包括了超过 20 首的吉他协奏曲。

佩佩与父亲塞列多尼奥

作为一名学者型的艺术家,佩佩对 20 世纪吉他演奏艺术的贡献突出体现在整理发掘,委约首演了许多吉他曲目和将源于民间的弗拉门戈吉他艺术融于古典演奏之中这两方面。佩佩为人亲切至诚,礼仪有度,他和与父亲同辈的一批西班牙当代作曲家都保持着持久的忘年之交,而这些作曲家则以为佩佩创作吉他乐曲为乐,他与罗德里戈的友谊即为一例。1967 年,罗德里戈为罗梅罗四重奏创作了自维瓦尔第之后的第一部吉他四重协奏曲《安达鲁西亚协奏曲》;次年又为佩佩和其弟安杰尔度身定作了吉他二重协奏曲《牧歌协奏曲》(Concierto Madrigal)。而在 1983 年,大师更将生命中最后的绝响也献给了佩佩,那就是由佩佩为之做世界首演的《节日协奏曲》(Para Una fiesta)。晚年丧妻的罗德里戈,年老体弱,又双目失明,行动不便,佩佩常常从繁忙的演出日程里挤出时间专程去陪伴这位孤独的老人,并继续虚心地向他求教。1999 年在罗德里戈 90 大寿之际,这对年龄相差 40 多岁的忘年交同时接受了美国南加州大学所授予的荣誉博士学位,并共同出席了授赠仪式。当满面笑容的佩佩挽扶着颤颤巍巍的罗德里戈身穿博士服,头顶博士帽一同步出会场时,全场掌声雷动,场面甚是感人。此外,佩佩还与作曲家托罗瓦、帕洛莫(Lorenzo Palomo 1938-　　)等保持着亦师亦友的良好关系。1996 年他首演了后者的《安达鲁西亚夜曲》(Nocturnos de Andalucia)。而托罗瓦曾为

佩佩与西班牙著名盲人作曲家罗德里戈

吉他巨匠塞戈维亚创作过一首《吉他与乐队的对话》(Dialogos entre gaitarra y orquesta)。本来唱片公司有意让塞戈维亚亲自为之录制唱片,无奈此时年过九旬的塞翁已无力再抚琴弄弦了,于是塞戈维亚亲自出面向唱片公司举荐由佩佩完成此任,终于了却了巨匠生前的最后遗愿。在佩佩录制的众多唱片中,还有为数不少的经由他发掘、整理并予以首演的 18、19 世纪作曲家索尔、朱利亚尼、莫林诺、卡鲁利、梅兹和博凯里尼等人的乐海遗韵。而他的父亲塞列的生前遗作也是经由佩佩来完成的。1996 年,他与指挥家帕尔默(Michael Palmer 1943-   )指挥的美国小交响乐团首演了由塞列创作的《唐·桑乔的庄园》(El cortijo de Don Suncho)。

佩佩是古典吉他领域公认的出类拔萃的高手,演技精湛娴熟,出神入化,然而更难能可贵的是他能够将民间的弗拉门戈吉他艺术也发挥得同样淋漓尽致。弗拉门戈(Flamengo)是广泛流传于西班牙南部安达鲁西亚地区的民间音乐,受地缘历史的影响,在它的舞蹈音乐中混合了阿拉伯、印度、犹太等多重民族音乐的元素,而最终由吉卜赛人集以大成,推而广之。弗拉门戈音乐集歌、舞及吉他演奏于一体,个性炽热奔放,曲调即与典型的西班牙音乐迥然有异。弗拉门戈吉他的作用向以伴奏为主,但自 20 世纪起由于吉他演奏家蒙托亚(Ramón Montoya, 1937-   )、卢西亚(Paco de Lucia 1947-   )等人的大胆改革,将古典吉他的演奏技法引入其中,充分并发展了它的表现力,遂吉他脱离了早先作为伴奏乐器的属性,上升为具有高度即兴性发挥的独奏乐器。尽管如此,传统意义上的古典吉他演奏家要像吉卜赛民间艺人那样随心所欲地使它的演奏令人信服仍然有着理解上、观念上和表现技法上的差距。在当代吉他演奏名家中,唯有佩佩堪称"弗拉门戈吉他艺术家"的称号。他早年即醉心于街头的弗拉门戈,暗暗揣摩那令人咋舌的演奏艺术,后来又与不少民间艺人结成朋友,从而掌握了演奏弗拉门戈吉他的要诀。他15 岁录制的第一张专辑的标题便是《弗拉门戈奇才!》(Flamenco Fenomeno ! Contemporary 14070)。3 年后他为 MERCARY 唱片公司录制的第二张个人专辑《弗拉门戈》(Flamenco PHILIPS 434 361-2)则更是他向世人展示弗拉门戈演奏艺术的代表之作。全片 13 首作品中有 10 首均为无名氏所作,曲调直接来自市井社会,由佩佩采集后予以改编演奏。听着这炽烈如火的音乐,吉卜赛民族的一颦一笑,喜怒哀乐如现眼前。

佩佩的唱片代表作尚有: 1. 与马里纳领衔的圣马丁室内乐团合作的罗德里戈的《阿兰胡埃斯协奏曲》和《绅士幻想曲》(PHILIPS 438 016-2);2. 与意大利音乐家合奏团(I Musici)合作的维瓦尔第吉他协奏曲专集(PHILIPS 434 082-2)。3. 与其兄塞林合作的二重奏《著名西班牙舞曲集》。4. 改编自歌剧咏叹调的《歌剧幻想曲》(PHILIPS 446 090-2)。5. 朱利亚尼吉他协奏曲全集(PHILIPS 454 262-2)等。笔者手头有另两张佩佩的独奏专辑。其中的一张就是为纪念其父塞列而录制的,因为它收录的两首巴赫的无伴奏小提琴和大提琴组曲吉他版(即 BWV1004 和

BWV1009）恰好正是当年塞列亲自改编的那两首。

　　佩佩也是一位卓有成就的吉他艺术教育家，他在萨尔茨堡夏季学院，德国的许勒斯维格—霍尔斯坦艺术节和西班牙的科尔多瓦吉他艺术节上均举办大师班，他的不少学生都获得了吉他国际比赛的金牌和优胜。基于他对西班牙吉他艺术所作出的突出贡献，除前述与他的兄弟们一同获得"伊萨贝尔大十字勋章"外，他还荣获西班牙文化部授予的"安达鲁西亚音乐奖"，并继其父塞列之后成为英国维多利亚大学音乐系的荣誉博士。

　　佩佩在他父亲葬礼上的悼词中这样写道："我生命中最伟大、最宝贵的几课是由父亲在他生命的最后一年里教给我的。我对我作为吉他演奏家和音乐家的成熟和完美都充满信心。但父亲以他的爱，他的远见卓识，在这一年里教给我更多的东西，我一生都受用不尽……"

　　佩佩本人一家无疑又组成了"罗梅罗家族"中独成支脉的一枝。他的妻子卡瑞萨（Carissa Romero）1981 年毕业于美国休斯敦的得克萨斯大学，是一位注册营养师。然而自嫁入罗梅罗之门后，尤其在其婆母安杰利塔去世之后卡瑞萨已俨然成为家族新的女掌门人，同时也是四重奏的经纪人。

安杰尔·罗梅罗（Angel Romero）——明星型演奏家

　　如同一般家庭一样，家中最小的孩子往往最得宠，偏生他们又往往最为聪明伶俐，上有父母的娇纵，下有兄姐们的呵护，故而成为家中的小明星。安杰尔·罗梅罗当然也不例外，父母为他取了"安杰尔"的名字，自是将他视为活泼可爱的"小天使"。安杰尔仅比佩佩小 2 岁，1946 年出生于马拉加。他也是少小学琴，6 岁登台，7 岁时在巴伦西亚举行了首次个人独奏音乐会。1957 年，罗梅罗全家移居美国时安杰尔才 10 岁，但两年后这个本该读初中的西班牙少年已当仁不让地成为罗梅罗四重奏组最年轻的一名成员了。论起安杰尔的吉他演技，决不在两位哥哥之下，更兼之长得一表人才，故而在四重奏音乐会上，他最受女性听众的青睐和关注。

　　安杰尔很早就显露出他对于独奏艺术的热衷。16 岁那年在好莱坞的碗形剧场他与洛杉矶爱乐乐团合作演奏了《阿兰胡埃斯协奏曲》，佳誉如潮；1970 年，他与哥哥佩佩又首

安杰尔·罗梅罗

演了罗德里戈为两把吉他所作的《牧歌协奏曲》,更是名声大噪,这都更促使他有意朝独奏艺术家的方向发展。结果,"罗梅罗们"四位初创成员中唯有安杰尔提出了单飞的要求。他于 1990 年正式离开四重奏组,而由他的侄子塞林诺取而代之,构成了第二期的罗梅罗四重奏组。单飞后的安杰尔犹如蛟龙入海,鲲鹏展翅,开始了在世界乐坛上明星般的艺术之旅。1991 年,他在纽约的林肯艺术中心首演了罗德里戈的《西班牙风情》(Rincones de Espana),次年应邀在纽约联合国总部为出席联合国大会的各国政府首脑们演奏,并由电视向全世界进行了转播。这场让安杰尔出尽风头的音乐会是由联合国前秘书长加利提议举行的,音乐会的主旨是推动世界和平,并纪念哥伦布发现美洲新大陆五百周年。

安杰尔的演奏以技艺精湛,音色华丽著称。《温哥华太阳报》的评论形容他"右手敏捷的运用令人震撼。每个音符从他的指端毫不犹豫地流淌而出……他演奏的每一部作品都如同一篇宏论滔滔的精彩独白,无懈可击地呈现在听众面前。"他以一位艺术明星的姿态不断地转战于世界各地,与一流的交响乐团合作举行协奏曲音乐会。由于他早已以独奏艺术家的身份安身立命,时至今日,人们已将他的演奏艺术与西班牙最伟大的吉他巨擘塞戈维亚相提并论了,称其不仅具有出类拔萃的演奏技巧,更有情趣高尚的艺术美感。《立体声评鉴》杂志的评论这样写道:"他的演奏是宏伟壮丽的,尤其是在旋律色彩的丰富方面达到了一个完美的高度。除了拥有那种梦幻般的神奇技巧外,安杰尔·罗梅罗也是一位极具知性的音乐家。"

安杰尔的唱片有多家唱片公司发行,除家族四重奏外,获得广泛好评的代表作有:1. 与其父塞列合作的二重奏专辑——格拉纳多斯的《十二首西班牙舞曲》(Telarc CD-80216);2. 与普列文指挥的伦敦交响乐团合作的《阿兰胡埃斯协奏曲》《绅士幻想曲》和《吉他颂》(EMI CDC7 476932);3. 与其兄佩佩合作的罗德里戈的《牧歌协奏曲》(Philips 432 828-2);4.《体验古典》(A Touch of class, Telarc CD-80134);5.《美人(Bella)——安杰尔·罗梅罗无与伦比的演奏艺术》(Delos 3294)等。

安杰尔不仅术有专攻,且多才多艺,他是费城管弦乐团昔日掌门人尤金·奥曼迪的得意弟子。作为一名指挥,他曾指挥英国的圣马丁室内乐团与自己合作录制了维瓦尔第的《吉他协奏曲集》,在这方面也展现出了良好的艺术才能,对乐团的掌控卓有成效。近年来,他又朝着电影作曲领域拓展,他为纪念父亲的专题片《罗梅罗先生》(Mr.Romero)创作并亲自担纲吉他独奏的配乐获得了有"墨西哥的奥斯卡奖"之称的 ARIEL 奖。当然,在三兄弟共同获得的荣誉中也有他应得一份。而他对罗梅罗四重奏事业所亏欠的那一份责任则已由他的儿子利托得以继续实现。

罗梅罗家族的第三代传人们

1990 年当安杰尔·罗梅罗决定离开四重奏组之际,想必在家族内部有过一番计较:已名声在外的"罗梅罗们"难道要为一个成员的个人发展而就此偃旗息鼓,散伙走人不成?安杰尔最终能如愿以偿,抽身而出,还着实有赖于他的一位小辈。因为此人的演奏水准已足可胜任自己在四重奏组里的地位了,这位血气方刚的年轻人就是罗梅罗家族的长房长孙塞林诺·罗梅罗(Celino Romero)。

塞林诺是塞林之子,他 3 岁开始习琴。在富于传奇色彩的祖父塞列和著名的父亲言传身教悉心栽培下,这棵吉他皇族的幼苗得以茁壮成长。学琴伊始,他就在家族自创的教学体系中接受严格的专业锤炼。这是罗梅罗家族之所以长盛不衰,独树一帜的制胜法宝。塞林诺加盟后的第二期"罗梅罗们"的最大特征是祖孙三代同室操琴。当他加盟后的第一场四重奏音乐会举行甫毕,《纽约时报》就付之以热情洋溢的语句:"音乐天才们持久的神奇之处在于:他们的演奏技艺似乎是由父辈们天然地沿袭到子女身上。在罗梅罗家族里这种沿袭更是迅捷和毫无阻碍。四位罗梅罗的造诣是绝对一流,心心相印的,就如同 4 个人的 8 只手受同一个大脑所驱使那样。"而该报的另一篇评论则把塞林诺比喻为"吉他之王旁的一位年轻王子。"

的确,塞林诺在以后的艺术生涯中证明了自己绝对无愧于罗梅罗这个伟大的姓氏,他通过自己的演奏征服了无数的听众,以致于年纪轻轻人们就送他"音乐会老法师"(Veteran)的称号。作为一代新人,塞林诺为四重奏组注入了更多的新鲜活力与生机。为此,除演奏外,他还不遗余力地在美国的许多大学里现身说法,普及吉他音乐。2002 年,他在西班牙首都马德里最著名的艺术节上演奏了《阿兰胡埃斯协奏曲》,受到听众们的强烈反响和热烈欢呼。同年夏天,他又与美国指挥家洛克哈特(James Lockhart,1930-　　　)率领的旧金山交响乐团在戴维斯大厅举行了一场协奏曲专场,照样好评如潮。

塞林诺有一个姐姐安吉拉(Angela Romero),与音乐无涉。她是一位专门致力于政治权利研究的学者,毕业于哥伦亚大学,现在是麻省理工学院同一专业的博士。

佩佩·罗梅罗也有一子一女,不过他们都没有成为罗梅罗四重奏组的成员。儿子的名字也叫佩佩,人们称他小佩佩·罗梅罗(Pepe Romero, Jr.)。作为吉他皇族中的一个异数,小佩佩从小就萌生出对制作吉他的好奇和热情。及至他成名以后,人们更愿意以"工匠佩佩"(Pepe Romero Luthier)来称呼他,以区别于他的父亲。

小佩佩生长于吉他世家,耳濡目染,吉他演奏技艺自然不差。偏偏他却长于观察和思考,动手能力极强。祖父塞列觉察到这个孙子有着不同的志趣和理想,便积极鼓励他朝制琴这个方面发展。为此,小佩佩先后随西班牙和德国的数位制琴名师虚心求教,拜师学艺。由于他对吉他的演奏技法和音乐了然于胸,因而制琴伊始较之他人起点更高。学成之后,小佩佩即开始自立门户,生产自己品牌的吉他,因为他制作的琴没愁没有销路。

　　罗梅罗家族的吉他演奏用琴全由小佩佩的工作室提供。罗梅罗家族的演奏技法是独此一家,他们的演奏用琴也别无分号,真正实现了产、销、用一条龙,天下无双! 他制作的吉他音色柔美,发音洪亮,家族成员们无不以演奏由他制作的吉他而引以为自豪。

　　小佩佩的妹妹安杰丽娜(Angelina Romero)是位钢琴家。她 8 岁习琴,其业师李斯特的再传弟子埃丽亚娜·罗莎德(Eliane Laussade)。安杰丽娜随罗莎德学得了一身过硬的本领,后来又深造于萨尔茨堡莫扎特音乐学院和美国加州大学。她曾与父亲佩佩一起到欧美举行吉他、钢琴二重奏巡演,而父女俩最出名的一场演出当数在西班牙马拉加为纪念祖父塞列而举为的音乐会,盛况空前。如今,安杰丽娜在加州的卡尔斯巴德教授钢琴。

安杰尔与利托父子俩

利托·罗梅罗(Lito Romero)是安杰尔的儿子,也是迄今为止罗梅罗家族中最青春年少的一位成员。利托加入四重奏组比堂兄塞林诺稍晚,他接替的是退休告老的爷爷塞列的位置。由他的两位大伯——塞林、佩佩、堂兄塞林诺和利托组成的第三期"罗梅罗们"延续至今。

　　利托从小随父亲安杰尔学琴,19 岁那年父子俩一起在音乐会上公开亮相。安杰尔带着儿子在马德里、洛杉矶、芝加哥、纽约、墨西哥城、波多黎各、东京和汉城等大都市里举行二重奏音乐会,积累了丰富的舞台经验。加入四重奏组后,他为发扬光大家族传统和荣誉也是尽心尽力。1991 年,利托与怀俄明州立交响乐团合作演奏了《阿兰胡埃斯协奏曲》;1994 年他甚至还举行了自己的首场吉他独奏音乐会。

　　与塞林诺一样,利托也被认为是当今古典吉他界少壮派的代表人物,舆论认为在这个年龄层次,堪与他俩匹敌的竞争对手在乐坛上尚未出现。1995 年, RCA 唱片公司发行了由他与马里纳指挥的圣马丁室内乐团合作的维瓦尔第的吉他协奏曲集,而在其父的《体验古典》专辑中,则由阿尔比诺尼的《慢板》等 3 首吉他二重奏是由父子俩共同演奏的。

＊　　　　＊　　　　＊

罗梅罗家族的这份音乐家谱是否会继续写下去? 答案几乎是毋庸置疑的。可以想见,只要这个世界上还有热爱古典吉他艺术的听众,就会有更多的罗梅罗们源源不断地涌现成长起来,罗梅罗家族的历史已经雄辩地证明了基因的延续有多么顽强的生命力。

罗梅罗四重奏演奏的《阿兰
胡斯协奏曲》唱片

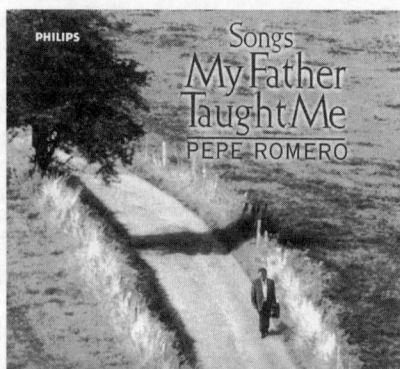

佩佩的专辑《父亲教我的歌》

佩佩演奏巴赫无伴奏小提琴
帕蒂塔与大提琴组曲唱片

安杰尔·罗梅罗的独奏唱片

二十二、20 世纪上半叶驰誉乐坛的布什兄弟

　　与德国那些著名的大都市相比,达尔布鲁赫是一座人口仅为六七万的小城市,然而它却也照样承载着属于它的荣耀。在该市的市中心有一座著名的圆形广场,它是由该市政府于 1961 年斥资兴建的。广场上设有露天的戏台,在每年的 9 月至第二年的 6 月期间,这里会举办各种形式的文艺活动:文化研讨会、小型艺术展、诗歌朗诵会,更多的是举办各种音乐会,包括室内乐演奏、宗教演唱还有孩子们的表演竞技等。据统计,每年来此参观的游客人数达 1 万 5 千人以上,占到了该市常住人口的四分之一。圆形广场如此受人追捧倒绝不是这里的演奏有多么惊世骇俗,乃是由于它有一个特殊的名称——布什兄弟圆形广场(The Brothers Busch Circle),这才是令世人不远千里到此一游的初衷所在。达尔布鲁赫因 20 世纪前半叶这个辉煌的音乐家族而骄傲。

老布什夫妇

　　19 世纪下半叶,在达尔布鲁赫的塞根镇有一位名叫威廉·布什(Whilhelm Busch 1860-1929)的手艺人,他善制乐器,制作的乐器不仅工艺精良,而且音质上乘,在当地颇有些声誉。除了制作,他本人也会演奏,因而在当地人眼中布什家也有点地位,只是未曾挤入上流社会的社交圈,仍只能算是"寒门"。不过,老布什对此却并不担心,因为他将期望寄托在自己下一代的身上。他将陆续出生的

5个儿子接受良好的教育,日后他们果然个个成才,人人成"家",成就了一段"五子登科"的乐坛佳话。

弗里兹·布什(Fritz Busch)是兄弟中的大哥,1890年3月13日出生于塞根。作为父亲寄托重望的长子,弗里兹从小就被施以音乐教育。他跟父亲学习钢琴,七八岁时就带着比自己小1岁的弟弟阿道夫跟随父亲在当地的小酒馆里为人演奏舞曲。1906年,16岁的弗里兹进入科隆音乐学院斯坦巴赫(Fritz Steinbach)教授的班上学习指挥,因为他认定,只有指挥乐队才能实现自己的艺术理想。同时,他也学习钢琴和作曲。

弗里兹的艺术生涯是在国外起步的。1909年,他在拉脱维亚首府里加的德意志剧院首次执棒,在那里度过了自己的第一个演出季。回到国内后,这个初出茅庐的毛头小子一时难以找到固定的指挥职位,不得已来到一个名叫巴德·皮尔蒙特的温泉疗养胜地。那里每到旅游旺季游客如云,弗里兹便指挥供游人度假消遣的温泉音乐会。到了淡季,他又到附近的哥塔去指挥当地音乐协会的合唱团。就是在这样的条件下,弗里兹逐步积累舞台演出的实践经验,为他日后的登堂入室打下了坚实的基础。作为一名优秀的钢琴家,他的才能不仅体现在参与他弟弟阿道夫组建的室内乐重奏中,更展现在与著名作曲家列格(Max Reger, 1873-1916)联袂表演的钢琴二重奏之中。他们的演奏以列格自己的作品为主,在当时名重一时。

1912年,踌躇满志的弗里兹终于得到了他的首个职位,出任亚琛歌剧院的指挥。在此期间,他与著名音乐学家、英国人托维(Donald F. Tovey)的交往极大地丰富了自己的音乐理念。他在亚琛的工作还算顺利,两年后得以延聘。但第一次世界大战的爆发打断了他的生活,他主动报名上了前线。战后他重回亚琛歌剧院,但6个星期后即转任斯图加特歌剧院,出任音乐总监。

斯图加特歌剧院曾在1902年的一场大火中被毁殆尽,1912年由理查·施特劳斯亲自指挥他的歌剧《纳克索斯岛上的阿里阿德娜》作为剧院重建后的开张大戏。弗里兹受命执掌该剧院帅印时年方22岁,他有志于为歌剧院带去一种全新的演出理念,并有意识地拓展演出的剧目和鼓励新型艺术形式的发展。他上任后,就将比自己更年轻的作曲家亨德米特的独幕剧《杀人犯,女人的希望》搬上了舞台。这部具有表现主义风格的歌剧的脚本和舞台布景是由著名的表现主义

弗里兹(右)与理查·施特劳斯

画家奥斯卡·柯柯施卡（Oscar Kokoschka, 1886-1980）完成的。而亨德米特的另一部歌剧《木偶戏》是只有一位演员的实验性作品，弗里兹照样毫不犹豫地让它呈现在斯图加特的舞台上。此外，他将德国人向来较少接触的威尔第的一系列歌剧也逐一介绍给听众，此举既激活了当地的音乐气氛，也招致了不少非议。他在斯图加特上演了瓦格纳的《尼伯龙根的指环》，令人信服地展现了他出众的歌剧指挥才能，声名不胫而走。1922 年，当尼基什在莱比锡格万德豪斯管弦乐团任上辞世后，弗里兹立即受邀接替尼基什剩下的 5 场音乐会的指挥工作，赢得了听众的首肯。本来他极有可能就此顺理成章地成为该团下一任的首席指挥，不过在此之前他已经接受了德累斯顿国家歌剧院的邀请，出任音乐指导兼首席指挥。

在德累斯顿工作的 11 年是弗里兹·布什艺术历程中一段最长的指挥任期，也是他并不彰显的人生中一个辉煌的制高点。尽管这一时期他指挥的录音还没有被整理出来（也许已毁于战乱），然而我们仍然有理由相信：这家具有悠久历史的歌剧院正是在弗里兹·布什及其后任卡尔·伯姆手中被打造成全欧最负盛誉的歌剧院之一。在他任职期间，德累斯顿歌剧院首演了理查·施特劳斯的《间奏曲》（1924 年）、《埃及的海伦》（1928 年），布索尼的《浮士德博士》（1925 年），亨德米特的《卡尔迪拉克》（1926 年）和魏尔的《光驱者》（1926 年）。除在德累斯顿苦心经营之外，他还积极扩大自己艺术活动的领地。1924 年，当拜罗伊特歌剧院重新开张之际，他应邀客串指挥了庆典仪式上的歌剧《纽伦堡的名歌手》。1927、1928 年他两度出访美国，在纽约举行了音乐会；1929 年又成功实现了在英国伦敦的首演。

弗里兹·布什

弗里兹为威尔第的歌剧在德国的推广传播立下了汗马功劳，孰知这却成为日后具有纳粹倾向的评论家指责他的口实，他们称弗里兹没有利用德国的歌剧舞台为德国歌剧艺术竭尽全力。到了 1933 年，希特勒上台，艺术界的上空也是阴霾阵阵，尽管布什家不沾一丁点儿犹太血统，然而作为一位正直的艺术家，弗里兹对希特勒所鼓吹煽动的那一套深感厌恶。他曾在公开场合表示不喜欢、不相信纳粹们的所作所为；同样，纳粹分子对他也充满敌意。在如此恶劣的环境下，1933 年 3 月弗里兹被迫辞去了德累斯顿国家歌剧院的工作，并断然拒绝接受因同样原因挂冠而去的托斯卡尼尼留下的拜罗伊特歌剧院音乐总监之职，离开了他的祖国，远赴南美的阿根廷,领导在布宜诺斯艾利斯的科隆剧院的工作。他在那里指挥演出了巴赫的《马太受难曲》,这也是这部作品在美洲大陆的首度公演。

同年冬天,弗里兹又折回欧洲,担任丹麦广播交响乐团和斯德哥尔摩爱乐乐团的指挥,从此与这两支北欧乐团建立了长期的合作关系,并留下了一批与他们合作的珍贵录音。

EMI 唱片公司推出的《20 世纪伟大指挥家系列》中的弗里兹·布什专辑为当代人了解他的指挥艺术提供了第一手的研究史料。唱片中弗里兹棒下的乐团向我们展示出一种朝气蓬勃的生命之声。尽管二战时期的大部分时间弗里兹都是在南美度过的,然期间他也曾于 1942 年两次应故友托斯卡尼尼之邀赴美客串指挥纽约爱乐乐团。战后,从 1945 年起他出任纽约大都会歌剧院音乐指导达四个演出季。不过,弗里兹对纽约这个现代大都市却从未真正喜欢过,认为那里的商业气氛太浓,与他所信奉的艺术准则格格不入。而纽约的音乐经理人们显然也并没有把这个有些土气呆板的德国佬放在眼里,认为"他不是一个明星式的人物"。在 40 年代末任芝加哥交响乐团首席指挥之后,他于 1951 年重又回到了欧洲大陆,并再度踏上了阔别 18 年的祖国土地。他在科隆和汉堡举行了几场音乐会。塔拉(TAHRA)唱片公司发行的周年版专辑应该是他最后的录音之一。在这张专辑中他指挥汉堡的西北德意志广播乐团演奏了柏辽兹的《贝维努托·切里尼》序曲、列格的《席勒主题变奏曲与赋格》和舒曼的《第四交响曲》(TAHRA447)。

1920 年,英国著名的古董商、克里斯蒂拍卖行的创始人约翰·克里斯蒂(John Christie)承袭了位于伦敦郊外格林德伯恩的一座古老建筑。他先是将它改建为私人歌剧院,后来又萌发了利用这里的旖旎风光在那里打造成歌剧艺术节的想法。克里斯蒂想到了弗里兹·布什,因为他是当时欧洲最知名的歌剧指挥。弗里兹受

弗里兹·布什指挥的温泉疗养地音乐会

邀后欣然应允。从 1934 年第一届"格林德伯恩歌剧艺术节"弗里兹就是艺术节的音乐总监。艺术节每年从 4 月至 8 月举行,弗里兹精心筛选上演的剧目,并指导乐队认真排练。他为歌剧艺术节挑选的剧目以莫扎特的歌剧为主,但也有唐尼采蒂和威尔第的作品入选。对于他而言,贵族气息颇浓的格林德伯恩甚至要比当年的德累斯顿国家歌剧院更接近于他"以最微小的细节和对作品最完全的尊重来构建一部歌剧作品"的理想,因此弗里兹一连担当了六届艺术节的音乐总监。1951 年他重返故地,一口气推出了莫扎特的 4 部歌剧在艺术节上演,其中包括此前从未在

这里演出过的《伊多曼纽》。

弗里兹在格林德伯恩指挥的歌剧已由 NAXOS 唱片公司部分予以再版问世，已发行的有《费加罗的婚礼》《唐璜》和《女人心》三种，录制年代为 1934-1936 年。如今，在格林德伯恩歌剧院门厅的墙上，仍醒目地悬挂着一尊弗里兹·布什的象牙雕像，以纪念这位为艺术节的缔造做出杰出贡献的德国指挥大师。1951 年 9 月 14 日，弗里兹逝于伦敦，享年 61 岁。

阿道夫·布什（Adolf Busch）又名格奥尔格·威廉·布什，他 1891 年 8 月 8 日出生，是布什兄弟中的老二，也是五兄弟中最著名的一位。

阿道夫 3 岁时由父亲老威廉传授小提琴，他天资聪颖，禀赋过人，21 岁就进入科隆音乐学院师从著名小提琴家赫斯（Willy Hess, 1859-1939）。赫斯是约阿希姆的得意弟子，德国提琴学派的嫡系传人。阿道夫从他身上继承了德国学派演奏朴实严谨、不事矫饰的艺术风范，继而成为 20 世纪第一位德国小提琴学派的优秀代表。他的另一位提琴老师是埃尔德林（Bram Eldering）。在科隆求学期间，阿道夫也广泛涉猎作曲和指挥，这两门课的老师都是科隆音乐学院的院长，同时又是他哥哥弗里兹的主科教授斯坦巴赫。从科隆音乐学院以优异的成绩毕业后，阿道夫专程去波恩拜作曲家格吕特斯（Hugo Grüters）为师继续进修作曲。师徒俩相处甚欢，格氏对阿道夫的前途大为看好，在 1913 年将自己的女儿弗里达嫁给了他，师生又成翁婿，这一年阿道夫 22 岁。

3 岁时的阿道夫

阿道夫也是作曲家列格的忘年好友，他最初的小提琴演奏就是与列格合作的。1912 年，21 岁的阿道夫成为维也纳音乐协会管弦乐团的首席小提琴。6 年后，他取代了法国小提琴家马尔托（Henri Marteau, 1874-1934）在柏林音乐高等学校的教授之职。之前这个职位由约阿希姆担任。因而，无论从师承关系还是从事业沿袭的角度而言，阿道夫都可称得上是约阿希姆的再传弟子。

作为一名出色的小提琴独奏家，阿道夫是以演奏贝多芬和勃拉姆斯的小提琴作品而著称于世的，不过，长期以来我们能见到的他的唱片很少，不及与他同时代的克莱斯勒，甚至还少于他的同龄人埃尔曼。最近有幸得到一张意大利 Dynamic 唱片公司发行的协奏曲专辑，录制的是阿道夫演奏的贝多芬《D 大调小提琴协奏曲》和布索尼《D 大调小提琴协奏曲》。贝多芬的协奏曲录制于 1942 年 2 月，由其兄弗里兹·布什指挥纽约爱乐乐团协奏。抱着期盼已久的心情洗耳恭听,结果竟大出意外。第一乐章乐队呈示后独奏小提琴的序奏进入,在三度分奏乐段后的第一个长句,阿道夫的音准便出了问题,醉酒般地摇晃不稳,着实有些令人大跌眼镜,可能大师对录音演奏的氛围尚感生疏,刚一上来未能立刻进入状态。他的用弓和对分句的处理以今天的眼光来看也颇多商

阿道夫·布什

榷之处,在演奏经过句时还偶有精力不集中的迹象,运弓显得疏漫大意。以余之见,这个版本从第一乐章的华彩段(由阿道夫本人写就)到第二乐章小广板结束是它的最闪亮之处,其余都颇令人失望。不过,阿道夫演奏的贝多芬小提琴奏鸣曲情况要好得多,音色饱满而富于活力生机,充满着金属般的光泽。有一种说法:阿道夫被认为面相与乐圣贝多芬极像,都有着宽阔的额头,向外突起的颧骨,紧锁的眉头,乃至棱角分明的嘴唇。或许这促使他将贝多芬的作品作为自己永远的保留曲目,并力图成为它们的代言人。他演奏的协奏曲录音还有:勃拉姆斯《D 大调小提琴协奏曲》(Music & Arts CD-1107)、《A 小调双重协奏曲》(Music & Arts CD-1083)和德沃夏克的《A 小调小提琴协奏曲(ARBITER 117)。

布什弦乐四重奏
阿道夫、安德里亚森、赫尔曼与多克特
(从左至右)

作为一位 20 世纪上半叶卓越的小提琴家,阿道夫与其他所有同时代、同级别的小提琴大师最根本的区别在于他在室内乐重奏领域所取得的艺术成就要高于他的独奏艺术。他对室内乐的喜爱几乎是自小俱来的。早在 1912 年,阿道夫便在维也纳音乐协会管弦乐团指挥洛威(Ferdinard Lowe)的支持下组建了他的第一支四重奏组,当时称为"维也纳音乐协会四重奏组"。阿道夫与他的伙伴们凭着对室内乐的狂热爱好,通常从每天下午 4 时一直要练到次日凌晨 4 时。这个四重奏组因第一次世界大战的爆发而被迫解散。1918 年他又组建了一支新的四重奏组——布什四重奏组。在以后的

岁月里,尽管其成员几经更迭,然而阿道夫作为它的领导者和第一小提琴的身份却从未改变过。1930年,阿道夫的弟弟赫尔曼·布什加入后,"布什四重奏组"的声誉远播整个欧美乐坛,他们演奏的贝多芬、勃拉姆斯和舒伯特的作品至今仍是乐迷们津津乐道的赏乐佳珍。后来,钢琴家鲁道夫·塞尔金(Rudolf Serkin,1903-1991)也成了"布什四重奏组"的核心成员,这无疑使原本只能演奏弦乐四重奏的重奏组大大拓展了室内乐的演奏曲目。

阿道夫·布什被认为酷似贝多芬,而年轻时的鲁道夫·塞尔金则仿佛是马勒的再版。据说阿道夫的女儿伊莲娜第一次见到塞尔金时年方10岁,她对这位有着马勒一样的犹太血统、戴着眼镜的斯文青年说:"等我长大了,我要嫁给你。"倒还真有几分当年克拉拉对舒曼一往情深的意思。后来塞尔金与伊莲娜结婚,并成为"布什四重奏组"的中坚分子。翁婿俩合作的贝多芬《小提琴奏鸣曲》是集中展现他们的美学见解和演奏艺术的代表之作,而有塞尔金参与演奏的贝多芬、舒伯特的钢琴三重奏,勃拉姆斯的钢琴三重奏、四重奏近年来也由各唱片公司不断再版呈现给21世纪的音乐爱好者们。

阿道夫与他最得意的学生梅耶因在瑞士巴塞尔

1927年,阿道夫对国内日益滋长的纳粹思潮心生厌恶,遂移居瑞士巴塞尔,并于1935年加入了瑞士国籍。30年代后期,阿道夫又在英国组建了一支"布什室内乐演奏家乐团"。他亲任指挥兼首席小提琴,这支乐团以演奏巴赫的《勃兰登堡协奏曲》而享誉乐坛。二战爆发后,阿道夫与他的重奏伙伴们来到了美国,这时他已是身兼小提琴独奏家、弦乐四重奏和钢琴三重奏首席、乐团指挥家和作曲家多重身份的德高望重的艺术大师了,在美国乐坛上占据着举足轻重的地位,直到1948年以后57岁的阿道夫渐感体力不足,遂逐渐退出了演奏舞台。

美国新英格兰地区的佛蒙特州又被称为"绿山州",这里群山环绕,绿叶青葱,自然风光十分宜人。1950年,阿道夫带着赫尔曼和塞尔金来到这里的马尔波罗山谷创办了马尔波罗艺术节和马尔波罗音乐学院。作为小提琴教师,阿道夫很早便显现出他的才干,他的学生中最杰出的一位就是耶胡迪·梅纽因。梅纽因认为:作为一名小提琴家,尤其是演奏室内乐的小提琴家,时至今日他们都仍受到布什的那种激情的演奏方法的影响。梅纽因特别指出,这种影响尤其体现在"斯美塔纳四重奏组"和"意大利四重奏组"的演奏中。

阿道夫·布什1952年6月9日病逝于美国的佛蒙特,终年61岁。阿道夫的传记作者图利波特在他的书中这样写道:"也许,阿道夫·布什教给我们最伟大的一课便是:音乐不应是对生活的一种逃避——它是我们生活的一部分,它真实地反映了生活中一切多样性的差异和基本的共同准则。在他的音乐里你找不到那种一成不变或是呆板乏味的生活情趣。"

威利·布什(Willy Busch)无疑是五兄弟中的一个变数,尽管他没有成为一名音乐家,然他的事业仍与艺术密切相关,他是一位戏剧演员。

威利1893年4月23日出生,他从小就热爱戏剧艺术,致力于将学到的书本知识化作舞台实践。1912年,年仅19岁的威利就第一次在科隆的德意志剧院粉墨登场。两年后他被聘为首都柏林德意志艺术家剧院的正式演员,开始其职业演艺生涯。一战期间,他在前方既当文艺兵又当战士。从1919年起一直到二次世界大战结束的1947年,威利都任职于波鸿的市立剧院,是剧院里的台柱子。他以饰演莎士比亚的戏剧《哈姆雷特》《罗密欧与朱丽叶》《理查五世》和歌德的《浮士德》等经典作品而著称。他饰演的角色性格鲜明、形象逼真,极具艺术感染力。后来他还兼任波鸿演艺学院的艺术总监,教、演并举。1947年后威利重返科隆,继续领衔于戏剧舞台,直至1951年5月逝世,享年58岁。

饰演哈姆雷特的威利·布什

赫尔曼·布什(Hermann Busch)1897年6月24日出生在塞根,从小便被指派学习大提琴,启蒙老师当然就是他的父亲。长大后他进入科隆音乐学院学习,师从德国大提琴学派的代表人物格吕茨马赫尔(Leopold Grützmacher),嗣后又赴奥地利拜维也纳音乐学院的格吕梅尔(Paul Gruemmer)为师继续深造。一次大战期间他成为比利时布鲁塞尔皇家交响乐团的演奏员,1919年以后在波鸿等地进行演出活动,1923-1927年期间成为维

赫尔曼·布什

布什之家的三重奏
阿道夫、弗里兹和赫尔曼（从左至右）

也纳交响乐团的大提琴独奏家。

离开维也纳交响乐团之后，他作为一名自由的独奏家活跃于德国的音乐舞台。不久，他追随二哥阿道夫移居瑞士巴塞尔。正是从这时起，赫尔曼决定将自己的演奏事业与家庭紧紧地联系在一起。他取代了他的老师格吕梅尔成为"布什四重奏组"的一员。赫尔曼的演奏才华正是在与阿道夫、塞尔金和他组成的钢琴三重奏录音中才更见功力，无论是其中的独奏还是配合默契的重奏都无懈可击，堪称一流，这才是名副其实的"布什重奏之声"。

赫尔曼自小就性格沉稳内敛，为人谦和低调，这在一定程度上限制了自身的艺术发展，使他的名声远远落在哥哥的光环之后。自从成为"布什四重奏组"成员之后，便再也难见到他以独奏家的身份出现在音乐舞台上，他几乎成了一位专职的重奏艺术家。目前能见到的由他演奏的协奏曲作品仅限于在 1949 年法国斯特拉斯堡艺术节上他与阿道夫合作的勃拉姆斯《A 小调双重协奏曲》（Music & Arts CD-1083）和收录于 EMI《弗里兹·布什》专辑中由其哥哥弗里兹指挥的海顿的《降 B 大调交响协奏曲》。二战后赫尔曼随阿道夫迁居美国。1954 年，57 岁的赫尔曼被任命为迈阿密大学管弦乐系的大提琴教授。但在以后漫长的 20 多年中他的名字被渐渐淡忘，无论是演奏、教学均乏善可陈，晚年亦终老于美国，1975 年 6 月去世。

海因里希·布什（Heinrich Busch）是布什兄弟中的幼弟，他是一名钢琴家兼作曲家，1900 年 6 月 28 日出生。他在科隆音乐学院学习。钢琴、作曲皆不凡，曾创作过为数不少的艺术歌曲和室内乐作品。可惜在 29 岁时就因病早逝于德国的杜伊斯堡，以致未能续写布什家族在 20 世纪下半叶的业绩篇章。

*　　　　　*　　　　　*

布什兄弟的成材和建树固然离不开他们深厚浓郁的家庭氛围以及由此而产生的凝聚力、向心力，他们同心协力，互相扶持，共同打造出了一个家族的辉煌。然而论个人才情，弗里兹的指挥造诣不输于同时代的老克莱伯、谢尔欣和舒里希特；阿道夫的提琴功力也不见得逊色于埃尔曼、西盖蒂和胡贝尔曼，缘何布什们的声名总略逊一筹呢？抑或是他们过于注重家庭的整体利益而相对忽视了与外界的广泛交流,因而在无形之中将自己局限于一个相对封闭的私人空间,影响了自身艺术的进一步发展。诚如是,则是否可谓布什兄弟的蜚声乐坛是成于家庭,亦憾于家庭呢?

《20世纪伟大指挥家》之弗里兹·布什卷

弗里兹指挥的莫扎特歌剧《唐璜》唱片

阿道夫演奏的贝多芬小提琴协奏曲唱片

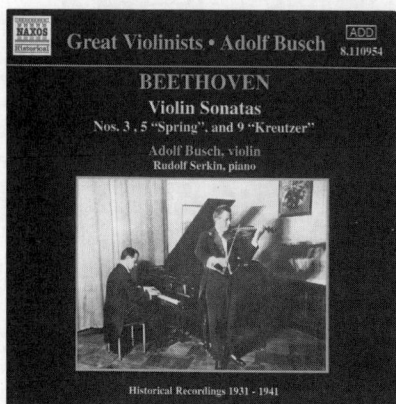

阿道夫演奏的贝多芬小提琴奏鸣曲唱片

二十三、福尼埃家族的"钢琴三重奏"

皮埃尔·福尼埃

西洋弦乐器演奏艺术的流派源头总能在文艺复兴之后制琴业最为发达的意大利找到,小提琴如此,大提琴同样如此。可惜大提琴艺术在 19 世纪后逐渐由德、法、俄演奏学派三分天下。20 世纪初,相继涌现的三位琴坛大师分别成为这三个传统流派的杰出代表,他们就是德国大提琴家艾曼纽尔·福厄曼、俄罗斯大提琴家格雷戈尔·皮亚蒂戈尔斯基和法国大提琴家皮埃尔·福尼埃。

20 世纪的法国琴坛向来有大提琴四大家之谓,即福尼埃、纳瓦拉（Andre Navarra, 1911-1988）、托特利埃（Paul Tortelier, 1914-1990）和让德隆（Maurice Gendron, 1920-1990）。福尼埃为四杰之首,其家族的三位重要成员则组成了一个道道地地的家庭"钢琴三重奏"。

大提琴家 皮埃尔·福尼埃
（Pierre Fournier）

皮埃尔·福尼埃被誉为是演奏艺术中"优雅风范"的化身,"大提琴家中的贵族"（The aristocrat cellist）。他于 1906 年 6 月 24 日出生于巴黎一个门第显赫的家庭,父亲加斯东·福尼埃追随拿破仑征战沙场,立下功勋成为共和国的将军。不过,两个儿子受到了母亲的熏陶,先后走上了习艺之路。皮埃尔的母亲加布里埃拉·莫里斯接受过钢琴教育,在皮埃尔 5 岁时,母亲就将他领上了琴凳,开始了童年的学琴生涯。孰料 9 岁那年他不幸得了骨髓灰质症(俗称小儿麻痹症),落下了右腿肌肉萎缩的残疾,再也无法去踩钢琴的踏板。于是皮埃尔转习只需用手且能坐着演奏的大提琴。

　　1918 年,12 岁的皮埃尔进入巴黎音乐学院,先后师从大提琴名师巴泽莱尔(Paul Bazelaire)和赫金(Anton Hekking)。他进步很快,1923 年,17 岁的皮埃尔以学院大提琴演奏首奖的优异成绩毕业。他的前辈,法国大提琴家马雷夏尔(Maurice Marechal,1892-1964)当时就看好他的未来前景,预言他将成为"未来的大提琴大师"。两年后,皮埃尔在巴黎举行了首演,成功地演奏了拉罗的《D 小调大提琴协奏曲》而一举成名。他加入了科隆纳管弦乐团,成为大提琴手。不过,乐团虽好,却终非身怀绝技的皮埃尔的久留之地。1927 年,21 岁的皮埃尔辞别乐团,从此以独奏家的身份跻身于欧洲音乐舞台。

　　皮埃尔的演奏以弓法、指法的反应敏捷迅灵著称,尤其是他右手的运弓技巧更是灵巧自若,已臻随心所欲之境。他素来重视右手的运弓技术,认为如果要使自己的演奏音色圆润柔美,右手臂一定要处在良好的位置上,这样才能做到收放自如。同时,他也非常推崇捷克小提琴教师舍夫契克(Otakar Sevcik,1852-1934)的小提琴训练教材,确信以他的方法对大提琴的左右手进行强化训练的话必定获益良多。为此,他将塞夫契克的教材移植到大提琴上,用来进行针对性训练,无疑,这种独到的训练方法对其掌握弓法、指法的快捷灵敏反应起到了巨大的积极意义。

　　皮埃尔仪表堂堂,器宇轩昂。虽然身材不高,然举手投足无不流露出高贵之气和名士之风。1933 年起,他开始受到国外乐团的青睐,与柏林爱乐乐团的合作奠定了他的国际声誉。也正是在这次合作中,他与柏林爱乐的首席指挥富特文格勒结下了深厚的友谊,他俩在 30 年代合作的德沃夏克协奏曲的第二乐章、舒曼协奏曲的第三乐章的广播录音至今仍完整无损地被保存着。

　　二次世界大战爆发,法国经历了从抵抗到沦陷的苦难历程,这一时期显然不太可能经常举办大型的交响音乐会,于是皮埃尔将艺术的重心移到室内乐演奏和音乐教学上。从 1937 年起他先在普通中学的大提琴教学班上任教,1941-1949 年他受命回母校出任大提琴教授,在战争期间培养出一大批大

福尼埃在塞尔指挥下演奏理查·施特劳斯的《堂吉诃德》

提琴演奏的好苗子。他的室内乐演奏也给人留下了深刻的印象,尤其是 1943 年,当卡萨尔斯为抗议纳粹法西斯而宣布罢演之后,皮埃尔取代了他在"黄金三重奏"中的位置,与法国小提琴家蒂博、钢琴家科尔托组成了名副其实的"法兰西三重奏"。此外,像小提琴家西盖蒂、谢林、格吕米欧、中提琴家普里姆罗斯、钢琴家施纳贝尔、巴克豪斯、肯普夫和玛格丽特·朗等一大批与他意趣相投、气质相近的演奏大师也都是他这一时期从事室内乐演奏的亲密伙伴。战后,皮埃尔受到了 EMI 唱片公司当家人沃尔特·莱格的赏识和器重,使他为 EMI 留下了不少优秀的唱片录音。它们都被收入 1997 年发行的《永远的福尼埃》(Les Introuvable de Pierre Fournier, EMI 7243 5 69708 2 3)4CD 的纪念专辑中。

战后,皮埃尔的艺术生涯也如同他的祖国一样迎来了新生,他重新回到舞台。1948 年,他首度访问美国,在纽约和波士顿的两场音乐会都大获成功。显然,他本人也对此次美国之行极为满意,他说:"从那以后,我就一直热切地盼望着能去美国开音乐会。虽然我在欧洲有很多工作,从事大量的教学和演出活动,但对我而言,到美国开音乐会每一次都是很有收获的。"1959 年,他成为首位在战后到苏联举行独奏音乐会的西方大提琴独奏家,并与罗斯特罗波维奇结下了深厚的友谊。这一时期皮埃尔的演奏艺术已进入全盛时期,他之所以被誉为"大提琴家中的贵族"的抒情浪漫的演奏风格和高贵典雅的艺术气质集中地体现在这一时期的演奏录音之中。从 50 年代后期到 60 年代后期,他一生中最重要的代表作几乎都是在 DG 唱片公司录音的。无论是抒情仁爱、令人欣然忘忧的巴赫《大提琴独奏组曲》,沉稳浓郁、洋溢着昂然向上风骨的贝

福尼埃与大卫·奥伊斯特拉赫合作演奏勃拉姆斯的双重协奏曲

多芬《大提琴奏鸣曲》全集,还是清新洒脱、华美绚丽的拉罗和圣－桑的《大提琴协奏曲》,都淋漓尽致地体现出福尼埃演奏艺术的鲜明个性。音乐评论家维塔伊写道:"皮埃尔·福尼埃的音色永远是那么和谐自然,从来不使人感到尖锐和夸张。其实,要在各类作品中始终如一地表现得纯净柔美、自然流畅是非常难的,这无疑显示了他高超的艺术功力和独特过人的音乐表达能力。我会为罗斯特罗波维奇那难以抗拒的技巧、力量和宽宏的音色所折服;而皮埃尔的演奏却仿佛总是在不断地告诉我音乐是多么的美妙。显而易见,要评判以上两种演奏风格哪一种更好是困难的。我个人认为演释巴洛克、古典时期的作品皮埃尔要优于罗斯特罗波维奇,因为后者经常会表现出与他的合作者的某些不一致。然而皮埃尔却从来不会!这

也许只是从我欣赏口味中得出的偏见。但我想,皮埃尔的这种艺术风格实在是取决于他的为人个性和早年在室内乐演奏领域的广泛历练。"

的确,皮埃尔与任何与他合作的演奏家都合得来。奥地利钢琴家古尔达
（Friedrich Gulda,1930-2000）以为人特立独行,在演奏中时有出人意表之举而闻名乐坛。然而,正是这两位年龄、民族、习性和爱好皆大异其趣的艺术家却在一起举行了30 多场音乐会,并为后人留下了极为经典的贝多芬《大提琴奏鸣曲》全集的录音版本。古尔达这样描述他们之间的关系:"在我俩的合作过程中他总是更通情达理,我却更桀骜不驯。我从他的身上学到了很多东西,无论是对作品本身的探讨,还是谈及作品之外的问题。我要感谢他给了我这样一个合作的机会。"

福尼埃与奥地利钢琴家古尔达合作录制贝多芬的大提琴奏鸣曲

纵观皮埃尔·福尼埃一生的唱片录音,可以发现他的演奏曲目并不如与他齐名的那些大提琴名家们宽泛,但仍包括了各个时期大提琴文献库中的主要经典。最为与众不同的是他对作品孜孜不倦、精益求精的钻研精神。他录制过四次完整的巴赫《独奏组曲》——第四次竟然还是在他年过七十之后! 贝多芬的《大提琴奏鸣曲》全集、勃拉姆斯的《A 小调小提琴、大提琴双重协奏曲》、海顿的《D 大调协奏曲》、圣-桑的《A 小调协奏曲》,还有舒伯特的《琶音奏鸣曲》和德彪西的奏鸣曲他都前后录过 4 次;理查·施特劳斯的《堂吉诃德》是 5 次、舒曼的《A 小调协奏曲》为 6 次,而德沃夏克那首脍炙人口的《B 小调协奏曲》他竟然总共录过 9 次(包括两个未公开出版的录音)。

作为一位在乐坛上素负盛誉的演奏大师,皮埃尔自然也不缺少作曲家为他度身定制的题献之曲。近代作曲家马丁（ Frank Martin, 1890-1970 ）、马蒂努（Bohuslav Martinu, 1890-1957）和普朗克（Francis Poulenc, 1899-1963）就分别将各自创作的大提琴协奏曲、奏鸣曲题赠予他并由皮埃尔作了世界首演。

从 1956 年起,皮埃尔携全家迁居于有"欧洲花园"之称的瑞士首都日内瓦,但仍保留自己的法国国籍。基于他为弘扬法国音乐艺术所做出的突出贡献,1963 年法国政府授予他"荣誉军团骑士"称号。他的艺术生命力非常旺盛,直到 78 岁高龄还在伦敦的伊丽莎白皇后大厅举行独奏音乐会,且状态良好。1986 年 1 月 8 日,大师因中风而离开了人世,终年 80 岁。在此之前,他还在积极筹备第二次去韩国进行演出。在他去世之后,英国皇家北方音乐学院为纪念这位 20 世纪最伟大的法

国大提琴艺术大师发起举办了"国际大提琴艺术节"。诚如《纽约先驱论坛报》的专栏作家维吉尔·汤姆森所写的那样："在当代大提琴家中我不知道是否还有像他这样演艺超卓、又能给听众带来如此丰富的深厚情感的艺术家。这种情感的传递贯穿于音乐的演释过程中,它被呈献给听众并被听众所感动。"

钢琴家　让·方达(Jean Fonda)

皮埃尔·福尼埃有过两次婚姻,1936年他30岁时与莉迪娅·安蒂克结为连理,两人情深意笃,直至1978年莉迪娅病逝。1979年他又娶日本女子田口纯子为妻,相伴他度过生命的最后几年。

在皮埃尔与莉迪娅结婚的次年,他们唯一的儿子降生了。让·皮埃尔·福尼埃(Jean Pierre Fournier)1937年12月21日生于巴黎,然而后来他却以让·方达的名字亮相于舞台。这个艺名是他自己起的,因为他是位对戏剧和电影相当痴迷的人,而著名美国女影星简·方达是他最喜爱的一位电影偶像,而他的生日也恰与简·方达是同年同月同一天,这是他甚至不惜将自己的尊贵姓氏也让给方达的决定性因素。让·方达从小就接受钢琴教育,1957年从日内瓦音乐学院毕业,获演奏大师奖,第二年就在德国举行了自己的首演。作为钢琴家,让·方达曾在欧洲、美国、南美、日本、中东和土耳其等国举行独奏音乐会,并多次出现在欧洲主要的夏季艺术节如瑞士的卢塞恩、苏格兰的爱丁堡和摩纳哥的蒙特卡洛等演奏会上。不过,他最受人注目的演出还是他和自己父亲的二重奏音乐会。

皮埃尔·福尼埃一生合作的钢琴家甚多,但自60年代后期起,他就更乐于与自己的儿子在一起举行音乐会。在EMI唱片公司发行的"经典档案"系列(Classic Archive)DVD的皮埃尔·福尼埃专辑中就收录了由他们父子俩合作的四首作品——贝多芬的《第四、第五大提琴奏鸣曲》和根据亨德尔歌剧《犹大·马卡比》

福尼埃与儿子让·方达在录制肖邦的大提琴奏鸣曲

主题而作的《十二首变奏曲》以及肖邦的《引子与辉煌的波兰舞曲》。这也使人们一识让·方达这位"贵族后裔"的真容和风采。

让·方达的技艺相当不错,触键迅捷有力,音色饱满,音量控制也恰到好处。贝多芬晚期的两首奏鸣曲,大提琴刻画出富于哲理沉思意味的哲人形象,钢琴则充当了一位哲人身边时而聆听、时而与之交谈的伴侣。而在演奏中让·方达亦很好地担任了父亲"歌唱"中的唱和伙伴,两者相得益彰。在演奏时,父子俩虽各自专注于自己手中的乐器,然不时会朝对方投以短暂的一瞥。彼此之间的默契和会意尽在不言中。一曲甫毕,让·方达的脸上露出微笑,神色充满着自信、自豪。除这款影像资料而外,让·方达与父亲合作,记录于 CD 载体的尚有勃拉姆斯的《第一奏鸣曲》和格里格的《A 小调奏鸣曲》(Stravadivarius 33320)、贝多芬的《第二、第三奏鸣曲》(Aura Classics AUR 125)。此外,他还录制过一张个人的舒曼作品独奏专辑(Adda 590053),只是这些唱片均不容易寻到。让·方达于 1968 年在伦敦获赠哈里叶特·科恩金质奖章,1980 年又获法国政府颁赠的"法兰西艺术院通讯院士"的荣誉称号。如今也已 70 多岁高龄的让·方达在业余时间除爱好戏剧、电影外也爱阅读文学名著,致力于收藏和整理各类人物自传。

小提琴家　让·福尼埃(Jean Fournier)

加斯东·福尼埃家有两个儿子,老大皮埃尔已学了大提琴,那么对于他的弟弟让而言,小提琴便是他的学习首选。让·福尼埃比哥哥小 5 岁,1911 年 7 月 3 日出生于巴黎。他最初也跟随母亲先接受了钢琴的启蒙教育,从 5 岁起开始正式学习小提琴。16 岁考入巴黎音乐学院,师从小提琴教授阿尔弗雷德·布朗(Alfred Brun)。另外,让·福尼埃还私人追随当时在法国从事音乐活动的罗马尼亚小提琴家兼作曲家乔治·埃内斯库以及来自俄罗斯的鲍里斯·卡明斯基(Boris Kamensky)为师,从而广泛地涉猎了小提琴演奏上法 – 比学派和俄罗斯学派的各自优点和彼此差异,从中各取所长。融为己用。1931 年,20 岁的让以小提琴演奏第一名的优异成绩从巴黎音乐学院毕业,不过他并未立即登上演奏舞台。当时,受教于俄罗斯莫斯科音乐学院的伊凡·加拉米安已任教于巴黎的"俄罗斯音乐学院",并于 1930 年起出任该学院的副院长。为更好地研习俄罗斯学派的技巧精髓,让进入"俄罗斯音乐学院"接受加拉米安的教导苦心修炼了几年。

1941 年,让·福尼埃与法国最负盛誉的小提琴大师蒂博结识,深为蒂博的为人和琴声所倾倒,进入蒂博与女钢琴家玛格丽特·朗合办的音乐学校担任小提琴教师,成为蒂博的同事和益友。

作为小提琴演奏家,此后让的足迹遍及欧洲、非洲以及远东的日本和中国香港、台湾地区,与他合作过的有巴黎音乐学院拉慕勒、科隆纳、巴士底歌剧院、法国国家管弦和法国广播电视爱乐等国内一流的交响乐团,以及夏尔·明希、安德列·克吕坦、赫尔曼·谢尔欣等指挥大师。虽然他对俄罗斯演奏学派的表现技巧下过苦功,然而或许是天性、气质使然,让的演奏还是更具传动的法—比风范,即音量略小但却音色迷人。一般认为他演奏的室内乐远比他与管弦乐团合作的大型协奏曲更具魅力。在 20 世纪 50 年代,由他与奥地利钢琴家巴杜拉－斯科达(Paul Badura-Skoda，1927-　　　)和意大利大提琴家雅尼格罗(Antonio Janigro，
1918-　　　)组成的钢琴三重奏组尽管在名气上不及皮埃尔·福尼埃与肯普夫、谢
林的组合，但同样给听众留下了相当深刻的印象，并留下了为数不少的唱片录音，
他们录制的莫扎特和贝多芬的全套钢琴三重奏，以及舒伯特、海顿、勃拉姆斯和德
沃夏克的钢琴三重奏，足以表明他们在这个领域所取得的较高艺术成就。

让的妻子吉内特·多依安(Ginette Doyen，1921-2002)是位钢琴家，夫妇俩也
经常在一起举行二重奏音乐会，他们的演奏以音色优美，配合默契而著称，代表作
是贝多芬的《小提琴奏鸣曲》全集，德彪西、福列和施米特(Florent Schmitt，1870-
1958)的小提琴奏鸣曲，可惜在今日的唱片市场上极难觅其踪影。令人稍感意外的
兄弟俩极少像其他音乐家庭的兄弟姐妹们在一起合作从事演奏，至今发现的唯一
录音是 1944-1945 年期间他俩在巴黎合作的勃拉姆斯《A 小调小提琴、大提琴双
重协奏曲》，由欧仁·比戈指挥拉慕勒音乐协会管弦乐团协奏，况且这还是一个未
作商业发行的录音。

进入 60 年代，让再度从事教学工作，他 1962 年起一直在奥地利萨尔茨堡莫
扎特音乐学院任教，为时长达 33 年，1966 年后又担任母校巴黎音乐学院的小提
琴教授。他是多项国际小提琴比赛的评委，也被政府授予法国"荣誉军团骑士"
称号。让爱好收藏意大利名琴，每逢举行音乐会，他会依据所演奏的曲目风格选
用不同的名琴来演奏，被称为是"杰出的小提琴家，最优秀、最完美的提琴音乐诠
释者。"

让·福尼埃于 2003 年 7 月 9 日去世，享年 92 岁。

20 世纪法国大提琴四大家：

皮埃尔·福尼埃　　　　　　　　安德列·纳瓦拉

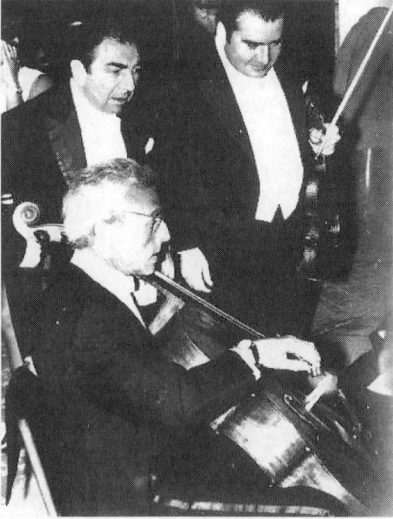

保尔·托特利埃

莫里斯·让德隆

二十四、"圆号天使"丹尼斯·布莱恩与他的管乐家族

　　每当提及莫扎特,一切受惠于他音乐的人总难免为之扼腕长叹,深感天妒英才,致使天才生前食宿常潦倒,死后尸骨也凄凉。即便如此,他却为后人留下了蔚为丰富,具有不朽生命力和艺术感染力的六百多个编号的各类作品。历史总是惊人的相似。在莫扎特诞生二百年后,他的早逝悲剧又一次降临到一位才华超卓的音乐家身上。这位艺术家也以仅 36 岁的人生告别了这个世界,离我们远去。而他生前又恰恰是以演奏莫扎特的作品闻名遐迩的。今天,当举世纪念莫扎特之际,似乎也不应忘却这位给世人留下珍贵音乐遗产和无限怀念遐思的大师。他,就是圆号演奏家丹尼斯·布莱恩(Dennis Brain)。2011 年的 5 月 17 日,正是他诞辰 90 周年的纪念日。

　　相信但凡听过或买过 EMI 唱片公司唱片的乐迷很少会没听说,不知道丹尼斯·布莱恩这个名字的。无论 EMI 唱片公司推出哪个系列的怀旧名盘,似乎总少不了由他演奏的莫扎特 4 首圆号协奏曲。如同 20 世纪 20 年代富特文格勒和卡拉扬的指挥、梅纽因的小提琴,卡拉斯和施瓦茨科普夫的演唱那样,丹尼斯·布莱恩的圆号演奏也堪称是 EMI 压箱底的镇牌之宝。尽管斯人离开我们已近半个世纪了,然而他留给我们的美妙、迷人的音色仍是那么强烈地感染着、抚慰着身处 21 世纪人们的心灵。仿佛他也像莫扎特一样,在遥远的天国里注视着地球上的人们,用他们的音乐为这个世界带来阳光,带来温暖;带来诗情,带来美好。

圆号世家的翘楚

　　1991 年,在纪念丹尼斯·布莱恩诞辰 70 周年的时候,专栏作家迈克尔·梅克纳这样写道:"自从爵凡尼·篷托在 150 年前放下了圆号之后,是丹尼斯·布莱恩又将它重新拾起,并通过对莫扎特、理查·施特劳斯以及亨德米特及布里顿所创作

的圆号作品的诠释,为 20 世纪的圆号演奏艺术建立起了一个全新的准则。他只用了 36 年的时间就完成了一生的艺术传奇,其中上天分配给他的黄金岁月仅仅只有 10 年。可即便如此,他为后人所树立的典范价值都是永远不朽的。"

丹尼斯·布莱恩

要理解梅克纳这段话的含义,首先就要大致了解圆号演奏的发展历史。圆号可谓其生也早,其兴也迟。到 17 世纪的巴洛克时代才始被乐队所接纳。当时的圆号是由一根铜管圈盘起来的,它没有活塞按键,因此在演奏中转调、吹奏泛音都很不方便,在乐队中的表现力也很受限制。到了古典主义时期,圆号的演奏技术有了很大的发展,在整个 18 世纪最杰出的圆号演奏家有两位:一位是奥地利人约瑟夫·莱特盖布(Joseph Leitgeb,1732-1811)。他曾任萨尔茨堡宫廷乐队的乐师,与莫扎特一家有通家之好,老莫扎特的 1 首圆号协奏曲和莫扎特的 4 首圆号协奏曲就都是为此人而作,由此可见其人的演奏技艺不同凡响。另一位与他齐名的演奏家波西米亚人爵凡尼·篷托(Giovanni Punto,1746-1803)。他本名杨·瓦茨拉夫·斯蒂赫,是一个伯爵的奴隶,由父亲教他吹奏圆号。在他 22 岁那年他赎身获得了自由,从此就以自由演奏者的身份供职于各国的宫廷乐队,并将自己的名字改为意大利化的爵凡尼·篷托。莫扎特逗留巴黎期间曾听过他的演奏,对他的演技深表赞赏。1800 年他分别在维也纳和

18 世纪杰出的圆号演奏家爵凡尼·篷托

布达佩斯举行音乐会,与贝多芬(担任钢琴伴奏)一起演奏了由后者创作的《F 大调圆号奏鸣曲》Op.17。当时的贝多芬还一文不名,以致于演出后某位评论家这样写道:"这个叫贝多芬的人是谁? 他的名字我们可从未听说过。当然,篷托可是位非常知名的演奏家。"显然,在梅克纳看来,圆号演奏艺术自莱特盖布和篷托之后出现了一个断层,在整个 19 世纪处于停滞、空白的阶段,直到丹尼斯·布莱恩的横空出世才使它重现生机。丹尼斯·布莱恩无疑是现代圆号演奏的奠基者和杰出代表,他在圆号界的地位是堪与当年确立了圆

号在乐队中的独奏地位的两位古典时期演奏大师并驾齐驱的。

丹尼斯·布莱恩1921年5月17日出生于英国伦敦一个演奏圆号的音乐世家。这个家族从他上溯三代都以吹奏圆号著称。他的爷爷老尔弗雷阿德是维多利亚女王时代的宫廷乐师,他的伯父小阿尔弗雷德和父亲奥伯瑞是世纪之交的优秀圆号演奏家。丹尼斯是奥伯瑞的儿子,不过,这却并不意味着他从降生的那一刻就不可避免地要像他的祖、父辈那样选择圆号。事实上他的哥哥伦纳德·布莱恩就先是迷上了化学,而后又选择了吹双簧管作为自己的终身职业。然而,丹尼斯似乎是上天派来人间吹响欢乐号角的天使,他天生就是为圆号而生的。从3岁起他就显示出对父亲乐器的浓厚兴趣。当父亲在家中练习时他会立即停止刚才的哭闹,眼睛一眨不眨,聚精会神地坐在旁边看着、听着,有好几次他甚至还试图去搬弄那个黄澄澄的大家伙。奥伯瑞看在眼里,喜在心头,终于有人能够继承自己的衣钵了。不过,他却不想让孩子过早地接触圆号,因为他相信学圆号可不比弹钢琴、拉提琴,开始得越早越好。学习圆号最起码要到孩子10岁以后,那时他的肺部才能承受吹奏的压力。所以小学时代的丹尼斯基本上只有在每个星期六上午才被允许拿着圆号练上一小会。

童年时代的丹尼斯跟随身为作曲家兼钢琴家的母亲玛里昂(Marion Brain)学习钢琴,稍长又到教堂去学习演奏管风琴。当他年满10岁后父亲终于开始教他练习圆号了。1936年丹尼斯·布莱恩从圣保罗中学毕业,15岁的他考入皇家音乐学院圆号演奏专业。他在音乐学院的第一位老师还是他的父亲。原来奥伯瑞除了是一位演奏家外,还是音乐学院的圆号教授。在学习过程中,家庭中那种融洽和睦的父子关系是难见踪迹的。教的人是唯恐不严,学的人是生怕不勤,丹尼斯原本就天赋异禀,悟性过人,再加上其父以及其他老师的悉仁调教,在学生时期他就已脱颖而出,崭露头角了。他曾在学院内组织的公开比赛中获得过"斯托克奖学金"。与此同时,除圆号专业外他随马克斯·皮拉尼学习钢琴、拜乔治·坎宁汉姆深造管风琴艺术。广博的涉猎使他积累了扎实深厚的人文底气,这些都在他日后的演奏生涯中很好地展示出来。1938年10月6日,年仅17岁的丹尼斯在这一天完成了他演奏人生中的处子秀。他和他的父亲奥伯瑞一起与二战前欧洲最知名的室内合奏团"布什室内演奏家"(Busch Chamber Players)在皇后大厅演奏了巴赫的《第一勃兰登堡协奏曲》(一说为莫扎特的《第十七嬉游曲》)。奥伯瑞其时正是"布什室内演奏家"乐队中的首席圆号。在这场演出中,丹尼斯紧挨着父亲充当乐队的第二圆号。他的处子秀引发了不少令人鼓舞的乐评。《每日电讯报》的评论指出:"这个著名的家庭继续着他们的传统,如今它又向世人呈献了家庭的新一代传人。儿子在父亲的引领下奏出圆润而又自信的音调。的确,他的表现无愧于他那个受人尊敬的姓氏。"

1942年丹尼斯进入了由英国指挥家西德尼·比尔(Sidney Beer)领导的国

家交响乐团担任第一圆号。不久,他在战火中参军服役,在英国空军中央乐队里担任首席圆号。战争期间他和他的乐队乘着飞机辗转于全国各地,为与法西斯浴血奋战的人民演奏音乐,激发他们的斗志和勇气。他身穿英国空军统一的蓝色军服,手执圆号往台前一站,那模样真是英俊潇洒极了。他演奏的协奏曲总能赢得听众最多的欢呼和掌声。这一时期他的代表作是与钢琴家丹尼斯·马修斯(Denis Matthews)合作的贝多芬的圆号奏鸣曲。他们在战时演出这首作品的现场音乐会被影片真实地记录下来,一身戎装的丹尼斯的英姿令人赞羡。

　　二战后丹尼斯·布莱恩重新回到英国的音乐舞台上,这一次他的起点非常高,几乎是一开始就宣告了自己艺术成熟期的到来。丹尼斯的独奏生涯始于英国当代作曲家布里顿 1943 年为男高音、圆号和弦乐队所作的《小夜曲》(Serenade)。作为一位杰出的作曲家、钢琴家兼指挥家,布里顿早就注意到丹尼斯·布莱恩的存在,他很想与这位才华横溢的年轻人有一个合作的机会。《小夜曲》正是这两位伟大音乐家合作和友谊的典范,彼此的才华激发了对方的灵感,从而孕育出新的作品。布里顿曾回忆起丹尼斯在他创作此曲时所给予他的帮助,称"我人生最快意的音乐经历就是指挥丹尼斯·布莱恩和彼得·皮尔斯(Peter Pears,1910-1986,英国著名男高音歌唱家,布里顿形影不离的密友)演出自己的这部作品。在这一成功的演绎过程中表演者将人生轻狂岁月的意气风发、豪情万丈到迟暮之年的成熟稳重、深明事理都表达得淋漓尽致。"由于《小夜曲》的首演成功令作曲家欣喜不已,以致于 10 年后布里顿又为丹尼斯度身定做了第二首作品《咏歌》(Canticle),仍由皮尔斯和丹尼斯·布里顿合作,只不过这一次布里顿只用了一架钢琴作为他们的伴奏,而这个角色则非他莫属。这首作品与《小夜曲》风格迥异,具有庄重肃穆的悲剧色彩。它的歌词来源于英国女诗人埃迪恩·西特维尔(Edith Sitwell,1887-1964)的悲情诗歌。丹尼斯为了准确阐释这首作品,以阴郁忧伤的音色开始,继之以咏叹合唱式的半音阶进行,以阿雷般的压抑低音与同样深沉、凝重的男高音相唱和,作品具有极强的戏剧性和感染力。

　　丹尼斯·布莱恩的艺术才华受到越来越多音乐同行的瞩目,就连远在大洋彼岸的美国指挥大师斯托科夫斯基也对他青睐有加,他主动向丹尼斯发来邀请,希望他加盟由自己领导的费城管弦乐团。然而,斯托科夫斯基的召唤只是同一时期丹尼斯所收到的诸多邀请中的一个。最后丹尼斯决定还是留在国内,他加入了由比彻姆率领的皇家爱乐乐团出任圆号首席,不久他又成为战后由 EMI 唱

丹尼斯·布莱恩

片公司著名经理人瓦尔特·莱格（Walter Legge，1906-1979）吸纳乐坛精英而组建的"爱乐管弦乐团"的圆号首席。该团的首席指挥是卡拉扬。在 20 世纪 50 年代，他几乎是同时担任着这两支交响乐团的首席圆号，这种情形在那个时代是非常普遍的，因为当时的乐师由一个类似演奏家大联盟的组织管理协调，只要在保证本乐团排练、演出的基础上演奏家们可以自由流动演出并不严格受到所在乐团的行政支配和限制。当然，一旦这两支乐团恰好同一天晚上有演出任务的话，丹尼斯就分身无术了，他只能在其中的一支乐团中担任演奏，但即便如此，另一支乐团也宁愿缺席以待，而不肯将乐团首席圆号的头衔让给他人。在录制唱片时情况也是如此，可以想见丹尼斯·布莱恩在英国乐坛上地位有多么举足轻重。事实上，他本人正是英国音乐生活中一道优雅的风景线，浑身上下散发着传统英国绅士所具有的高度而谦逊的气质。他为人乐观通达，幽默风趣，衣着光鲜又彬彬有礼。在公众场合他从不因为已是乐坛名家而显摆张扬，而总是尊重他人，认真听取别人的观点和主张，即便他们的见解风格与自己的有天壤之别。他绝口不谈自己的天分和成就，对所有人都礼诚相待。他的谦谦君子之风在乐坛上赢得了无数的美誉，他是那个时代古典乐坛上的大众情人。

直到 1954 年，丹尼斯·布莱恩才最终割舍了皇家爱乐，一心一意地在爱乐管弦乐团担任首席圆号。而卡拉扬也的确给予这位杰出的演奏艺术家以最大的空间展示自己的才华，如莫扎特的 4 首圆号协奏曲就是丹尼斯与卡拉扬指挥的爱乐管弦乐团留下的世纪经典。同样，在丹尼斯的爱乐管弦乐团时期，人们还可以分别从瓦格纳的《齐格弗里德牧歌》、勃拉姆斯《第一交响曲》的第四乐章以及西贝柳斯的交响曲中听到他在托斯卡尼尼、富特文革勒、克莱佩雷尔、坎泰利等大指挥家的精妙诠释下所演奏的圆号独奏片断。然而这一切却丝毫没有影响到丹尼斯作为独奏艺术家在圆号的独奏和室内乐重奏方面所作出的杰出贡献。他热爱室内乐，以自己的名字组建了一支"丹尼斯·布莱恩管乐合奏团"（Dennis Brain Wind Ensemble），成员中现包括自己的哥哥——双簧管演奏家伦纳德·布莱恩，还有来自新西兰的钢琴家科林·霍斯利（Colin Horsley），这支合奏团在推广木管重奏、合奏曲目方面取得了优异成绩，迅速获得了世人的认同和首肯。

圆号的音乐文献与其他独奏乐器相比本来就不多，而丹尼斯·布莱恩在其艺术最成熟，最辉煌的 10 年岁月（1947-1957）期间几乎完美地诠释了所有的独奏、重奏和协奏曲目。丹尼斯·布莱恩演奏艺术的最大特色在于格调高雅、技巧完美。他演奏的音色圆润丰饶，表达细腻隽永，对气息和力度的控制既合理又独到，唇舌的断、吐音技巧迅捷灵敏，从而最大限度地保证了所奏曲目的音乐完整性。在他留下来的唱片录音中，莫扎特的 4 首圆号协奏曲和理查·施特劳斯的两首圆号协奏曲无益是瑰宝中的瑰宝。在对它们的诠释中洋溢着他对作品高度的艺术自信和高雅的艺术情趣，也使他的演奏具有不可模仿性。尽管当时的录音手段还处在非立体声时代,然而在今天听来它们是那么传神、那么感人。梅克纳将他的录音与现今几位圆号高手演奏的同一曲目做了比较,他认为"巴里·塔克维尔(Barry Tuckwell,1931- ,澳大利亚圆号演奏家)的演释也许更富色彩性;艾伦·西维尔(Alan Civil,1929-1989,英国圆号演奏家)的音色也许更为华丽;而赫尔曼·鲍曼(Hermann Baumann,1934- ,德国圆号演奏家)的音量也许更为雄浑,然而他们之中没有哪位能与丹尼斯那圆润的音色、纯净的发音以及富有特色的表达相媲美。有些评论家总认为丹尼斯·布莱恩唯一的不足之处在于他的演奏给人过于精致、甚至有几分纤弱之感。然而当人们听到由他演奏的贝多芬圆号奏鸣曲时,就会改变头脑中这种对他的成见。在对这个作品的诠释中,丹尼斯的音色显得是那么坚毅、果敢、音乐感觉敏锐而迅捷。圆号和钢琴成了旗鼓相当的对手和密切唱和的伙伴,想必这是他为了达到作品的艺术效果而对他一贯的演奏风格做了针对性的艺术处理。在演奏中他从不试图去统治、号令他的钢琴伙伴,仅就这个版本在乐器的音响平衡度方面就远胜于继他之后的各个演奏版本,显得是那么独树一帜,完美无瑕。"除对经典作品的出色诠释以外,丹尼斯还成功地首演了当代英国作曲家们为他创作的题献之作。他们之中除布里顿外,还有马尔科姆·阿诺尔德、约克·鲍文、乔治·布里安、彼得·拉辛·弗里克尔、戈顿·雅各布以及伊丽莎白·鲁特扬斯等。他似乎是无所不能的神圣号手,对各个时期,不同风格的作品都能演奏得传神到位,令人闻后留韵。

丹尼斯早年偏爱使用法国制的"罗瓦"(Raoux)牌圆号,因为它管身娇小,比较符合他的生理特点和艺术气质,然而在 1951 年他改用德国制的"亚历山大"牌双调圆号,以期获得更为丰满壮硕的音量和音色,这也正顺应了欣赏情趣改变的时代要求。

丹尼斯·布莱恩的姓氏 Brain 在英语的口语中有"聪明智慧之人"的含义。作为音乐家的丹尼斯也确乎没有辱没这个祖先给他遗传下来的姓氏。他不仅是一位杰出的演奏大师,还相当具有作曲的天赋造诣。他演奏的莫扎特第三、第四协奏曲第一乐章中的华彩乐段就是由他本人写就的。在这两个华彩段里他充分根据自己的技术特点,对乐章的主题做了富有想象的伸展和发挥,并结合圆号技巧的运用,取得了良好的艺术效果。为了寻求新的挑战,从 1955 年起他又开始尝试在现场演奏协奏曲的同时由本人亲自担任乐团的指挥。今天他留下来的珍贵录音的一大部分都是在 1957 年这一年里完成的,其中包括欣德米特的《圆号协奏曲》、勃拉姆斯的《F 大调圆号三重奏》、鲜为人知的海顿的《圆号协奏曲》。

不知是否是丹尼斯已预感到死神脚步的临近,在他全盛的 1957 年里他的艺术活动显得格外忙碌,取得的艺术成就和尤其大。当年 8 月下旬他带领着他的木管合奏团应邀参加爱丁堡艺术节。演出结束之后他们即驱车准备赶回伦敦,因为接下来还有理查·施特劳斯的歌剧《随想曲》的录制工作正在等着他。当他开车行驶到 Barnet 附近的公路时,他那辆胜利牌运动型轿车忽然失去了控制。短短几秒钟时间,突如其来的车祸带走了这位受万众喜爱的"圆号天使",他年轻的生命就此戛然而止。那一天正是 1957 年 9 月 1 日。噩耗传来,令喜爱丹尼斯的无数乐迷们都失声痛哭。在那个不幸的夜晚,他的良师益友、作曲家布里顿写下了这样几行话:"我们失去了一位艺术家! 他具有驾驭自己乐器的精湛技巧和伟大的音乐精神,对各种各类的音乐多怀有旺盛的欲望和浓厚的兴趣。他的演奏状态总是那么出色,而迷人的艺术个性总与音乐如影随形。无论从哪一方面而言,他都堪称是我们这个时代中无与伦比的。"法国作曲家普朗克在闻悉丹尼斯的噩耗后也对此深表痛惜,为了表达他对这位圆号艺术英才的缅怀之情,他专门创作了一首圆号曲《悲歌》(Elegy)。此曲在丹尼斯逝世一周年忌辰由圆号演奏家奈尔·桑德斯(Neill Sanders, 1923-1992)担任圆号演奏,普朗克亲自担任钢琴伴奏予以首演。丹尼斯·布莱恩去世后,他生前所使用的圆号被陈列在他的母校皇家音乐学院的博物馆里,供世界各地前来参观的人凭吊、瞻仰。

如今我们所能接触到的唱片录音仅是丹尼斯·布莱恩演奏艺术的极小一部分,但幸亏有这些珍贵的音乐遗产才使 21 世纪的人们不至于因年代的推移而逐渐忘却这位音乐星空中曾经极为璀璨炫目的明星。对于他,人们也许会提出另一个"莫扎特式猜想":"假若他活了另一个 36 年,他将会又做些什么?"也许丹尼斯·布莱恩对 20 世纪的乐坛,尤其是圆号艺术最大的贡献在于他开创了圆号演奏的一个新时代。这个新时代的标志就是"一位铜管乐器演奏家,尤其是一位圆号演奏家也能在独奏的舞台聚光灯下占据一席之地"。他为后人树立起现代圆号演奏的艺术准则,直到今天还是衡量着每一位圆号演奏家水平高低、艺术优劣的尺度、他的学生,当代优秀的圆号演奏家约翰·德雷斯勒(John Dressler)说:"他是正确的圆号演奏的奠基者和体现者。"而著名的指挥大师尤金·奥曼迪则更是以无限仰慕的口吻一言以蔽之:"丹尼斯·布莱恩无人堪比(Dennis Brain had no peer)。"

家族中的其他三位布莱恩

奥伯瑞·布莱恩(Aubery Brain)是丹尼斯的父亲,1893 年 7 月 12 日出生于伦敦。他起初随身为宫廷音乐家的父亲老阿尔弗雷德·布莱恩学习圆号,嗣后进入皇家音乐学院师从 19 世纪英国最知名的圆号演奏家兼教育家阿道夫·波尔斯道夫(Adolf Borsdorf, 1854-1923)。从 1882 年起他就是皇家音乐学院的教授,由他领导的圆号四重奏组有"上帝自己的四重奏"之美誉。奥伯瑞和他的哥哥小阿尔弗雷德正是他门下最得意的弟子。从音乐学院毕业后,1911 年 18 岁的奥伯瑞就成为当时"新交响乐团"(New Symphony Orchestra)的首席圆号。次年他又作为伦敦交响乐团的圆号演奏家随指挥家尼基什出访美国做巡演。又逾年,他转投比彻姆组建的歌剧演出公司,仍担任乐团的首席圆号。事实上,从 20 世纪 20 年代至二战前,奥伯瑞几乎将英国所有一流交响乐团的首席圆号这个位置像走马灯似地坐了一遍,其中任职时间最长的数 BBC 交响乐团,从 1930 年一直担任到战争结束的 1945 年。战后,当瓦尔特·莱格受命组建"爱乐管弦乐团"时,他又当仁不让地成为该团的圆号首席。

奥伯瑞·布莱恩的圆号专辑

奥伯瑞具有对圆号演奏令人惊异的精湛技艺,他的音色清纯迷人,控制娴熟自若。在整个 BBC 交响乐团时期他不断地以独奏家的身份活跃于英国的音乐舞台。他偏爱使用音量较小的法国制圆号,通常使用一支 1965 年手工制作的"拉巴耶"(Labbaye)牌圆号,但加装上英国制的活塞。作为一位独奏艺术家,1923 年他在伦敦的逍遥音乐会上首次亮相,首演是莫扎特的《第二圆号协奏曲》。几年后他再次选择这首作品作为他录制唱片的第一个曲目。该唱片由当时的爱迪生/贝尔唱片公司录制。协奏曲共有三个乐章,为了使当时的 78 转唱片的每一面都能录完一个乐章,因而篇幅相对较长的第一乐章在录制时就被严重地删节了。而空余出来的唱片第四面则由格拉祖诺夫的小品《沉思》作为补白,它由奥伯瑞的妻子玛里昂担任钢琴伴奏。

奥伯瑞与德国的音乐家族布什兄弟相交甚密,他也是"布什室内乐演奏家"合奏团的首席圆号。1934 年他曾与布什翁婿(阿道夫·布许和鲁道夫·塞金)录制过勃拉姆斯的圆号三重奏。第二年他又参加了乐团录制的巴赫全套《勃兰登堡协奏曲》的录制。当时坐在他身旁充当第二圆号的正是他的业师波尔斯道夫的儿子弗朗西斯·布拉德利(Francis Bradley)。尽管奥伯瑞的儿子丹尼斯一出道就与父亲同在"布什市内乐演奏家"合奏团演奏过,然而在日后的岁月里,父子俩同台献艺的机会倒并不是很多。父子俩合作的录音现仅存莫扎特的《D 大调第十七嬉游曲》,录制于丹尼斯刚出道的 1938 年(唱片编号:Magic Talent CD 48021)。奥伯瑞于 1955 年 9 月 20 日去世。

小阿尔弗雷德·布莱恩(Alfred Brain, Jr.)是奥伯瑞的哥哥,1885 年 10 月 24 日出生。作为长子,他从小就随父亲学习圆号。1901 年 16 岁时,他进入皇家音乐学院,师从波尔斯道夫。毕业后小阿尔弗雷德进入位于格拉斯哥的苏格兰管弦乐团担任圆号演奏家,以后相继成为由亨利·伍德领衔的皇后大厅管弦乐团、科文特花园歌剧院乐团以及伦敦交响乐团的圆号手。与弟弟奥伯瑞不同的是他从艺数年,辗转几支乐团却一直未能升任首席圆号之职,于是为了谋求新的发展,1922 年他受聘出任美国纽约交响乐团的首席圆号。

小阿尔弗雷德在纽约工作了一年之后,转赴西海岸的洛杉矶,成为洛杉矶爱乐乐团的首席圆号。洛杉矶爱乐成立于 1919 年,历史短、底子薄,因而乐团上下从指挥到团员都无不对这位系出名门、来自欧洲的外援刮目相看,将他奉为上宾。小阿尔弗雷德的抱负和才艺也确实在大洋彼岸得到了充分的施展和肯定。在二战期间,他曾二次短暂地离开过该团,但不久就又重归洛杉矶爱乐,一直担任首席圆号直到1944 年,前后任期长达 14 年之久。

自然,作为身处影都好莱坞的一名演奏家,他也与洛杉矶爱乐一起多次为米高梅、20 世纪福克斯等影片公司的影片担任过配乐演奏。1930 年他正式加入美国籍,成了一位美国公民。从洛杉矶爱乐乐团退下来之后,小阿尔弗雷德又改行当上了好莱坞碗形剧院音乐会的经理人,完成了从一位演奏家到一位乐团管理者的身份蜕变。他 1966 年 3 月 29 日病逝于洛杉矶。

伦纳德·布莱恩(Leonard Brain)是奥伯瑞的长子,丹尼斯的大哥。他比丹尼斯大 6 岁,1915 年 4 月 11 日出生。作为世代圆号家族的后代,伦纳德可说是家族中的一个异类,因为他选学的乐器并非是令整个家族引以为豪的圆号,而是木管乐器中的双簧管。他 1937-1939 年入皇家音乐学院学习。二战爆发后他与弟弟丹尼斯一样,在英国皇家空军的中央乐队任双簧管首席。后来他还在多支不同的管弦乐团内服役,曾先后在西德尼·比尔、亨利·伍德和马尔科姆·萨金特等指挥家的指挥下演奏过。战后他也加入了由莱格组建的"爱乐管弦乐团",与其父奥伯瑞一起同台献艺。1946 年,伦纳德加盟皇家爱乐乐团,担任乐团的双簧管首席一直到他 1973 年退休时为止。他是由其弟丹尼斯·布莱恩于 1946 年组建的"丹尼斯·布莱恩木管五重奏组"和"丹尼斯·布莱恩管乐合奏团"的重要成员,在丹尼斯·布莱恩演奏的莫扎特四首圆号协奏曲的同一张 CD 上,有他与弟弟合作的莫扎特《降 E 大调钢琴与木管五重奏》的精彩录音,此外,BBC 唱片公司传奇系列为伦纳德·布莱恩和丹尼斯·布莱恩各发行了一张演奏专辑,分别还收录了由他们兄弟参与演奏的贝多芬《降 E 大调钢琴与木管五重奏》、戈登·雅各布的《降B 大调钢琴与木管五重奏》等室内乐作品。1963 年伦纳德成为母校的双簧管教授,在双簧管演奏领域,伦纳德同样为布莱恩这个姓氏、这个家族争了光、添了彩。

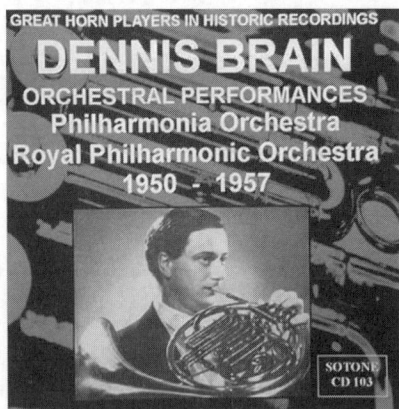

《伟大的圆号艺术家历史录音》
之丹尼斯·布莱恩卷

丹尼斯·布莱恩演奏的莫扎特
圆号协奏曲的黑胶唱片

丹尼斯·布莱恩演奏的室内
乐重奏作品唱片

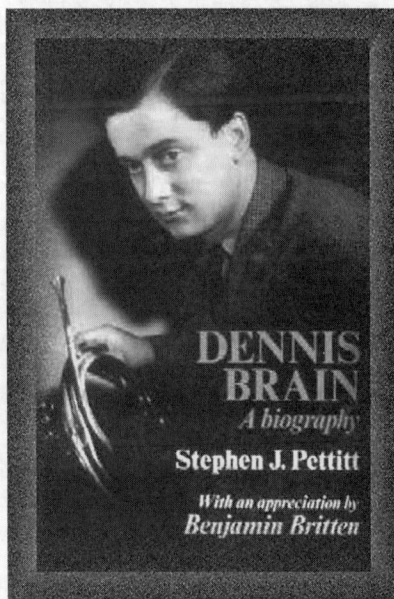

由著名作曲家布里顿参与制
作的丹尼斯·布莱恩传记片

二十五、"号角将要吹响"
——记莫里斯·安德列与他的小号世家

王侯将相宁有种乎？艺术之材又宁有种乎？本文谈的是一个关于矿工的儿子。他凭借着坚定的信念和顽强的奋斗，最终改变了自己的命运，成就为音乐艺术上的大家。他就是堪称世纪小号之王的莫里斯·安德列（Maurice Andre）。

矿工成号手

莫里斯·安德列

不同于古典音乐演奏中的其他行当，每每论起心目中的偶像级人物，行家与乐迷们总是各有所好，莫衷一是。在小号界，如果让莫里斯·安德列位居第二的话，试问谁又堪坐上第一的宝座？这恐怕是任何人都说不上来的。早在20世纪70、80年代，莫里斯·安德列就已被加冕成"小号之王"，从那时起，岁月荏苒，又过去了四分之一个世纪，然而王者的地位更何曾动摇？不仅如此，他的家庭也无愧为"当今小号第一家"。大师非常喜欢亨德尔的清唱剧《弥赛亚》中的男中音唱段《号角将要吹响》，认为它正代表着自己一生所追求的终极目标，这不仅是上天的旨意，更是他内心的呼唤。他的一生都在追寻着艺术的真谛，在期盼着那个号角齐鸣、万众欢腾的摄人心魄的时刻的来临。"手握一支小号，就会使你不由得产生出一种强烈的艺术冲动，驱使你去冲击，去征服。你就会像一个身陷公牛群中的斗牛士那样勇敢无畏……你必须要作为一个胜利者继续战斗下去。"1983 年,年过半百的他在接受美国《纽约时报》的采访时这样说道。当时其言辞依然极具铿锵之气,英武凛然之情溢于言表。

莫里斯·安德列 1933 年 5 月 21 日出生于法国南部塞维纳省一个名叫阿尔勒的小镇上。他的父亲与他同名,姑且称他老莫里斯,是当地煤矿上的矿工。同时,老莫里斯又是一位狂热的音乐爱好者,还能演奏小号,因而在整个矿区他还是颇有几分知名度的。在他的熏陶影响下,小莫里斯从小就喜爱音乐,从 10 岁开始学习当地的一种民间吹管乐器。两年后的某一天,父亲回家时带回了一支旧的短号,这立刻引起了小莫里斯的强烈兴趣。在此之前,由于岁数还小,父亲的那支小号老也不许他碰,这下机会来了。"父亲用这支旧短号为我演奏了《莉莉,莉莉,再见》等诸如此类的通俗爱情歌曲,他的用意不言自明,意在激发我对这种乐器的喜爱。"其实,早已按捺不住的小莫里斯在此后的几天里整日拿着这支旧短号把玩,5 天之后他就能将那些歌曲的旋律像模像样地吹还给了他的父亲。"于是,他又教我即兴演奏的本事,让我把这些歌曲的调串起来演奏。此后他还教了我不少流行音乐的曲调。"

尽管如此,两年之后,刚满 14 岁的小莫里斯却还是不得不继承他父亲的衣钵,随父亲下矿去当了一名小矿工。虽说现在也无从考证当时雇佣一名 14 岁的孩子下矿是否违反法国的《劳动法》,不过,过早地品尝到生活的艰辛和环境的艰苦却练就了小莫里斯一副强健过人的结实身板,这对于他日后长期从事小号演奏是大有裨益的。当父亲的自然不希望儿子将来像自己一样默默无闻在矿井下埋没一辈子,他找到了自己的好友,专业小号手莱昂·巴特勒梅(Leon Barthelemy)。巴特勒梅是巴黎音乐学院著名小号/短号教授梅里·弗兰奎的高足。提起弗兰奎(Merri Franguin,1848-1934),在 20 世纪上半叶的欧洲乐坛可是响当当的名字。在 1863 年,正是 15 岁的弗兰奎重新发现了铜管乐家族中的一件古老乐器——短号(Cornet),于是他自学成材,19 岁时成为马赛的赌场内巡游乐队的短号手。经历了早年的游历漂泊生涯后 24 岁那年他得以进入巴黎音乐学院,师从著名的小号演奏学派奠基人阿尔班(Jean-Baptiste Arban,1825-1889),毕业后留校任教,成为继阿尔班之后在小号、短号演奏和教育领域最具权威的领军人物。弗兰奎不仅对传统小号进行了改良,发展了带 4 个甚至 5 个活塞的小号,而且他也与他的老师一样,为后人留下了影响深远的理论著作《现代活塞小号、短号及萨克斯号完全教程》。作为弗兰奎的再传弟子,莫里斯入门之初,就被巴特勒梅告知其先决条件之一就是要去买阿尔班和弗兰奎的演奏教程。他回忆起当时的情景:"我跟随巴特勒梅学习小号演奏的伟大方法,那就是梅里·弗兰奎的教学法,学习发出柔和的音质和嘹亮的音色以及所有唇舌的表现技法。巴特勒梅用各种唇舌练习填满了我的日常训练。如今回过头来看我的演艺生涯,我认为弗兰奎的演奏法的确是最科学优秀的一种演奏方法。

巴特勒梅教莫里斯小号的 4 年也是后者"半工半读"的 4 年,直到有一天巴特勒梅告诉老莫里斯:这种情形再也不能继续下去了,必须让他的儿子放弃一切去专心致志地学习音乐,因为他在小号演奏上的潜力实在是太大了。他的出路应该是进入巴黎音乐学院深造,否则的话这个孩子的前途也许会像他挖的煤矿一样黑暗。其实,老莫里斯又何尝不想让自己的儿子扒下那身脏兮兮的工装裤,而成为手握金色小号,站在舞台上接受听众欢呼的专业演奏家呢?怎奈他家世代都是矿工,决计负担不起上巴黎音乐学院那偌大的一笔学费。于是,巴特勒梅想到了一个"曲线求学"的好办法。他让莫里斯去报考军乐队,因为成为一名共和国军乐队成员后便可以在音乐学院得到一个免费的上学名额。以当时莫里斯的才艺这又有何难?于是在他 18 岁时果然成为了第八军团的军乐队小号手。接下去的事情就顺理成章了,莫里斯终于离开了矿井,如愿进入巴黎音乐学院成为雷蒙·萨巴里许教授(Raymond Sabarich, 1909-1966)班上一名正式的学生。

学生成首席

年轻时的莫里斯

于是,从那个时期的照片中人们可以看到穿着军队制服的莫里斯在音乐学院小号班上课时的情形。不言而喻,在繁华的巴黎,若没有足够的经济条件作为后盾则生活必然捉襟见肘,对于一个外省矿工的儿子来说尤其如此。为了节省开支,莫里斯·安德列总是在午间和晚间下课后匆匆离开学院,回到军营中去吃午餐和晚餐,因为那里的伙食是不要钱的。由于他交不起高昂的住宿费,连琴房也没有一间,课后的练习也照样不得不回到营地里去练。不久,萨巴里许教授对这位始终是行色匆匆的学生产生了好奇。通过一段时间的学习,他已从这个小伙子身上发现了产生奇迹的巨大可能性。在了解了莫里斯的处境之后好心的萨巴里许开始为他"开小灶",却并不额外增收学费。然而,当时自视甚高的莫里斯却并没有体察教授的一片苦心,他的慧根不浅,然顽劣之性也自不浅。成名后的莫里斯这样回忆他当年在巴黎音乐学院的情景:"在我入校 3 个月后,萨巴里许教授已从众多的学生中注意到我这个来自南方的年轻人,我的优异表现使他在脑子里为我留下了一席之地。他有一种预感,那就是我是具有天赋的,因而他便对我格外上心,除布置正常的学习作业外还给我压担子,增加我的作业量……不过,我却没有为他送出他原本希望得到的结果。于是,又过了3个月,我在他头脑中的地位一落千丈。他开始把我扔在一边,并扬言要把我从他的班上踢出去。其实,他这是恨铁不成钢的激愤之词,后来他得了一场重病。在病床上这位可怜又好心的教授还对别人说'莫里斯·安德列这浑小子的醒悟之日就是我的闭眼之时。'正是这句话成了我学习生涯峰回路转的一个绝好转机。"经过几个星期的卧薪尝胆,矢志苦练,莫里斯终于又回到了萨巴里许的班上。这一次,他不仅相当出色地演奏了阿尔班的全套14首练习曲,并且还是背谱演奏,在演奏过程中不曾吹错一个音。这下可把班上的那些同学惊了个目瞪口呆。他也重新获得了教授的信任。从此,莫里斯在班上的成绩一路飙升。入学头一年,他就得到了生平的第一个头奖;第二年更是囊括了音乐学院小号和短号比赛两个第一名。作为音乐学院的天之骄子,1955年,22岁的莫里斯代表法国参加了在瑞士举行的第十一届日内瓦国际音乐比赛,他在小号比赛中以极大的优势力挫群雄摘得金奖,凯旋而归,也就此为他4年的学习生涯画上了圆满的句号。作为日内瓦比赛的金奖得主,莫里斯毕业后成了各家乐团争相罗致的宠儿。他几乎同时在两支交响乐团中找到了位置:它们分别是拉慕勒音乐会管弦乐团和法国广播爱乐乐团(ORTF)。在此后的10年中他一直是这两支乐团的首席小号。

考官变考生

转眼到了1963年,年届而立之年的莫里斯生活中又出现了新的转机。当时,他已转投巴黎歌剧院管弦乐团,依然出任乐团的首席小号。论资历,论成就他都已是欧洲乐团上的佼佼者了,因此一页邀函自德国飞来,请他担任第十一届慕尼黑国际音乐比赛的小号评委。令人始料不及的是在这次比赛期间莫里斯竟自导自演了一出"考官变考生"的喜剧。他原本确实是准备作为一位评委参与大赛的,然而由于他有演出任务,因而错过了此赛的前几轮初赛选拔。当他抵达慕尼黑后,听到某位评委在公众场合大发牢骚,说是四轮下来,那些个满脸稚气的参赛选手似乎谁也不是最后那个真命天

莫里斯·安德列

子的料，因为他们的表现实在太差了。孰知言者无心，听者有意。这时，身为评委的莫里斯好奇地打听获得此次大赛的金奖该拿到多少奖金？那位评委随即说了一个令他大感意外的数额。当莫里斯后来又了解到大赛规定的参赛选手年龄上限为30岁时，他马上意识到这也许是他人生中最重要的一次机遇到来了。于是他不顾一切地找到大赛组委会，强烈请求允许他辞去评委之职，让他以30岁的"高龄"作为选手投入比赛的角逐。莫里斯的这个举动又一次令所有的人目瞪口呆，但却最终不得不同意了他的请求。中途杀出的莫里斯以其强大的实力使众多年轻选手望风披靡，他又一次摘得了大赛桂冠。更有甚者，自莫里斯·安德列1963年夺魁之后，慕尼黑国际音乐比赛在此后相当长一段时间里更没有第二个人再夺得过小号比赛的金奖，"莫里斯旋风"所刮起的震撼力和影响力由此可见一斑。

　　说起莫里斯"考官变考生"的动机似乎还应多说几句。不错，他出生寒微，早年备受贫穷拮据之苦，他需要钱，曾经很需要钱！然而，若说1963年他放着好端端的评委不当而去当选手争冠军，眼睛只盯住钱袋子那就未免小看他了。凭借当时他在交响乐团中的任职早已衣食无忧。之所以甘冒被人耻笑的尴尬奋然以"高龄"去角逐大赛金奖，其实是想借此赢取更大的知名度，圆心中一个早已萌发成为一名职业的独奏艺术家的夙愿。果不其然，挟慕尼黑大赛金奖得主之余威，莫里斯·安德列回国后辞别了乐团，走上了崭新的小号独奏之路。此时的他真可谓春风得意，踌躇满志，偏偏还有双喜临门，他人生中一位至关重要的人物恰在此时出现在他面前。在瑞士的蒙特罗他遇见了一位漂亮可爱的瑞士姑娘莉莉安娜，两人一见倾心，相逢甚欢，6个月之后他们结为终身伴侣。更可贵的是莉莉安娜不仅懂得欣赏丈夫的艺术，而且善于经管丈夫的事业。他吾出了莫里斯身上所具备的那种常人所不及的巨大发展潜质和优势，婚后主动承担起丈夫的演出经纪人的角色，以她的精明强干为莫里斯的演艺事业保驾护航。当日后莫里斯在世界各地的舞台上接受听众的欢呼和掌声时，总能发现在帷幕后或舞台上莉莉安娜那双饱含着欣慰和深情的目光。

名家成名宿

　　20世纪70、80年代是莫里斯·安德列演奏艺术的全盛时期，他的足迹几乎遍及世界各地，他几乎与当今乐坛所有的一流指挥家和著名的交响乐团都举行过合作。在1978年的一次访谈中他告诉采访者，在那一年他总共举行了220场音乐会，而年平均数是每年180场。由此推算，从1963年到1978年的15年间，他已在世界各地举行了2700场独奏音乐会了，这个数字对于一位小号独奏家而言的确是相当惊人的，当然，这在很大程度上还要归功他早年的矿工生涯和艰难岁月所练就的钢铁般的意志以及一副绝对强健壮硕的魁梧体魄。

当莫里斯独奏生涯刚刚起步时，历史上为小号所创作的乐曲数量还是相当有限的。尽管小号的历史可能要比管弦乐队中的大部分乐器都要长，然而长期以来小号演奏家却被视为最难于安身立命的族群。为了打破这个局面，增加和丰富小号的演奏曲目，莫里斯着手将适合于小号表现的小提琴曲、双簧管曲、长笛甚至声乐作品都改编移植过来，成为自己的演奏曲目。在这方面他有一位与他长期

莫里斯在音乐会休息时为听众签名、合影

合作的志同道合者让·蒂尔德（Jean Thilde）。蒂尔德是莫里斯在军乐队服役期间就认识的一个音乐学家，此人学识广博，善于改编前人作品，经过他的妙笔生花，那些欧洲音乐宝库中的经典名作变成了莫里斯吹奏出的优美动人的小号乐曲。在不断丰富积累小号作品的同时，莫里斯·安德列还非常重视对演奏乐器的研究和改良。他开始使用短小号（piccolotrumpet），短小号比传统的小号号身更短，与传统的活塞小号不同，它以 D 调或降 E 调定音，故而音色更为清澈透亮，表现力更为丰富多变。此外，莫里斯也是一位擅长演奏短号的高手，他秉承了他的老师弗兰奎、萨巴里许的艺术传统，小号、短号兼修，因而得以在最大限度范围内拓展自己的演奏曲目。于是，人们在他的唱片中就可以听到他用巴洛克时代的自然小号演奏巴赫的《勃兰登堡协奏曲》《耶稣，人类欢乐的归宿》以及维瓦尔第、塔尔蒂尼的协奏曲；又能听到他用活塞短小号精彩绝伦地奏出海顿、胡梅尔的协奏曲以及阿尔班那令人应接不暇的《威尼斯狂欢节主题变奏曲》和里姆斯基 - 柯萨科夫的《野峰飞舞》；更能够听到他用短号绘声绘色地以浓郁的爵士风格和"哇音奏法"演奏的格什温的《夏日里》《一个美国人在巴黎》以及埃林顿公爵的《移民车队》（Caravan）等不同体裁、风格的乐曲。他的演奏曲目从巴洛克时期一直到 20 世纪的当代作品包罗万象，应有尽有。

莫里斯·安德列所具有的巨大声望和崇高地位致使当今乐坛的作曲大家都竞相为他题献创作。至少有 30 位作曲家为他些写作了多种体裁的小号作品，其中包括德国作曲家布拉赫尔（Boris Blacher，1903-1975）、与梅西安齐名的法国作曲家若利维（Andre Jolivet，1905-1974），20 世纪的罗马大奖获得者托马西（Henri Tomasi，1901-1971），曾任法国文化部长、巴黎管弦乐团创始人之一的朗多夫斯基（Marcel Landowski，1915-1999）以及波林（Claude Bolling）和韦纳（Fritz Werner）等。

老年莫里斯

构成莫里斯·安德列演奏成就的独特艺术性究竟体现在何处,专家们通常总这样描绘:他的演奏有伟大的持久力,清晰敏捷的触键和发音,辉煌精湛的技巧和杰出精妙的演释等等。然而这些远远无法完整、全面地表述他鲜明的艺术。他的演奏仿佛自有一种不可言传、难以抵抗的天赋神授般的魅力。一旦他将自己的魔力投射到听众当中便会立刻深深地在音乐会的舞台上扎下根,令听众们如痴如醉,心旷神怡。他的确是小号演奏史上的一个百年不遇的罕见奇才。然而,在他所获得的巨大成功背后又有多少人所不知的辛勤汗水和心血。莫里斯曾打过这样的比喻:"演奏小号犹如在海滩上建造一座沙砌的城堡,无论你头一天把它垒的多高,第二天早晨潮水一来总会将已垒好的部分冲刷得干干净净,你必须重新开始。因此,就要确信你首先需要打造一个结实稳固的地基,只有在此基础上才能开始你每天的工作。"他这个观点或许对所有从事铜管乐器演奏的人来说都是金科玉律。

莫里斯的演奏融艰辛的技巧于轻巧柔和、甚至是诙谐风趣的情调中,使手中的小号成为自己与听众心灵交流的媒介。舞台上的他相貌伟岸,人气指数极高,他所到之处乐迷无不趋之若鹜,一睹为快。他一生自律甚严,尽管自己功成名就,然而自打从事独奏艺术以来每天坚持练习的习惯却几十年来雷打不动,持之以恒。他把艺术奉为心目中的上帝,而对于不尊重艺术的行为则深恶痛绝,在此仅载一段轶事以资证明。20世纪70年代莫里斯曾在美国纽约中央公园露天剧场演奏海顿的小号协奏曲。当时现场的听众慕名而聚,人数逾千,他们闲散地席地而坐,在听莫里斯演奏的同时吃起了野餐,大快朵颐。此举令莫里斯深感愤慨,因为在欧洲从未发生过这样的场面。他认定那些人都是些病态的听众,遂发誓再也不到这个国家来演奏音乐了。此后当美国方面再次向他发出邀请时,他故意开出一个天文数字的出场费要价,意欲藉此吓退那些视艺术为消遣的美国佬,可是没曾想美国人硬是眼皮都没眨一下就当场兑付了费用,由此可见莫里斯艺术的魅力有多么巨大。

作为一位杰出的小号演奏家,莫里斯·安德列的事业不可能不影响到他的家族成员。在他的力量感召下,他的家族中又相继涌现出多位管乐演奏家。他的弟

弟雷蒙·安德列(Raymond Andre)在父亲和
哥哥的影响下也成长为一位小号演奏家。尽
管其最终成就远不及乃兄,但也参与莫里斯
的音乐会,时而也会与哥哥一起演奏小号二
重奏。他还曾经录制过一套双 CD 演奏专辑。
　　莫里斯自己的 3 个孩子无一例外日后全
都成了小有名气的管乐演奏家,长子莱昂内
尔·安德列(Leonel Andre)是这个小号家族
中的第三代,天资聪颖,他曾与父亲一起举
办过小号二重奏音乐会,被国人和乐坛寄予
厚望。可惜英年早逝。女儿贝娅特里丝·安
德列(Beatrice Andre)是老二,家中唯一的女
儿。6 岁起即显示出独特的音乐天分,虽然
女孩子家显然不适宜演奏小号,于是她在 12
岁选择了双簧管作为自己的演奏乐器。她以

莫里斯与女儿、儿子(从左至右)

优异成绩考入波特涅音乐学院,先后师从著名双簧管教授皮埃尔·皮耶洛(Pierre
Pierlot,1921-   ,霍利格尔的老师)、雅克·梯(Jacques Tys)、克罗德·梅森努
维(Claude Maisenneuve)和让－克洛德·雅博特(Jean-Claude Jaboutet)等,学
成后参加过众多广博电视节目的演出。尼古拉·安德列(Nicolas Andre)是莫里
斯的小儿子,他 5 岁开始由父亲口传心授小号,后进入巴黎音乐学院,在他父亲的
得意门生图夫隆(Guy Touvran,1950-   )班上深造,同时深得其父真传。1995
年他获得 C.N.R. 小号比赛首奖,之后又随父亲另一位弟子奥比埃(Erie Aubier,
1960-   )学习过一段时间。从 1998 年起尼古拉以小号演奏家身份与父亲和
姐姐一起从事音乐演奏和录音。安德列家庭三人组录制的唱片专辑有:《巴洛
克音乐之家》(Baroque en famille, EMI CDC555488-2);《安德列演奏格什温》
(EMI CDC555620-2);《圣诞颂歌》(EMI CDC556751-2)以及散见于莫里斯·安
德列的其他个人专辑中的作品。据不完全统计,自从事独奏生涯以来莫里斯·安
德列总共录制的唱片已逾三百张,其中既有 60 年代早期灌制的 LP,又有先后由
Philips、DG、EMI 等主流唱片公司陆续发行的 CD。
　　如今的莫里斯·安德列已近 80 高龄,众所周知一般管乐器演奏家(尤其是独
奏艺术家)的舞台生命比起弦乐演奏家、钢琴家们要短暂得多。若问今日莫里斯
是否已廉颇老矣,现将长年追踪采访他的音乐评论家伊安·麦克科契涅 2003 年
11 月 5 日于莫里斯·安德列 70 岁时在法国波尔多举行的一场音乐会的现场纪实
谨译如下:
　　"这场音乐会的标题是'莫里斯·安德列:告别公众(Mes adieux au public)'。

安德列家庭的管乐三人组
尼古拉、莫里斯、贝娅特里丝

当晚的乐队是法国室内管弦乐团。在他们首先演奏了一首莫扎特的嬉游曲之后，德高望重的莫里斯在他儿子尼古拉的搀扶下走上了舞台。年已古稀的莫里斯步履蹒跚。他并没有穿通常的晚礼服，而是穿了一件旧的宽松的黑上衣，外加黑色的裤子，看上去就像是一位马戏团里的驯马师，与1997年我见到他时那位健康、甚至可以说是相当‘苗条’的大师判若两人。老年的莫里斯患有糖尿病，他体态臃肿，看上去情况真的不怎么好。然而在场的听众一见到他却仍是激情难抑，激动万分。

"莫里斯先在乐队前面坐下，对着麦克风，向热爱他的听众们谈起了他早年卑微的出身，成长的经历。随后他与尼古拉一起演奏了维瓦尔第的《降B大调双小号协奏曲》……其后，他的女儿、双簧管演奏家贝娅特里丝演奏了契玛罗萨的双簧管协奏曲，而这首作品她的父亲也曾改编为小号协奏曲演奏过并录过CD……下半场，莫里斯再度出场，他演奏了特勒曼的《D大调音乐会奏鸣曲》。与1997年那次演出相比，他演奏得同样出色，这样的演奏只能出自莫里斯的唇舌、他的手指和胸腔。在乐队演奏了瓦格纳的《罗恩格林》序曲之后，压轴大戏上演了。由莫里斯演奏胡梅尔的小号协奏曲。我不得不说他的功力丝毫不逊当年，音色是绝对令人吃惊的优美，乐句意韵深长地流淌着，回荡在音乐厅的上空。在这一刻使人毫无疑问地确信他仍是这个世界上最杰出的小号演奏家。最后的一个乐章照样诠释得淋漓尽致，悦耳动人……此时此刻，仿佛时间为之凝固，场内再也听不到任何人的呼吸，呈现在他们面前的是一位无与伦比的天才，任何的语言在表达他精彩绝伦的演奏面前都显得无能为力。"

哦！号手并未老去，号角还在吹响……

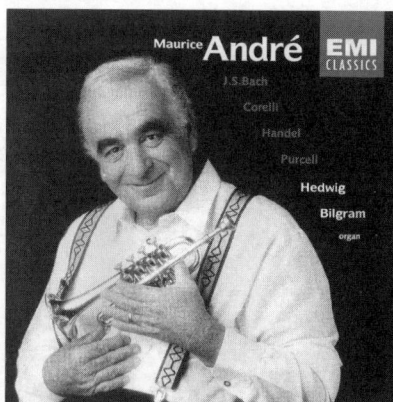

莫里斯·安德列小号专辑

莫里斯 70 岁与女儿贝娅特里丝、儿子尼古拉的音乐会《告别公众》现场录音

二十六、笛弦和谐

——荷兰竖笛名家米凯拉·佩特瑞和拉斯·汉尼拔伉俪

米凯拉·佩特瑞

米凯拉·佩特瑞与单簧管女演奏家萨宾娜·梅耶(Sabine Meyer, 1959-　　)堪称为当代管乐界的"绝代双骄",她虽然不是德国人,演奏的也不是单簧管,但与梅耶一样是一位风情万种的金发美女,两人的年龄也相近,而且同样胆识过人,技艺超群,是各自领域内的 First Lady。

说米凯拉·佩特瑞是当代管乐界头牌女伶其实是有几分牵强的,因为她演奏的乐器不仅不会现身于正规的交响乐团中,而且对于现代人而言还是相当陌生的。换句话说一个世纪之交的当代音乐家选择这样一种乐器去做营生的几率恐怕不到千分之一,而即便从事竖笛演奏,从中能够以此安身立命,并发扬光大进而征服世界的也恐怕未及千分之一。30多年来,正是凭借着她对竖笛艺术孜孜不倦的探索和追求,终使这种古老的乐器重新回到人间,焕发出它昔日的荣耀,并堂而皇之地步入了今日的大雅之堂。她演奏的竖笛就像吉他界的塞戈维亚、管风琴界的瓦尔夏(Helmut Walcha, 1907-1991)一样,在古典乐坛的"非奥运项目"领域同样做出了令人称奇的卓越贡献。

米凯拉·佩特瑞在港台地区又常被译作蜜凯拉·派翠,这个译名固然相当突显了妩媚动人的女性特征,然 Petri 毕竟是姓,历来人之名可察性别之分,而姓一般总是中性的,不然,后文将要提及她的弟弟大卫时如称其为大卫·派翠则反而会使人感到不伦不类,男女莫辨了。故而本文中还是依照通行的译法译作米凯拉·佩特瑞。她 1958 年 7 月 7 日出生于丹麦首都哥本哈根。母亲汉娜是一位古键琴演奏家。与成人世界不同的是,竖笛在西方的儿童中非常盛行。它是一种简单易学的音乐启蒙乐器,依靠簧片振动发音,而簧片被固定在哨嘴内,只消以自然呼吸的力度即可吹响乐音。米凯拉从 3 岁起就开始在母亲的指导下学习竖笛,不过,她可不像其他的孩子们只是把它作为会出声的玩具随心所欲地玩玩,而是很认真地完成每天布置的功课。这样,两年之后她就作为小童星被邀请到丹麦国家广播电台去录音,这位 5 岁稚童的美妙笛声通过电波,为国人所周知。荣誉感满足了小小年纪的米凯拉的好奇心,同时更成为她刻苦好学的鞭策和动力,她学习的劲头更足了。1969 年,21 岁的米凯拉第一次走上了演奏舞台,她在首都的蒂沃利音乐厅作为独奏者与丹麦广播交响乐团合作演奏了维瓦尔第的竖笛协奏曲,技惊四座。

也正是从此时起,米凯拉·佩特瑞才脱离了家庭式教育正式拜师学艺。她到了德国,入汉诺威高等音乐戏剧学校师从费迪南·康拉德教授(Ferdinand Conrad,1912-　　　)。康拉德是 20 世纪欧洲最著名的竖笛演奏家兼教育家,早年毕业于柏林音乐学院,是巴洛克长笛和竖笛领域的学科带头人。他积极倡导以早期乐器演出巴赫的《约翰受难曲》,并以竖笛代替长笛演奏《第四勃兰登堡协奏曲》。二次大战后的 1953 年,他开始担任汉诺威高等音乐戏剧学校的教师,1962 年成为教授。他曾发起组建费迪南·康拉德室内乐团并频繁地在欧洲各地巡演。据称他的演奏风格轻快流畅,音色清晰纯正,充满自信。佩特瑞日后演技的坚实基础正是在康拉德这里打下的。佩特瑞的学习履历似乎并不复杂,从汉诺威学校毕业后未闻她再另择名师深造。这或许是竖笛演奏本身就是乐坛上的"旁门左道",故而求学者寡而为师者更少的缘故吧,不过,冷门、热门之分总是相对而言的。就当佩特瑞即将踏上社会之际,她正好遇上了人生中一个千载难逢的好机遇。

发轫于 20 世纪 50、60 年代,勃兴于 80、90 年代的本真主义演奏运动总是在那些政治制度上相对保守,音乐发展过程相对滞后的国度里格外地繁荣兴旺。本真运动的大本营之一就以荷兰、比利时以及北欧诸国为中心。而丹麦的地理位置又正处于这个"中心的中心",因而 1973 年,15 岁的米凯拉·佩特瑞毕业之后便以其掌握的竖笛演奏特长适时地投身于这场运动中去,并很快在这场"复兴运动"中崭露头角。

竖笛这种乐器可谓是年代久远,历史绵长。一般认为它起源了文艺复兴时期意大利,在 16 至 18 世纪逐渐盛行于整个欧洲乐坛。它在长达几个世纪的世俗音乐里都充当了一个非常重要的角色,一直到巴洛克时代,在巴赫、亨德尔、特勒曼、斯卡拉第、维瓦尔第和普赛尔的声乐和器乐作品中都还常为它的表演留出一席之地。然而,进入古典时期后由于现代管弦乐队的组合已经成型,竖笛终因其表现的音域、力度所限而被挡在了管弦乐队的大门之外,其地位之一落千丈,被视为是一

佩特瑞的心爱乐器——竖笛

种"过时的乐器"重又返回民间，仅仅作为少年儿童音乐启蒙的工具。然而在 20 世纪 50 年代，也许是历经战争劫难的人们对现代社会中尔虞我诈的人际关系以及科学技术的发展给世界带来的灾难有所醒悟和反省，人心思古，驱使他们重又向古老的乐器声中去寻求田园牧歌般的精神家园，于是，竖琴、琉特琴和古典吉他等昔日备

受冷落的乐器才有了咸鱼翻身、重见天日的良机。经过改良后的现代竖笛的构造，外形仍承古制，为八孔竖笛，它可以自由转调，因而可以诠释任何乐曲作品。只是由于它的音域仍限于两个八度之内，因而每当演奏大型作品或举办个人独奏音乐会时，就往往需要独奏者带上数支音域各不相同的竖笛。

　　在佩特瑞崛起之前，世界竖笛演奏领域内的领军人物应该是荷兰演奏家布吕根（Frans Brüggen，1934-　　　）。这位"本真运动"的倡导者和杰出代表毕业于阿姆斯特丹音乐学院，嗣后便全心致力于竖笛作品的演奏和研究。他曾为德国的德吕风根唱片公司的"文艺复兴时期和巴洛克时期的竖笛作品"计划录制过 50 多张唱片，并且与"本真运动"的其他几员干将莱昂哈特（Gustav Leonhardt，1928-　　　，古键琴演奏家）、比尔斯玛（Anner Bylsma，1959-　　　，古大提琴演奏家）等一起合作演出。后来他还成立了自己的古乐器演奏团并亲任指挥。与此同时，他又是荷兰海牙皇家音乐学院和美国哈佛大学 18 世纪音乐和巴洛克音乐课程的教授。在"本真运动"中布吕根几乎以他全能式的音乐活动带动、促进了欧洲大陆这股复古思潮的盛行。而当佩特瑞于 70 年代中期正式步入演奏生涯时，她的出现才逐渐打破了布吕根在竖笛领域"一人专美"的局面。随着佩特瑞演奏技艺的日渐成熟以及布吕根将事业重心更多地向指挥领域倾斜，到 80 年代佩特瑞已将布吕根取而代之成为竖笛演奏领域新的旗手。

　　佩特瑞具有北欧人所特有的一头金发，她容貌雅丽清秀，身材苗条匀称，喜穿时髦新潮的服饰。像这样一位乐坛丽人手执几个世纪以前的古乐器出现在舞台上，这本身就颇

米凯拉·佩特瑞

具新闻性,更何况她的演技又是那样出众娴熟,笛声又是那样缭绕动人,因而很快她就征服了音乐会上的听众。起先是在国内,随后便是欧洲、北美各国,再后来是欧洲、中东和远东,在世界一流的音乐舞台上到处都留下了她美丽的倩影和美妙的乐声。1979 年,荷兰的 PHILIPS 唱片公司签约了这位年轻的竖笛女演奏家。两年后佩特瑞为 PHILIPS 录制的第一套唱片就是与著名指挥家马里纳指挥的圣马丁室内乐团合作的巴赫的《六首勃兰登堡协奏曲》(PHILIPS　400076-2,400077-2)。在演奏中,23 岁的佩特瑞与那些资历、名气都比自己大得多的一流艺术家同台竞技,他们之中有小提琴家谢林,长笛大师朗帕尔,双簧管名家霍利格尔等。她的表现得到了这些合作者的一致首肯。当然,唱片的发行也是成功的,这个名家演奏版得到了《企鹅》三星的评价。在以后的艺术生涯中,与她合作过的著名艺术家还有高尔韦(长笛)、安德列(小号)、阿卡尔多和祖克曼(小提琴)、雅雷特(钢琴)以及指挥家阿巴多和霍格伍德等。

　　不过,假如说在 20 世纪 70、80 年代人们被竖笛音乐所吸引在很大程度上是出于猎奇和图新鲜的话,那么随着"本真运动"的日益普及,如果不能以真正的艺术去打动听众和提供更丰富的曲目以满足他们需求的话,那么竖笛艺术很可能还会第二次被听众疏远甚至抛弃。对此,佩特瑞有着清醒的认识。她说:"竖笛的音色比较独特,偏于柔和。由于它是一种古老的乐器,因而在处理音乐的渐强和渐弱的互相转换上往往较难掌握得恰到好处。所以过去我一直认为竖笛是件很难吹奏的乐器,但是现成我已不这么认为了,其实它是可以被当代人完美地掌握的,至少与其他乐器相比在难易程度上并无太大的差别。当我听 50 年代的竖笛录音作品时会感觉到它的效果不佳,不够完美,这是可以理解的。毕竟竖笛的演进过程较慢,且普及性差。然而我相信若再过 10 年、20 年,经过我们这一代人的不懈努力情况可能就会变得大不一样。"为了还竖笛那纯正清丽、轻盈柔和、像小鸟一般歌唱的音色本质,为了追求属于自己的表演艺术风格,佩特瑞不断尝试着各种快慢节奏和强弱乐音的转换方式,以进一步丰富、完善这一古老乐器的演奏技法和表现手段。1987 年,佩特瑞转投 BMG/RCA 唱片公司,立刻成为公司旗下的当家女花旦。

　　在佩特瑞已经问世的 30 余款唱片之中,发行于 1999 年 6 月的《决定版竖笛曲精选集》(Michala Petri——the Ultimate Recorder Collection,RCA74621 59112 2)似乎占有某种总结性的重要地位。这张专辑是为纪念米凯拉·佩特瑞从事演奏生涯 30 年而制作的,它辑选了她过去 20 年的录音精华。大卫·伯奇在对唱片的评论中写道:"我必须承认在听了她的演奏之后我已经彻底成为她音乐艺术的痴迷者了,其实我本人也演奏竖笛。不过,如今我感到我应该把我的乐器立刻扔到离自己最近的那个垃圾筒里去。"多么熟悉的语气,多么类似的句式,原来这位评论家在发着当年克莱斯勒听了青年海菲兹的演奏之后同样的感慨。伯奇的评论接着写道:"米凯拉所演奏的竖笛绝不是孩子们学音乐所吹的那种笛子,她以全部的技巧和音乐控制力来驾驭这件乐器,从使它成功地上升为具有与其他相类似的独奏乐器同等的地位。然而,它却有着属于自己的独特音色效果,富于穿透力,音色甜美无比。这张专辑可以说集她之前唱片的大成,有些曲子改编自非常可爱的钢琴小品——诸如格里格的那几首抒情曲集中的曲子,我感觉或许经改编成竖笛曲后它们可能还比原先的钢琴独奏曲显得更为迷人。"

佩特瑞演奏的乐曲从早期巴洛克一直到当代作品,从原创的竖笛曲到移植、改编的竖笛独奏、重奏、协奏曲,林林总总,应有尽有,几乎从来不受时代、风格的局限。在众多的移植、改编作品中最具代表性的还当数她演奏的维瓦尔第的《四季》了。1987 年,在古键琴演奏家兼指挥家乔治·马尔科姆(George Malcolm,1917-   )指挥的协会大厅弦乐合奏团的协奏下佩特瑞第一次录制了《四季》(RCA RD 86656)。本人在聆赏了竖笛版的《四季》后窃以为用竖笛来描摹林中小鸟的啁啾鸣唱较之独奏小提琴还要生动、形象几分,而且竖笛那有些古朴的音色似乎也更贴近巴洛克风格的时代背景。不过,由于其音域、力度所限,在情感的表现幅度上到底不如小提琴那般细腻、传神。它虽有高音区的高亢、透亮,却缺乏低音区小提琴所具有的细致和沉稳,但这种别开生面的演奏形式还是令人印象深刻。《春》的第二乐章由竖笛奏来一幅牧童在闲散的春日午后倚在田间树荫下独自吹着牧笛的生动画面跃然于脑际,弦乐音色所提供的摇曳起伏的音型更烘托出几分慵懒和恬适之境。而第三乐章中由竖笛所吹出的一连串短促敏捷的跳音更将竖笛长于表现欢欣情景的特点展露无遗。佩特瑞在诠释《四季》时至少选用了 3 支不同音域的竖笛供不同的四首协奏曲以及每首协奏曲中的不同乐章使用,以表现作品不同的音乐形象和音乐意境。竖笛在高音区善于吹奏快速而跳跃的乐句,而在中音区又擅长演奏舒缓如歌的抒情旋律。在《冬》的第一乐章中,急促有力的同音顿奏音型和双吐音的奏法将狂风袭来时惊弓之鸟的张皇失措之态表达得惟妙惟肖;而第二乐章中同样是竖笛演奏的抒情主题又生别样的温馨浪漫气息。虽然它无法像小提琴那样运用颤指来丰富歌唱时的表情,但佩特瑞却有意识地在悠长的旋律中恰当地加入了装饰音藉以求得变化,使乐曲不致流于平板、单调。值得指出的是,尽管竖笛版《四季》一经推出即好评如潮,但佩特瑞却以精益求精的姿态于2005 年 11 月又录制了新版的《四季》,这一次他是与丹麦新时代指挥家托马斯·道斯加德(Thomas Dausgaard)指挥的瑞典室内乐团合作(EMI 3 44171 2)。在这版录音中,佩特瑞使用的是由制笛家塔拉索夫(Nik Tarasov)和佩措尔德(Joachim Paetzold)新近研制出的"当代竖笛",它与传统的巴洛克式竖笛相比赋予演奏家更多的力度表达和更大的音量幅度的空间,因而在诠释作品时较之 18 年前的那一版显然又成熟、完善了不少。有兴趣的读者不妨拿这两个版本做一比较,更可将竖笛版与小提琴版做一比较,从中可以体味出佩特瑞的良苦用心和艺术追求。

除了与室内乐团和交响乐团合作竖笛协奏曲外,佩特瑞建树更多的领域是在室内乐重奏方面。在她艺术的早期,她就与她的母亲汉娜·佩特瑞(Hanne Petri)、哥哥,大提琴家大卫·佩特瑞(David Petri)组成了"米凯拉·佩特瑞家族三重奏"(Michala Petri-Trio)。这个家庭三重奏组的演出贯穿于佩特瑞整个演艺生涯之中。伯纳德·霍兰德记录了三重奏 1983 年在纽约的艾弗瑞·费舍尔大厅举行音乐会的情景:"音乐会的上半场全由来自丹麦的佩特瑞三重奏组演奏,这是一个紧密型的家庭重奏组合。他们一起演奏了特勒曼为高音竖笛所作的《D 大调三重奏奏鸣曲》;柯莱里的《福利亚舞曲》以及一首由丹麦当代作曲家创作的三重奏,此外,米凯拉个人还加演了一首洛伦佐创作的变奏曲。她真是一位神奇的演奏家,她能用竖笛吹奏出敏捷迅急的段落,机敏而又诙谐,充满了高尚的情趣而绝非是那种令人生厌的运动式的机械走句。无论是简洁的早期作品还是复杂的当代乐曲,在演奏中都尽情地展现出她的学识和技巧。她决不为了追求深奥或戏剧性的效果而去有意地渲染、炫技,她出色的演释完全发自内心,是一种自然情感的释放。""米凯拉·佩特瑞家庭三重奏组"自然也是唱片公司倾力打造的名牌。BMG/RCA 唱片公司先后为其推出了两张各有侧重的专辑:《作曲名家的竖笛作品》(The Virtuoso Recorder, RCA RD 87749)和《当代作曲家的竖笛作品》(The Modern Recorder, RCA RD 7946-2 RC),大致真实地再现了这个家族三重奏组的演奏艺术。

多年来,佩特瑞除与母亲、哥哥的家庭三重奏外,还特别钟情于竖笛与吉他二重奏这种重奏形式。这或许是由于吉他的身世与竖笛相近,也经历了一个由盛而衰的演变过程,又或许是通过自己的演出实践感到吉他要比钢琴或古键琴更适合担当竖笛的伴奏声部,更能体现音色上的明暗对比。佩特瑞曾先后与瑞典吉他演奏家戈兰·索尔舍(Goran Sollsher,1955-   ),日本吉他高手山下和仁(1961-   )、古巴吉他名家曼努埃尔·巴鲁埃科(Manuel Barrueco,1952-   )等都成功地举行过合作和巡演。然而她最稳固的合作伙伴却不是以上诸位,而是她的夫婿拉斯·汉尼拔,她的婚姻的形式将她所钟爱的竖笛与吉他二重奏牢牢地维系到了一起。

拉斯·汉尼拔(Lars Hannibal,1954-   )与佩特瑞同是丹麦人,他就学于阿尔霍斯的皇家音乐学院学习吉他,毕业后又转赴荷兰,随日本琉特琴演奏家佐藤贺川(1943-   )学习琉特琴演奏。汉尼拔先吉他、后琉特,也

拉斯·汉尼拔

清晰地表明了他对于本真演奏艺术的兴趣和决心。在丹麦国内汉尼拔也是一位重量级的人物,他曾与本国的小提琴家斯约格伦(Kim Sjogren,1955-   )长期从事小提琴与吉他二重奏,并曾荣获由丹麦音乐联合会颁发的年度演奏奖。然而这一切都在他与米凯拉·佩特瑞的相识、相恋与结合后改变了。1991 年,时年 37 岁的汉尼拔与 33 岁的佩特瑞开始了正式的交往,此前尽管他们都是丹麦的音乐人,却由于彼此从事的行当不同,朋友的圈子也各异,因而虽对对方都有所耳闻却毕竟少有往来。自从两人相恋后,忽然发现彼此的共同语言是如此的宽泛广阔,从对作品的理解到艺术的追求,从时下音乐界的商业化倾向到返璞归真的 "本真主义潮流",他们的立场和见解竟出奇地一致。于是,他们欣然订下终身,结为连理。婚后这对音乐伉俪的华丽亮相和精彩演出立即受到了听众们的热烈追捧,被国人誉之为 "音乐界的模范情侣"。

佩特瑞和汉尼拔

佩特瑞和汉尼拔合作的二重奏专辑主要有:《克莱斯勒的灵感》(Kreisler Inspirations, RCA 74321 75479 2),《咏叹调》(Air, RCA 09026 68769 2) 和《回忆》(Souvenir, RCA 09026 625302)。尽管这几张唱片本人都有,然而得知这对艺术伉俪于 2005 年 10 月来沪参加 "第七届中国上海国际艺术节" 演出时还是禁不住抱着 "耳听为虚,眼见为实" 的想法,亲临现场去感受一番本真演奏的艺术魅力。在音乐会上,佩特瑞和汉尼拔为听众演奏了巴赫的竖笛奏鸣曲和帕蒂塔,也演奏了从唱片中早已熟悉的格里格的抒情小品改编曲。但真正使我吃惊的是她用手中的竖笛演奏了即便在小提琴领域也被视作是 "高危品种" 的塔蒂尼的《魔鬼的颤音》以及阿根廷当代作曲家皮亚佐拉的作曲《探戈的历史》这两出重头戏。《魔鬼的颤音》要求竖笛模仿小提琴演奏中的颤音乃至双指颤音。而在高潮处的华彩段持续的颤音演奏要长达 18 个小节。当小提琴演奏时人们尚要为乐曲的艰深繁复、惊心动魄而捏一把汗。更何况如今要用更原始的管乐器去再现弦乐的演奏效果。人的手是最灵巧的,嘴唇技艺再高又岂能比得上那双 "万能的手"?然而佩特瑞却硬是用她的不凡造诣完美地向听众呈现了一个竖笛版的《魔鬼的颤音》,使在座的有识之士无不叹为观止。而皮亚佐拉的《探戈的历史》(Histoire du Tango)原是一首长笛、吉他二重奏作品,作于 1986 年。它的组曲的四个乐章分别形象地展现了 20 世纪初中期以及当代探戈的时代特征与演进过程。改变成竖笛与吉他二重奏的《探戈的历史》在佩特瑞夫妇的诠释下同样令人信服,令人眼界大开。在音乐会上,佩特瑞可谓是拿出了她的压箱底绝活,一上场就抱出了七八支颜色、长短各异的竖笛,并在整个演出过程中不断地转换着手中的乐器、坐在她侧后方的汉尼拔则自始至终沉着、稳重地充当着配角,他以自己时而柔美、时而高亢的琴声,以自己坚定自若的神态和目光默默地配合、支持着佩特瑞。最明显的一个例子就是为保持乐曲的连贯性,每每在一个乐章行将结束,佩特瑞已准备忙着转身去更换另一支竖笛时,汉尼拔会在吉他上适时地奏出一个额外的延长音,以防止听众们的"反应过度",胡乱鼓掌,直至下一个乐章由佩特瑞吹出的音乐开始。看到这个场景,不禁令人联想起《圣保罗星期日报》评论所描写的语句:"佩特瑞和汉尼拔组成的二重奏无论是在过去的年代还是如今的岁月都一样堪称是奇妙组合的楷模。他们以其自身的成功极好地证明了这一点。这是一个双赢的组合。在他们的二重奏中两人各自的艺术特长非但没有被消磨、褪色,相反却相辅相成,相得益彰。正可谓夫唱妇随,唱和相长。"

"对话、友谊和交流"(Conversation, Companionship and Communication),乐坛的评论家们往往用这3个C来概括在他们眼中这对艺术伉俪在演奏时默契和谐和心心相印的程度。其实,这3个C不仅存在于夫妇俩的艺术生涯中,也广泛地存在于他们与听众之间。他们认为演奏是艺术的创造过程,如果在音乐会上没有与听众的对话和交流,那么音乐就会退化,还原成为只留存在乐谱上的那些音符和标记。而恰恰是对话和交流使他们与听众的联系变成了一条实实在在可感知的情感纽带,从而去扣响听众的心弦,引导听众随着他们走入音乐的精神世界里。

作为当代乐坛上一位杰出的女性艺术家,佩特瑞于1997年荣获"德意志唱片大奖",同年又被提名为颇具声望的"北欧音乐奖"。基

夫妇俩在音乐会上

于她为弘扬祖国的声誉而做出的巨大贡献,1995年由丹麦女王玛格丽特二世授予她荣誉骑士勋章。新世来临后,她又获得了丹麦最高级别的音乐奖"索宁大奖",2005年她还荣获了专门为欧洲的独奏艺术家所颁发的"欧罗巴独奏奖"(pro Europa)。当妻子频频亮相于领奖台时,汉尼拔则一如既往,脸上带着腼腆而谦恭的笑容隐身于聚光灯的阴影里,但没有任何人会因此而忘却这个"成功女人背后的男人"。汉尼拔除演奏吉他和琉特琴外他还是一位颇有造诣的改编者。比如他就将拉罗的《西班牙交响曲》改变为吉他协奏曲,并亲自演奏灌制了唱片(EMI

7 547452）。他也成功地改编并演奏了不少丹麦的民间音乐和电影音乐作品。目前他还担任国内的彼得·萨勃罗国立音乐学院以及自己母校皇家音乐学院的吉他和琉特琴教授。或许他永远不会像与他同姓的那位汉尼拔（公元前 247-183，迦太基的杰出军事统帅，是阿拉伯历史上的民族英雄）那样盛名赫赫，声震一方；然而他也却与历史上的那位汉尼拔一样学识渊博，审时度势，永远在最合适的地方，最需要的地方站出来，在音乐的舞台上衬托着他的"明星太太"，继续演绎他与佩特瑞情深意笃的"二人转"。

佩特瑞的巴赫作品唱片

佩特瑞汉尼拔二重奏唱片

佩特瑞汉尼拔二重奏唱片

佩特瑞与祖克曼的二重奏唱片

二十七、钢琴怪杰家族中的三个古尔达

　　古人云：民无信不立。说的是人要有诚信方能取信于他人与社会,立于天地之间。而我想为这句古代格言对一个下句,叫做：人无性焉成。这里所说的"性"指的是人的个性、特性。正是无数有着各自个性的生灵才构成了大千世界的千姿百态、色彩缤纷。普通人尚且有着别人难以复制的个性特征,那么身为艺术家其所焕发出的个性就更为彰显响亮,受人瞩目了。尤其是那些艺术大师,在他们声望如日中天的同时也往往伴随着其言行举止的特力独行,甚至可以说是乖张怪异。明乎于此,那么霍洛维兹在其漫长艺术生涯中几次悄然隐退；米凯朗杰里在没有任何征兆的情形之下突然宣布取消已经卖出全部售票的音乐会或者中途退出录音工作；鲁道夫·塞金在演奏时和着乐曲的旋律节奏而摇头晃脑,甚至把脚不放在踏板上而是在地板上打拍子之举都还属于人们可以理解的范围之内。在 20 世纪的

钢琴界,若论怪异之首,则非二 G 莫属。哪二 G？古尔达、古尔德是也。偏偏这二位连姓氏都相似得出奇。不过,怪人也是怪杰。在 Philips 唱片公司推出的《20 世纪伟大钢琴家》百大专辑之中,古尔达、古尔德各占其二,而与他们相同年龄段,录音唱片远多于他们的威森伯格、阿什肯纳奇和巴伦博伊姆等都只被分配到可怜的一席之地。由此他俩在 20 世纪钢琴演奏领域中的地位便不言而喻了。本文单表二 G 中的长者：弗雷德里

年轻时的古尔达

希·古尔达（Friedrich Gulda）与他的钢琴家族。

　　奥地利的首都维也纳不愧为人杰地灵的音乐摇篮，这里不仅是海顿、莫扎特、贝多芬、勃拉姆斯和布鲁克纳等长期从事创作和生活的地方，也是 20 世纪诸多钢琴名家的诞生与成名之处。弗雷德里希·古尔达 1930 年 5 月 16 日就出生于斯。他是身为教师的老弗雷德里希·约翰·古尔达（Friedrich Johan Gulda, 1888-1957）和玛丽·阿洛伊西娅（1893-1984）的第二个儿子。古尔达从小就喜欢音乐，在学习钢琴之前曾学过吹竖笛和长笛。但他后来还是被钢琴那雄浑、壮丽的音色所感染，遂向父母提出要去学弹钢琴。他起先被送入维也纳一家业余的钢琴学校去学习，孰料古尔达的叛逆性格从小就已显露端倪，入学不久，他就与一位比他大 2 岁的同学发生冲突，因学校的老师站在对方一边，他便对这所学校心生厌恶，说什么也不肯再去上课了。于是，父亲将他送到帕佐夫斯基教授（Felix Pazovsky）门下，成了教授的私塾弟子。他跟随帕佐夫斯基习琴四年，进步神速。在此期间，或许是受维也纳乐风感染，在学琴之余，年纪小小的古尔达竟也显露出几份莫扎特式的才能。1939 年在他 9 岁时古尔达创作了平生第一首音乐作品《为钢琴而作的小快板》（Allegretto fur Klavier），着实令人意外。

　　为了进一步提高演奏造诣，1942 年 12 岁的古尔达终于登堂入室，进入维也纳音乐学院，师从著名钢琴教授赛德尔霍费尔（Bruno Seidlhofer），同时又随马尔克斯（Joseph Marx）学习音乐理论。数年寒窗勤练，理论与实践齐头并进，终使少年古尔达厚积薄发，早早地出人头地，崭露锋芒。在入校不久，当年的 12 月 20 日他便在维也纳的勃拉姆斯大厅举行了他的钢琴处子秀音乐会。14 岁那年，尚在就读期间的古尔达在著名的维也纳金色大厅与维也纳交响乐团合作，演奏了舒曼的《A小调钢琴协奏曲》。端的是技惊四座，声誉鹊起。与此同时，在他身上多才多艺的音乐天份也逐渐显现出来。第二年，他的母亲到距首都 25 公里的穆斯去担任当地玛格丽特儿童福利院的院长。为了协助母亲分担这所在战后重建起来的福利院的工作，古尔达利用学校的休息日和假期，到玛格丽特儿童福利院担任儿童合唱团的钢琴伴奏和艺术指导。他还应邀担任过当地教堂的管风琴师。他像自己的母亲一样热心于宗教慈善事业，以致于当他成名之后，穆斯的居民百姓还津津乐道于他当年为地区普及音乐所作的贡献。

　　古尔达也有他的"16 岁的花季"。1946 年对于古尔达而言应该是他艺术人生中的一个里程碑。这时的古尔达刚刚跨出维也纳音乐学院的校门，他自感才艺皆备于身，一脸的踌躇满志。他报名参加了在瑞士日内瓦举行的日内瓦国际音乐比赛，想以此检验一下自己的学识与才艺。日内瓦国际音乐比赛是当代国际音乐比赛之王，其历史最悠久，比赛种类最齐全。该赛创办于 1939 年，仅举行了一届就由于第二次世界大战的缘故不复有"国际性质"，从 1940-1945 年间的几届仅是作为国内比赛而举行的，直到 1946 年方才百废待兴，重新开张。在比赛中他们无可挑

剔的巨大优势脱颖而出,夺得金奖,从此一举
成名而天下知。同年 11 月 22 日,古尔达以
金奖获得者的身份与维也纳交响乐团合作,
在金色大厅演奏了贝多芬的《G 大调第四钢
琴协奏曲》。从此,欧洲的音乐听众便记住了
这位戴着眼镜,显得文质彬彬的钢琴新星。
12 月 10 日,他又在同一场所举行了独奏音乐
会,在音乐会上他演奏了包括巴赫、贝多芬、
舒伯特、肖邦、德彪西和普罗科菲耶夫的作
品。

古尔达成了日内瓦国际钢琴比赛历史上
的第二位金牌选手,而他的前任,1939 年钢琴
比赛的桂冠得主正是意大利的米凯朗杰里。
从 1947 年起,年仅 17 岁的古尔达就带着那
只金灿灿的罗莱克斯金表——这是日内瓦大
赛所有金奖获得者的标志往来穿梭于欧洲各

古尔达的漫画肖像

国的音乐舞台上,开始了他的职业演奏人生。仅 1948 年,他就在欧洲举行了 30 多
场音乐会,第二年又远赴南美,分别在巴西的里约热内卢、圣保罗,乌拉圭的蒙德维
地亚和阿根廷的布宜诺斯艾利斯展示他的出众演技。所到之处莫不受到听众的热
烈欢迎。他被舆论界一致视为是一位有着巨大潜质和无穷希望的青年钢琴家。

进入 20 世纪 50 年代,古尔达的演奏事业更是如鱼得水,一帆风顺。他被应邀
参加萨尔茨堡艺术节的演出,并且在著名作曲家兼指挥家保罗·亨德米特的指挥
下演奏了普罗科菲耶夫的 3 首钢琴协奏曲。而 1953 年他在维也纳举行系列音乐会,
演出全套贝多芬钢琴奏鸣曲与在指挥家克劳斯(Clemens Kraus,1893-1954)指挥
下与伟大的维也纳爱乐乐团合作演奏莫扎特的《C 小调第二十四钢琴协奏曲》这
两件事构成了他艺术生涯中的第一个辉煌的高潮。此时的古尔达年仅 23 岁,他的
祖国奥地利以他引为自傲,人们将他与分别比他大二三岁的另两位出生于维也纳
的著名钢琴家巴杜拉——斯科达(Paul Badura-skoda,1927-　,曾于 2005 年来上
海参加第一届国际钢琴大师班讲学)和德穆斯(Jorg Demus,1928-　　)并称为"维
也纳三杰"(Viennese Troika)。

正当国人与世人翘首以待古尔达为德奥钢琴学派发扬光大之际,都颇为惊异
地发现这位他们眼中的青年才俊却每每做出使人大跌眼镜,甚至是找不到北的事
情来。比如 1956 年古尔达突然取消了在萨尔茨堡艺术节期间安排的大师班授课,
置众多慕名前来的莘莘学子于不顾,径自飞往美国,一走了之。原来他得在这段时
间腾出空去美国纽约著名的爵士俱乐部"鸟园"(Birdland)参加在那儿举行的爵

士乐演出。与此同时,他更施展早年即已显露的创作天赋开始从事作曲,但作品的风格大多都与爵士乐有关。使古尔德如此迷恋爵士乐,并一头扎进里面不可自拔的起因还要追溯到他 1950 年的首次访美演出。1950 年 10 月 11 日,挟在欧洲琴坛之威名,古尔达应邀到著名的卡内基音乐厅举行独奏音乐会。音乐会自是大获成功,不过此次美国之行令古尔达收获最丰的成果却是使他真实见识了美国人对爵士乐的热爱与痴迷。原本就生就叛逆性格的古尔达对爵士乐可谓是一见倾心,相见恨晚。他到"鸟国俱乐部"去看了现场的通宵爵士音乐会,深为爵士乐这种以悠闲、潇洒的风格、即兴挥洒的方式表现的乐种所感染,所陶醉。他当即与俱乐部的成员们建立了联系,与他们探讨、切磋在爵士乐中钢琴演奏的表现技巧。从美国回来后,经过积极的筹措他开始着手爵士乐的创作与改编。1955 年,在维也纳开张的"法蒂沙龙"(Fatty's Saloon)在古尔达的大力倡导与积极参与下成了欧洲境内规模最大的爵士乐俱乐部。

古典音乐与爵士乐无论其时代背景,创作理念还是演奏形式都是大相径庭、泾渭分明的两个乐种,可偏偏这两类风马牛不相及的音乐在古尔达看来却都是他要表达内心情感、并在他音乐人生中继续走下去不可或缺的两个组成部分,因而他在组建"古尔达古典管弦乐团"的同时也不忘要创立一个"欧洲爵士管弦乐团"(Eurojazz——Orchester),庶几可以满足他舞台演奏的需要。他被评论家们称之为"一位在古典和爵士乐两者之间走钢丝的人(Tight-rope walker),结果,他的演艺事业不仅没有因之而顾此失彼,反而更其蓬勃热火。1955 年,25 岁的古尔达与 21 岁的意大利姑娘葆拉·洛维(Paola Loew,1934-　　　)相恋结婚。葆拉是一位影视明星,人自然长得十分漂亮动人。然而要说起她主演的影视作品来却未免有些不足挂齿。从国际电影数据库(IMDB)所罗列的由她参演的剧目中几乎没有一部是世人所熟知的,且大多还是电视剧,总之是个三流的女演员。次年 1 月 27 日,他们生下第一个孩子。二百年前的这一天,音乐史上罕见的天才莫扎特降临人世,为天下热爱音乐的人们送来了欢乐和阳光。正是为了纪念这个特殊的日子,古尔达为儿子取名为戴维·沃尔夫冈·古尔达(David Wolfgang Gulda)。古尔达成名以后,以擅演维也纳古典乐派的作品著称于世,尤其是对莫扎特的作品更是独树一帜,钟爱有加,这或许是基于他的人生中有着两个重要的 1 月 27 日与莫扎特的生日有着莫大的关系吧。这里是第一个 1 月 27 日,另一个暂且按下不表。

成了家,当了父亲的古尔达在艺术上也有了新的建树。如前所述,同年夏天他弃萨尔茨堡的大师班于不顾,到美国首次参加了"鸟园俱乐部"的爵士乐音乐会。

其时又正值美国流行音乐史上的另一盛事——首届"新港爵士音乐节"召开,古尔达更是身临其境,躬逢其盛。回国后思绪难平的他更以论文《爵士乐与我们》(Jazz and Wir)见诸报端,开宗明义阐明了自己对爵士乐的态度。而在古典音乐方面,1958 年,DECCA 唱片公司隆重推出了他的第一套贝多芬钢琴奏鸣曲全集,这也是自公认的"贝多芬权威"施纳贝尔之后 26 年由一位奥地利钢琴家诠释的贝多芬奏鸣曲全集。这套唱片的问世仿佛才将人们对古尔达的印象重新拉回到古典音乐领域,原来他仍是这个领域里的中坚与精英。1960 年,古尔达似乎又心血来潮,对东欧的钢琴音乐产生了浓厚的兴趣。在这一年里他演奏了普罗科菲耶夫的全部 9 首奏鸣曲,穆索尔斯基的《展览会上的图画》和巴尔托克的《钢琴组曲》,Op.14,如果再加上他 1950 年为 Carlton 唱片公司录制的柴科夫斯基《降 B 小调第一钢琴协奏曲》,除了肖邦的协奏曲以外,这可能便是古尔达一生中演奏过的所有东欧音乐家的作品了。

随着 1961 年他第二个儿子保罗的出世,古尔达在古典与爵士两个领域掀起的波澜更是有增无减。这一时期,他经常将他的个人音乐会分成泾渭分明的两个部分:上半场由他独奏巴赫、莫扎特、贝多芬的经典作品;而下半场则换上爵士乐手们开始演奏令古典乐迷们瞠目结舌的爵士乐。

演奏的曲目通常包括由他根据一个摇摆主题创作的《前奏曲与赋格》;根据美国的著名摇滚乐队"大门"(The Door)的歌曲《燃起我的热情》(Light My Fire)主题创作的变奏曲。他还会别出心裁地将著名黑人爵士乐手迈尔斯·戴维斯(Miles Davis, 1926-1991)的乐曲《把你的脚挪开》(Put Your Foot Out)与勃拉姆斯的《摇篮曲》的旋律交织在一起,在音乐会上作着冗长而沉醉的即兴演奏。尽管他自己颇陶然于这种音

头戴瓜皮帽出现在音乐会上的古尔达

乐会的表现形式,可喜爱古典音乐的听众们对此却并不买账。每每当他的爵士钢琴声响起时那些感到怒不可遏的听众便会拂袖而去。古尔达以其非传统的异端实践为自己赢得了一个"雅号",人们叫他"最恐怖的钢琴家"(Terrorist Pianist)。除了演奏爵士钢琴,古尔达还会祭出他童年时代的绝活,在爵士音乐会上吹奏中音萨克斯管或长笛。到 1965 年 5 月,他在维也纳发起组织了"国际现代爵士乐比赛",使自己的爵士乐生涯达到了一个新的高潮。不过与此同时,他的个人生活却跌到了低谷。在这一年,他结束了与他明星妻子葆拉 10 年的婚姻。与前妻分手后,他

把家从维也纳迁至瑞士的苏黎世。

1967 年 2 月,古尔达头一次出访亚洲,到日本举行巡回演出。此次日本之行不仅使他在那里赚足了人气,而且还给他带回一个新的妻子——日本钢琴家协山佑子。两人结婚后第二年,她为古尔达添了第三个儿子——里科。重新回归家庭的喜悦令古尔达又投入到古典音乐中去。他应 Philips 唱片公司的邀请,录制了第二版贝多芬钢琴奏鸣曲全集。相比于 10 年前的 DECCA 版,在这一版中他的诠释理念更为成熟,演奏艺术也臻炉火纯青之界,故而艺术价值更高。这套全集以其卓越独到的演释获得了当年度的"德国唱片大奖"。

其实,即使在对爵士乐极度痴迷的年代里,古尔达对 20 世纪钢琴演奏艺术创作的贡献仍是不容低估的,作为一位浸淫于维也纳古典乐风中的钢琴家,古尔达对德奥经典钢琴作品的热爱几乎是与生俱来的。他不同于当时的那些所谓"全能钢琴家"——什么都能弹,什么都弹得不错,偏偏就是缺乏个性。古尔达演奏的保留曲目是比较狭窄的,基本上局限于巴赫、莫扎特、贝多芬这几位作曲家的作品,外加少量的海顿、舒伯特和肖邦。连勃拉姆斯古尔达一生也仅录制过那首短小的《摇篮曲》(Op.49 之四)。身为维也纳人,他对勋伯格为首的"新维也纳乐派"的创作却看不顺眼,拒绝在音乐会上演奏他们的作品。相反,对于德彪西、拉威尔的印象主义却另眼看待、情有独钟。他演奏的德彪西的《前奏曲》和拉威尔的《加斯帕之夜》等都达到了相当高的艺术水准,可以说他是自吉赛金之后演奏法国印象派作品最出色的德奥裔钢琴家。

对于他自己喜爱和崇拜的音乐作品,古尔达可以不厌其烦、精益求精地一遍遍演奏和录音。例如他在一生中演奏的贝多芬《第五钢琴协奏曲》,莫扎特的"第二十"、"第二十三"、"第二十六"、"第二十七"等钢琴协奏曲以及舒伯特的《即兴曲》(D.899)都各有 4 个不同版本的唱片。除此之外,舒伯特的《即兴曲》(D.899)之三、之四还另有两个演出版本。如此密集的录制同部作品在 20 世纪其他的钢琴大家那里是比较少见的。听古尔达的演奏,触键有力、音色饱满是给人的第一个突出印象。作为一位经历多年舞台历练的大师,他的手指技术极其出色,音质晶莹剔透,音形坚挺丰满,听他演奏的莫扎特协奏曲,确实有一种"如闻玑珠落玉盘"的舒心感觉。诚然,若论旋律的清丽婉约、情意真挚他不如吉赛金,论深度和内在张力他又不如鲁道夫·塞金。古尔达指尖下的音乐作品倍受争议的焦点在于一个字"冷",即他很难将自己的心绪感受融合到作曲家的创作灵感中去。这种"冷"只是一种音乐演释的外在表现,它所折射出的是古尔达队古典音乐在 20 世纪的一种基本态度。在他的内心深处认为古典音乐早已死了,只是爵士乐才是音乐的未来,因而在演奏古典作品时他完全是以一种局外人的立场去演释的。人们在他的脸上甚少看到受作品感动的痕迹,甚至在他指尖下流淌而出的音乐也冷静得有如玉骨冰肌,少有激情。难怪有刻薄的评论家毫不客气地指出他的演奏"苍白而黯淡",硬是将灵气十足的莫扎特钢琴协奏曲奏成了机械平板而缺乏变化的车尔尼练习曲。俗话说"怪人有怪相",音乐会上古尔达的形象也着实怪异,钢琴家常穿的演出礼服几乎和他绝缘,为了显示自己卓尔不群,他在舞台上总喜欢戴一顶金黄色瓜皮帽,上身一件高领的单色针织衫,并且将袖口挽的高高的。演奏时,那只亮灿灿的金表总会非常醒目的跃入们的视线。尽管他在 20 世纪 70 年代与阿巴多指挥的维也纳爱乐乐团合作的莫扎特钢琴协奏曲已经广受赞誉,然而到了 80 年代,他最终还是"炒掉"了阿巴多,与慕尼黑爱乐乐团合作时干脆自己担任指挥,于是在音乐会现场可以看到这位体格魁梧、活力充沛的钢琴家忽而站起,忽而坐下,忙得不亦乐乎。在这样一位不拘一格的反传统大师的影响下,慕尼黑爱乐乐团的演奏家也就毫无忌讳地素面朝天示人,根本不考虑整支乐团在装束上的统一性和整体感。然而古尔达这种演奏风格却大受听众欢迎,在德国、法国以及奥地利他几乎是一位受人顶礼膜拜的人物,这也难怪古尔达更要顽强、甚至偏执地在自己认定的道路上义无反顾地走下去了。

　　相比于莫扎特和贝多芬,古尔达染指巴赫的作品是最晚的,直到 1972 年他才开始系统地演奏巴赫《平均律钢琴曲集》,一年多的时间里他先后在维也纳、萨尔茨堡、苏黎世、法兰克福和都灵等地举办巴赫的平均律巡演,同样为他带来显赫的名声。1979 年和 1980 年他先后举办了题为"为人们欣赏的莫扎特"(Mozart for the people)和"为人们欣赏的巴赫"(Bach for the people)的主题音乐会,旨在为年青听众普及和推广莫扎特和巴赫的作品,不过在巴赫的那场音乐会演奏中,他仍然使用了电声的击弦古钢琴。

古尔达被评论家称之为"一位在古典与爵士乐两者之间走钢丝的人"

　　1973 年古尔达与他的日本妻子的第二段婚姻又告破裂,此后的 20 余年他没有再组织家庭。不过,在日后的爵士乐演出中,他倒是与年轻的美国女爵士乐手乌尔舒拉·安德斯(Ursula Anders)走得很近。他俩是在 1977 年的德国露天音乐会上邂逅认识的,安德斯不仅是一个歌手,还是一个打击乐鼓手。共同的见识和兴趣让安德斯从此成为古尔达艺术生活中的红颜知己。1978 年,古尔达、安德斯与另一名爵士乐手库尔特·迈塞尔(Kurt Meisel)在慕尼黑的库维利埃剧院举行了一场名为"拜访 G 老人"(Besuch vom alten G)的爵士三重奏音乐会,这里的

G 自然指的就是古尔达自己。这场音乐会两个月后又在奥地利萨尔茨堡的国家剧院里举行。古尔达不仅与安德斯录制过一张爵士钢琴与打击乐的唱片《现场》（Gegenwart），他还创作过一首《为乌尔舒拉而作的协奏曲》（Concerto for Ursula），此曲在 1982 年 9 月 18 日由古尔达与柏林爱乐乐团合作首演。除了与乌尔舒拉·安德斯的亲密合作外，古尔达也经常与美国爵士钢琴家切克·科里亚（Chick Corea，1941-　　）以及德国决是钢琴家乔·札温努尔（Joe Zawinul，1932-　　）合作举行钢琴二重奏、三重奏音乐会。他留下的唯一一个莫扎特《第十钢琴协奏曲》（双钢琴）录音就是 1994 年与切克·科里亚合作的版本。在古典音乐领域，古尔达惟我独尊、藐视一切，而在爵士音乐领域，他倒是谦虚得甘居人后，诚惶诚恐。有一次他在纽约"鸟园俱乐部"演出时就说："我现在在这里演奏爵士乐，尽管我知道查理·帕克（Charlie Parker，绰号"大鸟"）昨天刚在这里演出过，而明天迪吉·吉列斯皮（Dizzy Gillespie，爵士乐的另一名宿）又将在这里演出。相比这些巨人，我只是一个无名小卒。"

　　不过，这位"无名小卒"没用多久就将自己推向一个原创艺术家的地位。古尔达早年灵光乍现的创作天赋似乎都应用到了爵士乐方面。他总共创作过 4 首协奏曲，除作于上世纪 60 年代的《为器乐和声乐所作的小协奏曲》算是符合古典风格的以外，其余 3 首——《为乌尔舒拉而作的协奏曲》《为自己创作的协奏曲》（Concerto for myself）以及为自己同胞、杰出的大提琴家海因里希·希夫（Heinrich Schiff，1951-　　）创作的《大提琴与管乐队协奏曲》都洋溢着浓烈的爵士风格。此外，他还作有各种钢琴独奏与爵士乐队的幻想曲、即兴曲。正如音乐评论家约阿西姆·凯萨（Joachim Kaiser）所指出的那样："古尔达自己的创作得益于他从贝多芬音乐的旋律节奏形式中所获得的体会。他能够使自己的流行音乐没有精神上的紧张压力，既保持着声音的平衡，又融合自由即兴的演奏风格。"古尔达认为自己的爵士作品既不激进，也不保守，他只是通过爵士乐探寻音乐情感新的表达方式的可能性。从小到大古尔达都不是一个安于现状的人，他在不断地以自己的方法、实践甚至是不为人理解的怪异举措去寻求达到目的的方式和途径。用约阿西姆·凯萨的话来说，就是"他掌握了一切标准的音乐会形式，然而却将它的内容掏空了。"

　　尽管古尔达不认同"新维也纳乐派"作曲家们的创作理念，然而他却有着与他们一样从骨子里蔑视权威和传统的强烈倾向。1970 年贝多芬二百周年诞辰之际，基于古尔达对演释贝多芬作品的突出贡献，他的母校维也纳音乐学院授予他一枚"贝多芬戒指"。可是没继承不久，古尔达却将这枚令多少人垂涎欲滴的宝贵戒指原物奉还。他的理由竟然是对学院的教育体制不认同，认为其教学太死板、太迂腐了，因此他拒绝这项荣誉。此举一出，舆论哗然，母校的师生更是义愤填膺，他们没想到学校竟然培养出这样一个"数典忘祖"的叛徒。

　　不过，无论是喜爱或还是憎恶古尔达的人，他们所看到的都只是他举止乖张的外表,而很少有人能够真正洞悉他内心的隐秘之处。凯萨指出:"听他演奏肖邦的钢琴协奏曲或是她自己为乌尔舒拉·安德斯而作的协奏曲,你能感受到他那颗脆弱的心声,因为它触动了这个外表像头奇怪的老公牛的家伙的内心深处。事实上,会有许许多多不同的古尔达存在。"(意为人们从外表或音乐会上所了解的古尔达只不过是他性格某个外在侧面而已)。或许,这个事实应该归结为他是维也纳人这个根源。社会学者指出,维也纳的空气氛围乃至灵魂精髓都是独一无二的,它是病态的,又是富于灵感的;是傲慢自大的,又是自我怜悯的;是多愁善感的,又是肤浅空虚的;是愉快可亲的,又是纷乱不宁的。正是这种独特的"维也纳气质"造就了古尔达这个人物复杂多重的个性特征。到了晚年,古尔达更是显得神秘莫测。在20世纪90年代他甚至自己捏造、散布自己死亡的假消息,还在坟地里用水泥里建造了一座"海燕"的雕塑以示自己桀骜好斗的个性。嗣后他又自行宣告"复活"。从1992年到1999年他不知疲倦地在世界各地演奏巴赫、莫扎特以及他的爵士乐。1999年开始,他又开始积极筹备两场"弗雷德里希·古尔达复活舞会"(F.G. Resurrection Party)的演出,准备在同年的萨尔茨堡举办的复活节音乐会期间上演。然而到了演出那天人们没有看见大师的光临,演出也不了了之,事后人们才知道这回古尔达是真的病了,而且病得不轻。转眼到了2000年1月27日,人们才从媒体上获悉古尔达因心脏病发作已经离世的消息,年享70岁。这一天,正好是莫扎特的诞辰之日。而在这一天古尔达还曾迎来了自己第一个儿子的降生。如今在这一天他又将自己送进了坟墓。

也许他与莫扎特真的有缘,而且缘分匪浅。

在20世纪的伟大钢琴家里,古尔达是最难以将之归类的一位:他最不落俗套,又最令人头疼。他造诣高深,见解独到,又离经叛道,数典忘祖,令人爱恨交加,毁誉共之。这,不是弗雷德里希·古尔达的墓志铭,却可以大致勾勒出他那诡异而又绚烂的音乐人生。

弗雷德里希·古尔达一生的传奇经历足以为人津津乐道,而他的音乐衣脉却有赖于他的儿子们所传承。古尔达一生的两次婚姻为他带来了3个儿子,长子戴维的出生日由于与伟大的莫扎特的诞辰恰为同一天,故而父亲在他的名字中特地加了莫扎特名字中的教名沃尔夫冈作为这个孩子名字的一部分,以为冥冥之中这个孩子身上总会沾些音乐神童的灵气。殊不知,3个儿子中,日后唯独这位戴维·沃尔夫冈·古尔达并未与音乐结缘,反倒是他的两个弟弟保罗和里科都承袭了父亲的事业,成长为今日琴坛上颇有声望的中生代钢琴演奏家。

老古尔达的次子保罗·古尔达(Paul Gulda)与哥哥戴维是同胞手足,他1961年10月25日出生于首都维也纳。说实在的,他老爸确乎怪癖得有些不近人情,似乎只顾及自己的事业与爱好,很少肯在自己的孩子身上多花些时间,哪怕有机会与孩子们聊聊他们的愿望,便也可以不失时机地根据孩子们的兴趣爱好,因材施教,

保罗·古尔达

对他们进行早期教育了。保罗出生后，老古尔达照样地不管不问，放任自流。不过，保罗与他的哥哥不同，他从小就对音乐特别敏感。5岁那年他就开始摆弄一把儿童小提琴，起先他倒也喜欢这件乐器，尽管没有请专门的老师教学，但保罗还是一直坚持拉琴。一直到11岁他才放弃了小提琴，那是因为在这一年的某天里他突然在家中找到了一支父亲随意留下的竖笛。

"它看上去真的像一个玩具，我是平生头一次接触这种乐器。一拿到手上就感到与它仿佛有着某种天然的联系。"保罗说道。在随后的日子里，他几乎天天把竖笛攥在手上，吹一会，把玩一阵，喜爱异常。因为竖笛对于少年儿童的音乐启蒙是非常适宜的，它无需太多复杂的技巧就能把孩子们所听到、学到的曲调吹奏出来，而乐声也相当悠扬动听。就这样，保罗几乎是无师自通地在小提琴与竖笛上完成了自己的音乐启蒙，直到这时他的老爸才仿佛发现新大陆式地想到该为这个孩子提供些正规学习的良好条件了。

保罗的第一位钢琴老师是奥地利钢琴家罗兰·巴蒂克（Roland Batik）。巴蒂克是老古尔达的为数不多的几位学生之一，毕业于维也纳音乐与演艺大学。巴蒂克的身上留下了老古尔达鲜明的个性印迹。在演奏古典音乐方面巴蒂克堪称是一把好手，他曾为EMI录制过巴赫、莫扎特的钢琴作品，还为奥地利的Camerata录制过全套的海顿钢琴奏鸣曲。同时他也热衷于爵士演奏并自己作曲。可以说巴蒂克与保罗这对师生在某种程度上倒更像是一对兄弟，他们之间的教与学是在亦师亦友的愉快环境中进行的，根本没有考试、比赛方面的压力。然而，即使到了这时保罗仍没有决定今后自己究竟该选择哪一种乐器作为自己终身演奏的事业，因为他进了维也纳音乐学院之后，起先选的专业仍是竖笛和单簧管，最终才在竖笛、单簧管与钢琴之中选定后者。

在维也纳音乐学院学习期间，保罗师从犹太裔钢琴家列昂尼德·布鲁姆伯格（Leonid Brumberg）。布鲁姆伯格20世纪70年代从苏联移民到奥地利，是一位苏联学派钢琴名家，其时正担任维也纳音乐学院的钢琴系主任。保罗除跟随布鲁姆伯格学习外，间或也能在家中老父的耳提面命中收获一二。不过，老古尔达在传授专业技能的同时，仍念念不忘向儿子灌输他的爵士乐音乐理念："我父亲坚持认为：爵士乐是一种以直截了当和个性化的风格将自己的情感全身心地投入其中的音乐,因而在谈论所有的学院派教育之前你必须首先张开双臂去拥抱爵士乐。"其实,早在跟随巴蒂克学琴时,巴蒂克已不失时机地将自己创作的爵士乐弹给保罗听了。就这样,保罗顺利完成了在维也纳音乐学院的 4 年学习,毕业后他又赴美国继续深造。在美国,他遇到了人生中最著名的,也是最后的一位专业教师,他就是比自己父亲更长一辈,也更德高望重的鲁道夫·塞尔金。在佛蒙特州的马尔孛罗音乐学院,保罗·古尔达在已届垂暮之年的鲁道夫·塞尔金的引领下探寻着演奏德奥古典作品的真谛,从中汲取这位 20 世纪琴坛泰斗在演释中的真知灼见和丰厚学养。1987 年他最终完成了学业,学成之后即参加了在佛州举行的由塞尔金与卡萨尔斯共同倡办的马尔孛罗音乐艺术节的演出。他的演奏博得了舆论和听众的一致好评,由此而掀开了他职业演奏的新篇章。

其实,保罗的演奏生涯早在上世纪 80 年代初就已开始了。他的人生开局相当顺利,因为他有一位事业的领路人兼合作者——罗兰·巴蒂克。从 1982 年起,巴蒂克-古尔达钢琴二重奏就在维也纳以及欧洲其他城市进行了巡回演出。在音乐会上,昔日的师生成了舞台上默契和谐的伙伴,他们不仅演奏古典作品,也即兴演奏爵士乐,还曾与维也纳交响乐团、波兰室内乐

保罗·古尔达

团和萨尔茨堡莫扎特管弦乐团合作演奏莫扎特、巴赫的双钢琴协奏曲。这样的紧密合作一直持续到 1988 年,他们才决定分手彼此去追寻新的艺术发展途径。在以后的岁月里,他们都成了卓有建树的钢琴独奏家。保罗离开巴蒂克单飞之后,在独奏和室内乐两个领域都取得了不俗的成绩。他与维也纳交响乐团、维也纳广播交响乐团、莱比锡格万德豪斯管弦乐团、维也纳、科隆、慕尼黑室内乐团、圣马丁室内管弦乐团、莫斯科广播交响乐团、日本爱乐乐团以及圣保罗爱乐乐团都进行过合作,演奏巴赫、莫扎特和贝多芬的钢琴协奏曲。而这一时期的高峰则是 1992 年他与由祖宾·梅塔指挥的维也纳爱乐乐团合作,演奏了格什温的《蓝色狂想曲》。这场音乐会经由奥地利电视台现场转播将他的琴艺传到了四面八方,从而将自己的声誉推向了一个新的高度。

在室内乐重奏方面,保罗·古尔达比较固定的合作伙伴都是自己的奥地利同胞,其中包括他父亲的好友、大提琴家海因里希·希夫,哈根四重奏以及维也纳木管合奏团等。他与哈根四重奏合作为 DG 录制了舒曼的《钢琴五重奏》,为 Musica/Penon 录制了与由费多赛耶夫指挥的莫斯科广播交响乐团合作的肖斯塔科维奇的

《钢琴协奏曲》。也许是由于受父亲的影响,又或是天性使然,保罗·古尔达也对莫扎特的音乐情有独钟。不过,他可不像他父亲那样翻来覆去地弹奏莫扎特的钢琴协奏曲和奏鸣曲,而是花更多的精力,致力于展现这位天才以钢琴与其他乐器组合创作的作品。比如他对莫扎特的小提琴奏鸣曲就具有很大的兴趣;而他与奥地利大提琴家、哈根四重奏组成员克莱蒙斯·哈根(Clemens Hagen, 1966-   )合作录制的贝多芬《大提琴奏鸣曲》全集发行后业已受到专家们的好评和认可,并且不可避免地被拿来与其父弗雷德里希·古尔达当年与法国大提琴家皮埃尔·福尼埃(Pierre Fournier, 1906-1986)为 DG 所录制的那个三星名版作比较。

基因的力量是强大的,甚至是难以抗拒的。尽管在保罗艺术成长道路上,老古尔达对他似乎甚少关爱呵护,也绝少有像其他的音乐父子那样因父之名携子出头、同台献艺的机会。然而他却秉承了其父鲜明的性格特征,那就是涉猎广博,同时也敢于大胆尝试除古典音乐之外的各种不同领域。除能演奏爵士乐外,从 1995 年起他就在奥地利举行跨界的独奏音乐会。爱好文学的他在 1997/1998 年演出季又别出心裁地在音乐会上推出了将音乐与文学相结合的表演形式。比如他在演奏门德尔松的《无词歌》时就会向听众介绍门德尔松那位同样富有才华的姐姐芬妮所创作的钢琴曲;他还在音乐会上朗诵与门德尔松同时代的伟大诗人海涅的诗作,藉以揭示作曲家音乐创作的灵感所在;他甚至还会选读当代戏剧宗师布莱希特的剧作,阐明门德尔松的音乐对后世所产生的深远影响。如此别开生面的音乐会将音乐与文学的内容有机地结合在一起,对听众进一步理解音乐作品的思想内涵和艺术风格起到了触类旁通的深化作用,因而受到听众们的热烈响应便是情理之中的事了。

保罗·古尔达带着一幅眼镜,近视眼也是父亲遗传给他的。然而与其父那副唯我独尊、特立独行的作派大相径庭的是他的为人处世都相当低调。在 20 世纪 90 年代,他对奥地利的文化沿革产生了浓厚的兴趣,并着手进行四个高端的学术研究课题。如在已发表了 1993 年的论文《像吉卜赛人似的海顿》(Haydn Alla Zingarese)中,他试图通过海顿作品中的吉卜赛音乐元素来阐述东奥地利音乐在这位"交响曲之父"身上所施加的影响。而他之所以有志于此还有一层更深的含义,那就是强调文化多元的重要性。他说:"多元文化是一种宝贵的资源。假如你意识到这一点,那么反对各个领域里的种族主义便是一项自然而然的工作。无论是作为一个人还是作为一位音乐家,我都能从创作中去获得快乐。人的自我完善需要专心致志……然而不同的人自有他们各自达到自己目标的途径。对'发现'(find)的需求是全人类普通的一种心理诉求。"基于这样的认识和见解,1999 年的 5 月 9 日,在纪念纳粹时期奥地利的毛特豪森集中营被解放 54 周年的主题音乐会上,保罗·古尔达亲自演奏了由他根据该集中营幸存者所作的作品《音乐的演讲》(Musical Discourse)。对待种族主义,保罗以行动表明了自己鲜明的立场。在谈及他那些研究课题的初衷时,保罗对采访他的记者吉尔伯特·卡勒雅这样说:"有两个理由:其一,我本身就不是一个血统纯正的奥地利人。我的外祖父是一个犹太移民,他当年一定是从意大利逃出来的。他到了南美,而我的母亲葆拉·洛维就是在那儿长大的;其二,我们(家族的)历史的这个部分如今被某些人经常以公开化的方式谈论使我感到很不高兴。我相信作为一位奥地利公民,创作《音乐的演讲》具有积极的现实意义;而作为一位音乐家,它允许我对关于毛特豪森集中营以及种族主义问题以音乐的形式发表我的看法。"

　　保罗对音乐文化多元化的探索劲头还真有几分其父对爵士乐那种狂热和痴迷的影子。2000 年,他与比利时大提琴家和女长笛演奏家凡·利埃兄妹(Jan Pas Van Riet and Gaby Pas Van Riet)合作录制了一张题为《当古尔达遇上皮亚佐拉》(Gulda Meets Piazzolla)的唱片。唱片中主要收录了 3 部作品:老古尔达的《大提琴与木管乐队协奏曲》、皮亚佐拉的《大探戈》以及《四季》。之所以要将古尔达与皮亚佐拉这两位看似毫不相干的人的作品放在一起,让它们彼此见个面,缘自在古尔达的那首协奏曲的第一乐章《序曲》中的探戈节奏旋律借鉴了那位著名的阿根廷当代作曲家 3 首作品中的主题因素。而皮亚佐拉的《四季》也决非是对维瓦尔第同名作品的刻意仿效,因为在皮亚佐拉的作品中除了鲜明浓烈的阿根廷民族风情与特征外,还融合着他早年在法国求学期间他的老师娜迪娅·布朗热对他的巨大影响。无论他自己是否意识到这一点,他作品中的法国新古典主义风格的蛛丝马迹仍使他的创作与其他纯民族主义作曲家的作品构成了泾渭分明的区别。从这个意义上说古尔达与皮亚佐拉的这两部作品本身就是音乐多元化的产物,而今由其中一位的儿子来演释就更显得意义不凡。保罗·古尔达也藉此向在这一年刚刚去世的父亲致以纪念。

　　虽然从事演奏事业 20 多年了,然而在如今这个唱片爆炸,载体泛滥的年代保罗却仅录制了有限的几张唱片。除前面提及的舒曼的《钢琴五重奏》、肖斯塔科维奇的《钢琴协奏曲》和《当古尔达遇上皮亚佐拉》外,还有他为 Naxos 录制的钢琴独奏:舒曼钢琴曲集;与波兰女小提琴家乔安娜·玛德罗兹凯维支(Joanna Madroszkiewicz)合作的由小提琴家萨拉萨蒂、胡贝尔曼、奥尔、克莱斯勒等人根据肖邦作品改编的小提琴曲集以及与加比·凡·利埃合作的法国作曲家福列、普朗克、米约和鲁塞尔所作的长笛奏鸣曲、幻想曲集。与录音相比,保罗更喜欢现场演奏所感受到的气氛。他为现场演奏能够捕捉到音乐过程中的每个瞬间,这种瞬间的感觉就如同拍照时按下快门的那一刻,瞬间即成永恒,是不可复制的。"在现场演奏时你总能感受到乐评家们投射的挑剔目光,这样倒反而能激发起自己的演奏状态。而在录音时人常容易陷入自我陶醉,因为如果你在唱片里表现得相当出色,那么就完全可以心安理得地宽慰自己:瞧! 这正是我所要表达的东西,没有任何人能够对我的演奏方式再指手画脚了。"

基于他出身名门，基于他成名年少，保罗对自己提出了更高的目标，他常自问："从早年的成功之后我真的又学到了什么了吗？"为此，他又开始涉足指挥领域，并于 1997 年在林茨完成了自己的指挥处子秀。从 1998 年起，保罗·古尔达又开始了执教生涯，他先后在奥地利、德国、法国和波兰等地举办的钢琴大师班上讲学，并于 2001 年起出任维也纳音乐与演艺大学的客座教授。

对于保罗·古尔达，德国的媒体一言以蔽之：他是一位一流的莫扎特作品诠释者，足以成为他那位伟大父亲的接班人。

弗雷德里希·古尔达生前最后出版的一首作品是为他的幼子里科·古尔达而写的一首钢琴小曲《为了里科》，它作于 1977 年。此曲在他去世后的 2001 年由里科·古尔达自己予以修订后再现于音乐舞台。在这首作品的 CD 说明书中人们读到了这样一段由作曲家写下的文字："此曲的起源来自我那 8 岁的儿子。一天，他向我发问：'爸爸，您为我写些什么吧，这样的话我就有属于自己的乐曲可弹了。'于是我就写了这首带有中间乐段的类似风笛舞曲式的小型作品。它是现代的？还是老式的？抑或是那种不带有任何时代风格的呢？总之，我以为在任何时期、任何人都无法声称自己不需要富于对比性的 A-B-A 结构，这是一种最古老的曲式……"

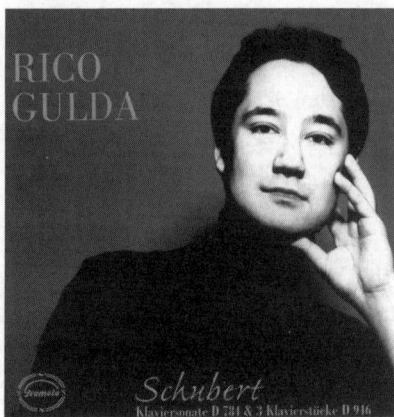

里科·古尔达

里科·古尔达（Rico Gulda）是老古尔达与第二位妻子，日本裔的协山佑子所生的孩子。儿子 1968 年 4 月 9 日出生时老古尔达已年届不惑了，在这个孩子的身上他看上去更多了几份关怀和怜爱之情。此时老古尔达偕妻子与新出生的里科居住在瑞士的苏黎世。由于孩子的母亲也是钢琴家，所以打里科出世时起父亲就决定让他从小就学习钢琴。里科从 4 岁起就跟随母亲坐上了琴凳，开始了他的音乐启蒙。在浓郁的音乐氛围中长大的里科在先天的基因和后天的熏陶作用下很快地成长起来。到了 12 岁那年，他成了德国学派钢琴家路德维希·霍夫曼（Ludwig Hoffmann）门下最年幼的学生；而在家中，还有父母不失时机地开着小灶，因而他的学琴过程是既顺利又有效。后来他进入维也纳音乐学院，师从诺尔·弗洛雷斯（Noel Flores，1940-　　）教授继续学艺。弗洛雷斯本人的经历也颇富传奇色彩。他原籍印度，这位在 19 岁之前还只是在假期才有时间练琴的年轻人却凭着自己不凡的天赋与刻苦的训练，在 20 世纪 60 年代却出人意料地一举夺得日内瓦国际钢琴大赛的金奖得主。里科跟随这位名师从本科一直读到研究生毕业。此时，27 岁的里科已是一位技巧全面，小有造诣的青年钢琴家了。

　　在学习方面,里科倒也兼收并蓄。除先后师从霍夫曼和弗洛雷斯两位名师外,他还曾先后在萨尔茨堡和莫斯科参加过由苏联著名钢琴家巴什基洛夫(Dmitri Bashkirov)和梅尔扎诺夫(Victor Merzhanov)举办的大师班。尽管他的老爸对并称为"维也纳三杰"的其余两位钢琴大师德穆斯和保罗·巴杜拉-斯科达同行相轻,可小里科却不管这一套,他照样去维也纳出席由巴杜拉-斯科达主持的大师班讲学,获益匪浅,还与大师的儿子迈克尔(Michael Badura-Skoda)一见如故,相交甚契。

　　走上职业演奏之路不久,里科于1996年第一次去东方认祖归宗。他回到母亲的祖国日本作巡回演出,结果大获成功,他演奏的莫扎特钢琴协奏曲受到极大的好评。日本听众对这位顶着古尔达姓氏,却有一半日本血统的青年钢琴家表现出一种民族的偏爱和好感,他们邀请他第二年再去作访问演出。果然第二年里科如期而至,仍然是好评如潮。当然,里科钢琴演奏的主战场仍在欧洲。在奥地利,他几乎把所有重要的音乐场所都演了个遍,其中就包括著名的维也纳金色大厅,莫扎特大厅,萨尔茨堡艺术节大厅以及林茨的布鲁克纳大厅。此外,在德国、瑞士、荷兰、比利时、意大利、俄罗斯、捷克、斯洛伐克和斯洛文尼亚等国的音乐舞台上都留下了他青春的足迹。他受邀参加过维也纳的"周末音乐会",慕尼黑的"钢琴之夏"音乐节、鲁尔钢琴艺术节、多瑙河艺术节以及"布雷根兹和波休姆之春"艺术节等大型音乐盛会。与他合作过的乐团包括比利时国家管弦乐团,林茨的布鲁克纳管弦乐团、布尔诺的捷克爱乐乐团、摩拉维亚的马蒂努爱乐乐团、米兰交响乐团以及萨尔茨堡的莫扎特管弦乐团等。德国《南德意志报》如此描述他的演奏:"里科·古尔达在音乐和情感的表达上都具有一种势不可挡的精练、高雅与力度。"代表着他艺术生涯中引以自傲的第一个高潮是他在维也纳的金色大厅里演奏了贝多芬的钢琴奏鸣曲。

　　1999年,里科首度访美,分别在首都华盛顿与纽约举办了独奏音乐会。美国的听众也是趋之若鹜,对他的到来报以极大的兴趣,他们都想一睹在美国享有极高知名度的老古尔达传人的风采。音乐会的演奏并没有让他们失望,里科的演奏其音色之刚健雄浑、清澈透亮一如其父,而温文尔雅、谦和内敛的台风更是略胜其父一筹。2003年,里科两度赴美,这一次他花了两个月时间在美举行了大规模的巡演,这也为他打开了北美古典音乐的市场。而更让里科为荣的则是在2005年5月,里科终于与伟大的维也纳爱乐乐团联袂在维也纳金色大厅演奏了莫扎特的钢琴协奏曲。

　　里科·古尔达的首张唱片问世于1997年,曲目是舒伯特的《A小调钢琴奏鸣曲》,D.784以及3首钢琴小品。两年后他与迈克尔·巴杜拉—斯科达又录制了舒伯特的四手联弹曲集。看起来,老一辈同行的彼此疏远倒并未妨碍他们的下一代亲密合作。2000 年,Naxos 唱片公司又为里科发行了另两张 CD,分别是舒曼的《儿童钢琴曲集》和舒伯特的四手联弹曲,包括《降 B 大调变奏曲》,D.968A ;《A 小调二重奏》,D.907 ;和《F 小调幻想曲》,D.940 等,这一次他的合作者是青年钢琴家克里斯多弗·兴特胡贝尔(Christopher Hinterhuber)。对于这两张唱片,《BBC 音乐杂志》的评论员马克斯·洛佩特写道:“年轻的里科·古尔达,弗雷德里希的儿子,他为我们带来了一个个性化的、富有想象力的、轮廓清晰而又色彩浑厚的演绎,使我在欣赏时自始至终都保持着一种强烈的吸引力。”

　　里科也与他的父亲,哥哥一样,不甘于仅在钢琴演奏领域显身手。刚过而立之年,他已然成为萨尔茨堡“莫扎特音乐大学”的讲师了,并且出任了维也纳舒伯特音乐学院的钢琴系主任。1999 年,他又应邀成为韩国汉城大学的客座教授,并在维也纳、日本和韩国的大学里开设大师班课程。里科还是一位音乐制作人,他曾为 EMI 唱片公司制作了颇为成功的唱片《维瓦尔第映像》(Vivaldi Reflections)这是由出身于土耳其的孪生姐妹奥德尔(Ferhan Onder and Ferzan Onder)以钢琴二重奏形式演奏的《四季》。

里科·古尔达

　　尽管弗雷德里希·古尔达的两个儿子保罗、里科都是钢琴家,但他们却分别来自老古尔达两次婚姻中的两个家庭,彼此的血统不尽相同,两人的国籍也不一致:保罗入的是奥地利籍;而里科则是瑞士公民。然而毕竟他们都姓古尔达,从容貌长相上、演艺风格上都难逃相似相肖之处。老古尔达生前的一大憾事便是未能与自己的钢琴家儿子们在舞台上同台献艺,这固然是由其偏执的观念或乖张的性格所决定的。可是他的两个儿子可不想步他之后尘,成为形同陌路、老死不相往来的“挂名同胞手足”。机会终于来了!那是在 2005 年,在日本当年的 1 月 25 日到 1 月 27 日,一连 3 天举行了 3 场纪念老古尔达逝世 5 周年的纪念音乐会。这次纪念音乐会的发起者是老古尔达平生最得意的大弟子,世界著名女钢琴大师玛尔塔·阿格里奇。被邀请与会的知名音乐家有古尔达两兄弟、法国的卡普松两兄弟、指挥家克里斯蒂安·阿敏(Christian Arming)以及由他领导的新日本爱乐乐团。为使这个纪念音乐会更名至实归,在正式开幕前夕阿格里奇还特地向承办方发去了信函,表示将自己原本要在音乐会上演奏的贝多芬的《第五钢琴协奏曲》改为莫扎特的《D 小调第二十钢琴协奏曲》,因为“这是恩师弗雷德里希·古尔达生前最喜爱的一首作品,也是他 1993 年最后一次访问日本时所演奏的曲目"。

　　系列音乐会的 3 场演出分别在东京的三得利大厅、川崎的音乐城交响大厅以及东京的胜美达交响大厅举行。在音乐会上,主要的演奏曲目是由古尔达两兄弟合作的莫扎特《第十(双重)钢琴协奏曲》;由古尔达两兄弟与阿格里奇合作献演的莫扎特《第七(三重)钢琴协奏曲》(由里科担任第一主奏,保罗担任第二主奏,阿格里奇担任第三主奏);由大提琴家戈蒂埃·卡普松演奏的老古尔达《大提琴与木管乐队协奏曲》;由保罗与里科各自演奏其父为他们创作的《为了保罗》《为了里科》;由阿格里奇演奏的莫扎特《D 小调第二十钢琴协奏曲》以及由阿敏指挥新日本爱乐乐团演奏的莫扎特《G 大调第三十二交响曲》等。3 场音乐会场场爆满,尤其是 1 月 27 日老古尔达忌日的那场音乐会更是盛况空前,使场内的听众们完全忘却了室外寒气逼人的冬天。人们听得热泪盈眶,情难自抑,而阿格里希不忘师恩、奖掖师弟(古尔达两兄弟从某种程度而言也可以算作是老古尔达的嫡派弟子)之举也被传为乐坛佳话。在 2006 年,他们 3 人合作的盛况又重现了一次,这次是在波兰的首都华沙。

　　2006 年是伟大的莫扎特诞生 250 周年,这一年的 8 月 19 日—8 月 31 日在华沙举行了"肖邦与他的欧洲"的国际音乐艺术节。2006 年的艺术节主题是《从莫扎特到弗雷德里希·古尔达》。这一次邀请到的嘉宾阵容也堪称洋洋大观,有 4 位肖邦钢琴大赛的历届金奖得主,他们是玛尔塔·阿格里希、加里克·奥尔森、邓泰松以及最新出炉的 2005 年第 15 届大赛新科状元,波兰钢琴家拉法尔·布莱恰兹(Rafal Blechacz,1985-　　　　),此外还有傅聪、法国的小提琴家雷诺·卡普松以及青年钢琴家莉莉娅·齐尔伯斯坦、赛尔吉奥·蒂波等,当然更少不了音乐会的主角之一——古尔达两兄弟。在艺术节期间的几场音乐会上,除演奏莫扎特、贝多芬、肖邦、舒曼和格里格的作品外,还有波兰当代作曲家帕努夫尼克(Andrzej Panufnik,1914-1981)和老古尔达的作品。古尔达两兄弟除仍演奏莫扎特的《第十(双重)协奏曲》外,还表演了四手联弹:莫扎特的《降 B 大调奏鸣曲》,KV358;《G 大调变奏曲行板》,KV501 以及根据莫扎特与老古尔达作品主题所作的即兴演奏。整个艺术节不仅给古尔达兄弟俩又有了一个向世人展示自己才华与亲情的场合,同时也给已经辞世的、生前毁誉不一、令人爱恨交加的老古尔达的脸上贴了一道金。试想,在莫扎特年里能够在音乐会的主题中将自己的名字与莫扎特联系在一起的,除了老古尔达恐怕很难找得到第二位钢琴大师了。谁让他的去世与乐圣的诞辰是同一天呢? 谁让他是莫扎特音乐的诠释权威呢? 又谁让他有两个传承、光大家族荣誉的好儿子呢? 以此而论,尽管生前颇遭人谤议,老古尔达在九泉之下也当含笑宽慰、死而瞑目了。

古尔达演奏的莫扎特、贝多
芬作品唱片

古尔达与福尼埃演奏的贝
多芬大提琴奏鸣曲全集唱片

保罗演奏的舒曼《克莱斯勒偶
记》等作品唱片

古尔达指挥演奏的莫扎特钢
琴协奏曲 DVD

里科演奏的舒曼《青年钢琴
曲集》唱片

二十八、沙汉姆兄妹的"二二得四"

　　犹太民族作为世界上一个历史悠久的民族,历经沧桑的变迁和生存的磨难但能在世界民族之林中引以自傲地独树一帜,归根到底取决于它的民族传统和信仰教义,其中最主要的是两条: 重视和拥有知识;尊重和追求财富。犹太人爱学习是出了名的,在被作为犹太人日常生活法典的"塔木德经"(Talmud)中有这么两句话:"即使是敌人,当他向你借书的时候你也要借给他。""知识是最可贵的财富,是唯一可以随身携带,终身享用不尽的资产。"在犹太人看来,掌握了知识就拥有了支配社会财富的发言权,故而在当今第一富国美国,仅占总人口百分之二的犹太人却占有着四分之一的诺贝尔奖得主名额和近三分之一百万富翁的高比例也就不足为奇了。

　　犹太人的学习和创造精神也同样体现在艺术领域。 在 19 世纪以前,大多数犹太人对待艺术的观点是比较消极的,态度宽容些的视之为儿戏;极端些的则视之为异端。 然而到了 20 世纪,所有这一切都发生了巨变。一旦犹太人摆脱了几千年来戒律和观念的禁忌,怀着一股热情在艺术世界登堂入室,便给艺术世界带去了革命性的冲击和震撼。在音乐领域,犹太艺术家们的成就早已是屡见不鲜,今天仅以一个家庭两代人的不同成就来见证这种犹太人由传统的科学文化优势转到音乐艺术并获取成功的范例。这个家庭就是当代著名小提琴家吉尔·沙汉姆家庭。

　　吉尔·沙汉姆(Gil Shaham)的父母都是著名的犹太科学家。其父雅各布(Jacob Shaham)是世界上第一流的理论天体物理学家,同时又是美国哥伦比亚大学的物理学资深教授。而从 1988 年起一向走在世界天体物理学学术前沿的哥伦比亚大学的研究梯队就是由鲁德曼和雅各布共同主持和领导的。

　　雅各布·沙汉姆 1942 年出生于以色列首都特拉维夫,他 1963 年获学士学位,两年后又获得硕士学位,这两个学位都是他在耶路撒冷的希伯来大学学习期间获得的。之后他应征入伍,在 3 年中亲眼目睹了第三次中东战争的爆发。1968 年他

著名天体物理学家雅各布·沙汉姆

重返母校,并在 3 年后获得了博士学位。

雅各布与他的妻子梅拉·迪斯金(Meira Diskin)正是在希伯来攻博时相识的,梅拉的专业是人类遗传学,她是一位细胞遗传学专家。婚后,夫妇俩双双赴美,雅各布在哥伦比亚大学任教,而梅拉则供职了纽约的一家私人实验室。到美国后,雅各布将自己家族的姓氏由原来的"布隆斯坦"(Bronstein)改为沙汉姆,而沙汉姆这个姓氏虽然美国化,然而在希伯来语中它却是指一种在以色列被发现的褐石。

雅各布和梅拉夫妇共有 3 个孩子,长子夏伊(Shai Shaham,1968-　　)继承了家族中的自然科学研究事业,1989 年从哥伦比亚大学博士毕业后,成为一位分子遗传学家。而次子吉尔和小女儿奥莉(Orli Shaham)则走上了音乐之路,分别成了小提琴家和钢琴家。吉尔和奥莉的投身音乐粗看似"基因突变",实则是与家庭的环境氛围密切相关。雅各布和梅拉都酷爱音乐,他们婚后,每逢星期五(他们把这一天称为支薪日)下班后,他们便会上街去买一张古典音乐唱片作为对自己辛苦工作的精神犒赏。久而久之,当他们的 3 个孩子先后来到这个世界上时,家中的唱片收藏也达到了数百张。孩子们从小也就得以在浓郁的音乐氛围中成长。父母对音乐的热爱在无形之中感染下一代,3 个孩子几乎都是自己提出要去学习乐器的,其中吉尔和奥莉更将这种出自本能的爱好变成了自己终身的职业。

吉尔·沙汉姆 1971 年 2 月 19 日出生于美国的伊利诺伊州。1973 年,正是第四次中东战争爆发之后。以色列政府出于复国强国的战略需要,颁布了一系列法律以实现加快吸纳国外优秀犹太人才的强国计划。在这种时代背景的感召下,雅各布和梅拉夫妇带着 5 岁的夏伊和不满 2 岁的吉尔毅然放弃了在美国优越的生活待遇,返回以色列报效祖国。

吉尔·沙汉姆

小吉尔尽管还在牙牙学语,但却表现出对音乐特殊的敏感性。只要家中的唱机里一传出音乐来,原本活泼好动的他便会停止玩耍聚精会神的静静谛听,有时还会情不自禁地随着音乐的节奏摇晃起自己的脑袋和小手来。7 岁那年,他进入耶路撒冷的拉宾音乐学院师从塞缪尔·伯恩斯坦(Samuel Bernstein)学习小提琴。天资聪颖的他不久即以第一名的成绩获得了美国——以色列文化基金会颁发的年度奖学金。他是学习里的尖子学生,每当有世界级大师来校讲学时,有幸被挑中上大师教学课的学生中总少不了他。他曾先后在世界级小提琴大师斯特恩、米尔斯坦和谢林面前演奏过。1980 年夏,9 岁的吉尔参加了在美国科罗拉多州举办的阿斯本暑期音乐学校。在那里他第一次结识了前来授课的著名当代提琴"教母"多罗西·迪蕾。迪蕾对这位长着一对机灵大眼睛的小男孩留有特别深刻的印象。回以色列后,吉尔加倍勤奋地练琴。1981 年,作为以色列天才儿童的代表吉尔·沙汉姆分别与以色列爱乐乐团和耶路撒冷交响乐团举行了他的处子秀演出,第二年更在"克莱蒙特国际小提琴比赛"中一举夺魁,从而赢得了一份数额不菲的奖学金。 凭借着这份奖学金,吉尔重返美国,进入朱利亚音乐学院,如愿以偿成为迪蕾门下的又一位犹太裔学生。此后他还进入哥伦比亚大学深造。 从朱利亚音乐学院和哥伦比亚大学毕业后,1990 年 12 岁的吉尔·沙汉姆荣获了由林肯艺术中心专为优秀的青年器乐演奏家而设立的"艾弗瑞·费舍尔专项资助奖(Avery Fisher Career Grant),从而开始了其辉煌的艺术演奏生涯。

　　奥莉·沙汉姆比哥哥吉尔小 4 岁,她 1975 年 11 月出生于以色列。论起来,她的音乐才能还是一位不甚知名的钢琴教师发现的呢。那一年奥莉 4 岁,一次她的两个哥哥夏伊和吉尔在社区举办的一个学生音乐会上表演,当时这位名叫露易莎·约菲(Luisa Yoffe)的钢琴女教师一眼发现了在前排就座的一个扎着小辫子的小女孩,她正聚精会神,眼睛眨也不眨地倾听着台上两个小男孩的演奏。她眼中流露出的那种专注与渴望的神情令约菲颇为吃惊。一问之下,才知道她原来就是台上那两个小演奏家的妹妹。于是约菲马上找到了雅各布夫妇,向他们表示愿意教奥莉弹琴。两个月后雅各布夫妇同意了,于是,小小

奥莉·沙汉姆

年纪的奥莉进了拉宾音乐学院开始了其习琴生涯。回忆起当时的情景,如今已经成名的奥莉坦承"当时并没有想到今后会凭借这门技能作为自己的终身职业,因为那时候我的理想是有朝一日能成为最高法院的大法官。说实话那时我还没有显

露出有任何演奏天赋的迹象。我只喜爱音乐，听到台上哥哥们演奏得那样动听，就心想自己也能亲手弹该有多好。不过，从约菲看到我的那一刻起我就注定与钢琴结下了缘。"

奥莉随约菲学了 4 年，为今后的演奏打下了扎实的基础。1983 年，来到美国后她先是在纽约的霍拉斯·曼恩高级中学随女钢琴教师南茜·斯泰辛学了一年琴。南茜惊异于奥莉的才华和精力，遂竭力为她争取到朱利亚音乐学院的奖学金，并在奥莉进校后让自己的丈夫，朱利亚音乐学院钢琴系主任赫伯特·斯泰辛（Herbert Stessin）亲自带教这名学生。来到一个完全陌生的国度，尽管在音乐学习上奥莉根本不存在任何障碍，然而她还是明显感受到了基于不同历史背景和环境氛围的所带来的文化观念上的冲突。在自己的家乡，耶路撒冷总体说来是一个聚集着众多社会群体的中等城市，在那里人与人之间的交流非常方便；而纽约则是一个超大型的商业都市，这里大街上光怪陆离的商业气息以及人际关系的淡漠与疏离都使奥莉感到很不习惯。以色列人讲英语也和美国人有很大的不同，语言中没有那么多翘舌音。此外她还惊异地发现，在号称"文化大国"的美国，这里的乐盲竟非常多；而在以色列，几乎每一个人都会些乐器演奏，因为他们从孩提时代起就被要求去学习一种乐器，并且他们的整个青少年时期都保持着这种学习。总之，对美国社会的最初印象使她很自然地联想到一百年前德沃夏克刚刚踏上这片"新大陆"时的新奇却茫然不知所措的体验。

然而，在跟随赫伯特·斯泰辛教授学琴的日子里，奥莉又切身地感受到美国的音乐教育对自己艺术成长的巨大影响。她把斯泰辛称作"一个异想天开的引路人"，因为他总是鼓励学生们通过自己的思考和摸索在音乐演奏中寻找到属于自己的琴声的个性。他有着一对听觉特别敏锐的耳朵，同时还具有一副洞察巨细的眼光，能够对奥莉在演奏中所表现出的各种可能性给出准确而又精当的判断和引导。除专业学习外，作为一个学习性特强的犹太裔学生，奥莉还对其他领域的知识充满了好奇和兴趣，为此她也进了哥伦比亚大学，主修欧洲近现代史。作为科学家雅各布和梅拉的女儿，她也选修了几门对于一般学艺术学生而言犹如天方夜谭的课程，如灵长目动物的行为学，人类遗传学，生物学和医学等等。

经过 5 年的勤奋学习，奥莉以优异的成绩毕业于朱利亚音乐学院，由此成为一位颇具潜质的青年钢琴家，1955 年 20 岁的奥莉被授予"吉尔摩青年艺术家奖"，两年之后她也像他的哥哥吉尔那样荣获了"艾弗瑞·费舍尔专项资助奖"。也就在这一年，初出茅庐的奥莉因其与哥哥吉尔共同录制的那张兄妹合辑《德沃夏克的二重奏》（Dvorak For Two，DG 唱片公司）而一举成名，扬名乐坛。

在《德沃夏克的二重奏》里，吉尔和奥莉兄妹俩以精湛演技及真挚的情感演绎了德沃夏克作品中不为人所知的一组室内乐作品——2 首奏鸣曲和 4 首浪漫曲。其中作品 100 号的《G 大调小奏鸣曲》是作曲家为时年 15 岁的女儿奥蒂莉耶和

10 岁的儿子安东尼所作,乐曲的难易程度正好为学习钢琴的女儿和学习小提琴的儿子所掌握。与这一时期作曲家其他的名作如《自新大陆交响曲》《美国弦乐四重奏》以及《B 小调小提琴协奏曲》一样,作品中既蕴含了浓郁、丰富的捷克民族音乐的语汇,又可清晰地辨认出大洋彼岸美国土著民居印第安民族的独特音乐语言,其中第二乐章"小广板"的主题还曾被小提琴大师克莱斯勒改编为小提琴独奏

吉尔和奥莉兄妹的二重奏

曲《印第安摇篮曲》而闻名遐迩。基于这首作品的创作背景,由身在美国又难却故乡之情的沙汉姆兄妹来诠释倒也正可谓是"曲适其人"他俩的合作和谐默契,心心相印,令人不禁遥想起 60 多年前乐坛上那时为人称道的黄金兄妹组合——耶胡迪·梅纽因和赫芙齐芭·梅纽因。

　　在谈到哥哥吉尔对自己的影响时奥莉说:"人们总以为在一个家庭里不可能同时涌现出两个同样优秀的音乐家,而在通常情况下他们对其中男性的那个重视程度更甚,就像莫扎特和门德尔松的知名度和影响力要大大超过他们的姐姐南奈尔(Nannerl Mozart)和范妮(Fanny Mendelssohn)那样。应当承认,在这方面我的父母也未能免俗。可是从更私人的观点而论,吉尔的音乐成就在过去的岁月里的确使我获益良多,因为我能通过密切观察他的从艺经历去获得启迪,开阔视野。这对于我自己和艺术发展真的是非常有帮助的。"作为一位成熟的钢琴演奏家,奥莉要求自己成为一位能具备演奏独奏曲、重奏曲和协奏曲所有经历的艺术家,她认为这既是给自己提出的严峻挑战,但同时也能从中得到多重的满足和享受。"我只想能参与、分享钢琴所给我带来的一切!"自走上职业演奏生涯以来她也像吉尔一样辛勤地奔波于世界各地举行音乐,与她合作过的乐团有美国的洛杉矶爱乐、旧金山交响、费城管弦、芝加哥交响、克利夫

吉尔·沙汉姆

兰管弦和华盛顿的国立交响；在欧洲则有耶路撒冷交响、奥菲欧室内、里昂国家管弦以及米兰的斯卡拉歌剧院乐团等。不过，迄今为止她所录制的 CD 和 DVD 都只是进一步印证了吉尔与她的兄妹情深。2004 年，Artemis Classics 唱片公司发行了由他俩合作的普罗科菲耶夫作品专辑，收录了作曲家的两首小提琴奏鸣曲以及包括芭蕾舞剧《罗密欧与朱丽叶》《三桔之爱》中的音乐改编的乐曲等。而在 2005 年年底，为迎接莫扎特诞辰 250 周年的到来，EuroArts 公司又推出了他俩在维也纳的道恩——金斯基宫大厅现场录制的莫扎特的 6 首小提琴奏鸣曲。

除钢琴演奏以外，奥莉还在美国的古典公众电台网开办了一档"与一位音乐家的对话"（Dial-a-musician）的节目。在节目里她作为主持人现场采访音乐节的专家和同行，让他们谈创作构思或从艺经历，并请他们回答听众们提出的问题。上过她这档节目的有当代著名作曲家约翰·亚当斯（John Adams）、钢琴家埃曼纽尔·艾克斯（Emanuel AX）、女高音歌唱家娜塔莉·德塞（Natalie Dessay）等。与此同时，他还担任了哥伦比亚大学为非专业学生介绍古典音乐的欣赏课教授。诚然，以奥莉的资历和阅历，尽管她平时博览群书，律己甚严，然要同时从事好演奏、教学和主持这三项工作毕竟有点勉为其难。而她最终竟能将诸项工作都做出成绩来，除前面提到的有哥哥吉尔的激励感召而外，在她背后还有着一副坚实的肩膀在依托。他，就是奥莉的指挥家丈夫。

戴维·罗伯森（David Robertson）与奥莉·沙汉姆是典型的老夫少妻。戴维年长奥莉 17 岁，而奥莉则是戴维的第三位妻子。戴维也是美籍犹太人，他 1958 年 7 月 19 日出生于加州的圣莫尼卡。他早年曾经学过圆号演奏和作曲，并且在英国皇家音乐学院专攻指挥。1985 年，27 岁的戴维成为以色列耶路撒冷交响乐团的驻团指挥家。不过，在其后相当长一段时间内，他的指挥生涯倒是在法国度过的。由于其曾师事著名作曲家兼指挥家皮埃尔·布列兹，因而被称为是布列兹的"门徒"（Protege）。

自 1992 年起的 8 年里戴维·罗伯森出任法国巴黎"国际当代合奏团"的音乐总监，2000 年他又受命担任里昂国家管弦乐团（ONL）与里昂大会堂的首席指挥兼音乐总监。提起里昂国家管弦乐团，资深的古典乐迷们对它应该并不陌生。在 1979 年。这支成立 10 周年的法国一流乐团在指挥家塞西

戴维与奥利伉俪

尔·博多（Serge Baudo, 1927-　　　）的率领下曾到过北京、上海举行音乐会，属于"文革"后最早国外来华访问演出的优秀乐团之一。在罗伯森统帅乐团的 4 年中他深受法国听众和乐迷的喜爱，还曾带领乐团赴美进行了巡回演出。结束了与里昂国家管弦乐团合约后的罗伯森回到美国发展，从 2004 年至今，他一直是美国圣路易斯交响乐团（SLSO）的首席指挥。

　　对于戴维·罗伯森而言，圣路易斯交响乐团在他心中占据着非同寻常的地位。从某种意义上说，圣路易斯既是他曾牵绕向往的故土，又是他缔结良缘的福地。罗伯森的祖先曾长期居住在美国中西部的犹他州、俄勒冈州，爱达荷州，他的祖父在 20 世纪 30 年代经济大萧条时期在荷兰人开的"壳牌石油公司"里干过。随着石油公司的勘探队，他到过新墨西哥州，后来又去欧洲，回国后先在圣路易斯落脚，最后才在加州定居下来。因而当 1999 年 1 月他第一次接到圣路易斯交响乐团给他发来的邀请，让他客串指挥乐团时，在脑海中浮现出的一种类似"回家"的感觉。而更重要的是，也正是在这场音乐会上，他邂逅了日后将成为他妻子的奥莉·沙汉姆。罗伯森接到邀请后来到了圣路易斯交响乐团的所在地鲍威尔音乐厅，在这里他将与同样头一次来这里的奥莉合作。"当时我并不认识奥莉，也不知道要演奏什么曲目，不过我却知道他的哥哥吉尔是一位相当不错的小提琴家。在与主办方商讨演奏曲目时我希望让奥莉演奏一首莫扎特的钢琴协奏曲。可主办者告诉我在这个演出季里乐团已经演过两首莫扎特的协奏曲了。他们给了我一份她保留曲目的清单，上面罗列着各种各样的作品。于是我说："好吧，那就去问问她准备在这场音乐会上弹些什么？他们给我的回话是那青年女钢琴家只想演奏肖邦的《第一钢琴协奏曲》。"

　　"天呐！我对这部作品具有恐惧感。过去我曾在耶路撒冷举行的一次钢琴大赛上担任驻赛指挥家，负责为进入决赛的选手演奏协奏曲指挥乐团。在那次比赛上，在一天之内我竟先后为 6 位选手指挥了肖邦'第一'……况且，就乐团而言他们对肖邦的'第一'也不怎么感兴趣，因为每当演奏这部作品时通常总是在独奏家使出浑身解数的同时乐团演奏员们却陷入了昏昏欲睡的状态。然而不管怎么说我还是同意了她的选择。"带着几许志忑和恐惧，罗伯森指挥圣路易斯交响乐团与奥莉进行了合作。然而合作的效果却着实超乎他事前的预料，令他顿时对这位容貌秀丽，个性十足的女钢琴家刮目相看："那是一次令人难以置信的经历，我不曾想到奥莉具备了如此高超的演技。那时她才 23 岁，但演奏得非常有深度，在此之前我还从未遇到过在这个年龄段有如此出色的钢琴家。"事实上，那场音乐会对他们两人而言都是一次巨大的惊喜，整场音乐会也正是以肖邦的'第一'作为演出压轴曲目。人们常说在肖邦的'第一'里蕴含着钢琴音乐的所有魅力，也正是由于这种缠绵浪漫情愫的传递和释放催生了男指挥家与女钢琴家之间的内心悸动。在音乐会结束后，罗伯森当即向自己的经纪人表示愿意与奥莉在别的场合再度合作。

在以后的日子里,他们就开始建立起了联系,他们通过 E-mail 言语传情、互诉衷曲,用罗伯森的话来说,就是"音乐联结并延伸了生活中的一切美好事物"。

在 2002 年 2 月,罗伯森与圣路易斯交响乐团又有了第二次合作。这一次他被紧急召来临时替代生病的乐团首席指挥、荷兰人汉斯·冯克(Hans Vonk,1942-　　)，指挥乐团在纽约卡内基大厅举行音乐会。由于时间急迫,他与乐团只进行了一次排练就披挂上阵了。可演出却照样赢得了《纽约时报》的好评。之后又有了 2003 年的第三次合作,有了这三次成功的合作,乐团管理层对罗伯森的表现表示了充分的信心,他们一致决定聘请他出任乐团继列昂纳德·斯拉特金(Leonard Slatkin,1944-　　)和汉斯·冯克之后的新一任首席指挥和音乐总监,任期从 2005-2006 演出季开始。

在美国乐坛上,戴维·罗伯森是以"救场"而出名的,他被誉为是"救急指挥家"(Pinch-conductor)。他经常会在午夜的 11 点钟接到电话让他去救第二天晚上的场,所以他成了乐坛的"空中飞人",由此可见他手头掌握的作品有多么众多和丰富。但即便如此,他还是利用乘飞机的时间尽可能地阅读,研习总谱,认真完成好每一次的救场任务。

自 2003 年戴维·罗伯森与奥莉·沙汉姆成婚后他已将自己的音乐生活更多地融入沙汉姆兄妹的音乐活动之中,在舞台上时常可以看到由夫妻同台合作的钢琴协奏曲以及由郎舅合作的小提琴协奏曲。"我感到我们实在是有缘",吉尔·沙汉姆如是说:"作为一名指挥,他是非常容易交流、沟通的,在排练、演出时他总是非常为独奏者设身处地地着想。"成为郎舅之后,他们的合作基于良好的友谊而外又多了几份家族成员之间的亲情。在去年 10 月 7 日为纪念莫扎特诞辰 250 周年的音乐会上,吉尔·沙汉姆就与由罗伯森指挥的纽约爱乐乐团合作,演奏了莫扎特的《D 大调第四小提琴协奏曲》和斯特拉文斯基的《D 大调小提琴协奏曲》,还有乐团演奏的莫扎特《第三十六交响曲》(林兹)。在被问及郎舅的身份会对舞台上独奏者与指挥家的关系产生何种影响时罗伯森坦然答道:"我们的这种关系有助于在合作时产生'瞬间的理解力'(instantaneous comprehension),这在一般合作者之间几乎是难以想象的东西在我们的演奏过程中却是易如反掌,随手可得的,这就是亲情所带给我们的影响。"

罗伯森执掌美国圣路易斯交响乐团以后就带着乐团不断地出现在卡内基音乐厅,尽力提升乐团的演奏水平和乐坛知名度;他还为 Harmonia Mundi, SONY 和 Naxos 等唱片公司录制了数量可观的唱片。2006 年四月,乐团迅即宣布将他的任期延长至 2010 年。与此同时,2005 年刚刚委任他为首席客座指挥的 BBC 交响乐团也忙不迭地宣告他们也将罗伯森的任期延长至 2011 年。综合了《纽约时报》《洛杉矶时报》《芝加哥论坛报》等的相关报道,就知戴维·罗伯森在美国乐坛已是一个炙手可热的人物,纽约爱乐乐团和芝加哥交响乐团早就盼着能够与他签约落定呢。只是由于圣路易斯交响乐团和 BBC 的下手迅捷,至少在 2011 年之前看来此事是难以恢复"自由身"了。尽管如此,罗伯森还是与美国不少一流的乐团保持着密切的联系,担任他们的客席指挥,难怪《纽约时报》的乐评家安东尼·托玛西在 2004 年的的一篇评论的标题便是"指挥家罗伯森能使古老的乐团焕然一新,而使新进的乐团新上加新"。

阿德莱·安东尼

　　道完了奥莉·沙汉姆与戴维·罗伯森这对伉俪,再来说说吉尔·沙汉姆的另一半。诚然,奥莉与戴维是典型的老夫少妻型,而吉尔与他的妻子阿德莱·安东尼尽管是同岁,也是同行,但他俩之间也有着不小的差距,这种差距既体现在种族上,也体现在地图上的地理位置上。阿德莱·安东尼(Adele Anthony)是澳大利亚土著民族塔斯马尼亚人。该民族的 40 万人如今集中居住在位于澳洲东南面积仅为 6.8 万平方公里的塔斯马尼亚岛上。阿德莱的父亲是当地的一位小提琴手,因而她从小就喜欢跟随着父亲满屋子地转,听他忘情地拉着当地的民歌民谣,边听还会边拿起身边的刷子和木梳当作提琴和琴弓,模仿着父亲拉琴时的一招一式。

　　阿德莱真正拿起小提琴学习是在 2 周岁半时,正由于这里地处偏僻,因而自然也就少了不少传统的清规戒律。她的启蒙老师就是她的父亲,随着年龄的增长,父亲欣喜地发现自己的女儿已经成了塔斯马尼亚人的骄傲,在阿德莱 10 岁那年,她作为澳洲少数民族的代表在前来访问的英国王储查尔斯御前为其演奏,深得王子的称许。至 13 岁,她又因与昆士兰州交响乐团合作演奏西贝柳斯的小提琴协奏曲而荣膺由澳洲广播公司(ABC)主办的"澳洲器乐与声乐比赛"历史上最年轻的冠军。凭借着这个冠军所获得的奖学金,阿德莱进入阿德莱德音乐学院,师从小提琴家贝瑞尔·金贝尔(Beryl Kimber)。在求学期间,她有幸参加了美国阿斯本暑期音乐学校,其才艺和潜质引起了在那里指导任教的多罗西·迪蕾等名师的瞩目。从音乐学院毕业之后阿德莱即远赴纽约朱利亚音乐学院深造,投师于 3 位卓越的小提琴教育家迪蕾、法利米尔(Felix Falimir)和韩国裔的姜康(Hyo kang,他本人也是迪蕾的弟子)门下,在她学琴深造期间,由于琴艺出众曾先后荣获朱利亚音乐学院、林肯艺术中心以及弗里兹·克莱斯勒协会所颁发的奖学金。

　　1992 年,年方 21 岁的阿德莱·安东尼踌躇满志再度来到阿斯本,这一次她是作为参赛选手前来角逐艺术节期间举办的"沃尔顿音乐比赛"的。果不其然，在比赛中她力压群雄一举夺得金奖，随后第二年在影响力更大的法国"玛格丽特·朗——蒂博国际音乐比赛"上她获得亚军；1994 年在德国"汉诺威国际小提琴比赛"上她再次名列前三甲。由此在国际琴坛初步奠定了自己的地位。当然，使她的名声进一步提升的还数她在 1996 年丹麦"卡尔·尼尔森国际小提琴比赛"上又一次当之无愧地金榜题名。在音乐舞台上，阿德莱的出现是引人瞩目的，她精湛的琴技，奔放的热情，再加上她那黝黑的肤色和明媚的双眸都使她显得那么与众不同。2000 年 4 月，她的录音代表作由 Naxos 唱片公司发行，曲目是由她和日本裔指挥家汤浅卓雄指挥的北爱尔兰尤尔斯特管弦乐团合作的当代作曲家菲利普·格拉斯的小提琴协奏曲。对于这个版本的诠释，评论家雷蒙·图特尔指出："安东尼是一位经由朱利亚音乐学院训练出来的小提琴家，在演奏中她自己的个性与她手中的那把瓜内利·杰苏名琴（制于 1735 年）的独有音色都没有缺失。在乐曲的第一乐章里她突出了这首协奏曲抑郁的情调……格拉斯的协奏曲在安东尼的演绎下似乎较之那些对此过于强烈、尖锐的版本来显得更为严谨深刻，情感丰富细腻。"在此之前，她还为 Naxos 录制过另一款舒伯特小提琴作品集。此外，阿德莱录制的唱片还有：作为尼尔森国际小提琴比赛金奖得主录制的尼尔森小提琴协奏曲（Centaur Recording 发行）；在朗——蒂博国际小提琴比赛上的获奖作品：福雷的《第一小提琴奏鸣曲》（REM 发行）；帕格尼尼的《D 大调第一小提琴协奏曲》（ABC Classics Polygram 发行）以及她与丈夫吉尔·沙汉姆在由尼梅·雅尔维（Neeme Jarvi）指挥的哥德堡交响乐团协奏下演奏了立陶宛当代作曲家阿沃·帕特的《塔布拉尔·拉萨》（Tabular Rasa）等。

阿德莱与丈夫吉尔以及他们的两个孩子：5 岁的儿子伊利亚和 2 岁的女儿埃拉·梅都生活在纽约的家中。毋庸讳言，他们夫妇俩的周围朋友几乎都是音乐家。不过她认为如果当初没有选择音乐的话，那么她长大后一定会成为一位医生，因为听诊器与乐器一样都可以造福于人类。除了音乐，她还喜爱美术、旅游、看电影和玩电脑。也许是受了丈夫家犹太传统的影响吧，她也爱上了阅读，并且达到了手不释卷的程度。当然，她最喜爱的还是烹饪，也痴迷般地爱上了印度菜和中国菜，甚至还爱屋及乌地学上了中文，她说这样的目的是方便自己有朝一日去中国访问时能够看懂饭店里林林总总的中文菜单。

1998 年 9 月吉尔·沙汉姆在上海大剧院演奏的门德尔松和柴科夫斯基的小提琴协奏曲令我们至今记忆犹新。何时吉尔和阿德莱夫妇，甚至是奥莉和罗伯森夫妇能来中国的音乐舞台上联袂献演他们夫唱妇随，或者是妇唱夫随的节目，看来还真值得乐迷们翘首以待呢！

吉尔·沙汉姆演奏的《四季》唱片

吉尔·奥莉兄妹俩合作的德
沃夏克二重奏唱片

吉尔·沙汉姆演奏的《浪漫
曲》唱片

戴维·罗伯森指挥的唱片

二十九、祖克曼生活中的五位女性

平恰斯·祖克曼

俗话说:"三个女人一台戏。"那么一个男人的生活中如果有五位与他密切相关的女性,那想必他的生活一定是多姿多彩,令人艳羡吧。更何况这个男人还不是一般的凡夫俗子,而是世界乐坛上赫赫有名的顶尖人物,而围绕在他身边的那五位女性也非等闲之辈,她们岂止是"上得厅堂",简直就是各自领域内的翘楚好手,这样的"一台戏"效果又将怎样呢,岂不是更为风生水起,辉映屋宇吗?这里要介绍的是世界著名小提琴大师平恰斯·祖克曼生活中的五位女性,所取皆来自真实的资讯,绝无半点道听途说,哗众取宠之嫌。然在为文章起名时倒也一时无措,找不到一个贴切恰当的标题,更不愿以"一门五美""大师的多次艳遇"之类的粗俗词语亵渎大师,污染读者,因而还是老老实实以"祖克曼生活中的五位女性"姑且冠之。

尤琴妮娅·祖克曼(Eugenia Zukerman)

平恰斯·祖克曼与他同时代出生的小提琴家帕尔曼、指挥家艾森巴赫和钢琴家米沙·迪希特等一样,都是波兰犹太人的后裔。他的父亲约胡达(Juhda Zukerman)和母亲米里亚姆(Miriam Zukerman)当年在纳粹的集中营侥幸活下来后于二战结束后移居以色列,生下了他们唯一的孩子平恰斯。尽管他的母亲对他有养育之恩,哺乳之情,但在儿子的成才之路上她并没有起什么决定性的作用,因而在这篇文章里没有把她列入平恰斯·祖克曼生活中的五位女性之列。那么,他生活中的第一位女性是谁呢? 这还要从他 1967 年荣获莱文垂特国际小提琴比赛金奖的辉煌时刻说起。莱文垂特国际音乐比赛是颇具权威性的国际音乐赛事,创建于 1940 年。有不少著名的美国钢琴家、小提琴家就是在这项赛事上脱颖而出,渐而成为世界级大师的。1967 年,年仅 19 岁的祖克曼挟朱丽娅音乐学校金牌教授伊凡·加拉米安和多萝西·迪蕾弟子之威,参与大赛的角逐。他以精湛的演技,迷人的音色和对作品准确的理解征服了评委和听众,结果与比他大 4 个月的同门师姐郑京和一起,共享金奖殊荣。在颁奖现场如雷的欢呼和如流的人潮里,有一位金发少女此时也抑制不住内心的激动,流下了欣慰和幸福的泪水,她,就是台上那位翩翩少年的未婚妻尤琴妮娅。

尤琴妮娅·里奇(Eugenia Rich)比祖克曼大 4 岁,1944 年 7 月 25 日出生于波士顿的剑桥,她家附近就是举世闻名的高等学府——哈佛大学。人如其姓,尤琴妮娅的娘家也确属美国的富人阶层——因为英语 rich 意为富裕,富人。她的父亲斯坦利(Stanley Rich)是一位知名的发明家、企业家。在二次世界大战期间,斯坦利因潜心钻研发明了一种用以搜索德军潜水艇的声纳探测技术而名声大振。这项技术被美国海军部采用后,在实战中发挥了巨大的作用,斯坦利也因拥有这项技术的专利而成了一名企业家。同时,他又是一位狂热的音乐爱好者。尤琴妮娅的母亲曾是第一位被接纳进入纽约市立学院工程技术学校的女性学生,后来成了现代舞的舞蹈家。就在这样富庶而安逸的家庭环境里,斯

尤琴妮娅·祖克曼

坦利的三个女儿健康地成长起来了,她们无一例外地都从小学习音乐,不过其中只有老二尤琴妮娅日后成了职业的音乐家。尤琴妮娅从童年时代起她就学习长笛演奏,虽然没有什么名师指点,但社区和学校的音乐会上每每少不了她拿手曲目的献艺。高中毕业后,到英国就读于巴尔纳德学院。因为在父亲看来,音乐固然可以怡情养性,但却非安身立命之本。怎耐学习期间她向往进一步深造长笛演奏艺术的念头有增无减,越抑越炽,于是在两年后她自作主张,返回美国转入纽约的朱丽娅音乐学校重新开始其大学生涯。从这时起,尤琴妮娅才拥有了平生第一位长笛指

导教师,他就是美国一流的长笛演奏家,曾任纽约爱乐首席长笛的裘里斯·贝克尔（Julius Baker）。

在 19 世纪中叶的美国乐坛上,裘里斯·贝克尔绝对是一个响当当的名字,他被誉为是美国的现代长笛之父。尤琴妮娅在师从贝克尔的两年里,全面系统地掌握了长笛演奏的一切技艺和大部分的经典曲目,成为贝克尔后期的得意弟子之一。也正是在朱丽娅的校园里,她与平恰斯·祖克曼邂逅了。当然,尤琴妮娅之所以被祖克曼深深吸引,首先还是由于她是一个标准的美人,金发碧眼,身材修长。她性格开朗,活泼热情,是校园里颇受瞩目的社团活动积极分子。加之她多才多艺,学识广博,举手投足之间透着一种其他女生少有的书卷气和高雅气质。祖克曼之所以在美女如云、才女如织的朱丽娅校园里选择尤琴妮娅还有基于他幼年时的一段未圆情结。祖克曼的音乐启蒙是从学吹竖笛开始的,后来他又学过单簧管,直到 8 岁时才最终决定继承父亲的衣钵,成为一名小提琴家。但他对木管乐器的那份挚爱却一直深埋在心头。当他找了一位演奏长笛的女朋友,似乎可以弥补早年的那种遗憾和眷恋了。而尤琴妮娅自然也对祖克曼的出众才华和一表人才早已倾心属意。自从两人正式交往后,年长 4 岁的尤琴妮娅更是给予孤身一人在美的祖克曼一些生活上的照顾和精神上的慰藉,两人的情谊随着学业的增长而日益深厚。

就在祖克曼夺得莱文垂特国际大赛桂冠的第二年,他俩的恋情也水到渠成了。在 1968 年春喜结连理,成为时人艳羡不已的一对乐坛"金童玉女"。结婚后的尤琴妮娅·祖克曼并没有放弃自己的事业追求。1970 年 26 岁的她在全国青年音乐会艺术家的评选中力压群芳,荣获该奖。与此同时她还获得了第二年在纽约的城市大厅举行独奏处女秀的机会。那场音乐会赢得了评论界的激赏,就此掀开了她长笛演奏和在全球举行大型巡演的序幕。她与一系列北美、欧洲、亚洲以及中东的管弦乐团合作演奏长笛协奏曲,并且与她的丈夫平恰斯以及他们的共同好友帕尔曼,巴伦博伊姆、杜·普蕾夫妇等经常在一起演奏室内乐。尤琴妮娅·祖克曼被《波示顿环球报》誉为是"我们时代最杰出的长笛演奏家之一","她是一位纯正的音乐家,她那优美、雅致的音色犹如涓涓流淌的音瀑,是经典音乐魅力的完美体现。"而《纽约时报》的评论则既全面,又言简意赅地概括了她的艺术魅力:"她的音乐家气质是完美的;她的风格品味是纯洁无瑕的;她的舞台风采则是一道真正令人赏心悦目的风景线。"

尤琴妮娅·祖克曼

作为一位优秀的长笛艺术家,尤琴妮娅

所涉猎和掌握的演奏曲目是颇为广博的,她演奏的莫扎特长笛协奏曲"显得晶莹而辉煌,旋律随着乐谱上的音符上下起伏。她在演奏中轻快自如地追逐着旋律的发展,并与它相伴前行";她演奏的巴赫《六首长笛与古键琴奏鸣曲》(古键琴演奏:安东尼·纽曼)"就如同用音乐编织的一张神奇的网,通过这张网向她的听众传递着令人愉悦的音乐经典的吸引力,并提供着无与伦比的精神世界的丰富滋养"。为了拓展演奏曲目,她还为 SONY/CBS 录制了根据维瓦尔第的小提琴协奏曲《四季》和莫扎特的《A 大调单簧管协奏曲》移植而成的长笛协奏曲。对于当代作品,尤琴妮娅诠释得同样出色。她演奏的伊贝尔长笛协奏曲被称为是"一种体现出原曲风貌的名家级解读";而在演释诸如马蒂努、梅西安以及美国当代作曲家德博拉·德拉泰尔(Deborah Drattell, 1956-　　　),洛威尔·利贝曼(Lowell Liebermann, 1961-　　　)的作品时,又展示出"令人眩晕的精湛技艺和表现手法,融入其对音乐的敏感性,使演奏产生出无可置疑的说服力"。需要特别指出的是:尤琴妮娅在她的独奏专辑《咒语》(Incantation, Delos3148)中演奏了由原上海交响乐团首席长笛谭密子改编的中国古曲《浔阳萧鼓》;她也与活跃在西方乐坛上的"上海四重奏"共同录制了五重奏专辑《供周日上午欣赏的音乐》(Music for a Sunday morning, Delos3173),并且还在"上海四重奏"的专辑《中国之歌》(China song , Delos3308)里应邀客串演奏了一曲《巴蜀音画——六首四川民歌》,表达了她对东方音乐的喜爱。

　　如果说尤琴妮娅作为一位音乐演奏家她的个人名声还是难免会被知名度更大的丈夫或多或少地遮盖的话,那么从 1980 年起,一位令人耳目一新的尤琴妮娅跳出了丈夫的光环,让世人真正领略了她更胜丈夫一筹的另一面。尤琴妮娅的个性与平恰斯刚好相反。平恰斯尽管长着一张惹人喜爱的脸,俊朗洒脱的脸上常常露出迷人的微笑,然而他的个性却含蓄内向,不喜张扬;即便是出名之后也总是刻意回避着各类宣传采访,更不肯迁就听众的媚俗喜好,这与他的同门师兄帕尔曼几乎形成了鲜明的对比;而尤琴妮娅则为人热情,才思敏捷,她所到之处往往自觉或不自觉的会成为那里的中心人物;她交际甚广,人脉深厚,她的这一个性早已入了那些具有职业敏感的媒体高层人士的"法眼",成为他们重金罗致的重点对象。在1980 年,36 岁的尤琴妮娅成为哥伦比亚广播公司(CBS)《周日早新闻》(Sunday morning)节目的艺术特派记者(Arts correspondent)。在这档节目里,她采访了三百多位艺术圈内的大师名流,其领域所及音乐、舞蹈、视觉艺术、戏剧、影视等各个门类,从古典大提琴家马友友到昔日"披头士"的主将保罗·麦卡特尼;从舞蹈家彼得·马丁斯到电影导演安东尼·明格拉,这些成就卓著的艺术家们在尤琴妮娅的摄像机镜头前纷纷敞开心扉,谈笑风生;而观众们则跟随着尤琴妮娅的采访视角深入到这些人物的内心世界。她的这档节目一做就是 20 年,以其既高端又平民,既专业又通俗的节目定位在新闻界赢得了良好的口碑,形成了鲜明的特色。沙德·诺斯希尔德是《周日早新闻》这档艺术节目的创意者,在回忆起当初尤琴妮娅加盟该节目时说:"我当时对她说:我现在有一份十分适合你的工作提供给你,你要有去从事它的思想准备,并要热爱它。"尤琴妮娅当时并不十分了解这个节目,而且也没有任何面对摄像机的记者经验,她有些犹豫。不过,诺斯希尔德仍然坚持它非尤琴妮娅莫属。在他的坚持诚邀下,尤琴妮娅接受了这项挑战,并取得了她先前从未料想到的成功。正如她所说的那样:"我现在不只是喜欢这项工作,而且简直是崇拜这项工作。通过与我们时代那些伟大艺术家的交谈,我为他们所取得的成就和所具有的精神而深深感染,我从这些神奇的人士身上学到了许多东西。我也从与 CBS 团队的合作中获得了巨大的身心满足。"

范·戈登·索特尔是 CBS 新闻节目的前任主管,他在谈及这个节目时写道:"我无法想象我们的这个节目还有谁能比尤琴妮娅·祖克曼做得更好,因为她既有一位新闻记者所具备的职业敏感和犀利目光,又有一位优秀的器乐演奏家所具备的专业知识和精到点评。我本人在诸多出版物里读到的那些抽象表述从她的采访和解说中获得了实质的内容和生动的例证。除此之外,我以为她还能保证引导我进入在通常状态下我也许会忽视的某些话题。"举凡在尤琴妮娅制作的三百多期节目之中,最令她引以为豪的是两位耄耋音乐大师的任务专访。在采访美籍匈牙利女钢琴家莉莉·克劳斯(Lili Kraus,1905-1986)的节目里,当尤琴妮娅问及这位在二战期间备受日寇折磨,手指因严刑拷打已严重受损,但战后却奇迹般复出的女钢琴家是什么给予她逆境中以力量时,时年 80 岁的克劳斯的回答是:"音乐永远给我带来乡愁,带来欢乐;它带给我无限想象翱翔的空间。"而当尤琴妮娅在吉他艺术大师塞戈维亚暮年问他在行将离开这个世界之前,是否曾想过要从舞台上告退时,这位吉他泰斗不无幽默地说:"没有。因为我将有无穷无尽的时间可以去休息。上帝让我记住了我经常在默诵的祷告词:'我的主啊!我是一个诚惶诚恐,罪孽深重的人。我不值得分享您的荣耀,我只恳求您满足我的一个愿望,那就是让我在舞台上结束我的生命吧。'"

由于尤琴妮娅在《周日早新闻》中的出色表现,使许多原本对她的长笛演奏家身份一无所知的人们认识并喜爱上了这位在荧屏上频频亮相的女记者。一位加州的观众留言道:"这些年来通过这个节目我们已经了解了许多艺术家的真实生活,然而,在这些任务之中最令我喜爱的还是尤琴妮娅·祖克曼。我喜爱她的声音,她的容貌和她的微笑。她对于音乐方面的渊博知识令我大吃一惊——那是何等非凡的才华啊!"她为著名小提琴家帕尔曼制作的那期节目还入选了美国电视艺术最高奖"艾美奖"的提名。

尤琴妮娅的才华不仅体现在长笛演奏,新闻采访领域,还体现在她的笔端文字上,她也是一位小说作者和戏剧编剧。她总共创作了两部长篇小说,分别是 1981 年由维京出版社出版的《靠不住的音调》(Deceptive Cadence)和 1991 年由西蒙与舒斯特尔出版社出版的《参与竞争》(Taking The Heat)。此外,她还作有一部根据自己一次被诊断出患了非常凶险和罕见的呼吸器官疾病的求治经历写成的自传性纪实类作品。或许很少有人知道:身为长笛演奏家的尤琴妮娅在小时候却曾得过颇为严重的肺炎,并且成年后还会时常受到肺部疾患的侵扰。尤琴妮娅的姐姐朱丽·R.英格尔芬格正好是一位内科医生,哈佛医学院的副教授,她弥补了妹妹在写作此书时专业知识的匮缺。尤琴妮娅创作的 3 个电视剧脚本也分别由 20 世纪福克斯、米高梅以及环球影业公司将其拍成了电视电影。此外,在《男士》《时尚》杂志和《纽约时报》上也时常可以读到她那文笔隽永、知性感人的文章。

　　然而,就在尤琴妮娅多领域全方位地展现自己才华,事业蒸蒸日上之际,她的家庭生活却遭遇到了重大的变故。1985 年,在与丈夫平恰斯度过了 15 年看似"神仙眷侣"的生活后,他们的婚姻却走到了尽头。这一对昔日人人羡慕的金童玉女劳燕分飞,各奔东西了。尤琴妮娅带着她与平恰斯的两个女儿(当时一个是 12 岁,而另一个才刚满 2 岁)离开了家。至于他俩婚姻关系破裂的原因,似乎谁也不愿轻易提及,在日后对两人的采访报道中这个问题往往是他们最讳莫如深的。尤琴妮娅在 1990 年接受《首都时报》的记者凯文·林奇的采访时,当被问及她是如何看待与前夫分手的原因时,尤琴妮娅如是说:"要做到这一点对我来说有着巨大的困难。我以前总认为对于那个问题我能有一个可以自欺欺人的回答,可是,我实在无法找到一个能令自己信服的理由。"面对家庭解体的突然降临,尤琴妮娅承认自己毫无思想准备:"当我是平恰斯·祖克曼太太时,我从未体验过这种情感,那就是特别渴望人们亲近我或是承认我,因为那时我是一位伟大小提琴家身边蒙受特殊荣幸的妻子;而一旦当我变回我自己时,就发现陷入了一个非常困难的局面之中。"

　　"然而我决心鼓起劲来,迎难而上。我的一些女性朋友们也对我寄予鼓舞和厚望,这使我感到异常欣慰。我的个人生活也因之发生了变化,它使我感到:对于一个女人来说最根本的莫过于自立自强,它是支撑和保证自己和孩子们继续生活下去的信念。我可以说是以一种痛苦的方式学到了这种本领。"为了摆脱这段不堪回首的情感经历,她把当《周日早新闻》节目的记者当作生活中最重要的礼物;而把写作视为是其音乐生活一个相辅相成的衍生产品:"我非常享受存在于音

Trio Virtuosi

"艺术家三重奏"中的尤琴妮娅·祖克曼(中)

乐和文学两者之中那种巨大的不同差异。凭借写作,你就可以进入一个自己想象的艺术空间,你尽可以使用各种写作方式和技巧,而不去理会你必须怎样写,这与演奏乐器的要求是全然不同的,它依靠的几乎是一种超自然的感觉;而音乐的表现则需要更多的合作,那是一种直接与人面对面沟通交流的艺术形式,它是无需用语言来表达的。"尤琴妮娅的第二部长篇小说《参与竞争》就是描写了一个从婚姻的失败中走出并最终开创出自己一片天的女人的故事。她说:"这可不是一部自传,不过确有相当一部分我的经历融汇在小说中。"

毕竟生活还将继续。尤琴妮娅后来又嫁给了好莱坞的电视制作人兼戏剧编剧大卫·塞尔泽(David Seltzer),并且成了塞尔泽4个子女的继母。如今的尤琴妮娅仍活跃于摄像机镜头前和报刊杂志的版面上之外,又成了热电厂文化论坛的主讲人。从1988年起,她与古键琴演奏家安东尼·纽曼(Anthony Newman,1941-)一起,在纽约公共图书馆的"巴尔托斯专题座谈会"上举行定期的系列讲座,讲座的主题诸如"音乐与文学""艺术与媒体""音乐中的妇女"以及"好莱坞的体验"等等,都是尤琴妮娅所熟悉擅长的交叉学科的论题。这些演讲融音乐演奏与阅读音乐史上那些熠熠闪光的文献书信档案于一体,具有极强的人文气息,被称为"音乐会演讲"(Concert-Lectures)。它费时不多,只需一两个小时。由于其影响日益扩大,日后它演变成了越来越多的上班族们在每天上下班交通高峰时间在交通工具中收听的音乐会(rush-hours concerts)的样板和楷模。

媒体和公众称尤琴妮娅为"女超人",意为她是一个全能的人。对此,她坦言:"我也常常对自己说:哦,放松些吧,你只需要演奏好你的长笛,也许到你60岁时可以写另外一本书。可是我的内心总有一种无形的声音在催促我:'去吹吧! 去写吧! 去做吧!'这使我无法慢下来,停下来。"

然而无论如何,在尤琴妮娅的生活中,长笛演奏仍是一切事情中最主要、最本质的主业。尽管随着年龄的增长,演奏面临的难度较之黄金岁月来更大些,现在每次上台演奏之前她都必须使自己储备充足的体力和精力。"过去我常会驱车到城里去进行排练,上大师班课程。在那里我与朋友们品茶聊天、逛店购物;或去听听别人的音乐会。我或许还不是一个黄脸婆,但如今我显然已没有更多的精力再去做那些过去喜欢做的事了。"即便如此,她的身影仍然经常出现在阿斯本、拉维尼亚、坦格伍德以及爱丁堡和伦敦南岸等诸多音乐艺术节上,她的身姿仍是那样地绰约动人,她的乐声仍是那样地沁人心扉。1998年她又应邀出任了科罗拉多州峡谷音乐节的音乐总监。她实在有着太多的东西需要与人交流:"人总是有故事需要告诉别人的,无论是用音乐的方式还是用语言的方式。当我是一个孩子时就习惯整天缠着父母,要他们为我讲他们的故事。我想今天的人们也还是这样,这一点没有变。"

一位有着三重身份的国际著名女性:一位文学作品作者、一位电视从业人员,当然更令人印象深刻的是她是我们时代最杰出的长笛演奏家之一。她，就是尤琴妮娅·祖克曼，这位已与前夫离婚但却仍沿用前夫姓氏的卓越女性。

塔斯黛·韦尔德（Tuesday Weld）

塔斯黛·韦尔德是第二位走进平恰斯·祖克曼生活中的女人。她是一位电影演员。两人于1985年宣布结婚，平恰斯和尤琴妮娅也是在同一年离异的。尽管在平静分手后两人对这段婚姻解体的原因皆保持沉默，但仅就在平恰斯与前妻离婚的当年就再婚，难免使人会产生某种自然的联想。

塔斯黛·韦尔德原名苏珊·凯尔·韦尔德，1943年8月27日出生于纽约。她的父亲拉瑟洛普·莫特雷·韦尔德来自马萨诸塞州著名的韦尔德世家。祖父爱德华·莫特雷·韦尔德是美国20、30年代一位家喻户晓的运动员。他从运动队退役后投身商界，成了赫赫有名的商界巨子，曾经出任过纽约棉花交易所的主席。父亲对生意不感兴趣，于是走上

塔斯黛·韦尔德是走进祖克曼生活中的第2个女人

了艺术表演之路。塔斯黛的母亲是父亲第四任，也是最后一位妻子。塔斯黛3岁那年父亲因病去世，年仅49岁。她从小就聪明伶俐、惹人喜爱。长到五六岁时，有着一对明亮的大眼睛和金黄色短发的她早已在同龄孩子中脱颖而出，俨然是秀兰·邓波尔式的"卷毛头"第二。

韦尔德承袭了父亲身上的表演基因，自小就有着极强的表现欲望和模仿能力。而失去丈夫，断了家庭生计的母亲眼看着自己的女儿越来越受人瞩目，干脆把她作为摇钱树，为她延揽生意。于是小小的韦尔德成为了一名儿童模特儿，为各类家庭用品的玩具衣物拍摄广告和邮购目录。经由这个途径，小韦尔德一下子红了起来。与此同时，小小年纪的她已挑起了家庭中养家糊口的重担，她要用她的收入养活母亲和两个同胞姐姐。然而，在她的形象日益频繁地出现在各类报刊杂志和电视广播的同时，母亲当初那种拔苗助长，忽视她教育与成长的弊端也越益显现出来。这个还未到青春期的小女孩一下子进入了成人化的世界，使得小韦尔德的心智过早地早熟了，她提前接触到了本该在成年后才应该了解的人和事，因而在她日后的成长道路上，麻烦事接踵而至。9岁那年，她就遭受过一次精神方面的伤害；10岁时又染上了严重的酗酒。但就在此时，她的母亲仍疏于对她的关心和管教，她得不到

来自家庭的温暖,使她对母亲的不满之情与日俱增。她成了一个远离家庭的精神流浪儿。于是她在 11 岁时就开始与男性交往,12 岁的她还曾经有一次试图自杀的经历。昔日耀眼的小童星眼看着将要过早地凋零。

不过,转机还是出现了。1956 年,13 岁的韦尔德被制片人看中,让她在一部低成本的电影《摇,摇,摇》(Rock, Rock, Rock)里饰演了一个角色,这也是人们头一次在银幕上看到韦尔德。第一次触电的经历使她决定要向演艺界方面发展,她渴望成为一个受万千宠爱于一身的女明星。于是,在纽约拍了一些小电影,积累起最初的表演基础之后,她于 1958 年来到好莱坞寻求更大的发展。童年,她进入了影片《男孩们,围拢在旗帜下》(Round The Flag, Boys!)的演员阵容,这对她而言无疑意味着人生中转折的到来。

塔斯黛在影片中饰演的角色

塔斯黛·韦尔德个子矮小,即便她以后发育成年后身材也只有 1.63 米。依据她的这个特点以及热情大胆的作风,在好莱坞导演们的有意塑造下,她在不少影片中饰演的都是些早熟的性感小猫之类的角色,在银幕上展现她迷人、性感而又具有诱惑力的个性风格。同时,她在现实生活中不拘传统的绯闻逸事也助推了她影片票房的提升。一时间,她成了 20 世纪 60 年代中,后期好莱坞少女影片中的女王,因为她几乎能同时胜任少女、少妇两类年龄,经历完全不同的人物角色。比如,1962 年,当大导演斯坦利·库布里克筹拍根据纳布科夫小说改编的影片《洛丽塔》(Lolita,又名《一树梨花压海棠》)时,在挑选影片中饰演影片中那位年仅 13 岁而与其继父陷入不伦之恋的少女洛丽塔的女主角时,首先映入他脑海的就是塔斯黛·韦尔德,因为库布里克相信以她的早年经历去把握人物的性格和心理特征,肯定能演好洛丽塔这个角色。然而,这个绝好的机会还是与韦尔德擦肩而过,以致于韦尔德后来对此一直耿耿于怀。她在 1970 年曾忿忿不平地说:"我不必非要演洛丽塔,因为我就是洛丽塔。"

不知是由于早年的从艺过于顺当,以致于有"先甜后苦"的轮回,还是她的负面新闻过多而使自己的演艺事业受累,总之,在她本应大展身手,大放异彩的 60、70 年代,她却一次次眼睁睁地错失了良机。像 1967 年有著名导演阿瑟·佩恩执导的《邦妮与克莱德》(Bonnie and Clyde,又名《雌雄大盗》)中那个慓悍果敢,打家劫舍的女强盗邦妮的角色原本也是考虑韦尔德的,结果这个角色却落到了另一位女影星菲·唐纳薇之手。而且唐纳薇凭借此角一举蹿红,不仅获得了当年奥斯卡最佳女配角的提名,还被推上了巨星之途,而韦尔德则又一次功败垂成。后来人们在分析为何韦尔德每每在机会降临时错失良机时指出:或许她漠视传统规则,自行其是的人生观、价值观使她的内心深处有一种本能的恐惧,生怕一旦成为一名超级明星之后她的行为举止会更受到舆论媒体的关注和约束,这不符合她我行我素的人生准则。尽管韦尔德未能在银幕上大红大紫,但毕竟她仍保持着较高的出镜率。既没有太高的天资,也没有太多的成就,这也许就是韦尔德一生演艺事业的写照。不过,具有讽刺意味的是:到了 20 世纪 80 年代,早已过风化绝代年龄的她却突然焕发出了艺术的第二春。1984 年,在意大利导演塞尔吉奥·莱昂执导的影片《美国往事》(Once upon a time in America)和 1993 年由乔·舒马赫执导的最成功的影片《城市英雄》(Falling down)里,韦尔德分别饰演了卡罗尔和阿曼达这两个角色。在这两部影片里,她分别与两位奥斯卡影帝罗伯特·德尼罗和迈克尔·道格拉斯演对手戏。虽说她饰演的角色并非是影片中的女一号,但毕竟这是韦尔德从艺三十多年来所遇到的最大牌的名导演之作了。

　　在艺术上迎来第二春的同时,韦尔德的个人生活似乎也迎来了一个美好的开端,她与平恰斯·祖克曼这位“小提琴王子”走到了一起。韦尔德在影视圈内闯荡的那些年,与她传出绯闻的男性名单就像《唐璜》中莱波列洛的咏叹调“小姐,这是老爷的花名册”里列数的那样,多得数不清。择其要者,可举出弗兰克·辛纳屈拉、艾尔·帕西诺、奥马尔·沙里夫、约翰·爱尔兰和“猫王”埃尔维斯·普莱斯利等演艺界的巨星。而在 1985 年与祖克曼结婚之前还有过两段婚姻:22 岁时嫁给好莱坞的编剧克洛德·哈尔兹(Claude Harz),5 年后离异;1975 年 32 岁的韦尔德又与英国著名影星达德利·摩尔(Dadley Moore)结合,这段婚姻也维持了 5 年。此番她三度披婚纱做新娘,与比自己小 5 岁的祖克曼结婚。似乎世人对这段姻缘的前景都并不看好,因为他俩之间的共同之处实在太少了。平恰斯内敛拘谨,不喜社交;而韦尔德却常年身处名人社交圈内,每当这种场合她总是分外地如鱼得水,应付自如。而且两人所从事的专业领域也各不相同。平恰斯不像其他有些古典音乐家,他对影视圈几乎毫无涉;而韦尔德呢,也几乎始终无法对丈夫所醉心的音乐产生兴趣。她曾说过:“当我还没有理解这个作品之前,为什么还有必要去出席另外一场音乐会呢?”她的确很难如平恰斯所期望她的那样,表现出对音乐的热爱,对他事业的理解。因而就像当年扮演女主角的机会屡屡失手那样,她的地位被取代的进程就不可避免地到来了。他们的婚姻至少不像韦尔德的前两次那么短暂,总共持续了 13 年,这甚至超出了当初人们对此的预期。1998 年,韦尔德又成为了“绝望的主妇”;而祖克曼则又恢复到单身汉的生活之中,回到了他寻找爱情的起点。

阿曼达·弗尔塞斯（Amanda Forsyth）

阿曼达·弗尔塞斯

"他的笑声是圆润而洪亮的；她则对他的笑声报以迅速的回应。他的头发浓密，由于年龄的关系已呈银灰色；而她的头发则是典型的亚麻色，长发披肩，当她在演奏的时候会将它挽成一个髻。他俩都是出色的音乐演奏家，在爱情生活中奉行彼此公开和坦诚的原则；在尊重各自的专业演奏和个性习俗方面也是如此。正是这样一种同行兼伴侣的关系维系着他们的艺术才华和对音乐执著而痴迷的感觉。"这是美国《生活方式》的记者佩尔·格芬在他的专题采访开篇的一段话。文中的他，是大家的老朋友，小提琴大师平恰斯·祖克曼；而她，则是本文中的新角色，名叫阿曼达·弗尔塞斯，她是祖克曼人生里的第三位新娘，两人是于 2004 年春天在英属西印度群岛那风光旖旎的安奎利亚海滩上举行婚礼仪式的。

这对夫妇在正式举行婚礼之前也经历了数年的恋爱长跑。1998 年，祖克曼与志趣爱好格格不入的第二任妻子——好莱坞过气影星塔斯黛·韦尔德离婚。对于这次离婚结局的反应，较之与尤琴妮娅的平静分手可以说是舆论汹汹。尽管人们在事前就对祖克曼和韦尔德的婚姻颇不看好，然而预言演变成现实，这又成了娱乐圈一则可供炒作爆料的花边新闻。事实上，早在他们离婚之前，加拿大安大略省的媒体上已经在盛传祖克曼迷上了"某位身材颀长，留着金色头发的美女，她具有在舞台上摄人眼球的神奇魅力"。可以想见：这样的舆论压力对于性格内向，不善于与媒体沟通的祖克曼来说该是如何地不堪重负。于是，他选择了逃避。在与韦尔德办理了离婚手续后他离开了美国，来到邻国加拿大就任国家艺术中心管弦乐团（National Arts Center Orchestra，以下简称 NACO）的音乐总监。对于 NACO 祖克曼并不陌生，在 20 年前他就开始与该团进行合作了，不仅是作为小提琴独奏家，也作为客串的乐团指挥。在 1990 年他还曾率领该团出访欧洲巡演。创建于 1969 年的 NACO 长期以来只是一个具有室内乐团规模的演奏团体，一直到本世纪之交它才发展健全成为一支标准的管弦乐团。为了扩大乐团的影响和水平，他们急需一名颇有乐坛名望的人士来主持大局，而祖克曼恰是堪当此任的一位合适人选。果然，日后的结果表明，当初 NACO 对祖克曼发出的邀约是一种双重的任命：一方面他被乐团任命为掌门人,另一方面他也被前文中提及的那位性感的金发女大提琴家"任命"为她的丈夫。

阿曼达·弗尔塞斯 1966 年出生于南非,她 2 岁时就随父母移居加拿大。阿曼达来自一个音乐之家,她的父亲马尔科姆(Malcolm Forsyth,1936-　)就生长在南非,他在开普敦大学学习长号,并兼修作曲和指挥。毕业后马尔科姆曾长期在开普敦交响乐团里吹长号,1968 来到加拿大后进入埃德蒙顿交响乐团继续其长号演奏生涯。与此同时,他开始创作活动,在阿尔伯塔大学任教。1996 年他被聘任为驻校作曲家直至 2000 年退休。马尔科姆的代表作有:《钢琴协奏曲》(1979 年),《第二交响曲"非洲颂"》(1981 年)和管弦乐组曲《阿塔约斯克温》(Atayoskewin),后者于 1987 年获得了加拿大音乐最高奖"朱诺奖"的古典作曲大奖。退休后的他因其对加拿大音乐文化事业所作出的贡献而于 2003 年荣获了国家授予的英联邦勋位。

作为"乐门之女"阿曼达从小起就开始接触音乐,父亲将她送入埃德蒙顿的铃木学园。其时由日本小提琴家兼音乐教育家铃木镇一首创的以器乐演奏开发儿童智力与美育功能的铃木教学法已在世界范围内蔚然成风,传授其教学体系的学馆遍布世界各地。铃木教学法主张孩子应从三四岁起就开始学习乐器,不过阿曼达的学习比他们更早,她 2 岁半就开始学习大提琴了。阿曼达日后承认:"我当时并不真正想要成为一名大提琴家,我只是到了正常入学年龄后才正式上了大提琴课。在学馆里我们坐在塑料矮凳上,咿咿吖吖地按着老师的要求拉琴,年长后又改换成较大尺寸的大提琴。尽管当初的样子的确有些滑稽可笑,但自从那时起,我就不记得在我的生活中还有缺少大提琴相伴的日子。"

成年之后的阿曼达遍访名师,潜心深造。她先后成为英国的教父级名师威廉·普利斯(William Pleeth,1916-1999)——他也是多位杰出的当代女大提琴家如杜·普蕾,奥芙拉·哈诺伊(Ofra Hornoy,1965-　)、倪海叶(1972-　)和娜塔莎·布隆芙斯基(Natasha Brofsky)的老师;朱丽娅音乐学院的哈维·夏皮罗(Harvey Shapiro,1911-2007)教授——前 20 世纪 30、40 年代著名的普里姆罗斯弦乐四重奏(Primrose String Quartet)的大提琴家以及当代的名家林恩·哈雷尔(Lynn Harrell,

阿曼达在演奏中

1944-　　　)的门下弟子。她跟随这些名师练就了一手了得的演奏技艺。从朱丽娅音乐学院毕业后她返回加拿大,进入多伦多交响乐团,两年后加盟卡尔加里爱乐乐团,成为该团历史上最年轻的首席大提琴。几年之后她又转投 NACO,并被任命为首席大提琴兼独奏家。这样一来每当 NACO 举行音乐会时,身为首席大提琴的她总会端坐在舞台的第一排。由于她身材迷人,容貌出众,因而较之别的乐团成员她总能吸引听众更多的关注目光。

现在人们有足够的理由相信:平恰斯·祖克曼每当重新开始自己一段新的恋情时,他的择偶标准里有一个情结似乎不可更改,那就是对方一定是金发美女。他的两位前妻尤琴妮娅、韦尔德都是长着一头漂亮金发的标准美人,而阿曼达无疑也正符合他的审美标准。在 NACO,他们一个是在舞台上驾驭乐团挥洒自如的首席指挥,另一个是在他的指挥棒舞动下以优美的音色,优雅的姿态演奏的大提琴家,这样的结合还是能够赢得世人的艳羡和赞美的。也许唯一有些障碍的是两者的年龄:祖克曼要比阿曼达大整整 22 岁。然而,正如格芬在他的文章中写道的那样:"这对外表登对,同样充满活力的夫妇之间的和谐使人们忘却了他们年龄上的巨大差距。"

作为一位优秀的大提琴家,除在 NACO 担任首席与独奏外,阿曼达也是许多其他管弦乐团和室内乐组的客席演奏家。她曾到过北美洲、欧洲、亚洲与澳洲举行音乐会,与她合作的艺术家包括大提琴同行哈雷尔、马友友、钢琴家叶菲姆·布朗夫曼与加里克·奥尔森等。当然,婚后阿曼达更固定的演奏搭档还是她的丈夫祖克曼了。夫妇俩经常在一起举行小提琴、大提琴二重奏音乐会。2006 年 6 月,夫妇俩就趁上海音乐学院授予平恰斯·祖克曼荣誉教授之际,在贺绿汀音乐厅举行了一场琴瑟相和的专场音乐会。除祖克曼演奏莫扎特的《A 大调第五小提琴协奏曲》外,夫妇俩还联袂献演了维瓦尔第的《降 B 大调小提琴,大提琴双重协奏曲》,使上音的莘莘学子有幸亲眼一睹这对演奏家伉俪的艺术风采。在 1998 年,由于首演了其父马尔科姆创作的大提琴协奏曲《厄拉克特拉的复活》(Electra Rising)阿曼达也荣获了"朱诺奖",而她与丈夫祖克曼以及 NACO 首席长笛乔安娜·格弗罗埃勒(Joanna Gfoever)、小提琴家马丁·比弗尔(Martin Beaver)录制的莫扎特长笛四重奏集则被评为 2001 年度加拿大的"年度最佳室内乐唱片"。阿曼达还是室内乐组合"八角形"(Octagon)的成员。它是由 8 位加拿大籍顶尖的器乐演奏家组成的,他们长期在一起合作并录制过数张唱片。非常有趣的是:"八角形"是由一位与平恰斯·祖克曼毫无血缘瓜葛的大管演奏家乔治·祖克曼(George Zukerman,1927-　　　)于 2003 年创立的,而阿曼达的父亲马尔科姆也是它的发起人之一,他与"八角形"保持着密切的联系,并经常为它创作乐曲。

祖克曼与阿曼达是一对艺术舞台上的音乐伉俪,在提琴教学上也堪称是一对配合默契的良师佳侣。阿曼达早在她二十几岁任职卡尔加里爱乐乐团期间就已开始从事大提琴教学了，如今她经常在美国和加拿大举办大师班。从多年的教学实践中，他俩既培养出了一批富有艺术天分的音乐幼苗，但也对那些实际缺乏发展潜质的青少年琴童表现出他们的忧虑："我们会劝告这些孩子不应再在这方面徒劳无益地花费过多的精力，这当然不是要这些学生们就此放弃演奏，而只是想告诉他们应当去选择另一种人生途径，却照样能享受到音乐带给他们的乐趣。因为音乐就有这种能力，它有助于人们去从事其他的工

夫妇之间的和谐使人们忘却了相差 22 岁的年龄差距

作。它能给予你思考的能力，它也有利于组织起你大脑中的知识。音乐教学不是让每一个学生都成为海菲兹或鲁宾斯坦，而是要确保音乐的根基和传统得以连绵不断地延续，传承下去。让儿童们听莫扎特显然要比让他们过早地学习数学和科学更能使人聪明灵巧，过去的实践和我们的经验都证明了这一点。音乐确实能使你成为一位更优秀的人。"

　　至于说到老夫少妻的相处之道，阿曼达说："我知道自己在这个家庭中的位置，因为对于我而言他是处于另一水平高度的人。我们生活在一起相敬如宾，我们都认真地对待每一天。我只求在我自己的工作中必须做得更好。"而祖克曼对他的这位妻子也是赞赏有加。他经常对阿曼达开玩笑地说："你太有才了！你是一名大提琴家，还会这个，会哪个，难道你还学不会烹饪吗？"——这恰击中阿曼达的软肋，她唯一的缺点就是不会做饭。不过，她的这个缺陷已由她的母亲给弥补了。阿曼达的母亲莱斯利与丈夫很早就离异了，她以前曾是一位芭蕾舞演员，现在则充当起了女儿的演出经纪人。她的家离女儿女婿在渥太华的寓所不远，她恰恰是个烹饪高手。难怪女婿祖克曼戏称自己的岳母是"我们家的私人保姆"。免除了繁琐的家务之累，夫妇俩尽可以全身心地投入他们所共同热爱的音乐事业中去了。平恰斯·祖克曼的第三段婚姻值得人们祝福。

阿里安娜·祖克曼（Arianna Zukerman）

> "作为一位抒情女高音,她的嗓音是出类拔萃的。她具有富于光泽,
> 轻快活泼的高音区,擅长精巧细腻的轻声乐句演唱;她还兼具罗西尼歌
> 剧中女中音的音域,音色温馨柔和而又灵巧流畅。"
>
> ——《华盛顿邮报》

阿里安娜·祖克曼

阿里安娜·祖克曼是平恰斯和尤琴妮娅的大女儿,她 1972 年 12 月 7 日出生于纽约。说来也许有些令人不可思议,父母从事的都是器乐演奏,然而当他们的第一个孩子呱呱坠地时,冥冥之中他们却似乎预见到这个孩子日后会以歌唱作为事业,因而在为她取名时就用了歌剧中咏叹调(Aria)这个词作为孩子名字的词根。不过,毕竟祖克曼夫妇俩谁也没有歌唱的经验,因此在阿里安娜小时候她还必须先从学习钢琴做起。可是,弹钢琴并非小阿里安娜所愿,在勉强地学了几年琴后,她的头脑里开始涌现出要想歌唱的冲动欲望,"知道要唱歌的愿望在我的头脑中已经形成,并已在我的脸部表情上切实地反映出来后,我的音乐教育才算正式开始",阿里安娜回忆道。

阿里安娜的第一位专业教师是凯瑞·洛威德(Kare Roewade),她日后对歌唱事业的热爱在很大程度上得益于洛威德对她的指导和教诲,当时她只有 16 岁。尽管如此,从小就具有较强表演天赋的阿里安娜在上大学时却选择了布朗大学戏剧系。布朗大学位于全美最小的一个州——罗德岛州的首府普罗维顿斯,它是著名的美国常春藤联盟学府之一,创建于 1764 年。在其二百多年的学校历史上可谓名人辈出,荣誉载道。美国前总统约翰·肯尼迪就毕业于该校,因此它历来就是一干上流阶层子弟们争相竞考的一所名校。在阿里安娜的班上,同学身上那些星光闪耀的名门姓氏比比皆是:在他们之中,有奥斯卡影帝马龙·白兰度的儿子,流行歌后黛安娜·罗丝的女儿;有大导演弗朗西斯·科波拉的女儿,甚至连法国新浪潮大导演路易·马勒的儿子也宁肯放弃在法国学习的机会而进入布朗大学戏剧系。身处在这众多明星子女中,使阿里安娜对所谓的"名门之后"有着切身的感受和特

殊的敏感。她说："当你上的是一所已故总统肯尼迪的母校时,那么无论戴在你头上的父母成就的光环如何耀眼,也就显得无足轻重了。"在布朗大学,阿里安娜刻意保持着低调,避免与其他同学去攀比父辈的门第和声望。但即便如此,她的一些朋友仍有意无意地打探到有关她的家庭背景;"我记得曾有人问我:你的父亲是在一支乐队(band,一般是指流行乐队,因为同学们对她的父母并不真正了解)里工作吗? 我说是呀,那又怎样?"她从大影星迈克尔·道格拉斯谈及他从小就是被作为一个奥斯卡获奖者候选人而培养起来的采访,以及弗朗西斯·科波拉的女儿索菲娅在金球奖的评选中由于获得了两项奖而被舆论暗示是由于凭借着其父的裙带关系而获利的例子中领悟到:"作为名门之后的确具有一些优势。门有许多理由(为我们而)敞开,但关键是你必须依靠自己站在屋子中间。没有任何人赢得实至名归的荣誉和奖项是因为他们是名人的后代。"

尽管阿里安娜保持着如此清醒的认识,然而当两年之后她由布朗大学戏剧系转入朱丽娅音乐学院声乐系学习后。这种在校园里议论学生家庭背景之风反而变得越来越严重了。她注意到同学们在私底下窃窃私语,说她之所以能来朱利亚的唯一理由就是因为她是平恰斯·祖克曼的女儿。"当你只有 19 岁时,听到这种流言着实是令人沮丧的。不过我从来也没有想过要去为此而争辩或放弃,因为音乐确实是我所热爱的,"阿里安娜说道。正是凭借着对声乐艺术的热爱与追求,她顶着舆论压力,以顽强的毅力投入到学习之中。在朱利亚她师从声乐教授玛莲娜·马拉斯(Marlena K.Malas)。玛莲娜是纽约最重要的声乐教授之一,她曾就读于朱利亚音乐学院,并毕业于柯蒂斯音乐学院。作为一名歌唱家,她早年与纽约,圣塔菲、波士顿、华盛顿、迈阿密和圣地亚哥的歌剧院合作演出歌剧,并曾在费城管弦乐团和纽约爱乐乐团的伴奏下举行过独唱音乐会,具有十分丰富的舞台演出经验和声乐教学实践。在她的悉心指导下阿里安娜终于成长为一位优秀的青年歌唱家。从学校毕业后,1997 年,25 岁的她在伯克夏歌剧院以《费加罗的婚礼》中的芭芭丽娜一角宣告了自己舞台艺术生涯的肇始。几年后,当她重返伯克夏歌剧院又饰演了当代作曲家梅诺蒂的歌剧《领事》(The Consul)中的安娜·戈麦斯。这次演出被录了音,而这也是这家歌剧院录制的第一部完整的歌剧录音。1999 年,阿里安娜又在伊利诺伊州州立歌剧院登台,她参演的剧目仍是《费加罗的婚礼》,但这一次她饰演的角色已由芭芭丽娜一变而为剧中的女一号苏珊娜了。同年 3 月,她进入了德国巴伐利亚歌剧院的"青年艺术家培训计划"名单,获得了到欧洲名歌剧院见习,深造一年的机会。在此期间,她在慕尼黑的舞台上塑造了普罗科菲耶夫《三桔爱》中的女主角尼科列塔;理查·斯特劳斯《埃莱克特拉》中埃莱克特拉的妹妹克丽索特米斯公主以及贝多芬《费德里奥》中典狱长之女玛泽琳娜等不同时期、不同风格的人物。米歇尔·达马塞的《奥切拉塔的婚礼》(Ochelata's Wedding)的世界首演中饰演安妮塔;2001 年在世界范围内首唱了当代作曲家利比·拉尔森的《消失在门里的音调》(Notes Slipped Under The Door); 2002年,她与以色列爱乐乐团合作担任莫扎特《C小调弥撒》里的女高音独唱;以及2003年在唐尼采蒂长期以来被埋没于世的《伊丽莎白》中饰演尼扎。到2003年,30岁有些大器晚成的阿里安娜已经赢得了不少媒体的褒奖。《芝加哥太阳报》称她是"一位音色清澈透明,具有水晶般光泽的女高音";《波士顿环球报》则称她"音色均衡而又自信,有着优雅的音量控制技巧……和真正的勇气和朝气"。而在这一年里,她还获得了由威廉·沙利文基金会颁发的"歌唱家大奖",这不仅进一步提升了她的人气和影响,而且得到了诸多更大牌的歌剧院以及管弦乐团对她的关注与青睐。

阿里安娜在演唱中

众所周知,歌剧表演和音乐会演唱向来是声乐艺术的黄金两翼,即便是一位伟大的声乐艺术家也难免有所短长,能集两方面佳誉于一身的可谓凤毛麟角。不过,近年来阿里安娜把工作的重心更多地转移到音乐会演唱领域。比如在2001-2002年演出季里,她得到了明尼苏达管弦乐团和科罗拉多"峡谷"音乐艺术节的邀请,在艺术节上演唱舒伯特的艺术歌曲。如前所述,"峡谷"艺术节的音乐总监正是她的母亲尤琴妮娅。同年,她又在女指挥家玛琳·阿尔索普(Marin Alsop, 1956-   )指挥的科罗拉多交响乐团的伴奏下,在首都华盛顿担任了威尔第《安魂曲》中的女高音独唱。在下一个演出季里,她与"美国巴赫独奏家"乐团合作,上演了亨德尔的《弥赛亚》;于罗彻斯特爱乐乐团合作献演了马勒的《第二交响曲》和《第四交响曲》;于

"大学音乐协会"合作献演了海顿的《创世纪》。这四部作品都堪称是音乐会演唱中的经典之作,阿里安娜竟在一年里将它们一举拿下,并赢得赞誉,足见她演唱水平的突飞猛进。这确实是她在艺术上取得辉煌的一年。对于人们质疑她疏远歌剧的议论,她回应道:"我热爱,热爱,热爱歌剧,然而音乐会演唱则是一个全然不同的世界。我想,事实上也许一场独唱音乐会对歌唱家而言是更大的考验。"不过,她也对此做好了充分的准备,并胸有成竹地去接受新的挑战。2005年起,阿里安娜更是全面地进入一流的大歌剧院和音乐厅。她在纽约市立歌剧院上演的当代作曲家马克·阿达莫的歌剧《莉西斯特拉达》(Lysistrata)又名《裸体女神》(The Nude Goddess)中一人饰演了三个女神的角色,大大地过了一把戏瘾。与此同时,她也与匹兹堡交响乐团合作在肯尼迪艺术中心演唱了莫扎特最脍炙人口的音乐会

咏叹调《喜悦欢腾》（Exsultate, Jubilate）。

在2007年，阿里安娜又一次担任了威尔第《安魂曲》中的女高音独唱，不过这一次与她合作的是由她父亲指挥的NACO。自从祖克曼执掌NACO以来，父女俩在舞台上已数度合作，皆佳评如潮。只是目睹此情此景，当人们依稀联想起当年平恰斯和尤琴妮娅夫妇俩在舞台上琴瑟相和，心心相印的情景，不免唏嘘喟叹，感慨系之。当被问及"你的父母都是著名音乐家，他们在你学习声乐的道路上是否曾经告诫你诸如'唱得要像小提琴的音色一样漂亮'或'表达得要像一位长笛演奏家那样妩媚动人'"时阿里安娜答道："其实正相反！他们都倾向于鼓励我摆脱这一切，他们只要求我在演唱时必须真诚。当我长大后有资格与他们交流时，如果我真无法获得关于某个作品的正确见解的话，那么我绝对有两位非常权威的'朋友'会为此而作出完满的诠释。"在刚刚过去的2008年里，阿里安娜与费城管弦乐团合作，在音乐会版的《波希米亚人》中饰演了缪塞塔一角；她还和父亲长年的老搭档，钢琴家马克·奈克鲁格（Marc Neikrug, 1946-　　）合作，举行了一场舒曼艺术歌曲专场音乐会。"无论你穿上戏装还是在录音棚里，你就得承担你的职责，那就是将你的精力和感情投入到音乐之中。尽管在有些片段的音乐里没有声乐演唱部分，它或许是由小提琴，长笛或是大号演奏的，但这时你必须始终全神贯注，一丝不苟。因为这也是一个作品中不可或缺的组成部分，对你即将进入的演唱有极其重要的内在联系……"阿里安娜说道。

在2007年，11月，35岁的阿里安娜终于结束了她四处奔波，漂泊无定的生活状况，她与40岁的犹太裔商人、华盛顿国家曲棍球俱乐部的经理人彼得·塞库洛夫在犹太拉比的主持下举行了婚礼。阿里安娜坦言：自从嫁给彼得之后，自己也成了一个不折不扣的曲棍球球迷了。

娜塔丽娅·祖克曼（Natalia Zukerman）

娜塔丽娅·祖克曼是阿里安娜的同胞妹妹，但却比她小了11岁，她1983年6月25日出生。

像姐姐一样，娜塔丽娅长大后也没能继承父亲或母亲的衣钵，她甚至比姐姐走得更远，干脆跨出了古典音乐圈，成了这个家庭中唯一一位从事流行音乐的成员。作为美国的"80后"，娜塔丽娅选择流行音乐作为自己的事业当然与她所处的时代有着很大的关系，也与其父母的离异有关。她承认：音乐在自己的家庭里根深蒂固，无处不在的。"我家有一台大钢琴，就坐落于大门一进去的客厅里。因此只要一打开大门的那一刻，你总能听见或看见里面有人在演奏（演唱）音乐。我记得我小时候就总是在音乐声中醒来的。起先我也学习过古典音乐来着，拉过小提琴。父亲想把我培养成他的接班人。可是到了上中学时就觉得它有些搅得我心烦意乱

娜塔丽娅·祖克曼

了,因为它常常搅了我的好梦。"

娜塔丽娅很早清楚地意识到小提琴并不适合自己,她的目光开始注意起家里被随意扔在一边的一把吉他。就是这把吉他,改变了她的人生。由于她2岁时父母就离异了,父亲搬出了家里,所以她的小提琴学习也就自然没有了监督和压力。在她上初中时,那所位于华尔街上的学校里还附设着一个实验性的教师进修学院。在那里,她经常看见有许多人在练习民歌演唱,那真挚感人的歌声一下子就将充满着叛逆与好奇心的娜塔丽娅吸引了过去。她起先是抽空偷偷观看他们的排练,后来熟稔以后干脆加入到他们的演唱行列之中。他们在一起演唱美国民歌运动领袖伍迪·格思里、彼得·西格尔和哈里·查宾的歌曲,"我感到这才是我生活中最快活自在的时刻。我以前练习小提琴简直是受罪,拉来拉去我就是拉不出像父亲那样悠扬悦耳的音色来。对于我来说小提琴实在是太难了!可吉他就不同了,我只学习了几个最基本的和弦之后,就能和着吉他的琴声歌唱了。是的,我学吉他基本上是自学成才的,弹吉他变成了我最喜爱做的事。"

自从迷上了流行音乐之后,娜塔丽娅也就没有再上大学深造,而是直接走上社会,成了一名歌手兼词曲作者。她演唱的风格兼及美国民谣、爵士和布鲁斯,在表演时既担任主唱,也演奏吉他。从2000年起,17岁的娜塔丽娅就活跃在纽约的流行乐坛上。她之所以能从一开始就集创作、演唱与演奏于一身,是基于她父母遗传基因给予她得天独厚的音乐天资以及家庭传统对于她潜移默化的影响。她的耳朵对于音高和音准有着特殊的准确判断,而她演奏吉他时那娴熟灵巧的技艺和对节奏、音程的奇妙感觉也仿佛是与生俱来的。没有受过任何专业训练的她能得心应手地摆弄各种吉他:包括原音吉他、电声吉他、滑音吉他(Slide)、多布罗吉他(Dobro)以及美国独特的民间乐器——班卓琴(Banjo)。人们形容她的演奏"流畅而又柔滑",敏捷精湛的手指技巧为人称到。从她的歌声中,分明可以寻觅到20世纪70、80年代的流行乐坛女唱将们如乔尼·米切尔(Joni Mitchell),安妮·迪弗兰斯(Ani DiFrance)和邦妮·瑞特(Bonnie Raitt)的演唱风格对她的影响。从2004年起,娜塔丽娅开始在全美举行巡演,她以其独特的歌声以及具有抽象而又不乏深刻的内容歌词打动着听众的心，她用自己的歌声表达出个人对于社会生活和人际关系的观察与思考。比如在《只有树木》（Only Tree）里，她以隐喻的方式告诉世人：我们身处的现代社会正处于一种极其危险的高速运转中，该是请求世人把生活的节奏放慢下来的时候了；而在《更好的我》（Better Me）里，则表现出：我们正在追求的爱人始终都在那里等着我们去赶上她，我们已经知道能做些什么了。在寓意更为深刻的《为流浪者杰克所唱的歌》（Song For Ramblin' Jack）里，娜塔丽娅探索了她家庭甚至是犹太民族的历史传统。这首歌曲的素材来自她从奥斯丁地区收集到的一首部落同盟的民谣。娜塔丽娅说："在歌声中我意识到自己也是歌唱这种伟大传统一分子。对于我而言，它就像是关于我那流浪的音乐者家庭一样，因为在这里我也

娜塔丽娅在演奏中

在分享着美国的历史文化。"正如评论家们指出的那样："因为她的祖先是流离失所的犹太人，她的祖父曾在波兰的克莱兹梅尔乐队里演奏过单簧管。他们家族从那里移居到以色列，以后又来到美国。她自己也选择了一种旅行表演者的生活方式，她把自己的这种生活称为'流浪的吉卜赛人'，因而她的演唱才能如此真挚感人，给人以震撼的力量。"对于有些听众认为她的音乐音响过于激烈喧闹的议论，她回应道："我自认为是传统音乐的一个学生，尽管某些人可能会说我所制造出的声响不那么传统。我只是用我自己喜欢的方式去表现音乐，同时尝试着延续过去的传统，因为这种传统给我的教益就如同我的家庭给予我的一样丰富。"

从艺以来，娜塔丽娅已经出版了四张她的个人专辑，即 2001 年的《濒临死亡的孩子》（Mortal Child）；2003 年的《在晴朗的一天》（On A Clear Day）；2006 年的《绝无仅有》（Only One）和 2008 年的《为新的躯体文身》（Brand New Frame），前三张专辑都是由她自组的独立唱片品牌"塔利斯曼"（Talisman Record）发行的。在当今的流行乐坛上，这位 26 岁的女歌手已然占据了一席之地。正像她第四张专辑面世时由唱片公司所制作的宣传语中写道的那样："我们正与世界一起分享着娜塔丽娅那令人震颤的音乐和惊人的才华。"

*　　　　*　　　　*

　　关于祖克曼生活中五位女性的故事至此暂告一段落,最后让我们以祖克曼的一段话作为对这个音乐之家的总结:"我们都需要音乐,音乐深入在我们的心灵之中。当我们一出生时我们的头一件事就是谛听——听母亲的声音,那就是最初的音乐! 我是生来就注定要从事音乐的,音乐对于我而言就是一切,是生活中的一种表达,一种修养,一种福祉……为了音乐我会做任何事而不必借助于任何其他借口。我的愿望是使全世界的孩子都能与音乐相伴,因为我们都深信音乐能给世界带来和平!"

尤琴妮娅撰写的小说《靠不住的音调》

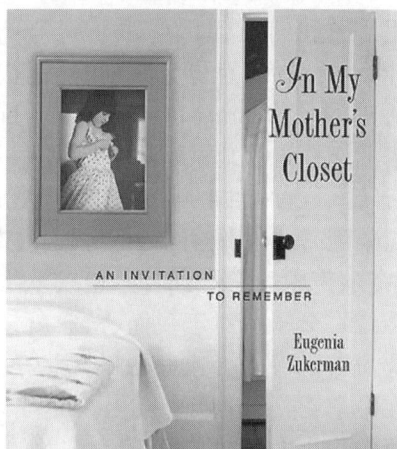

尤琴妮娅的自传《在我母亲的衣橱里》

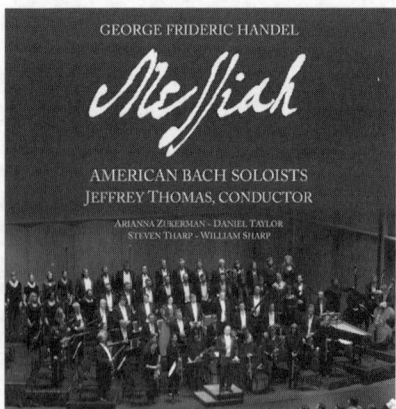

阿里安娜·祖克曼领唱的《弥赛亚》唱片

娜塔莉娅的专辑《在情朗的一天》

三十、一个专到电影里"淘金"的音乐家族
——纽曼之家

阿尔弗雷德·纽曼（Alfred Newman）

喜爱看好莱坞影片的观众大都对所谓的八大影片公司的片头标识不会陌生,诸如米高梅公司的那头狮子晃晃脑袋地吼两声;环球公司那条围系在地球上熠熠生辉的金腰带等。其中最具音乐性的莫过于20世纪福克斯公司了,那个带有胜利号角意味的旋律主题正是出自美国作曲家阿尔弗雷德·纽曼之手。

纽曼1901年3月17日出生于康涅狄克州纽黑文一个靠自产自销维持生计的小贩家中。他是这个犹太裔家庭中的长子,下面还有九个弟妹,穷困拮据始终伴随着他的童年。后来父亲又不告而别,更将这孤儿寡母推向

阿尔弗雷德·纽曼

绝境。纽曼的同时代人,美国著名小提琴家路易斯·考夫曼在他的回忆录中曾这样提及少年时代的纽曼:"阿尔弗雷德成了一个母亲、两个妹妹和三个弟弟唯一的希望"(其余弟妹因贫病而夭折)。世道艰辛却动摇不了纽曼对音乐的浓厚兴趣。大约从五六岁起他就靠上街卖鞋线积攒零钱,然后把它们交给当地的一个老师,让他给自己上钢琴课。这个钢琴老师的本职工作是房屋油漆匠,尽管自己专业水平有限,但仍要每次收25美分的学费。为了练琴,纽曼要每天步行10公里到一个有钱的小伙伴家里去练琴。凭着这份勤奋刻苦,纽曼进步非常快。

随后,在众多亲朋好友的合力相助下,纽曼找到了另外一位老师继续学习钢琴

和和声。8 岁的纽曼在当地已有些小名气了。一次当波兰共和国第一任总理,杰出的钢琴大师帕德雷夫斯基来此造访时,他被推荐在这位钢琴大家面前弹奏一曲,博得了大师的称许。帕德列雷斯基运用自己在政治上、音乐上的声望为纽曼在纽约安排了一场独奏音乐会,并把这个富有天分的孩子介绍给自己的弟子,波兰钢琴家兼作曲家斯托霍夫斯基(Sigismond Stokowski, 1870-1946)。斯托霍夫斯基果然赏识纽曼,为他提供了一笔奖学金,解决了纽曼继续求学的后顾之忧。

但是,作为长子,13 岁的纽曼不得不在纽约的"海滨剧场"找了一份为杂耍节目担任钢琴伴奏的工作。伴随着剧团不断地外出巡演,纽曼的名气也渐渐地响了起来,这为他后来打进百老汇提供了机遇。20 岁那年,纽曼与当时赫赫有名的作曲家乔治·格什温交上了朋友。在纽约哈莱姆区的剧院舞台上,纽曼的艺术才华有了进一步施展的空间。他学习指挥,曾指挥由格什温兄弟(乔治和艾拉)创作的《宝贝姑娘》《古怪的面孔》、理查·罗杰斯与洛伦兹·哈特合作的《这里是春天》《抬起头来》以及杰罗姆·克恩的《十字》等音乐剧的演出。同时,纽曼又学作曲,创作了一些歌曲和几部音乐剧。

阿尔弗雷德·纽曼在指挥乐队

从纽约的百老汇到洛杉矶的好莱坞,对于阿尔弗雷德·纽曼的人生而言,是一次决定性的转折。促成他完成这种转换的是欧文·伯林(Irving Berlin, 1888-1989)——美国 20 世纪最成功的流行歌曲作曲家。从 1935 年起,伯林就开始转型为好莱坞电影作曲。他瞅准了纽曼身上所具备的巨大潜质,力劝这位后生随他一道去西海岸淘金。初抵好莱坞,纽曼就露了一手,他担任了由欧文·伯林创作的歌舞片《到月球上去》的配乐指挥。影片良好的音乐效果令联艺影片公司的老板塞缪尔·戈德温刮目相看,当即与之签约,出任公司的艺术指导。自此,纽曼就一脚踏入电影这个银色世界,在里面摸爬滚打了半个多世纪,成就了一番大事业。在联艺公司,他是音乐部门的双巨头之一,另一位同样威名赫赫,他就是为影片《卡萨布兰卡》《乱世佳人》《左拉传》和《间奏曲》等作曲的马克斯·斯腾纳(Max Steiner)。纽曼创作的首部影片配乐是《当心恶魔》(The Devil To Pay!),由此为发端,他以平均每年八到十部配乐的产量高效率地工作着。不过,论他的创作成就,最具影响力的还是他转投 20 世纪福克斯影片公司之后。从 1939 年起,纽曼担任公司音乐部负责人长达 20

年之久。在此期间,他无论是在自己的创作业绩上,还是在组织、管理、提携其他的音乐从业者两方面都取得了令世人瞩目的成就。

到 20 世纪福克斯的第一年里,纽曼就一口气创作了 18 部影片配乐,故而在次年的奥斯卡音乐奖提名时他一人就独占了 4 部,分别是《呼啸山庄》《钟楼怪人》《他们将会拥有音乐》和《山雨欲来》。不过,在评委投票时,同一人选的重复提名往往自相残杀,所以在这一年里,纽曼什么奖也没得着,最佳影片音乐奖由《关山飞渡》所获。

大约在一年之后,纽曼有机会与《关山飞渡》的大导演约翰·福特合作,为福特执导的影片《青山翠谷》(How Green Was My Valley)创作配乐。在《青山翠谷》的音乐中,纽曼使用了自己在 1935 年为米高梅公司一部关于爱尔兰革命的影片《受爱戴的敌人》中用过的主题,同时还采用了一首美丽动听的民谣《六便士》,这使得该片的配乐非常温馨感人,极大地提升了影片的艺术感染力。该片于 1941 年荣获包括最佳影片、最佳导演在内的五项奥斯卡大奖。

纽曼的座右铭是:"坐穿冷板凳,磨秃烂笔头"(Sitting in a room, wearing out pencils)。正是这种严谨细致的治学理念使得他的音乐创作不断精益求精,产生出与镜头画面极其和谐、呼应的艺术效果。纽曼一生总共为 269 部影片创作配乐,担任配乐演奏指挥和音乐顾问的影片达 162 部。他 9 次赢得奥斯卡奖,分别是第 11 届获最佳配乐奖的《乐府沧桑》(Alexander's Ragtime Band, 1938)、第 13 届获最佳配乐奖的《仙乐街》(Tin Pan Alley, 1940)、第 16 届获最佳剧情片与喜剧片配乐奖的《圣

阿尔弗雷德的获奥斯卡影片《生死恋》

女之歌》(The Song Of Bernadette, 1943)、第 20 届获最佳歌舞片配乐奖的《年轻的妈妈》(Mother Wore Tights, 1947)、第 25 届获最佳歌舞片配乐奖的《情泪心声》(With A Song In My Heart, 1952)、第 26 获最佳歌舞片配乐奖的《夫人请给我来电话》(Call me Madam, 1953)、第 28 届获最佳剧情片与喜剧片配乐奖的《生死恋》(Love Is A Many Splendored Thing, 1955)、第 29 届获最佳歌舞片配乐奖的《国王与我》(The King And I, 1956)和第 40 届获最佳配乐奖的《卡梅洛特》(Camelot, 1967)。此外,曾荣获最佳配乐奖提名,影响较大的代表作还有《国家事务》(1945)、《彗星美人》(1950)、《真假公主》(1956)、《南太平洋》(1956)、《西部开拓史》(1963)等 36 部。纽曼的几项个人记录迄今仍未有人打破!

然而,颇具讽刺意味的是,在世人眼中,他作为乐曲改编者和指挥家的成就还

是要高于作曲家。评论家们指出：作为前者，他能够将民谣曲调或所谓的"伪民谣"巧妙地改编成乐队或是合唱作品，运用在他的配乐中，从而使这些为人耳熟能详的音乐产生前所未有的艺术感染力。有时他更能将一两个好听的素材衍生发展得如诗如画，令人有魂系梦绕、经久难忘。自然，作为一位喜好交际的音乐家，纽曼本人也更喜爱指挥，他的指挥风格融浪漫的伤感和迷人的狂热于一体，能够充分调动出整个乐队的情绪。然而他的原创却似乎不像他的两位同事赫尔曼（Bernard Herrmann）和罗萨（Miklos Rozsa）的音乐那样那样充满着无畏和冒险精神，总是显得调性十足，雅俗共赏。也许这就是纽曼的天性使然。纽曼谦虚随和、平易近人，与敏感而反复无常的赫尔曼以及拒人千里之外的罗萨构成了鲜明的对比。尽管他的音乐相对比较传统保守，却更易赢得电影观众的喜爱。在酝酿电影史上空前的鸿篇巨制《西部开拓史》（How The West Was Won）的配乐时，纽曼意识到需要大量的背景音乐以渲染铺垫19世纪中期南北战争前后一百多年的历史画卷。在他的合作者肯·达比（Ken Derby）的帮助下，纽曼最终完成了这份音乐总谱。为了表现那个特定的时代，他广泛采用了美国历史上各个时期广为流传的民歌，如《约翰尼回家中》《绿叶》甚至还有托马斯·哈汀创作的灵歌等。

作为福克斯公司音乐部的负责人，纽曼温文典雅的长者风范也使他的团队成为一支高效和谐的生力军。受他提携栽培，在电影音乐创作领域陆续崭露头角的后辈作曲家除前面提及的赫尔曼、罗萨外，还有大卫·拉辛（David Raksin）、约翰·威廉斯（John Williams）等。所谓"举贤不避亲"，后来，阿尔弗雷德的两个弟弟莱昂奈尔和埃米尔也相继加入，成为影坛著名的纽曼三兄弟，一时传为美谈。

1959年，阿尔弗雷德·纽曼告别了他工作了20年的20世纪福克斯影片公司，成为独立的艺术家。他始终没有放下手中的笔和指挥棒，直到1970年去世前，他还为乔治·西顿执导的《国际机场》完成了配乐。他使用早期的爵士语汇来表现机场日复一日、紧张忙碌的工作景象，配乐也为纽曼获得了他一生中最后一次奥斯卡奖提名。

1970年2月17日，一代影坛音乐大师纽曼因肺气肿辞世，他的忌日恰与生日为同一天。在他69年的人生岁月里，以平均每年4部电影配乐的高产量为自己树立起一座丰碑，正如大卫·拉辛所说："只有当你与他一起共事多年之后，你才能越来越意识到他在电影音乐领域的影响和意义有多么的巨大。"

莱昂奈尔·纽曼与埃米尔·纽曼

莱昂奈尔·纽曼（Lionel Newman）1916 年出生，从小就喜欢上了音乐。十几岁时，他从一位洛杉矶指挥家厄尔·卡罗尔（Earl Carroll）那获得了指挥的启蒙。在以后的几年里，他受雇于影片公司担任无声电影的钢琴伴奏。从 1943 年起，莱昂奈尔进入 20 世纪福克斯影片公司，一干就是 40 年。他从最底层的钢琴伴奏做起，以后先后担任乐队指挥、作曲、编配和音乐顾问等多重角色。

莱昂奈尔·纽曼与他的小金人

就电影音乐创作而言，莱昂奈尔也堪称是高产快手，他参与创作，改编或指挥演奏的电影不下 250 部，然其影片的知名度则大大逊色于阿尔弗雷德。不过，其中有一部人们不可能不知道，那就

莱昂奈尔配乐，由"猫王"主演红极一时的影片《铁血柔情》

是 1956 年由美国红极一时的摇滚歌星"猫王"埃尔维斯·普莱斯利主演的《铁血柔情》（Love Me Tender）。片中由其演唱的主题歌《温柔地爱我》是一首脍炙人口的流行情歌，它的音乐即出自莱昂奈尔之手。莱昂奈尔创作的电影配乐曾 11 次获得奥斯卡奖提名，最终凭借 1969 年由芭芭拉·史翠珊主演的喜剧片《我爱红娘》（Hello Dolly）夺得最佳音乐奖。他的代表作尚有被誉为"好莱坞科幻片里程碑"的《地球停转之日》等。

老一代纽曼三兄弟中的另一位埃米尔·纽曼（Emil Newman）尽管也在 20 世纪福克斯影片公司效力，然其业绩似乎可用惨淡经营来形容。他的代表作很少，能够一提的仅是 1941 年为影片《太阳谷小夜曲》（Sun Valley Serenade）所作的电影配乐。这是一部反映一位挪威难民出身的美国音乐家的人物传记片。影片音乐由于吸收了爵士乐大王格伦·米勒乐队演奏的多首著名爵士乐曲,因而得到了当年奥斯卡的三项提名。

戴维·纽曼、托玛斯·纽曼和玛丽娅·纽曼

在好莱坞演艺圈内有一个非常有名的演艺家族——巴里摩尔家族。由曾主演《毒常春藤》《夺命尖叫》和《霹雳天使》等影片出名的女影星德鲁·巴里摩尔上溯四代,该家族中出的影星多达 20 余人。而纽曼家族也不示弱,难怪在好莱坞流传着这样一句话:"当巴里摩尔们准备着一个个粉墨登场时,纽曼们正在一个个分秒必争地写着电影音乐。"

戴维、托玛斯和玛丽娅都是纽曼家族的"族长"阿尔弗雷德的子女。对于一位犹太后裔来说,子息的众多历来是犹太民族期盼繁盛兴旺的牢固信念。阿尔弗雷德与他的父亲一样,也生有 10 个子女。他一生结过三次婚,这 10 个子女分别是他三次婚姻的产物。据说当年每当他的母亲听说儿子又一次结婚的消息时总会喜不自胜,喃喃道:"那太好了。"之后还会加上一句:"这个穷小子是该出头过上好日子了。"他的第三位妻子玛尔塔·蒙哥马利生了 5 个子女,其中的 3 个就是戴维、托玛斯和玛丽娅,他们都成为乃父音乐事业上最直接的承袭者。

戴维·纽曼(David Newman)的情况有些类似他的叔叔埃米尔,虽顶着阿尔弗雷德·纽曼儿子的大名,在影坛也打拼多年,奈成绩并不彰显突出。至今为止他总共创作了近 70 部影片配乐,但为人们所熟悉的可能就属 1996 年由黑人谐星埃迪·墨菲主演的那部古怪搞笑的《肥佬教授》和 2002 年由 20 世纪福克斯影片公司出品的

托玛斯·纽曼与他的小金人

动画片《冰河世纪》了,其余之作似乎乏善可陈。

而戴维的兄弟托玛斯·纽曼(Thomas Newman)可就不一样了,他堪称是第二代纽曼中的佼佼者。托玛斯 1955 年 10 月 22 日出生于洛杉矶,自幼即开始学习小提琴和钢琴。从南加州大学毕业后更是通过两年学习获得了耶鲁大学音乐硕士学位,这也是纽曼家族中学历最高的一位音乐家了。不过,在他轻狂岁月他主要迷恋的却是流行音乐,70 年代后期更是厮混于摇滚乐队,担任键盘手。直到 1983 年他才杀向电影音乐领域。果然是将门虎子,入得门来即有咄咄逼人之势,入行的第二年就开始独当一面地涉足于电影音乐创作。他的第一部作品是 1984 年的《鲁

莽》(Reckless),其后便进入商业化的高产通道。他头一部引起世人注意的影片配乐是 1985 年由性感影星麦当娜主演的《绝望地寻找苏珊》(Desperately Seeking Susan),其后他以其个性化十足的电子加管弦乐的配乐风格又相继创作了《迷失的男孩》和《零度以下》。

经过大约 10 年的历练,进入 20 世纪 90 年代托玛斯更踌躇满志地朝奥斯卡发起了冲击。1994 年他有两部影片获得奥斯卡最佳音乐奖提名,它们分别是由蒂姆·罗宾斯主演的《肖申克的救赎》和由薇诺娜·瑞德和苏珊·萨兰登等主演的新版《小妇人》。在这两部影片中,托玛斯的创作技艺显得越发成熟,他的成就也愈益得到听众的首肯。1999 年荣膺奥斯卡最佳影片大奖的《美国丽人》(American Beauty)的音乐就出自托玛斯之手。与戴维相比,尽管创作数量不及其兄,然其配乐影片影响之大,提名几率之高则令戴维望尘莫及。今日的托玛斯无论是创作年龄还是从艺阅历都正处于巅峰期,故而他的每一部作品都受到世人的瞩目。他的代表作还有由汤姆·汉克斯主演的《绿里》(1999 年)和荣获奥斯卡最佳动画长片金项奖的《海底总动员》(2003 年)。而 2002 年他以影片《毁灭之路》(The Road to Perdition)所作配乐再次获奥斯卡奖提名。看来托玛斯手执小金人,一吻其芳泽的荣耀时刻已指日可待。

与这两位男性纽曼不同,他们的妹妹玛丽娅·纽曼(Maria Newman)则是古典音乐科班出身的小提琴家兼中提琴家,她先后毕业于伊斯曼音乐学院和耶鲁大学音乐系,近年来也涉足作曲领域,曾作为驻团作曲家在洛杉矶的莫扎特管弦乐团和圣马太室内乐团任职多年。鉴于她所表现出的作曲才华,2004 年她受玛丽·璧克馥(Mary Pickford 1893 -1979)基金会委托,为这位当年有"美国甜心"之称的早期好莱坞女影星的无声片代表作《长腿爸爸》《黛西曾经说什么》和《爱之烈焰》等创作新的电影配乐。

玛丽娅·纽曼

兰迪·纽曼和乔伊·纽曼

兰迪·纽曼(Randy Newman)是阿尔弗雷德的侄子。前文曾说到早年的阿尔弗雷德要负担两个妹妹和三个弟弟。后来莱昂奈尔和埃米尔先后步他后尘走上了电影创作之路,而另一个弟弟艾尔文却抱定悬壶济世的宗旨,成了一位知名的医生——尽管他也曾经为20世纪30、40年代的著名流行歌王平·克劳斯贝写过一首歌。兰迪即是艾尔文之子,而艾尔文身上这仅有的一点点音乐天赋也就遗传给了这个儿子。

兰迪·纽曼

兰迪出生于1943年11月28日,他很早就已显露出他在演唱和钢琴演奏方面的音乐天赋,总奈老爸也许是感到家族中从事这一行的人实在太多了,极力反对他投身家族的传统事业中去。然而,兰迪对此不以为然,17岁时他成为了一位词曲作者。后来他在一位好友伦尼·沃尔洛克的引荐下与一家名为"反复"的唱片公司签订了录制一张唱片的合同,他当即义无反顾地从洛杉矶大学辍学,而原本他应该在那里学习音乐一直到毕业。1968年,25岁的兰迪首次以歌手的身份亮相于舞台,而在此前相当长一段时间里,由他创作的那些词曲俱佳,形式多样的歌曲已由当时一批著名的歌星传唱开来,他们之中包括老牌情歌王子派特·伯恩(Pat Boone)、裘迪·柯林斯(Judy Collins)以及眼下因新发行的传记片而又一次大红大紫的黑人盲歌星雷·查尔斯(Ray Charles)等。

兰迪的歌曲创作深受"民谣摇滚"先驱鲍勃·迪伦的影响,不过他的风格较之迪伦的民谣型显然更受惠于新奥尔良的黑人布鲁斯和传统流行歌曲的鲜明特征,从他早年创作的《我想今天该下雨了》《远航而去》到近期的代表作《世界无公平而言》和《欧洲的伟大民族》等都展示了他在这方面的创作才情。不过,兰迪创作的流行歌曲尽管影响不小,但商业成就不高,他创作或演唱的唱片大都销路欠佳。直到1981年开始他开始涉足电影音乐,这才一扫前期晦气的晦气,迎来了自己的艳阳天。该年,兰迪为著名导演米洛斯·福尔曼执导的影片《拉格泰姆》(Ragtime)创作配乐,获得了他一生中头两个奥斯卡最佳音乐奖的提名,分别是最佳原创音乐和最佳歌曲。1984年他因创作影片《白痴》(The Natural)一举夺得格莱美音乐奖。

进入90年代,兰迪的电影音乐创作势头益发红火,1990年的《Cop Rock》获电视艾美奖;1995年因《玩具总动员》中的主题曲《你得到了一个朋友》(You've Got a Friend)再获奥斯卡提名。此后便是1996年的《詹姆斯》和《巨桃树》,1997年的《猫不会跳舞》,1998年的《昆虫总动员》和1999年的《玩具总动员Ⅱ》等,可谓好戏连台,成绩斐然。他因《昆虫总动员》《玩具总动员Ⅱ》和《怪物公司》又三取格莱美奖,成为好莱坞动画电影首屈一指的电影作曲家。直到2002年,已年近花甲的兰迪才平生第一遭迎来了他梦寐已久的奥斯卡小金人,即是他为《怪物公司》所作的主题曲《假如我没有你》征服了奥斯卡的评委们。兰迪如释重负地说:"这样当我去世后,我就可以在自己讣告中写上'奥斯卡奖获得者'的头衔了。"

兰迪与他的小金人

兰迪的获奥斯卡影片《怪物公司》

　　兰迪创作的影片配乐代表作还有《赌侠马华力》(1994年)、《猪宝贝进城》(1998年)、《拜见岳父大人》(2000年)和《奔腾年代》(2003年)等。

　　乔伊·纽曼(Joey Newman)则是纽曼家族中的第三代传人,他的父亲乔·弗兰克·卡罗洛(Joe Frank Carollo)是一位摇滚兼布鲁斯低音贝司乐手,70年代他曾以"汉米尔顿、乔·弗兰克和雷诺兹乐队"的演出而在流行乐坛小有名气。乔伊的母亲詹妮芙·纽曼则术有专攻,是纽约市立芭蕾舞团和波士顿芭蕾舞团的专业演员。在他们的教育下,乔伊长大成人。当然,对他施以更大影响的则是他的外祖父莱昂奈尔·纽曼以及他那几位在电影音乐圈内混得如鱼得水的舅舅:戴维、托玛斯,还有兰迪。

　　乔伊出生于1976年,凭着对音乐节奏与生俱来的敏锐感觉,从3岁起就开始学习击鼓,并在8岁那年拥有了自己的第一套鼓乐器。9岁时他又被选入洛杉矶教会唱诗班的童声合唱团,在那里他曾于造访的德国柏林歌剧院和世界著名男高音多明戈同台演出歌剧《托斯卡》和由康戈尔德作曲的《死城》。同年又在洛杉矶大学的罗伊斯大厅演唱《波希米亚人》。乔伊11岁起又学习钢琴,同时练习打鼓自学不辍,直到他15岁时才有了一位专业的打击乐教师,他就是资深的打击乐手迈克尔·巴尔西曼托。

　　成年后乔伊入波士顿的贝克利学院学习作曲与指挥,4年后毕业于该校。当年,他指挥了一首28个片断组成的管弦乐作品,这是由他本人作曲的《风景画》。

这部乐坛处女作使乔伊赢得了"罗伯特·谢尔"奖。尽管乔伊的成长和学业似乎一帆风顺,然而他清醒地意识到他的未来仍难脱离"家族生意",可是在 1999 年他重返洛杉矶,开始与艾美奖得主沃尔顿(W.G.Walden)合作主持为 ABC、NBC 和 CBS 三大广播公司的电视片创作音乐。

2003 年,由乔伊创作配乐的影片《偷时间》(Stealing Time)成为他正式登上家族传统事业舞台的处子作,从他的创作中人们发现他的风格与他舅舅托马斯的极为相似,主题具有震颤恐怖色彩,而在影片中着墨更多的情感片断乔伊则采用了令人愉悦的钢琴和木管乐器以增加其温馨浪漫的气氛。整部作品的写作显得顺畅自然,尤其是影片结尾那段"死亡的蒙太奇"场景更显示出他手法的老辣与娴熟。很显然,这位未及而立之年的年轻人业已成长为纽曼家族又一位令人生畏的大人物。作为家族中的"新新人类",乔伊还与时俱进地开辟创作新领域,如他就为世界上最大的在线游戏网站——韩国的"线性时代"创作过电玩游戏《血誓》的背景音乐。

＊　　　　＊　　　　＊

"纽曼们意味着什么？他们的名字总与什么维系在一起？"著名乐评家詹姆斯·索夏尔在他的文章开头这样问道,想必您看了此文之后也一定会同意他的结论:"纽曼们的名字是与市场浸泡在一起的。从一个纽曼到另一个纽曼莫不如此。无论你属于电影音乐的哪一代乐迷,你都至少会选择一位纽曼将他奉为你的偶像,可我敢说更多的可能是你会选择二位、三位甚至更多！"

阿尔弗雷德的配乐唱片　　　　　　莱昂奈尔的配乐唱片

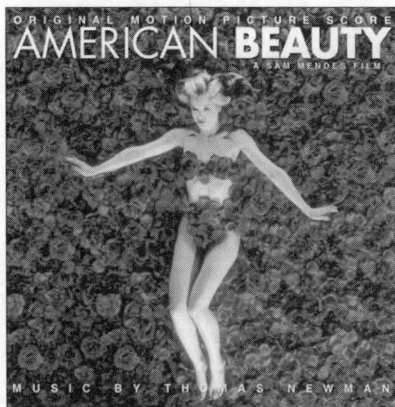

莱昂奈尔的获奥斯卡影片《美
国丽人》配乐唱片

兰迪为迪斯尼动画片《玩具总
动员》所作的配乐唱片

后 记

    《国际乐坛上的名门望族》一书即将付梓面世,接受读者的审视和检阅。此书的成篇缘自逐月经年的积累,而它的成书似又得自无心插柳的渠成。

    书里的这些文字都先后在上海的《音乐爱好者》杂志上刊载过。说起《音乐爱好者》,它可是一份在本人的人生之路上关系殊为密切的音乐普及刊物。它创刊于经历"文革"浩劫,百废待兴的 1979 年,这一年也正是我历经农村插队,里弄加工组做工的坎坷之后跨进大学校门的一年,因而它的创刊与我的知识人生可谓是一同起步的。故而从它的第一期起我就将之引为知音,知己,一期不落,收藏至今。起先只是它的忠实读者,然而听得多了,看得多了,不免渐渐萌发出"有话想说"的念头。于是自 1992 年起我又成了它的撰稿作者。再后来,又从"有话想说"变成"想说有个性特点的话",不满足于人云亦云地重复他人文章的套路,拾人牙慧,试图从文章的立意,角度乃至行文的语言,风格都做些改变。所幸《音乐爱好者》的先后两任主事的责任编辑李章先生和樊愉先生都从未为我的撰稿划定任何条条框框,一切皆由我自由发挥。也正是在这种宽松,信任的氛围中,从 2003 年起我开始了通过家庭,家族这个独特的视角藉以反映音乐大师们艺术和生活这个别人甚少关注或涉足领域的系列写作,平均每年总要有六,七篇。起先也着实未曾料想这个专题有这么多的内容可以挖掘,然而一旦做了有心人,就发现其实西方的音乐家庭现象不仅是社会生活中的常态,而且简直可以称作是一种生态;且由于此家族与彼家族之间或是艺术同行,演奏搭档,或是圈内同仁,联姻成亲的原因还会产生出千丝万缕的联系。就这样,数年来信马由缰,或顺藤摸瓜,或钩沉探佚,一路写来不觉已近十载焉。本人自认这些文章还是具有一定的新鲜感和可看性的,细心的读者一定会从中看到,对于音乐名人的那些人所共知的生平事迹我一律采取能省即省或点到为止的处理,而着力于他们身上那些鲜为人知或向为人疏忽,但又关乎他的成功和成就的生活细节,以此凸显家庭,家族对成就一位著名音乐家,而他又反过来影响,带动家庭其他成员的这种互为因果的叙述主旨。这些文字经杂志编辑的精心编排,尤其是后来出任杂志执行副主编的樊愉兄每每为之编配珍贵,精美的图片,更使文章平添"姿色",相得益彰。于是乎,这个专栏就这样顽强地存活下来,且具备了一定的影响力和知名度。

然欲将这些散见于各期杂志上的文章集腋成裘,结集成书的愿望却似乎只是在一个极短的时间内就由上海音乐学院出版社从酝酿变成了现实。出版社副社长夏楠女士与我虽非亲戚,却是本家。早在她时任上海人民广播电台音乐部主任之际,我就曾为她的古典音乐节目撰过稿,合作甚契。此次正是承蒙她的大力举荐,使这个选题得以入围出版计划。在整个编辑过程中,她更是多方牵线搭桥,指点迷津,使我这个出版界的门外汉省却了不少无谓的徒劳与烦扰。此书之乃成,实与夏楠女士在音乐和出版两个专业领域内的精当,老道的见地与造诣密不可分。更有幸的是:本人这本既非学术,又非深奥的小书竟请动了国内西方音乐研究的学科领军人,上海音乐学院副院长杨燕迪教授为之作序。杨副院长在身兼繁重的教学,科研之余专门审读了文稿,并且于学期结束后暑假放假的第一天就为此书撰写了既具鞭策鼓励,又富真知灼见的序文,为书稿顿增如许光彩与亮色。这既使作为作者的我倍感鼓舞,又着实怀有几分惴惴不安之情。我以前曾在一篇文章里描述自己是"一个行走在音乐边缘的人",因为从小到大,没有在音乐学院当过一天的正式学生,但又时时刻刻生活,徜徉在音乐之中。像我这样的爱乐人,竟能有专业的音乐学院出版社为我出书,有权威的理论名宿为之作序,何其荣幸之至! 此外,《音乐爱好者》的年轻编辑储政宇先生是书中绝大部分文章的第一读者,此番他又帮助我顺利地完成了由杂志到图书的文字,图录转换工作。对于以上一应诸君,此刻充盈在心中的唯有铭记,感恩而已。我将继续在这片园地里持之以恒地探究,开拓下去。

哲人尼采曾云:没有音乐,生命就是一个错误。斯言虽或有偏激之嫌,然之于我,却是一个实实在在的真理!

夏 宏

2012 年 7 月 18 日

图书在版编目 (CIP) 数据

国际乐坛上的名门望族：30位享誉世界的音乐家与
他们的音乐家族 / 夏宏编著.
– 上海：上海音乐学院出版社，2012.7
ISBN 978-7-80692-772-4

Ⅰ. ①国…　　Ⅱ. ①夏…　　Ⅲ. ①音乐家 – 家族 – 史料
– 世界　　Ⅳ. ① K815.76

中国版本图书馆 CIP 数据核字（2012）第 103752 号

书　　　名	国际乐坛上的名门望族：30位享誉世界的音乐家与他们的音乐家族
编　　　者	夏　宏
责任编辑	夏　楠
封面设计	王月裕
出版发行	上海音乐学院出版社
地　　　址	上海市汾阳路 20 号
印　　　刷	上海天华印刷有限公司
开　　　本	720 × 1020　1/16
字　　　数	423 千字
印　　　张	25
版　　　次	2012 年 7 月第 1 版　2012 年 7 月第 1 次印刷
印　　　数	1–2,300 册
书　　　号	ISBN 978-7-80692-772-4/J.758
定　　　价	55.00 元

本社图书可通过中国音乐学网站 http://musicology.cn 购买